Inhalt

Einleitung

»Der Reiter erscheint auf dem Schauplatz der Geschichte sozusagen als eine neue Menschenrasse von gewaltiger Überlegenheit: Mit einer Scheitelhöhe von über zwei Metern und einer Bewegungsgeschwindigkeit, welche die des Fußgängers um ein Mehrfaches übertrifft ... Die kavalleristische Überlegenheit dieser zusammengeballten Scharen war so ungeheuer und unwiderstehlich, und wurde noch in solchem Grade durch die Panik ihrer Wirkung auf die Angegriffenen und Bedrohten verstärkt, daß wohl meist jeder Versuch einer Gegenwehr im Keime erstickte.« Alexander Rüstow[1] charakterisierte mit diesen Worten die epochale Bedeutung des Reiterkriegertums. Nach Alfred Weber[2] ist der »volle Herrenmensch, demgegenüber der Ochsentrott seines Vorgängers im Raum verschwindet und der als reitender Beherrscher des edelsten Tieres sich, wo er auch auftritt, den Göttern verwandt fühlt, ... erst der einmal wesentlich Pferdenomade gewesene Mensch«. Franz Hancar[3] meinte, daß das Pferd nach dem Streitwagenzeitalter bei den eurasischen Reitervölkern abermals die »außergewöhnliche Bedeutungshöhe ... (eines) wahrhaft Geschichte machende(n) Haustier(s)« erreichte.

Ohne diesen historischen Horizont veranschaulichte G. Friedrici[4] die grundsätzliche Differenz zwischen dem Kavalleristen und dem Infanteristen ebenso plastisch wie überzeugend: »Ein Mann, der sicher und anständig zu Pferde sitzt, macht eine andere Figur als der Fußgänger; er fühlt sich erhaben und der zu Fuß dabei stehende fühlt es ihm nach. Der Zuschauer vergißt das Schwere und Harte, die herbe Arbeit, von der auch der Dienst der Kavallerie nicht frei ist; oder er kennt sie nicht; er sieht nur den Mann, hoch zu Roß, wie er stolz mit scheinbarer Leichtigkeit die Strecken spielend zurücklegt, in denen sich der bepackte Infanterist im Schweiße seines Angesichts herumschleppen muß, und selbst der ärmste, dümmste und krummbeinigste Kavallerie-Rekrut hat einen Nimbus der Wohlhabenheit, einen Schimmer von Grazie um sich, wenn er zu Pferde sitzt. Der Kavallerist glaubt sich besser zu sein, als der Infanterist; das Publikum ... selbst, erkennen stillschweigend, wenn auch vielleicht unwillig, diese Prätention als berechtigt an.«

Als geschichtsbestimmender Faktor löste das Reiten das Fahren ab. Dieser Vorgang ist insofern bemerkenswert, als nicht die direkte Beziehung des Reiters zum Tier den Ausgangspunkt der Spezialnutzung des Pferdes bildete. Am Anfang stand vielmehr die von beträchtlichem technischen Einsatz zeugende Streitwagenkultur, bei der das Gefährt die Vermittlung zwischen Mensch und Pferd darstellte. Erst die Hirtennomaden und die Reiterkrieger setzten sich direkt auf den Rücken des Tieres. Aus dieser körperlichen Nähe bestimmten sie den Weg, steuerten sie mit ihren Schenkeln und ihrem Gesäß, mit ihrem Gewicht und ihrer Hand den spontanen Bewegungstrieb des Tieres. Im Vergleich zur Distanz bei der Leinenführung ist das Verhältnis zwischen Mensch und Tier beim Reiter merklich enger, wohl auch intensiver geworden – und das nicht nur aus der Perspektive des Menschen: Auch ein Tier dürfte das Ausschlaggebende des Unterschiedes erfahren, den wir als Menschen erleben, wenn wir eine Last einmal auf dem Leiterwagen hinter uns herziehen und wenn wir sie das andere Mal auf der Schulter fortschleppen.

Vom Beginn des ersten Jahrtausends v. Chr. bis zum Ende des 19. beziehungsweise noch bis zur ersten Hälfte des 20. Jahrhunderts war der Reiterkrieger eine integrale Waffe, in ihrer Bedeutung im Kreis der übrigen Waffengattungen auf weite Strecken dominierend, zeitweise aber auch in die Position einer Hilfskraft abgedrängt. Wie einst das Pferd dem Kriegswesen seine Gesetze gab, so tut dies, zumindest in den industriellen Gesellschaften, spätestens seit dem ersten und vor allem seit dem zweiten Weltkrieg die technische Waffe. Angesichts ihrer Effektivität erscheint der Gedanke einer kriegerischen Verwendung des Pferdes heute als ein Anachronismus und anachronistisch muten dann auch die Reitertruppen an, die von wenigen Armeen noch unterhalten werden. Von Ausnahmen wie dem Widerstand afghanischer Reiter gegen die sowjetischen Truppen im Jahre 1980 abgesehen, ist das Reiterkriegertum ein historisches Phänomen geworden; man hat Distanz zu ihm gewonnen. Abstand entsteht durch die historische Reflexion, ein Nachdenken, das dem Erlebnis des Zusammenbruchs von Ordnungen entspringt, die sich einmal kraft ihrer tanszendenten Verankerung als ewige angelassen hatten.[5]

Die Entwicklung der Reiterwaffe soll hier in ihren grundsätzlichen Tendenzen wie in ihren gesellschaftlichen Verflechtungen skizziert werden. Manche Einzelverläufe treten zugunsten der größeren Linien und des Überblicks zurück. Die vornehmlich soziologisch orientierten Aussagen und Interpretationen des geschichtlichen Phänomens Reiterkriegertum stützen sich auf die Ergebnisse der historischen Forschung. Zugunsten der soziologischen, kultur- und universalhistorischen Interpretation des historischen Materials wird sich die Arbeit vornehmlich auf die Gegenüberstellung der ausgeprägten Typen des asiatischen Pferdebogners, des abendländischen Ritters und des neuzeitlichen Kavalleristen konzentrieren, aber sie wird sich auch den Übergangserscheinungen in der griechischen und makedonischen, der römischen, kartagischen und germanischen Reiterei zuwenden müssen.

Zur Forschungs- und Quellenlage ist generell anzumerken: Während für den Bereich der neuzeitlichen Kavallerie zum Teil relativ detaillierte Beschreibungen, Pläne, Protokolle und Augenzeugenberichte vorliegen und die Mediävistik mit der Interpretation der Quellen und Zeugnisse auch bei Einzelfragen den Wissensstand über das Rittertum beträchtlich erweiterte, sind die gesicherten Kenntnisse über die asiatischen Nomadenkulturen, vor allem über die frühen, sehr viel spärlicher. Die Nomaden selbst dürften durch das Unstete ihrer Existenzweise nur einen lockeren Bezug zur eigenen Geschichtlichkeit gehabt haben. Wenn sich die frühen Reitervölker auch jeweils als Einheit verstanden, ihre Existenz mythologisch in der Vergangenheit verankerten und damit diskussionslos stabilisierten, so eignete diesem Erleben doch insofern der Charakter des Ahistorischen, als Geworden-Sein und weiteres Werden nicht akzentuiert wurden; das unstete Dasein hob sich in der übergeschichtlichen mythologischen Verankerung des Volksganzen und/oder seiner Führer gewissermaßen auf. Diese Situation veranlaßte nicht dazu, das Erlebte festzuhalten, und zwar unabhängig von der nicht vorhandenen Fähigkeit zum Schreiben. Wahrscheinlich fehlten Bedarf und Bedürfnis zum Schreiben. Die Existenzweise ursprünglicher nomadischer Reitervölker gestattete es aber auch schon aufgrund simpler ökonomisch-praktikabler Gegebenheiten nicht, Historiographen,

Kriegsberichterstatter oder Ethnographen zu unterhalten.

So ist die Forschung hier auf andere Quellen angewiesen: Aufschlußreich sind die Schilderungen der antiken Schriftsteller, besonders die Feststellungen und Erzählungen Herodots. Auch die chinesischen Schriftquellen liefern wertvolle Informationen über die Reiternomaden, das heißt über die Hsiung-nu und die Hunnen, mit denen die Chinesen sich direkt auseinanderzusetzen hatten. Neben den schriftlichen Überlieferungen durch fremde Beobachter – und den damit gegebenen Verzeichnungen – bilden die zum Teil sehr umfangreichen Grabfunde aus dem eurasischen Raum ziemlich direkte Zeugnisse, die freilich thematisch eng bleiben und die aufgrund der bereits in der Antike beginnenden und bis in die Neuzeit fortgesetzten Grabplünderungen nicht unversehrt übermittelt wurden.

Dem ungesicherten Quellenstand entspricht die hypothetische Qualität zahlreicher Aussagen über die frühen Reiternomaden, was sich deutlich in einer Forschungsgeschichte mit häufigen Korrekturen, Positionsänderungen und auch kontrovers bleibenden Aussagen niederschlug. Über die Forschungsgeschichte informierte besonders Jettmar,[6] der sich schwerpunktmäßig mit dem eurasischen Tierstil beschäftigte und von den Fundorten wie dem Fundgut leiten ließ. Wiesner[7] stützte sich bei der Beschreibung der verschiedenen Völker ausgeprägter auf die antiken Schriftsteller, deren Aussagen in vieler Hinsicht durch archäologische Quellen verifiziert wurden.

Die vorliegende Darstellung möchte nicht beim Anliegen einer reinen Kavalleriegeschichte verweilen. Es geht ihr ums Verdeutlichen von verschiedenen Typen des Reiterkriegertums in Verbindung mit deren gesellschaftlichen Grundlage, aber auch mit deren gesellschaftlichen Auswirkungen. Die typisierende Beschreibung, die die Realität nicht überspringen, sondern in ihren essentiellen Verläufen fassen und ferner Verbindungslinien zwischen den einzelnen Typen darstellen möchte, ist einerseits auf das empirische Detail der Kavalleriegeschichte angewiesen, andererseits aber auch in der Lage, das Fehlen mancher Einzelwissens zu verkraften, das eine spezielle Kavalleriegeschichte stärker beeinträchtigen würde.

Bei der Erörterung des gesellschaftlichen Hintergrundes und der gesellschaftlichen Auswirkungen des Reiterkriegertums wird unter anderem die Beziehung des Adels zum Reiten zur Sprache kommen, im Zusam-

Vorderen Orient, in Ägypten und auch im fernen China. Damit werde die »Existenz eines innerasiatischen Ausbreitungszentrums für das Reiten« fraglich. Nach diesen Daten hat man es beim Reiterkrieger mit einer Systematisierung einer zuvor bereits verschiedenorts bekannten, aber noch sporadischen Nutzungsweise zu tun: Das älteste Zeugnis des Pferdereitens, eine 33 mm hohe Knochenritzzeichnung aus der elamischen Hauptstadt Susa, wird auf 2800 v. Chr. datiert. Eine weite Verbreitung des Reitens im Alten Orient des dritten Jahrtausends läßt sich aus diesem Beleg jedoch nicht ermitteln, zumal die Reitdarstellungen aus der ersten Hälfte des dritten Jahrtausends wie auch die Belege vor 1500 v. Chr. vereinzelt bleiben. Mit der Seltenheit des Reitmotivs stimmt die Tatsache überein, daß im Sumerischen und im Semitischen ein Wort für Reiten fehlt und daß weiter die Art, auf dem Pferd zu sitzen, vielfältig variiert.[19] Das Reiten dürfte also bekannt gewesen, aber nicht über einen Gelegenheits- und Versuchscharakter hinausgekommen sein.

Bei der Schilderung der Wurzeln des Reitens ist auf die frühe Nutzung des Rindes hinzuweisen. Man darf annehmen, daß das Rind als Saumlast auch Menschen getragen hat und daß derart das Reiten als eine vom Fahren – mit dem als Werkzeug zu verstehenden Wagen – erheblich differierende Modalität der Nutzung des Tieres grundgelegt wurde. Eine zumindest sporadische Vorläuferschaft des Bovidenreitens vor dem Equidenreiten liegt nahe. Aus jüngerer Vergangenheit ist das Rinderreiten nachgewiesen bei Jakuten, Mongolen, Sojoten, Teleuten, Kalmücken und Kirgisen sowie in Tibet, in Nord-, Ost- und Westafrika, bei Kaffern, Hereros, Betschuanen und Basutos.[20] Europa saß auf einem Stier[21] und Dionysos ritt später einen Tiger.[22] Aus dem dritten Jahrhundert v. Chr. gibt es griechische Münzen, die auf der einen Seite Pferd und Reiter zeigen, auf der anderen Fortuna, die auf einem Fisch sitzt, wobei die Eule der Minerva sich diesem insgesamt ungewöhnlichen, für Fortuna aber charakteristischen Ritt ansieht.[23] Die Cowboys versuchen sich im amerikanischen Rodeo-Sport nicht allein auf bockenden Pferden, sondern auch auf wild umherspringenden Stieren.[24] Hierbei handelt es sich um die moderne und im Vergleich zur Frühzeit relativ zivilisierte Version der vielfältig aus der Antike bekannten Stierspiele.[25] Das Reiten erscheint grundsätzlich als eine allgemeine Begegnungsweise zwischen Mensch und Tier; dabei kann der Mensch seine Macht ausspielen und

das Tier bewältigen, er kann es als nützliche Hilfe auffassen und sich von ihm tragen lassen, kann sich endlich emotional an das andere Wesen anschließen und in ihm die Begegnung mit reizvoller Natur erfahren. In diesem Zusammenhang darf auch darauf hingewiesen werden, daß der Begriff Reiten in vulgärer Terminologie den menschlichen Sexualverkehr bezeichnet. Die gleichzeitige Ausbildung von Vollnomadismus und Reiterkriegertum zwischen dem 10. und 8. Jh. v. Chr. ist laut Jettmar[26] für das Problem der Entstehung der Reiternomaden bemerkenswert; er sah in den beiden Gegebenheiten »zwei Aspekte des gleichen Phänomens«. Die Entwicklung fand, wie Jettmar annahm, im eurasiatischen Steppenraum zwischen dem Pontikum und der Mandschurei statt. Aus dieser Zone heraus seien die Expansionen erfolgt, die zu gewaltigen Herrschaftsbildungen und Zerstörungen geführt hätten. Keine spätere Hochkultur der alten Welt habe sich diesen Einflüssen ganz entziehen können. Erst in der Neuzeit sei es möglich geworden, den Unruheherd nicht zuletzt mit Hilfe von Feuerwaffen zu kontrollieren.[27]

Bei der Besprechung der Faktoren, die zum Aufbruch am Anfang des ersten Jahrtausends führten, berief sich besonders auf den sowjetischen Forscher Grjaznov.[28] Der Vollnomadismus hat sich, wie Grjaznov ausführte, nach einer Phase der Seßhaftigkeit entwickelt, und zwar als eine konsequente Evolution des Steppenbauerntums. Das Schwergewicht habe sich immer stärker auf die beweglicheren Tiere, Pferd und Schaf, verschoben. Immer tiefer seien die Männer mit den Herden in die Steppen vorgedrungen. Schließlich sei es zur Aufgabe der festen Siedlungen gekommen; Frauen und Kinder seien in Wohnwagen ihren Ernährern gefolgt. Die Amplitude der jahreszeitlichen Wanderungen habe sich enorm gesteigert. Dies habe eine Aufteilung der noch zur Verfügung stehenden Weideflächen notwendig gemacht. Sie sei nach dem Recht des Stärkeren erfolgt. Um dieses Recht durchzusetzen, habe sich auf der Basis einer intensiven Pferdezucht eine Reitertruppe ausgebildet: »Das zwang auch jene zur Umstellung, die bisher im alten Rahmen weitergewirtschaftet hatten. Wer sich nicht anpaßte, geriet in Sklaverei – mußte dann den Herren mit Getreide versorgen – oder wurde aus dem Steppenraum verdrängt.« Kussmaul[29] betonte ebenfalls den Ursprung des Reiternomadismus in Bauernkulturen, das heißt den Übergang von der Seßhaftigkeit zum Nomadentum.

Die Umschichtung und Neuorientierung verlief wahrscheinlich nicht in einem rigiden und nur schrittweise vorangehenden Prozeß, sondern als rascher und konsequent im Sinne einer »Kettenreaktion« sich ausbildender Vorgang. Eine Parallelität zu diesem Phänomen sah Jettmar[30] in der Einführung des Pferdes in Amerika durch die Europäer; in sehr kurzer Zeit seien die Indianer in den Pampas wie in den Prärien zum Nomadismus übergegangen, wobei allerdings im Norden die Büffeljagd die Nahrungsbasis dargestellt habe. Gegen die vielfach behauptete Nomadisierung der Indianer durch den Erwerb des Pferdes sprachen sich unter anderen Roe[31] sowie Ewers[32] aus. Nach ihren Feststellungen hat die Akquisition des Pferdes die Jagdmethoden nicht grundsätzlich geändert; sie habe vielmehr die tradierten Weisen ausgeweitet und intensiviert. Generell ist an der Entwicklung vom Bauerntum zum Reiternomadismus bemerkenswert, daß es sich um einen endogenen Prozeß gehandelt hat. Die Neuorientierung wurde nicht durch äußere Ereignisse wie Völker- und Kulturwanderungen, neue Herrschaftsverhältnisse oder Überlagerungen veranlaßt, sie vollzog sich vielmehr als sachlogische Entfaltung der im Steppenbauerntum verankerten Tendenzen.

Die Entstehung des Reiterkriegertums brachte Jettmar[33] ferner mit der Ausbildung von Altersklassen und Männerbünden in der Randzone des Vorderen Orients in Zusammenhang. In diesen Gesellschaften habe sich der Brauch durchgesetzt, die unverheirateten Männer von wirtschaftlichen Aufgaben zu befreien und sie zu besonderen Verbänden zusammenzufassen. Im Rahmen eines Systems von Altersklassen hätten sie abgegrenzt von den übrigen Gesellschaftsmitgliedern als eine verschworene Gemeinschaft mit eigenen kultischen Symbolen gelebt. Bezeugt seien die Altersklassen in einem breiten Band vom Balkan bis nach Armenien und zum Iran. Die Männerbünde widmeten sich intensiv der kriegerischen Ausbildung und nach kurzer Übergangszeit entstanden in ihnen leistungsfähige und zur Radikalisierung der Kriegsformen bereite Reiterscharen. Die neuen Institutionen waren, wie Jettmar weiter feststellte, geeignet, die egalitäre Tendenz im älteren Sozialsystem der Steppenbewohner zu verstärken. Im Rahmen der Altersklassen habe jeder die gleichen Rechte und Pflichten gehabt. Ein Aufstieg sei nur durch Bewährung vor dem Feind möglich gewesen. Dies müsse zu einer regelrechten Trophäenjagd in der Form des Skalpierens

geführt haben; Herodot habe darüber berichtet, und bei der Öffnung eines Grabhügels im Altai seien diese Informationen bestätigt worden. Die Ausbildung des Reiterkriegertums wurde nach Jettmar[34] schließlich durch die allgemeine Öffnung des Nordens gegenüber dem Süden und Südwesten gefördert. Wiesner[35] beschäftigte sich näher mit dem Kontakt der nördlichen Reitervölker mit den südlichen Wagenrittern. Dieser Begegnung entspricht die Ausdehnungsrichtung des Reiterkriegertums nach Süden und Westen, erst später nach Osten.

Eine generelle und gesetzmäßige Entwicklung, nach der die Streitwagenvölker zu Anfang des ersten Jahrtausends zu Reitervölkern avancierten, ist nicht zu konstatieren.[36] Bei verschiedenen Gesellschaften läßt sich allerdings der Übergang von der Streitwagen- zur Reiterformation nachweisen, zum Beispiel bei den westlichen Kelten, den Etruskern und den späteren Iraniern,[37] ferner bei den Chinesen, die mit dem Streitwagen den berittenen Feinden gegenüber kriegstechnisch ins Hintertreffen gerieten.[38] Es kam ebenfalls vor, daß Reitervölker Gesellschaften mit Streitwagenkultur militärisch besiegten und dann langfristig überlagerten; dies ist zum Beispiel beim Reiten im früheisenzeitlichen Griechenland der Fall. Das Phänomen der Überlagerung betonte insbesondere Rüstow.[39] Kritisch setzte sich Kammler[40] mit den Thesen Rüstows auseinander; neben die Überlagerung stellte er verschiedene andere Formen der Herrschaft.

Generell bildete sich der Reiternomadismus in bemerkenswert kurzer Zeit aus. Bei einzelnen Gesellschaften verlief dieser Prozeß demgegenüber rigide; nur in Grenzen erreichte er sein Ziel einer wehrfähigen Kriegsreiterei. Das Phänomen der berittenen Infanterie repräsentiert solche Übergänge in verschiedenen historischen und grundsätzlichen Situationen. Anders als Jettmar,[41] der der assyrischen Kavallerie eine »regelrechte Vernichtungsstrategie« zuschrieb, stellte Hancar[42] von den Assyrern fest, sie hätten das Stadium einer voll entwickelten Kavallerie nicht erreicht, hätten sich von den Pferden zum Kriegsschauplatz transportieren lassen, seien dort abgesessen und hätten als Fußsoldaten gekämpft. Sofern die Reiter zunächst von der erhöhten Position des Pferderückens ihre Pfeile abschossen und sich dann erst für den Nahkampf von den Tieren trennten, verwirklichten sie den Fußsoldaten wie den Reiterkrieger in einer Person. Von den abendländischen Rittern wird das Absteigen mehrfach berichtet, besonders aus der Zeit ihres Nie-

1. Kopf eines assyrischen Pferdes. Relief-
fragment aus Chorsabad, 8. Jh. v. Chr.

2. *Der König auf der Löwenjagd. Reliefdetail aus dem Palast des Königs Assurbanipal (ca. 668–630 v. Chr.) in Ninive*

18

war nämlich im Gesellschafts- und Wertgefüge der Sigynnen so fest verwurzelt, daß selbst die Frauen bereits in der Jugend das Lenken von Viergespannen lernten und der besten Wagenfahrerin das Recht gebührte, einen Mann nach ihrer Wahl zu heiraten.[12]

Zu Beginn des 7. Jhs. v. Chr. tauchten in den assyrischen Quellen die Skythen auf; sie folgten in den nördlichen Schwarzmeerlandschaften auf die Kimmerier. Der machtpolitische und gesellschaftliche Stellenwert der Skythen manifestiert sich in der Heirat einer Tochter des Assyrerkönigs Asarhaddon (681 bis 669 v. Chr.) mit dem Skythenführer Bartatua. Mit diesem persönlichen Band entledigte Asarhaddon sich der skythischen Gefahr. Der König war nämlich voll auf damit beschäftigt, sein Reich im Westen gegen die Kimmerier und im Nordosten gegen die Meder zu sichern. Auch Asarhaddons Nachfolger Assurbanipal (668 bis 626 v. Chr.) erwehrte sich mit skythischer Hilfe der Kimmerier und der Meder.[13] Nach Herodot gehörten die Skythen, deren Kernraum in den Steppen am Dnjepr zu suchen ist, bis ins frühe 6. Jh. v. Chr. zu den bestimmenden Kräften Vorderasiens. Möglicherweise trugen die Skythen während ihres Aufenthalts in Lydien dazu bei, daß der Lyderkönig Alyattes die Kimmerier endgültig vernichten konnte.[14]

Das Bündnis mit den Assyrern gewährte auch den Skythen eine gewisse Aktionsfreiheit. Sie drangen bis an die Grenze von Palästina und Ägypten vor. Mit Geschenken und diplomatischer Überredungskunst gelang es dem Pharao Psammetich I. (664 bis 610 v. Chr.), sie um das Jahr 626 zur Umkehr zu bewegen. Auf dem Rückweg plünderten die Skythenscharen das Heiligtum der Aphrodite in Askalon und festigten so ihren Ruf, andere Völker rücksichtslos zu überfallen und unter ihre Schreckensherrschaft zu zwingen. Das bereits in der Auseinandersetzung mit den Kimmeriern geschwächte Reich von Urartu endete spätestens um 585 v. Chr. unter König Rusa III. Den Medern gelang es schließlich, auf die skytische Reiterwaffe umzurüsten und die Skythen mit deren eigener Technik zu schlagen. Die damit gegebene Veränderung der machtpolitischen Situation in Vorderasien führte dazu, daß die restlichen Skythen nach weiteren Auseinandersetzungen aus dem ihnen gefährlich werdenden Gebiet abwanderten; in den Räumen nördlich des Schwarzen Meeres, also dort, woher sie gekommen waren, wurden sie jedoch erneut aktiv.[15]

Die erfolgreiche Abwehr des persischen Angriffs unter Dareios I. im Jahre 512 v. Chr. war der Höhepunkt der skythischen Macht.[16] Die Aktion endete mit der vollständigen Niederlage des persischen Heeres, das vergeblich eine Entscheidungsschlacht gesucht hatte. Das skythische Aufgebot aus Fußkämpfern und Reitern war der Auseinandersetzung ständig aus dem Wege gegangen, war immer weiter zurückgewichen, hatte das verlassene Land nach der Taktik der verbrannten Erde unbrauchbar gemacht und den Gegner immer wieder zur aufreibenden Verfolgung veranlaßt. Der in der Weite der Steppe großräumig praktizierten Methode der verstellten Flucht waren die Perser nicht gewachsen. Der klägliche Verlauf dieser Offensive veranlaßte die Perser wahrscheinlich dazu, ihre Interessen zu verlagern und sich auf die Eroberung Griechenlands zu konzentrieren.

Die Skythen behaupteten über längere Zeit politische Macht und Reichtum, auch während des 4. Jhs. v. Chr. Der Erlös aus Getreideexporten gewann für die wirtschaftliche Situation der Skythen wachsende Bedeutung; er provozierte allerdings auch offensive Kräfte von außen. Der Druck der sarmatischen Stämme, die inzwischen den Don überschritten hatten, machte sich zu dieser Zeit bereits bemerkbar. Die Straffung der politischen Organisation des Skythenreiches unter König Atheas kann als defensive Maßnahme interpretiert werden. Atheas erkämpfte in der Folgezeit zwar westlich der Donaumündung Kolonialboden, verlor dann aber im hohen Alter (im Jahre 339 v. Chr.) gegen Philipp von Makedonien die Schlacht und auch das Leben. Nach dieser Katastrophe verlagerte sich der Schwerpunkt der skythischen Staatsbildung immer stärker auf die Krim. Nur das Mündungsgebiet des Dnjepr blieb noch unter Kontrolle der Skythen. Die westliche Steppe ging an die thrakischen Geten verloren, der Osten an die Sarmaten, die seit dieser Zeit die Weidegründe der königlichen Skythen beherrschten. Wiederholt gelang es den Skythen, griechische Schwarzmeerstädte unter ihre Herrschaft zu bringen. In machtpolitisch unbedeutender Position bestand der Skythenstaat noch bis ins 2. und 3. Jh. n. Chr. fort.[17]

Zu Alexanders Zeiten gelang es allein der skythischen Reiterei, eine makedonische Heeresabteilung durch Berittene zu vernichten: Nach dem Anreiten der Kataphrakten, bei denen Roß und Mann gepanzert waren, umschwärmten die skythischen Bogenschützen die Makedonen, »ließen aus der Entfernung einen wohlgezielten Pfeilhagel niedergehen« und entzogen sich sofort dem Nahkampf, den der Gegner nach diesem Angriff erwartete. Auch die Lanzenreiter, die Alexander nach dem Übergang über den Jaxartes gegen die skythischen Bogner schickte, vermochten gegen die Schützen wenig. Aus der Ferne trafen die skythischen Pfeile ihre Gegner, ohne ihnen nach den ersten Verlusten die Möglichkeit zum Nahkampf zu bieten.[18]

Über weite Strecken wie auch in der Auseinandersetzung auf beschränktem Raum praktizierten die Skythen mit ihrem gesamten Aufgebot die Taktik der verstellten Flucht. Bei der Verfolgung durch das verwüstete Land rieben sich die Perser auf. Die Skythen wollten ihren Rückzug, wie ihr König Idanthyrsos den Heerführer Dareios wissen ließ, erst an den Grabstätten ihrer Väter beenden; allein zur Verteidigung ihrer Ahnen waren sie bereit, den Persern direkt entgegenzutreten.

Die verstellte Flucht bedeutete nicht den permanenten Rückzug; dem Ausweichen folgte vielmehr ein blitzschneller Angriff, dann der erneute Rückzug, mit dem die Bogenreiter der direkten Auseinandersetzung mit dem Feind systematisch aus dem Weg gingen. Niemand konnte, wie Herodot[19] formulierte, den Skythen entrinnen; sie waren auch nicht zu fassen, wenn sie sich nicht selbst zum Kampf stellten: Nach blitzschnellem Scheinangriff warfen sie mit reiterlichem Geschick ihre Pferde herum, um dann fliehend noch nach rückwärts zu schießen. Platon[20] erwähnte bei der Erörterung der Tapferkeit besonders die Skythen, die »den Feind nicht minder fliehend als verfolgend bekriegen«.

Nach Denison[21] fochten die Skythen ungestüm und ohne feste Ordnung. Denison sprach freilich auch von »Haufen von dreieckiger Form«. Diese Anmerkung über die Formation könnte darauf hinweisen, daß die Skythen nicht regellos gegen den Feind ritten. Möglicherweise hatte der Anmarsch in geschlossener Formation in erster Linie den Sinn, den Gegner einzuschüchtern. Für die Taktik der verstellten Flucht war die Geschlossenheit des Verbandes wahrscheinlich nicht ausschlaggebend; ihr Erfolg hing in erster Linie davon ab, daß die einzelnen Reiter sich bedingungslos den Anweisungen zum vorgetäuschten Rückzug und vor allem dann zum erneuten Angriff fügten. Das taktische Konzept funktionierte insofern nicht selbstverständlich und risikolos, als die verstellte Flucht leicht in eine wirkliche übergehen bzw. die wirkliche Flucht als verstellte kaschiert werden konnte.

In seiner Eigenschaft als Fernwaffe stellte der Bogen eine wichtige Hilfe für die Effektivität der verstellten Flucht dar. Die Pfeile, in einer Köchertasche, dem Gorytos, getragen, waren aus Bronze, Eisen oder Knochen gearbeitet, vielfach in Dreikantform, zum Teil mit Widerhaken und Gift versehen. Die Skythen führten ferner ein Kurzschwert mit herzförmigem Griffabschluß, Akinakes genannt und als Symbol des Kriegsgottes kultisch verehrt. Weiter kannten sie die Streitaxt; das lange Hiebschwert findet sich bei ihnen selten. Als Schutz dienten Schilde aus Holz und Flechtwerk sowie Panzer und Helme, meist griechischen Ursprungs.[22] Eine ebenso primitive wie effektive Waffe stellte im Nordschwarzmeerraum schließlich die nagaikaartige Peitsche dar, die aus einem kurzen festen, mit Goldband umflochtenen Stiel und den ledernen, vermutlich mit Knoten bestückten Striemen bestand. Sie wirkte auch als Statussymbol; bis in die Neuzeit ist sie nachweisbar. Der gezielte Schlag mit ihr verwundete den Gegner vor allem im Gesicht.[23]

Die Rüstungen – Schuppenpanzer, Schuppenhelme und Schuppenhosen sowie Kampfgürtel und mit Eisenstreifen beschlagene Schilde – und die Lanzen, die in jüngerer Zeit vermehrt in skythischen Gräbern gefunden wurden, veranlaßten Rolle[24] zu der Ansicht, die »Vorstellung von den leichtbewaffneten Bogenschützen, deren Hauptvorteil in der Schnelligkeit ihrer Pferde lag, die offener Feldschlacht auswichen und weniger durch persönliche Tapferkeit als durch trickreiches Taktieren ihre Erfolge erzielten,« müsse »revidiert« werden. Schon seit dem 6. Jahrhundert hätten zumindest in der Kerntruppe des skythischen Heeres schwere Panzerreiter gestanden; ihre Zahl sei in den folgenden Jahrhunderten angestiegen. Die Revision braucht wahrscheinlich nicht so weit zu gehen, daß sie die Dominanz des leichten Bogners in Frage stellt. Möglicherweise sind die in jüngerer Zeit gefundenen Rüstungen nicht repräsentativ für die Bewaffnung der gesamten Kampfmannschaft, möglicherweise stammen sie von privilegierten Männern, die auf Schutz und Sicherheit besonders bedacht waren. Jedenfalls reichen diese Funde noch nicht aus, die durch bildliche Darstellungen wie durch literarische Quellen belegte Auffassung vom leichten Pferdebogner grundsätzlich zu korrigieren.

sen, deren Erfindung die griechische Legende einer Frau, nämlich Semiramis, zuschrieb[25], wurden in die Stiefel gesteckt, oder sie fielen darüber. Der Ärmelrock war auf Taille und an der Brust mit reversartigen Aufschlägen gearbeitet, die sich in der heutigen Männertracht ebenso wiederfinden wie Ärmelrock und Hose. Wolle, Filz, Fell und Leder dürften das bevorzugte Material für die zum Teil mit Spiralmustern verzierte Kleidung bei den Gesellschaften, die der Verbreitung bei den Gesellschaften, die der Streitwagentradition lange verbunden blieben, zum Beispiel bei den Indern, den Griechen oder den Italikern. Der Schottenrock der Inselkelten weist nach Wiesner[27] ebenfalls auf die Orientierung am Erbe der Streitwagenzeit hin. Die Chinesen lernten die funktionalen Vorzüge, die die Hose zur Bekleidung der Schenkel auf dem Rücken des Pferdes bietet, erst kennen und schätzen, als sie durch Steppenreiter gezwungen wurden, mit der Wagentradition zu brechen und ihr Aufgebot mit berittenen Bogenschützen zu modernisieren.

»Der wertvollste Besitz der Skythen waren fraglos die Pferde«: Sie dienten zum Reiten, als Lastiere zum Transport der Wohnzelte, als Zugtiere vor dem vier- oder sechsrädrigen Wagen und schließlich zur Ernährung. Die Skythen tranken die gesäuerte Stutenmilch und aßen den daraus gewonnenen Käse wie auch das Fleisch der Pferde. Aus Stutenmilch brauten sie einen stark berauschenden Met, den Kumys.[28]

Auch der skythische Kult belegt die außerordentliche Bedeutung des Pferdes im Leben dieses Reitervolkes. Dem Kriegsgott Akinakes wurde als feierlichstes Opfer das Roßopfer dargebracht. In den nach dem Rang des Verstorbenen sozial gestaffelten und mit ausgiebigen Totenmahlzeiten verbundenen Bestattungsriten dokumentiert sich der enge Bezug zum Pferd nicht minder eindringlich: In den skythischen Kurganen fanden sich neben mitbestatteten Menschen, Waffen, Kleidern und kostbarem Geschirr Skelete von zahlreichen Pferden, in einzelnen Gräbern sogar mehr als einhundert Tiere, denen man zum Teil Stangen durch die Körper getrieben und die man derart um den Verstorbenen postiert hatte.[29] »So standen die Rosse auch noch im Tode gleichsam um ihren toten Herren in seiner Grabhülle aufrecht herum, wie um ihm im jenseiti-

gen Leben sofort wieder zu Diensten zu sein.«[30] Offenbar sollte dem Verstorbenen für seine Existenz im Jenseits nicht das genommen werden, was ihm im diesseitigen Leben der wertvollste Besitz war. – Die Kurgane dienten der Bevölkerung der Umgebung als Kultstellen und Festplätze, auf denen unter anderem Pferderennen mit 30 bis 100 Teilnehmern stattfanden.[31]

Von den reittechnischen Hilfsmitteln der Skythen beeindrucken vor allem die vielfältig geformten Knebel der Trensen. Die von verschiedenen Forschern[32] typologisch klassifizierten Psalien dokumentieren allerdings nicht das Bemühen um eine besonders differenzierte Wirkungsweise der Trense im Pferdemaul. Wäre es den Skythen um die zäumungstechnische Funktion der Trense gegangen, dann hätten sie die eigentlichen Gebißstücke zwischen den beiden Knebeln mannigfaltiger gearbeitet. Man darf eher annehmen, daß die tiergestaltigen Psalien das Funktionieren der Trense und damit auch die menschliche Handhabung des Pferdes und seiner Möglichkeiten magisch steigern sollten. Bei der Interpretation der Psalien sind die allgemeinen Akzente des skythischen Tierstils zu berücksichtigen, der als Ausdruck der Gedankenwelt des Jägers und seines vom Tier geprägten Weltbildes zu werten ist. Bei der betonten Stilisierung der Tiere und ihrer Wesensmerkmale könnten totemistische Anschauungen von ausschlaggebender Bedeutung gewesen sein.[33]

Potratz,[34] Jettmar[35] und Wiesner[36] beschäftigten sich ausgiebig mit den skythischen Tierdarstellungen, bei denen das Pferd eigentümlicherweise eine untergeordnete Rolle spielt. Bei den theriomorphen Trensenknebeln sollte sich, wie Wiesner[37] betonte, die in der Form des Tierstils gebannte Kraft über die Trense auf das Tier übertragen. Im Tierstil habe man – in magischem Wunschdenken – beschwörend auf die natürlichen Fähigkeiten des Reittieres einwirken wollen. Die geschnitzten Tierstilmotive an den Riemen des Pferdegeschirrs deuten wahrscheinlich ebenfalls auf die magische Weltbegegnung hin. Nach Jettmar[38] handelt es sich beim skythischen Tierstil nicht um die Darstellung von Göttern in Tiergestalt; er repräsentiere vielmehr eine »fast anonyme, magische Potenz«. Jettmar sprach ferner von einer »fast mechanischen Anordnung von Kraft und Prestige«. Numinose, jedoch nicht personifizierte Potenzen setzten die Skythen demnach quasi strategisch ein.

Die Skythen waren wohl auch das erste Reitervolk,

das Sattel und Steigbügel verwandte und mit ihrer Hilfe die Grundlage für einen sicheren Einsatz des Lanzenreiters schuf. Um die für ihn charakteristische Wirkkraft zu erreichen, bedarf der Lanzenreiter eines festen Sitzes; andernfalls wird er beim Anprall des Gegners vom Pferderücken gestoßen. Auch ohne die technischen Hilfsmittel Sattel und Steigbügel wurde erfolgreich zu Pferd gekämpft, zum Beispiel von den Formationen der Sarmaten und Alanen[39] oder den Verbänden der Lybier[40]. Ihre eigentliche Bedeutung gewannen die Reiterkrieger aber erst mit der Anwendung der neuen technischen Erfindungen. Die Reste von Sätteln – sehr einfachen, die eigentlich nur aus Lederdecken bestanden, die durch einen Bauchgurt festgehalten wurden – fanden sich in den skythischen Kurganen. Vollständige Steigbügel sind aus skythischen Gräbern nicht erhalten, wohl jedoch die auf etwa 300 v. Chr. zu datierende Elektronvase von Certomlyk mit der Darstellung einer Schlaufe, die als Steigbügel interpretiert wird. Wahrscheinlich handelt es sich hierbei um Lederschlaufen, die sich nicht bis zu den Ausgrabungen in moderner Zeit erhalten haben. Aus Metall gearbeitete Steigbügel erscheinen erst einige Jahrhunderte später in der Sarmatenzeit.[41] Laut Wiesner[42] fertigte man erst in der Awarenzeit Steigbügel aus Bronze oder Eisen.

Auf der in skythischem Auftrag von einem griechischen Meister erstellten Vase von Certomlyk sind Szenen zu erkennen, die das Einfangen und Dressieren von Pferden darstellen. Im Altertum wurden, wie man weiß, Pferde zum Niederknien und Hinlegen abgerichtet. Die Skythen könnten sich ähnlicher Jagdpraktiken bedient haben wie die Jyrken, ein nördliches Nachbarvolk der Skythen, die dem Wild von Bäumen aus auflauerten, während die dressierten Pferde getarnt auf dem Boden lagen und erst zur Verfolgung der angeschossenen Tiere eingesetzt wurden.[43] Herodot[44] berichtete jedenfalls von solchem Geschick der Jyrken.

Um das Temperament der Hengste zu dämpfen, sollen die Skythen wie die Sarmaten ihre Pferde kastriert haben.[45] Wahrscheinlich förderte diese Maßnahme auch den Einsatz der Pferde bei der Jagd, der die Skythen sich mit besonderer Leidenschaft widmeten.[46] Die Kriegsauffassung wie die Kampfpraktiken der Skythen lassen sich in engen Zusammenhang mit der Jagd bringen; die beiden Handlungen unterscheiden sich aus dieser Sicht vornehmlich durch ihre Jagdobjekte.

Die Skythen saßen auf relativ großen Pferden. Die Widerristhöhe der größeren Exemplare betrug 148–150 Zentimeter, in Einzelfällen reichte sie nach den bisherigen Funden bis 160 Zentimeter. Die Tiere waren damit generell kleiner als die heutigen Warmblutpferde, aber größer als die Mehrzahl der Pferde ihrer Zeit, auch größer als der Durchschnitt der Kelten- und Germanenpferde.[47]

Als wilde und ruchlose Kriegerschar werden die Skythen geschildert, als ein Volk, das ohne festen Wohnsitz ist, friedliche Bauern willkürlich überfällt, belagert und erpreßt, plündernd und raubend umherzieht und übermütig das eroberte Land verfallen läßt.[48] In diesen Zusammenhang passen auch die Berichte Herodots[49] von der bei den Skythen praktizierten Kopfjagd: Sobald ein Skythe seinen ersten Feind erlegt hatte, trank er dessen Blut; die Köpfe aller in der Schlacht getöteten Feinde brachte er dem König, um gemäß dieser Leistung seinen Beuteanteil zu erhalten. Die Schädel wurden skalpiert und die weichgegerbten Trophäen an die Zügel der Pferde gebunden; die Anzahl der Skalpe galt als Ausweis der Tapferkeit. Die Trophäen wurden auch zusammengenäht und als Hirtenumhänge getragen. Die Haut der rechten Hand diente den Skythen ebenfalls als Trophäe, sogar die Haut des ganzen Leichnams, die man auf Holz spannte. Aus den Schädeln der grimmigsten Gegner fertigten die Skythen Trinkbecher, die mit Fell oder Gold umkleidet wurden. — Man darf annehmen, daß der Schriftsteller Herodot von der agonalen griechischen Kampfauffassung ausging. Die Pferdebogner verketzerte er in seinen Berichten über deren ruchlose Praktiken möglicherweise absichtlich.

Welch grundlegende Bedeutung das Töten eines Feindes in der kriegerischen Gesellschaft der Skythen spielte, geht weiter aus der Information hervor, nach der die Häuptlinge eines jeden Gaues alljährlich einmal einen Mischkrug mit Wein bereitete und alle Männer, die einen Feind getötet — oder wie Wild erlegt — hatten, davon tranken. »Die, welche keinen Feind erlegt haben, dürfen nicht mittrinken und sitzen abseits, ohne daß man sie beachtet. Das ist für den Skythen die größte Schande. Alle, die eine Menge Feinde erschlagen haben, bekommen gar zwei Becher und trinken aus beiden zugleich.«[50] Die zentrale Funktion der kämpferischen Bewährung drückt sich ferner im Ritus des skythischen Freundschaftsbundes aus[51]: Wein und Blut der beiden, die den Bund schlossen, wurden in einem Gefäß gemischt.

Das Blut gewann man mit einem Nadelstich oder einem Dolchstich. Schwert, Pfeil, Streitaxt und Speer
wurden in das Gemisch getaucht, das von ihnen dann
unter ausführlichen Beschwörungen gemeinsam aus
einem Becher getrunken wurde. Die angesehensten
Gefolgschaftsleute waren an dieser Handlung beteiligt; offenbar bezeugten sie das Geschehen, offenbar
bekräftigten sie die Gemeinschaft.[52]

Zu dem total und rückhaltlos auf Kampf gestellten Leben war nicht die gesamte Gesellschaft verpflichtet.
Man hat vielmehr eine Art von Bruderschaft der wehrfähigen Männer im Sinne der von Jetmar[53] geschilderten Altersklassen annehmen. Symbolischen Ausdruck gewann die Kampfgemeinschaft in einem riesigen Kessel, den der Skythenkönig Ariantes aus Pfeilspitzen herstellen ließ. Jeder männliche Skythe im
wehrfähigen Alter hatte hierzu eine Spitze beizu-
steuern. Mit diesem eindrucksvollen Ritus stellte der
König die Stärke seines Aufgebots fest.[54]

Allein die skythischen Männer stießen, wie Herodot
annahm, auf das Gebiet der Meder vor; ihre Frauen
sollen sie im nördlichen Schwarzmeerraum zurückgelassen haben.[55] Vor dem Einfall der Perser sollen die
Skythen ihre Frauen und Kinder auf Wohnwagen, die
von den Herden begleitet wurden, nach Norden in Sicherheit gebracht haben. An Vieh sei nur das zurück-
geblieben, was das Heeresaufgebot zum Leben
brauchte.[56] Die skythischen Frauen treten generell in
den Berichten Herodots auffallend zurück; weder am
Kampf noch an der Jagd sind sie beteiligt, sie lebten
auf Wohnwagen, ritten nicht, anders als bei den ihnen
benachbarten Amazonen, den Stammüttern der Sauromaten.[57]

Die Beschränkung des Skythenbildes – von ihm geht
die griechische Kentaurenvorstellung aus – auf den
permanent nomadisierenden Reiterkrieger ohne feste
Wohnung bedeutet eine idealtypische Vereinfachung.
Neben den östlich des Dnjepr lebenden Nomaden-
skythen unterschied man die südlich von ihnen ansäs-
sige Führungsgruppe der Königsskythen und die
westlicher wohnenden Bauern.[58] Wenn die Skythen
nach Herodot[59] auch keine Städte und Burgen kannten, so lebten sie doch nicht alle in Zelten und Wohnwagen. Aus dem nördlichen Schwarzmeerraum sind
vielmehr feste Niederlassungen als umfangreiche
Wallburgen bekannt. Sie enthielten Wohnbauten aus
Holz und Lehm. Die skythischen Gräber, Kurgane
genannt, wurden wohl nach dem Beispiel dieser Häuser gebaut. In skythischen Siedlungen fanden sich ferner Schmiedewerkstätten und Zeugnisse für Ackerbau.[60]

Ein institutionalisiertes Feudalsystem kannten die
Skythen noch nicht; durch kriegerische Leistung gewann der Einzelne Ehre, Anerkennung und Position.
Die rivalisierende Schar der Waffenfähigen unter-
stand der absoluten Macht des skythischen Königs,
dessen Funktion und Auftrag durch »göttliche Abstammung« transmundan oder kultisch sanktioniert
war. Um den Verband der »freiheitsliebenden« nomadischen Reiterkrieger als funktionsfähige Einheit zu
erhalten, war eine eindeutige und zur Disziplinierung
fähige Führung erforderlich. Auseinandersetzungen
innerhalb der Gemeinschaft lagen nämlich ebenso
nahe wie divergierende Einzelaktionen nach außen.
Sozialer Rang verband sich wahrscheinlich noch eng
mit körperlicher Kraft. Diese Annahme wird ebenfalls durch den Umstand nahegelegt, daß die Skelette
in den Oberschichtgräbern durchschnittlich 10–15
Zentimeter größer und auch kräftiger als die in den
Unterschichtgräbern sind. Die absolute Größe der
ranghohen Männer lag oft bei 1,80 Meter und mehr.
Die Beschreibung des Griechen Pseudo-Hippokrates,
nach der die Skythen klein, schlaff, krummbeinig und
untersetzt waren und von Gelenkentzündungen ge-
plagt wurden, trifft demnach wohl nicht zu. Pseudo-
Hippokrates hatte auch behauptet, das ständige Reiten auf Pferden verursache bei den Skythen Gelenk-
schwellungen der Rückenwirbel und Hüftleiden; es
mache ferner die Männer impotent.[61]

Ins Bild der durch Rauheit und Willkür gekennzeichneten Skythen paßt es, daß sie sich gerne berauschenden Getränken hingegeben haben sollen. »Skythi-
zein« war der griechische Ausdruck für unmäßiges
Zechen.[62] Dem Mederkönig Kyaxares gelang es zum
Beispiel, eine ganze Menge von Skythen als Gäste ein-
zuladen und sie zu so ausgiebigem Trinken zu anime-
ren, daß er die Berauschten erschlagen und sich so seiner Feinde entledigen konnte.[63]

Wie andere asiatische Reitervölker kannten die Skythen den Inhalationsrausch durch Hanf (Haschisch).
Er wurde in ritueller Form im Rahmen des Totenkul-
tes als Reinigungszeremoniell gepflegt und war mit
saunaartigen Schwitzbädern verbunden. Nach Wiesner[64] könnte das Hanfrauschritual das im Tierstil sich
ausdrückende Weltbild der Steppenvölker zu phanta-
stischen Übersteigerungen angeregt haben.

Den Kimmeriern und Skythen wird eine Führungs-
oder Initiativrolle bei der Ausbildung des Reiteroma-

dismus zugesprochen. Neben ihnen existierten im sibirischen Raum verschiedene andere Völker und Kulturen, die ihre Wirtschafts- und Existenzweise eng mit dem Pferd verbanden: Die Argippäer beschrieb Herodot[65] als ein Volk von Kahlköpfen, das sein Leben mit Sammeln und Viehzucht friste. Die Issedonen sollen als friedliches Viehzüchtervolk gelebt, Frauen und Männern gleiches Recht eingeräumt, im Totenkult Kannibalismus betrieben und die vergoldeten Schädel der Verstorbenen als Trinkbecher benutzt haben.[66] Die Massageten – bei Alexanders ostiranischen Feldzügen als Reiter auf iranischer Seite – wurden von Herodot[67] als ein Pferdebognervolk in Reitertracht geschildert: Neben der Heirat einer Frau kannten sie die Weibergemeinschaft, die derart geregelt war, daß die Männer nur den Köcher an den Wagen einer Frau zu hängen brauchten, um ihr beiwohnen zu dürfen; eine Altersbeschränkung gab es bei diesem Brauch nicht. Zu alte Männer wurden von ihren Angehörigen geschlachtet, gekocht und verspeist.

Die zwischen Jaxartes (Syr Darja) und Oxus (Amu Darja) verbreiteten Saken, bekannt für ihre Zucht und Pflege der Pferde sowie für den schamanistischen Abwehrbehang am Geschirr, kämpften im Heer des Xerxes als hervorragende Reiterkrieger.[68] Auch die Arimaspen – bei ihnen soll es sich um einäugige Menschen gehandelt haben[69] – werden von den Griechen als ein Reitervolk in Steppentracht dargestellt. Ein kriegerisches Reiterleben führten ebenfalls die Ananinoleute.[70]

2. Assyrer, Meder und Perser

Seit dem Ende des Zeitalters der Streitwagenkrieger erschienen die Reiterkrieger im südwestlichen Randgebiet des Iran. Die Wagenhelden wurden von den Reiternomaden überlagert oder sie rüsteten in einem umfassenden gesellschaftlichen Innovationsprozeß auf die neue Kampf- und Lebensart um. Die Reiterkrieger gingen zwar nicht generell, wie Wiesner[71] annahm, aus den Streitwagenkriegern hervor. Das Phänomen der Anpassung und Umrüstung läßt sich jedoch bei den Assyrern und ähnlich bei den Chinesen verfolgen. Aus dem Jahre 860 v. Chr. wird eine regelrechte Reitertruppe innerhalb des assyrischen Heeres erwähnt; sie soll den Bogen, seltener die Lanze ge-

führt haben.[72] Nach anderen Informationen war die Kavallerie im Vergleich zur Infanterie bei den Assyrern schwächer als im urartäischen Heer. Die Streitwagentruppe der Assyrer soll demgegenüber stärker als die der Urartäer gewesen sein.[73] Im Jahre 853 v. Chr. wehrten die Aramäer den assyrischen Angriff auf Syrien ab. Die Assyrer bezifferten das Aufgebot ihres Gegners auf fast 4000 Streitwagen, 2000 Reiter, über 62 000 Fußsoldaten und 1000 arabische Kamelreiter.[74] Nach Hancar[75] handelte es sich bei den assyrischen Reitern nicht um echte Pferdebogner, die vom Rücken des Pferdes aus den Kampf führten, sondern um eine »berittene Infanterie«, das heißt um Krieger, die sich vom Pferd zum Kampfplatz transportieren ließen, das Gefecht jedoch nicht von seinem Rücken aus führten.

Die Verbreitung des Reitens war eng mit dem Vordringen iranischer Stämme verbunden. Unter Salmanassar III. wurden 836 v. Chr. die Meder erstmals genannt, unter Sargon lieferten sie Pferde eigener Zucht an das assyrische Heer. In den fruchtbaren Tälern Mediens existierte eine renommierte Pferdezucht; die berühmten nisäischen Rosse und ihre Weiden waren unter den Achaimeniden königlicher Besitz.[76]

Die berittenen Schützen brachten den Medern, die das Reiten von den Nomaden des Ostens übernommen und an die Perser weitergegeben hatten, den Sieg über die Assyrer. Dabei kämpften auch die Meder nicht als perfektionierte Pferdebogner, denn sie waren nicht in dem Maße wie die freihändig reitenden Skythen, Hunnen oder Awaren mit dem Pferd verwachsen.[77] Die Meder kleideten sich allerdings wie Reiter; sie trugen die Hose, die sie wahrscheinlich von den Skythen übernommen hatten und zwar – der Name (griechisch: sarabara; neupersisch: salvar) belegt es – in der Funktion des Schenkelschutzes für den zu Pferde Sitzenden. Die achämenidischen Könige trugen die Hose noch nicht.[78]

Mit Hilfe berittener Bogenschützen gelang es den Persern unter Kyros II. (559–528 v. Chr.), dem Begründer des Weltreichs, sich der medischen Oberherrschaft zu entledigen.[79] Mit der Erhebung des Kyros gegen die Vorherrschaft der Meder begann im Jahr 550 der Aufstieg des Persertums unter der Herrschaft der Achämeniden. Die Aufhebung der Vorherrschaft des medischen Königs beinhaltete allerdings keine generelle Unterdrückung der Meder. Ihre adligen Geschlechter hatten an den Erfolgen des neuen Herrschers ihren Anteil. Bezeichnenderweise werden Me-

4. *Sassanidisches Felsrelief aus Naqsh i Rustam, Iran: Basrelief eines Reiterkampfes aus der Zeit König Hormuzd II.*

heißt Versenkung – in es. Die Meditation läßt den Ritter auch sein Handeln vergessen, er handelt nicht mehr bewußt, sondern quasi automatisch vollzieht sich die Einigung von Schuß, Pfeil und Ziel. Der erfolgreiche Schuß basiert mit anderen Worten auf der konsequenten Meditation und dem sich selbst und die Gegensätze der Erscheinungen vergessenden Erleben der Einheit. Solche Konzentration schließt auch ein, mit dem Pferd so selbstverständlich umgehen zu können, daß man von ihm, von seinen Bewegungen und von den durch sie bedingten Störungen unabhängig wird. Der Versenkung des Ritters im Yabusame gehen – unabhängig vom Reiten und Bogenschießen – ausgiebige Meditationen im Sitzen voran.

Der Niedergang der persischen Großraumherrschaft hing nach Xenophon[99] mit der Verweichlichung der persischen Herrenschicht zusammen. Sie dokumentiert sich nach Ansicht des griechischen Schriftstellers im vermehrten Tragen des langen Gewandes anstelle der Reitertracht mit Hosen und Stiefeln. Mit anderen Worten heißt dies: Das adlige Herrendasein ließ die Leistungsbewährung als Reiterkrieger zurücktreten. Xenophons Vermutung verliert allerdings an Gewicht, wenn man berücksichtigt, daß Hose und Rock bei den Persern wahrscheinlich kein Allgemeingut waren. Derart kleideten sich wohl nur die Berittenen.[100] Interessanterweise berichtete Justin[101] noch von den Parthern, sie hätten ein bis zu den Knöcheln reichendes Gewand getragen; dies habe sie am Gehen gehindert und zu Fuß wehrlos gemacht. Mit dem Gewand sollen sie, wahrscheinlich nur einzelne Stämme oder Gruppen von ihnen, auch im Sattel gekleidet gewesen sein. Reiterkriegertum war demnach, besonders in Zeiten des Übergangs, nicht unbedingt und notwendig mit dem Tragen von Rock und Hose verbunden. Justin schilderte nämlich die Parther im übrigen als Reiternomaden, die – so Altheim[102] – erst im Sattel zu sich selbst fanden: »Immer sind sie zu Pferde. Auf ihm ziehen sie in den Krieg, reiten sie zu ihren Gastereien, erledigen sie ihre öffentlichen und privaten Verpflichtungen. Zu Pferde gehen und stehen sie, handeln sie und besprechen sich miteinander. Und endlich unterscheidet Diener und Herren dies, daß die einen zu Fuß gehen, die anderen stets zu Pferde erscheinen«. Möglicherweise kann man doch an der idealtypischen Verbindung von Reiterkriegertum und Verbreitung der Hose festhalten, denn wie Wiesner[103] feststellte, trugen nämlich nicht die Parther, sondern die Perser das lange Faltengewand.

Im Hinblick auf die Reiterkleidung könnte es neben temporalen und lokalen Sonderusancen vor allem als Übergangserscheinungen auch Überschneidungen und Amalgame gegeben haben, unter Umständen auch derart, daß das standesgemäße lange Gewand über der funktionalen Reiterkleidung getragen wurde. Herodot[104] berichtete von den Persern, sie würden »am meisten von allen fremde Bräuche bei sich dulden« und die medische Kleidung tragen, weil sie diese für schöner hielten. Wahrscheinlich beruhte diese Vorliebe fürs Fremde auf der Auflösung beziehungsweise der mangelnden Verbindlichkeit der eigenen Normen.

3. Parther und Sassaniden

Aus Zentralasien stammte das iranische Reitervolk der Parther, das seit der Mitte des 3. Jhs. v. Chr. in Vorderasien ein bedeutendes Reich begründete, dabei aber die Verbindung zu seiner Heimat im Osten nicht abbrach. Die Informationen über die Parther stammen vornehmlich aus römischen und griechischen Quellen; dieser Umstand ließ die neue Macht vornehmlich als Gegner der Seleukiden und später der Römer erscheinen, ließ ihre Expansionen im Osten und Norden aber weitgehend übersehen.[105] Zur Zeit der parthischen Machtentfaltung hatten die Sarmaten ihre Herrschaft bis in den Karpaten-Donauraum ausgedehnt, und sarmatische Führungskräfte waren östlich des Urals weit in die Steppengebiete Mittelasiens vorgedrungen.

Ihren Namen erhielten die Parther nach der achämenidischen Satrapie Parthien, südöstlich des Kaspischen Meeres gelegen. Ursprünglich sollen sie Parner geheißen haben und Verwandte der Schwarzmeerskythen gewesen sein.[106] Verbindet man mit dieser Information eine andere, nach der die Parner kein eigenes Volk, sondern die Jungmannschaft der Parther waren[107], dann liegt die Annahme nahe, daß die Jungmannschaft sich zeitweise von ihrer Elterngesellschaft absetzte und sich ihr gegenüber verselbständigte, oder daß die Elterngesellschaft der Parther aufgrund der Leistungen ihrer jungen Krieger identifiziert und respektiert wurde.

Die Aktivität des nordiranischen Nomadenstammes der Parther im vorderasiatischen Raum hängt wahrscheinlich mit den sarmatisch-sakischen Bewegungen nach Alexanders Vorstoß in die achämenidischen Nordostsatrapien zusammen. Dabei trat die ostiranische Reiterei an die Stelle des ermattenden persischen Reiteraufgebots.[108] Die Bedeutung und Verbreitung der ostiranischen Reiter kommt darin zum Ausdruck, daß sie offenbar zu den stehenden Söldnertruppen gehörten, die die westlichen Satrapen unterhielten. Die von den Parthern ausgehende Wiederbelebung ursprünglich iranischer Kräfte verhinderte trotz aller Hellenisierungstendenzen und -anzeichen die totale Eingliederung des persischen Raumes in den Mittelmeerbereich. Die neue Macht, zu der die Satrapien am Euphrat und im Iran nach der Auflösung des Alexanderreichs zusammengebunden worden waren, verstand sich als Nachfolgerin der persischen; sie blieb außerhalb des römischen Imperiums.[109] Frye[110] sprach von der »Orientalisierung der Parther auf Kosten ihrer Hellenisierung«. Nach seiner Ansicht übernahmen sie zwar vieles von den Griechen, zugleich hätten sie aber die einheimische Tradition der Achämeniden fortgesetzt und sie an die Sassaniden weitergegeben. Unabhängig von den unterschiedlichen politischen Verläufen hätten die Parther sich »eine überraschende Einheit der Kultur bewahrt« und so in geistiger und kultureller Verschiedenheit von Rom als dem Repräsentanten des neueren Westens das Vermächtnis des Orients überliefert.[111]

Nach Strabo[112] eroberte Arsakes, ein Anführer der aus Zentralasien kommenden Parni-Nomaden, Parthien. Arsakes gilt als Begründer der parnisch-parthischen Macht; nach ihm wurden die parthischen Könige Arsakiden genannt. Anscheinend hat Arsakes den allgemeinen Aufstand der Satrapen im Osten des Seleukidenreiches zur Zeit der Thronbesteigung von Seleukos II. dazu benutzt, in Zentralasien ein eigenes Reich zu gründen. Im Jahre 247 v. Chr. wurde Arsakes zum König erhoben. Aufgrund seiner geschickten Organisation der parnischen Nomadenstämme bemächtigte er sich in den Jahren 242 und 241 – nach anderen Angaben um das Jahr 238 – des eigentlichen Parthiens. Die Schwierigkeiten im westlichen Teil des Seleukidenreiches ermöglichten den Parthern wie auch anderen Mächten im Osten, ihre Macht zu konsolidieren.[113] Nach Wiesner[114] war Arsakes »ein überragender Führer aus dem Bereich der hellenistischen Stadtkultur, dem es gelang, die Parther vom Nomadenleben zu städtischer Ordnung zu bringen«. Die Parner erreichten das, was den Skythen wie den Sarmaten

trotz ihrer Nähe zu den griechischen Pflanzstädten versagt blieb, nämlich »eine Reichsbildung mit festen Städten und einer dynastischen Zeitordnung«. Möglicherweise war Arsakes ein König, der neben seiner militärischen Leistungsfähigkeit über organisatorisches Talent und Charisma verfügte. Nach seinem Tod wurde er als vergöttlichter Reichsgründer verehrt.

Nach anderen Schilderungen gewinnt man den Eindruck, Wiesner habe die organisatorischen Erfolge des Arsakes überzeichnet. Möglicherweise war Arsakes insofern ein typischer Nomadenführer, als er mit Kraft und Charisma zu überzeugen und ein Reich aufzubauen vermochte, als er sich aber nicht damit beschäftigte, das Erreichte für seine Nachfolger zu stabilisieren. Nach Frye[115] ist es den Parthern niemals gelungen, ein starkes zentralisiertes Staatswesen zu schaffen. Obwohl sich das Königshaus der Arsakiden die Loyalität des Volkes über mehrere Jahrhunderte erhalten habe und obwohl auf dem gesamten iranischen Plateau eine gemeinsame Kultur und Sprache geherrscht habe, sei das parthische Reich doch mehr eine Hegemonie als ein zentralisierter Staat gewesen. Erst bei den Sassaniden ging, wie Frye[116] formulierte, das feudale, lockere Staatsgefüge der Parther in eine »zentralisierte Monarchie« über.

Den für die Gründung ihres Reichs ausschlaggebenden Erfolg gegen die Seleukiden errangen die Parther vor allem aufgrund ihres umfangreichen Aufgebots an Berittenen, denen das hellenistische Heer ebensowenig gewachsen war wie später die römischen Truppen. Die Parther wurden bei ihrer Expansion freilich durch die Auseinandersetzungen innerhalb des Seleukidenreiches wesentlich begünstigt. Seit dem 3. Jahrhundert verheerten die Reiterüberfälle der Parther die orientalischen Satrapien. Vom 2. Jahrhundert an wurde Mesopotamien zum Grenzgebiet. Nach der Regierung des Seleukidenkönigs Antiochos IV. (175–164 v. Chr.) »war die oftmals dunkle Geschichte Mesopotamiens nur noch ein Wirbel von Feldzügen und Rückeroberungen, bei denen Könige und Abenteurer zusammenwirken, um das Land zu verwüsten«.[117]

Antiochos III. hatte im Jahre 209 v. Chr. versucht, den Osten für die Seleukiden zurückzugewinnen, er hatte die Parther besiegt und sie gezwungen, die seleukidische Oberherrschaft anzuerkennen. Seine Erfolge waren jedoch nicht von Dauer. Das parthische Großreich baute Mithridates I. (171–138) auf. Er gewann das östliche Iran bis an die Grenzen Indiens hinzu, behielt in der Auseinandersetzung mit den Saken die Oberhand und sicherte die Ostfront seines Reiches gegen die von dort andrängende neue Nomadenbewegung, die durch die Hiung-nu unter Mao-tun ausgelöst worden war. In erster Linie wandte sich die parthische Expansion allerdings westwärts. Um das Jahr 155 eroberte Mithridates I. Medien, später Mesopotamien; 141 wurde er in Seleukeia als König anerkannt. Die parthischen Eroberungszüge im Westen wurden mehrfach gestoppt, weil Mithridates I. der Ostfront seine Aufmerksamkeit zuwenden mußte, um sich dort der neuen Nomadeneinfälle aus Zentralasien zu erwehren.[118] Im parthischen Aufgebot kämpften zu dieser Zeit Reiterverbände skythischer Herkunft.[119]

Um das Jahr 130 v. Chr. setzten sich die Parther gegen die erneut offensiven Seleukiden mit wechselndem Erfolg zur Wehr; die parthische Reiterei spielte in diesen Kämpfen eine ausschlaggebende Rolle. Wenig später drängten die iranischen Tocharer mit ihren sakischen Verbündeten wieder gegen die Ostfront des Reiches; zeitweise waren sie so überlegen, daß sie das Land plündern und sich ganz Parthien tributpflichtig machen konnten.[120]

Im 1. Jh. v. Chr. gaben die Parther ihre offensive Politik gegen Rom, die ihnen das seleukidische Erbe eingetragen hatte, auf; sie gingen zur Verteidigung des Erreichten über. Möglicherweise hing dieser Wandel auch damit zusammen, daß der Adel seine Macht gegenüber der zuvor uneingeschränkten Zentralgewalt stärkte. Unter Mithridates II. (123–87 v. Chr.) erlebte das Reich den Höhepunkt seiner Entwicklung. Mithridates II. wurde der »Große« genannt und nach achämenidischem Vorbild als »König der Könige« bezeichnet.[121] Der Anspruch, »König der Könige« zu sein, prätendiert Weltherrschaft.

Fast ein halbes Jahrtausend hatte sich die ostindogermanische Führungsschicht der Parther behauptet. Im 3. Jh. n. Chr. traten die Sassaniden ihr Erbe an, begünstigt durch den Druck der römischen Waffen, vor allem aber begünstigt durch die Auflösungserscheinungen innerhalb des parthischen Reiches.[122] Der letzte Arsakide, Artabanos V., fiel in der Schlacht gegen den Sassaniden Ardaschir I.

Die Sassaniden waren auf dem Schlachtfeld überlegen, scheinen ihr Reich aber auch durch organisatorische Leistungen gefestigt zu haben. Aus dem Jahr 256 n. Chr. wird von einer Schlacht berichtet, bei der die Sassaniden unter ihrem König Sapur ein römisches Heer von 60 000 Mann vernichtet haben sollen. Sapur

wie seine Nachfolger verstanden sich nicht nur als »König der Könige«, sondern ausdrücklich als »König der Könige« von Iran und Nichtiran, ein Titel, der den Weltherrschaftsanspruch unübersehbar machte.[123] Bis ins 7. Jahrhundert konnte sich die sassanidische Dynastie an der Macht halten.

Möglicherweise weist die Tatsache, daß Nisa in der durch ihre Pferdezucht berühmten Landschaft Nisaia die erste Hauptstadt des Partherreiches war, auf die elementare Bedeutung des Pferdes beziehungsweise der Berittenen bei der Reichsgründung hin. Die parthischen Erfolge beruhten nämlich wesentlich auf der Schlagkraft ihrer Reiterei, die zwei Typen von Reiterkriegern umfaßte, und zwar einerseits den leichtbewaffneten wie leichtgepanzerten Bogner und anderseits den schweren Panzerreiter mit Stoßlanze und Hiebschwert. Die gepanzerten Kontophoren kämpften als Kataphrakten, bei denen nur der Mann und nicht das Pferd den schweren Harnisch trug, wie auch als Klibanarier, bei denen Roß und Reiter geschützt waren. Der offensive Bogner wie der defensive Panzerreiter wurde demnach im gleichen geographischen und gesellschaftlichen Raum perfektioniert. In mehr oder minder ausgebildeter Form existierten die beiden Typen bereits bei den Skythen und den Sarmaten parallel. Eine Psychologie der Waffe und ihrer Träger stößt hier auf Probleme und Grenzen, zumal dann, wenn sie ihre Aussagen nicht auf Individuen oder einzelne Formationen beschränkt, sondern ganze Völker charakterisiert. Diese Überlegungen wollen den offensiven Bogner als Idealtypus des Reiternomaden nicht in Frage stellen; sie sollen allerdings deutlich machen, daß die erfolgreiche Offensive zumindest die Tendenz zur Defensive impliziert, bedingt durch das individuelle und kollektive Anliegen, sich selbst wie das im Angriff Erreichte vor der Aggression des Gegners zu schützen.

Die Schlagkraft der parthischen Reiterei soll in besonderem Maße auf der Kooperation der Panzerreiter und der geschickt mit der Taktik der verstellten Flucht agierenden Bogner basiert haben. Die Niederlage der Römer bei Carrhai im Jahre 53 v. Chr. wird als Resultat dieses Zusammenspiels interpretiert. Da den parthischen Bogenschützen in dieser Schlacht tausend Lastkamele mit Pfeilmunition nachgeführt wurden, konnten sie den Gegner pausenlos mit einem Pfeilhagel überschütten und in der Umzingelungstaktik dem römischen Heeresviereck empfindliche Verluste beibringen. »Sie steigerten sich, als Crassus den Nahkampf erzwingen wollte, denn auch im Zurückschwärmen brachten die Parther zielsicher ihre Pfeile an, weil sie geübt waren, über die linke Schulter zu schießen.«[124] Mit dieser Methode hatten im ersten Jahrtausend v. Chr. bereits die Skythen und Saken gekämpft. Die lateinischen Quellen bezeichneten den Pfeilschuß des fliehenden Reiters als »parthischen Schuß«.[125] Die Niederlage bei Karrhai stempelte die Parther aus der Sicht der Römer zum »östlichen Schreckgespenst«. Dieses Urteil gewann noch deutlichere Konturen, als im Jahre 36 v. Chr. auch der Partherfeldzug des Antonius scheiterte. Wahrscheinlich verstärkte das Dröhnen der Kesselpauken, das den stürmischen Angriff der parthischen Reiter begleitete, den Eindruck parthischer Wildheit noch. Der Klang der Instrumente, die die Berittenen mit sich führten, soll die Krieger in eine ekstatische Erregung versetzt haben; sie hätten sich dann wie besessen auf den Feind gestürzt. In diesem Zusammenhang wurde an die Funktion der Pauken bei den Schamanen, in den orgiastischen Kulturen Vorderasiens sowie ferner in China erinnert.[126] Die musikalische Begleitung von Formationsmärschen – beim Militär ebenso wie im Sport – stimuliert generell Teilnehmer und Zuschauer; dabei fördert die Musik auch den Konsens und die Stimmung der Gemeinschaft, indem sie zum »seelischen Mitschwingen« anregt und rationale Kontrolle abbaut.

Der parthische Großkönig war mit seinen Lehnsfürsten in einem Feudalsystem verbunden, dessen Enge und Verbindlichkeit im Laufe der Geschichte des Reiches unterschiedliche Formen und unterschiedliche Ausmaße annahm. Von den damit einhergehenden Spannungen wurde die Regierung der Arsakiden immer wieder belastet; sie führten zu schweren Krisen, die von den Römern geschickt ausgenutzt wurden.[127] Nach dem Bericht Plutarchs war Surenas aus dem Haus der Suren, der Sieger von Karrhai, einer der mächtigsten Feudalfürsten seiner Zeit. Die – in verschiedenen Punkten wohl übertriebenen – Informationen über Surenas vermitteln aufschlußreiche Einblicke in die parthische Gesellschaft: Die Reisebegleitung weist auf den Luxus des fürstlichen Hofes hin. Das Gepäck des Herrn wurde auf 1000 Trampeltieren befördert. Seine Nebenfrauen führte er in 200 Wagen mit, außerdem eine Leibwache von 1000 Panzerreitern und berittenen Bogenschützen, insgesamt ein Heeresaufgebot von 10000 Mann. Der Fürst war selbstverständlich bemüht, sich selbst und seine Mannen mit den besten Pferden auszurüsten. Sein besonderes Interesse an den bekannten Pferdezuchtgebieten von Ferghana, Baktrien und Nisaia ist daher nicht verwunderlich. Auch ästhetische Momente sollen bei der Berittmachung des Fürsten und seines Aufgebots eine Rolle gespielt haben. Plutarch bezeichnete Surenas als einen Mann von Körpergröße und Schönheit wie kein anderer. Er soll gescheitelt und geschminkt in den Kampf gezogen sein, während die Parther im übrigen nach Skythenart die Haare ins Gesicht fallen ließen, um Furcht und Schrecken zu verbreiten.[128]

Surenas hatte die Mittel, eine Streitmacht von 1000 Panzerreitern und einer noch größeren Zahl von Bogenschützen zu unterhalten. Plutarch schilderte diese Krieger ausdrücklich als Hörige und Sklaven. Wie dünn die parthische Oberherrenschicht war, geht zumindest in der Tendenz aus einem Bericht hervor, nach dem im Partherheer, das Antonius im Jahre 36 v. Chr. gegenüberstand, bei 50000 Reitern nur 400 Freie gezählt wurden. Offenbar konnte allein der Adel die Mittel für die kostspielige Bewaffnung der Panzerreiter aufbringen. Die Unfreien bildeten das Gros der Bogenschützen, von denen bekannt ist, daß die Herren von ihnen ständiges Training verlangten. Der Adel und insbesondere die großen Fürsten wie Surenas unterhielten ihre Aufgebote mit Hilfe der Einnahmen aus ausgedehnten Liegenschaften und damit gefährdete die Macht der Partialfürsten immer wieder die Zentralgewalt. Es darf daher nicht verwundern, daß König Orodes sich des Surenas und seiner bedenklichen Hausmacht endgültig dadurch entledigte, daß er den Fürsten umbringen ließ.[129] Der Lebensstil der parthischen Aristokratie als einer kleinen Schicht adeliger Reiterkrieger spiegelt sich anschaulich in Plutarchs Bericht über die verspäteten und für Crassus schließlich mit dem Tod endenden Waffenstillstandsverhandlungen zwischen Surenas und dem Römer bei Karrhai: Surenas erschien im Sattel, Crassus zu Fuß. Unter diesen Umständen war der adelige Ritter nicht bereit, die Verhandlungen zu beginnen. Er ließ dem Römer ein goldgeschirrtes Pferd bringen und schuf erst derart Verhandlungsbedingungen, die aus seiner Sicht den Personen wie der Sache würdig und angemessen waren. Die Szene dokumentiert reiterlichen Stolz und Hochmut ebenso wie ritterlich-agonale Normen. Altheim[130] betonte die »Leidenschaft für Pferde und Hunde, für Jagd und Waffengang« als Eigenschaft des ostiranischen Adels. Er schilderte dessen Leben im Rahmen eines ritterlichen Lehnssystems:

»Mit Treue hingen die Hörigen an ihren Herrn, und keiner scheute den Tod des tapferen Mannes. Heldentum und Mannestreue, der gepanzerte Ritter, die Barone und großen Landeigentümer mit ihrer Gefolgschaft, die Burgen – alles weist die gleiche Wesensart auf.«

Den Reichtum der Adeligen bemaß man an der Anzahl der Berittenen, die sie im Kriegsfall dem Aufgebot des Königs zuführten. Das Gros des parthischen Heeres bestand aus den Unfreien, die allerdings wie die Freigeborenen das Reiten und Bogenschießen erlernen mußten; im Kampf wurden sie neben der schwergepanzerten Adelsreiterei als Leichtbewaffnete zu Pferd eingesetzt.[131] Der Umgang mit dem Bogen war eine der wichtigsten Tätigkeiten des parthischen Mannes, so existenzbestimmend, daß es selbst einem König oder Gott angemessen erschien, beim Spannen des Bogens dargestellt zu werden.[132] Auch Götter saßen zu Pferde, ein Indiz dafür, wie sehr reiterliches Dasein und reiterlicher Stil das Leben der Parther bestimmten.[133] Justinus[134] berichtete in diesem Sinne von den Parthern, sie säßen dauernd zu Pferde, ritten in den Krieg und auf die Jagd, bei öffentlichen und privaten Gelegenheiten, auf Reisen und bei Unterredungen. Der Unterschied zwischen Freien und Sklaven bestehe vor allem darin, daß der Unfreie zu Fuß gehe. Die Jagdleidenschaft der Parther spiegelt sich in der Darstellung ihres großen Gottes als Reiterjäger. Wahrscheinlich unterhielt der parthische Adel sogar künstliche Wildparks mit Elchen, um die Jagd – wie zuvor schon die achämenidischen Könige und später die Sassanidenherrscher – als artifiziellen Sport zu betreiben.[135] Die Jagd und der Kampf standen für die Parther in engem sachlichem Zusammenhang. Die kriegerischen Nomadenvölker verstanden die Auseinandersetzung mit dem Feind möglicherweise als eine Modalität von Jagd, beziehungsweise sie erlebten die Jagd als eine bestimmte Art der Auseinandersetzung mit Feinden. Das intendierte Objekt und weniger die anzuwendende Methode würde demnach den Unterschied zwischen den beiden Tätigkeiten unabhängig von ethisch-moralischen Aspekten begründen: Bei der Siegesfeier nach der Schlacht von Karrhai am Hof des Königs Orodes II. zitierte ein Schauspieler aus den Bakchen des Euripides in höchster Begeisterung die Verse »Wir bringen vom Berge nach Hause getragen, die herrliche Beute, das blutige Wild«; bei diesen Worten hielt er das Haupt des erschlagenen Crassus empor. »Die Schlacht wird also mit einer Jagd verglichen, der Feind mit dem Wild, dessen Kopf man als Trophäe zur Schau stellte.«[136]

Die enge Verknüpfung von Jagd und Kampf betraf in erster Linie die reiterkriegerische Frühzeit. Mit der Entfaltung adeligen Lebens verselbständigte sich die Jagd zu einem Sport, der den relativ risikolosen Ersatz für den gefährlichen Ernstfall darstellte. Die Jagd konnte freilich auch auf den Kriegseinsatz vorbereiten und derart die frühere unmittelbare Nähe zum Kampf noch bezeugen.

Eine ausgeprägte Einteilung in Klassen von Kriegern, Priestern, Schreibern und Handwerkern ist aus dem parthischen Reich nicht bekannt, wohl aber später von den Sassaniden. Die Existenz einer hohen parthischen Aristokratie ist jedoch belegt, unter anderem durch die burgähnlichen Plätze und Städte. Unter parthischer Herrschaft entstand im Iran eine reiche einheimische Literatur. Linguistische Hinweise lassen vermuten, daß ihr Inhalt sich auf das Pferd, seine Ausstattung, den Kampf, die Jagd und generell auf die feudal-ritterliche Gesellschaftsform bezog.[137] Es ist jedoch fraglich, ob Sagen und Epen bereits in parthischer Zeit schriftlich fixiert oder ob sie nur durch Barden und Spielleute vorgetragen und mündlich weitergegeben wurden.[138] Überliefert ist das Sahname, das »Buch der Könige«, das der Ostiranier Firdosi (935–1020) zu Beginn des 11. Jahrhunderts verfaßte beziehungsweise aufzeichnete. Dieses iranische Nationalepos »mit der Fülle seiner Helden und Ritter, seiner Fabeln und Aventüren, seiner Zweikämpfe und Liebesgeschichten«,[139] behandelt die Sagen und Bräuche der feudalen Partherzeit. »Nach Roß und Sattel trage ich Begehr; am Pfeilwurf habe ich Gefallen …!« soll Rustam, der größte Held der persischen Sage, bereits mit acht Jahren seinem Großvater Sam gestanden haben.[140] Der gleiche Geist, der sich in dem von der adligen Gesellschaft der Parther geförderten Heldenepos offenbart, ist nach Frye[141] auch in den erhaltenen Werken der bildenden Kunst zu verspüren: »Jagdszenen, Darstellungen von Rittern im Zweikampf, von Reitern im fliegenden Galopp finden wir in Werken aus Stein, Metall und Stuck.« Das Motiv des fliegenden Galopps spielte in der parthischen Kunst eine ausgezeichnete Rolle; von der sassanidischen Kunst wurde es übernommen,[142] wohl nicht aufgrund einer ausschließlich kunstgeschichtlichen Tradition, sondern als Konsequenz der zentralen Bedeutung, die dem Pferd auch bei den Sassaniden zukam.

Die Parallelität der iranischen Literatur zur abendländischen Ritter- und Minnedichtung ist offensichtlich. Vor allem seit der sassanidischen Zeit trugen das Schreiben und auch das als »königlich« angesehene Schachspiel beträchtlich zur Kultivierung eines ritterlichen Daseins bei. Der anfangs recht rauhbeinige Reiteradel unterwarf sich den höfischen Sitten und zivilisierte das ungebundene Dasein des kriegerischen Abenteurers und verwegenen Jägers in verbindlichen Regeln und Konventionen. Das in allgemeine Normen eingegrenzte Polospiel läßt sich als bezeichnender Ersatz für die grobschlächtigen und unmittelbaren kämpferischen Auseinandersetzungen zu Pferd interpretieren.[143] Nach Altheim[144] spannte sich der Bogen »von der Bildung ... über die Kenntnis feinster Speisen, der besten Weine, über Gesang und Musik, bis zu den wohlriechenden Blumen, den schönsten Frauen«. Die Kultivierung der feinen Adelswelt blieb nicht folgenlos, denn mit der Zeit verringerte sich das Interesse an der handfesten Einübung und Leistungsbewährung als Reiterkrieger. Aus der späteren Sassanidenzeit ist bekannt, daß der Adel nicht mehr in der Lage war, das Kriegswesen und die Landesverteidigung mit eigenen Waffen zu übernehmen. Solche Entwicklungen trugen wahrscheinlich entscheidend zum Erfolg der mazdakistischen Sozialrevolte mit Besitz- und Weibergemeinschaft bei; sie baute die Privilegien des Adels radikal ab.[145] An Stelle des unfähigen Adels hatte in Zukunft die königliche Kasse für die Bewaffnung der Krieger zu sorgen. Den berittenen Kämpfern wurden Pferd und Ausrüstung, dazu noch eine geldliche Beihilfe gestellt. Über diese staatlichen Mittel durften sie allerdings nicht in ritterlicher Manier frei verfügen; stattdessen mußten sie mit einer Buchführung bürokratische Rechenschaft ablegen. Die stehende Truppe, die mit Landlehen entschädigt wurde, ergänzte im Kriegsfall die neugeschaffenen Grundbesitzer, die dann ebenfalls zum Ritterdienst verpflichtet waren. Über den Landbesitz war die gesamte neue Ritterschaft an den König gebunden. Aus einem auf einzelne Persönlichkeiten abgestellten Verpflichtungsakt ergab sich mit der Zeit durch die Erblichkeit der militärischen Aufgaben und die Ansiedlung der Verpflichteten auf dem zugewiesenen Land eine stabile Institution; in ihr formte sich eine neue Ritterschicht, die in der Folgezeit zunehmend an Bedeutung gewann und auch unter islamischer Herrschaft ihre Position zu wahren vermochte.[146]

In der byzantinischen Themenverfassung liegt eine Parallele zur sassanidischen Entwicklung. Der Heeresdienst zu Pferde war auch dort die ausschlaggebende Gegenleistung für das Landlehen. Auch dort wurde die gegenseitige Verpflichtung in der Erblichkeit institutionell gefestigt. Die Nähe und Anpassung der beiden gegnerischen Mächte ging demnach über den speziellen Bereich der Wehrtechnik weit hinaus.[147] Byzanz und das Sassanidenreich entwickelten ähnliche Lösungen für umfassende gesellschaftliche Probleme. Am Verhältnis dieser beiden Gesellschaften läßt sich auch die Funktion kriegerischer Auseinandersetzungen als Medium gesamtkulturellen Austauschs demonstrieren.

4. Sarmaten und Goten

Als Sarmaten vereinigten sich verschiedene Stämme zentralasiatischen Ursprungs. Wie die Skythen und die Kimmerier lebten die meisten von ihnen als Nomaden; sie blieben dem Hirtendasein auch bis zu ihrer Auflösung treu. Diese Existenzweise schilderte Strabo auch von den Sarmaten, die im 1. Jh. n. Chr. in Dakien saßen und in Filzhütten asiatischen Typs wohnten. Wie die Skythen und die Kimmerier waren die Sarmaten Indo-Europäer mit einer iranischen Sprache, von der man annimmt, daß sie dem Skythischen ähnelte. Die Geschichte der Sarmaten beginnt im 6. Jh. v. Chr., als die Mehrzahl der Stämme sich im asiatischen Raum westwärts bewegte. Etwa zweihundert Jahre später hatten sie die westlichen Ausläufer des Urals erreicht. Die Roxolanen scheinen zusammen mit den Jazygen, Aorsen und Alanen die Angriffsspitze des breiten Keils gebildet zu haben. Die Roxolanen drängten zur Wolga hin, die Alanen zogen zum Kuban-Gebiet. Die Aorsen blieben bis etwa zum Ende der vorchristlichen Periode an der Wolga und schoben sich dann zum Norden des Asowschen Meeres vor.[148]

Die antiken Überlieferungen bezeichnen die nordiranischen Stämme, die seit Ende des 4. und verstärkt dann seit dem 3. und 2. Jh. v. Chr. anstelle der Skythen die dominierende Rolle im nördlichen Schwarzmeer-Raum übernahmen und erst durch die Hunnen verdrängt wurden, als Sarmaten. Die unterworfenen Skythen-Stämme gingen in den Sarmaten auf oder zogen sich in Randgebiete zurück. Die letzten Skythen-Könige sollen bereits eindeutig unter griechischem Einfluß gestanden haben. In den skythischen

Führungskreisen hatte der Hellenisierungsprozeß bereits im 6. und 5. Jh. begonnen, eine Entwicklung, die sich im Zerfall des charakteristischen Tierstils wie auch in der Auflösung der gegenseitigen Bindungen der führenden Geschlechter abzeichnete.[149] Wahrscheinlich ist der Hellenisierungsprozeß auch zu verstehen als der Ausbau einer ritterlichen Feudalordnung, in der die kampf- und leistungsorientierten Jungmannschaften mehr und mehr an Bedeutung verloren.

Spätestens vom 6. Jh. v. Chr. an wurden die Sarmaten zu Reiterkriegern; sie blieben es bis zum Ende ihrer geschichtlichen Bedeutung im 4. Jh. n. Chr. Die Hunnen, die 375 n. Chr. den Don überschritten, besetzten das weite Herrschaftsgebiet der Sarmaten, die in die hunnischen Verbände aufgenommen oder verschlagen wurden. Das Erbe der sarmatischen Reiterkrieger lebte fort, vornehmlich in dem mit Stoßlanze und langem Hiebschwert unter dem Metallpanzer kämpfenden Reiter sowie im polychromen Tierstil der Völkerwanderungszeit.[150]

Die Aorsen waren einer der größeren und unternehmungsfreudigen sarmatischen Stämme. Im Jahr 66 v. Chr. zählte ihre Armee nach den Angaben Strabos 200 000 Mann; das Aufgebot der Alanen bestand zur gleichen Zeit aus 20 000 Soldaten. Sowohl der Schriftsteller Strabo wie der Han-Kaiser Wu-ti lobten die kriegerische Tüchtigkeit der skythisch-sarmatischen Nomaden im allgemeinen und der Aorsen im besonderen. Wu-tis Entscheidung, die westliche Seidenstraße einzurichten, verstärkte den Kontakt Chinas mit den eurasischen Nomaden.[151]

Die »kultivierte« Welt der Antike hatte sich immer wieder gegen die Angriffe und Eroberungszüge der »barbarischen« Nomaden zu verteidigen. Für das sarmatische Vordringen nach Mitteleuropa waren in erster Linie die Jazygen und Roxolanen verantwortlich. Die Vorhut bildeten die Jazygen, die ihre Weidegründe im Norden des Asowschen Meeres, am unteren Dnjepr und Don verlassen hatten und nach Westen zogen. Einige Forscher halten sie für die Gruppe, die von den Römern die Königlichen Sarmaten genannt wurde. Ihre Wendung nach Westen resultierte möglicherweise aus dem Druck, den die Roxolanen auf sie ausübten. Im 1. Jh. v. Chr. waren die Jazygen bis zum Dnjestr gelangt. Einige ihrer Verbände überquerten dann die Donau, drangen ins Gebiet des heutigen Bulgarien vor und griffen als Verbündete des Mithridates Eupator Rom an. Erst um 50 n. Chr. hatte sich die Mehrzahl der Jazygen zwischen Theiß und Donau niedergelassen. Die Roxolanen waren zu dieser Zeit als Verbündete der Skythen im Kampf gegen die Krim-Griechen von dem pontischen General Diophantos besiegt worden und hatten sich ihm in seinem Kampf gegen Rom angeschlossen. Ihre Armee soll 50 000 Mann umfaßt haben; sie waren aber schlecht diszipliniert und so leicht bewaffnet, daß die römischen Legionäre sie ohne Schwierigkeiten überwinden konnten. Im Jahr 63 n. Chr. unterwarfen die Römer die Sarmaten erneut. Im Anschluß an diesen Erfolg wurden 100 000 von ihnen über die Donau geführt und auf römischem Gebiet angesiedelt. Die von den Nomaden ausgehende Gefahr war damit freilich nicht auf Dauer gebannt. Im Jahr 117 n. Chr. mußte Hadrian Dakien gegen einen Zangenangriff verteidigen, der von Westen durch die Jazygen und vom Osten durch die Roxolanen vorgetragen wurde. Während der folgenden sechzig Jahre kämpften die Jazygen in Pannonien mit den Römern. Die siegreiche Entscheidungsschlacht gelang Marcus Aurelius im Jahre 175. Die Erfolge über die Sarmaten verschafften Aurelius den Ehrentitel »Sarmatikus«.[152]

Der Kampfgeist der Nomaden war durch diese Niederlagen noch nicht gebrochen. Während des 3. Jhs. wurde die Mehrzahl der Roxolanen von den Goten und Alanen absorbiert, andere verbanden sich mit den Goten zu Streifzügen in Westeuropa, die Jazygen blieben aber ein eigenständiger Stamm, der die Römer an der Donau immer wieder belästigte. Bis zur Mitte des 3. Jhs. hatten die Jazygen den Römern gewisse Zugeständnisse abgerungen. In den Jahren 236–238, 242, 252 sowie 282–283 kam es erneut zu kriegerischen Auseinandersetzungen, die mit Niederlagen der Nomaden endeten. Im 4. Jh. unterwarfen die Hunnen die Sarmaten; viele töteten sie, andere assimilierten sie, einige entkamen nach Westen. Die Reste der Sarmaten schlossen sich denen an, die weiterhin den Goten und Hunnen zusetzten, ehe sich im 6. Jh. ihre geschichtliche Bedeutung verlor.[153]

Die Römer erkannten die militärische Bedeutung der neuen Reiterwaffe. Sie machten sich ihre Effektivität dadurch zunutze, daß sie ihrem Heer fremde Truppen als Auxiliar-Reiterei eingliederten und darüber hinaus selbst die Techniken der »Barbaren«, besonders die der sarmatischen und der parthischen Reiter, übernahmen. Bezeichnenden Niederschlag fand diese Entwicklung in der im Jahre 136 verfaßten »Taktik« des Arrian. In dieser Schrift werden die Kavallerieübungen der Zeit dargestellt und dabei auch die kaiserlichen Instruktionen zur Beherrschung der Kampftechnik der Parther, Armenier, Sarmaten, Kelten, Skythen und Räter angesprochen.[154]

Als Vorfahren der Sarmaten werden die bereits von Herodot als östliche Nachbarn der Königsskythen erwähnten Sauromaten angesehen. Die von Herodot[155] berichtete Stammessage der Sauromaten ist bezeichnend für den Charakter dieses Reitervolkes: Sie sind Abkömmlinge der Amazonen und Skythen. Von den Griechen aus Kleinasien verschleppte Amazonen hatten sich auf dem Schwarzen Meer befreit und ihre Wachmannschaft ins Wasser geworfen. Sie wurden an die Küste des Asowschen Meeres verschlagen, raubten dort Pferdeherden und plünderten als »Reiterkrieger in Männerkleidung« das Skythenland. Die Skythen sandten eine unverheiratete Jungmannschaft aus, die Beziehungen zu den Amazonen anknüpfen sollte. Der Plan glückte, und die Jungskythen wanderten mit ihren Frauen in das Gebiet östlich des Don. Die Amazonen lebten dort nicht ähnlich den skythischen Frauen; wie einst saßen sie zu Pferd, jagten und zogen in den Krieg.

Welch zentrale Rolle die Bewährung im Kampf für die sauromatischen Frauen gespielt haben soll, zeigt sich in den von Herodot[156] geschilderten Ehebräuchen: Die Sauromatin durfte erst heiraten, nachdem sie einen Feind getötet hatte. Manche Frauen wurden alt, ohne sich zu vermählen, weil sie diese Bedingung nicht erfüllen konnten. Das Bogenspannen, Reiten und Jagen war nach den antiken Autoren die angemessene Beschäftigung der Mädchen, einen Feind zu erschlagen, die der herangereiften Frau. Die Quellen sprechen auch von einer gynaikokratischen Ordnung bei den Sauromaten.[157] Erst als die sarmatische Gesellschaft schwere Kavallerieeinheiten ausbildete und in getrennte soziale Klassen sich aufspaltete, soll die matriarchale Ordnung in eine patriarchale übergegangen sein. Die Frauen kämpften als mobile Bogenschützen, mit Lederwams und Ledermütze gepanzert. Die schwere Kavallerie rekrutierte sich demgegenüber aus Männern, die mit der wachsenden Bedeutung der neuen Kampftechnik an gesellschaftlichem Rang gewannen und allmählich die Frauen überflügelten. Im Rahmen dieses Wandels wurde dann auch die Position der Häuptlinge ausschlaggebender als die der zuvor dominierenden Königinnen.[158]

Wie die Männer trugen die Sauromatenfrauen lange Hosen, Stiefel und Ärmelröck, die funktionale Reiterkleidung. Die privilegierte Stellung der Frauen wird unter anderem dokumentiert durch die Ausstattung und die Beigaben in ihren Gräbern.

Den Sauromaten und Sarmaten sagten die antiken Quellen »außerordentliche Wildheit und Leidenschaft« im Angriff nach.[159] Sie spannten den Bogen, fochten aber auch mit der langen Lanze und dem spitzen Langschwert. Den Nahkampfwaffen entsprach die Panzerung, die die Reiter wie die Pferde schützte. Die Schuppen- und Kettenpanzer sollen so gearbeitet gewesen sein, daß das von den Pferdebognern bekannte Rückwärtsschießen über die linke Schulter noch möglich war.[160] Die schwere Panzerreiterei verdankte ihre Fortschritte vor allem der Entwicklung des Steigbügels, der den Sitz des Reiters auf dem Pferderücken beträchtlich festigte; mit der Lanze konnte jetzt sicherer gestoßen, mit dem Schwert effektiver geschlagen werden. Potratz[161] schrieb den Sarmaten den aus Metall gearbeiteten Steigbügel generell zu. Wahrscheinlich kannten jedoch nicht alle Stämme dieses Hilfsmittel.[162] Selbst der Steigbügel aus Leder oder Holz dürfte noch nicht Allgemeingut gewesen sein.[163] Nach Rice[164] waren die Sarmaten während der gesamten Frühphase ihrer Geschichte im Bogenkampf bei weitem nicht so geschickt wie die Skythen. Es bestehe Grund zu der Annahme, daß sie ihre eigentliche militärische Bedeutung der Erfindung des Metallsteigbügels und dem daraus resultierenden Aufbau der schweren Kavallerie verdankten. Bald nach der Erfindung des Metallsteigbügels bedienten die Sarmaten beziehungsweise einzelne ihrer Stämme sich der metallenen Sporen, die dem Reiter ohne Zuhilfenahme der Hand beziehungsweise einer Gerte gestatteten, das Pferd energischer als zuvor seinem Willen unterzuordnen.

Der Hirtennomadismus blieb, wie gesagt, die vorherrschende Wirtschaftsform der Sarmaten, die man auch als die Hamaxobioi, das heißt »die auf den Wagen Lebenden«, bezeichnete. Einzelne Stämme wurden freilich, wie die Wallburgen im Kubangebiet und an der unteren Donau ausweisen, nach und nach seßhaft; sie lebten dann als Ackerbauern.[165]

In den sarmatischen Gräbern fehlen die zahlreichen Pferdeskelette, die für die skythischen Kurgane kennzeichnend sind. Nach Wiesners[166] Ansicht verzichtete man aus rational-ökonomischen Erwägungen auf die kostspieligen Mitbestattungen; man habe den Pferdebestand schonen wollen. Nach Rice[167] brauchte auch die verstorbenen sarmatischen Reiter nach dem Tod

5. *Iranischer Streitwagen aus dem 5.–4. Jh. v. Chr.*

6. *Reitergruppe. Würdenträger mit Diener, der einen Schirm trägt. Papierbild aus den Funden in einer vermauerten Kammer in Tun-huang, der großen buddhistischen Tempelanlage in Nordwestchina auf dem Weg nach Turkistan*

auf ihre Pferde nicht zu verzichten. Anders als die Skythen und verwandte Nomaden, die das ganze Pferd unter dem Grabhügel des Reiters beerdigten, hätten die Sarmaten sich im allgemeinen damit zufrieden gegeben, das Pferdegeschirr und manchmal auch die Hufe und den Schädel des Tieres in die Grabkammer zu legen. Pferdeopfer sind von den Sarmaten ebenfalls bekannt; sie brachten sie der ihnen im Feuer erscheinenden Gottheit dar.[168]

Mit der Kultivierung des Reichtums und der daran orientierten sozialen Differenzierung gingen die Sarmaten über den eigentlich nomadischen Lebensstil hinaus. Die Grabinventare belegen »den Aufstieg des Reitervolkes zu einer weitreichenden Macht im Steppenraum mit entsprechenden Beziehungen zur hellenistisch-römischen Welt, zu Vorderasien, wo sich das Partherreich konsolidierte, und zum hanzeitlichen China«; zugleich dokumentieren die Grabausstattungen »die Entwicklung einer wohlhabenden sarmatischen Herrenschicht, die Prunk in Kleidung und Hausrat ebenso liebte wie prachtvolles Pferdegeschirr«.[169] Jettmar[170] sprach von »kriegerischen Gefolgschaften, die sich zu einer Adelsschicht konsolidierten«. Für das stilisierte Leben der führenden Schichten in spätsarmatischer Zeit ist ein Schönheitsideal bezeichnend, das unter anderem zu Schädel-»de«formationen veranlaßt haben soll. Die Köpfe der Kinder wurden umwickelt oder eingeschnürt und ihr Wuchs so in eine bestimmte Form gepreßt.[171]

Zu den sarmatischen Pferdegebissen ist noch anzumerken, daß sie weniger tiergestalte Endstücke und Verzierungen als die skythischen aufweisen, dafür aber mit Ringen zum Einknoten der Zügel versehen sind. Die sarmatischen Psalien, oft aus Gold oder Silber gearbeitet, zeigen generell weniger und im Stil geometrische Verzierungen, vielfach in Form von Buckeln. Die Sättel sind hart und mit einem hohen Vorderteil versehen, das im Schwarzmeergebiet zuvor unbekannt war. Diese Vorderseiten wurden oft mit Goldblatt überzogen, mit Buckeln, Juwelen und farbigem Glas geschmückt. Ihre polychrome Wirkung ist für die skythisch-sarmatische Kunst charakteristisch; besonders deutlich tritt sie dort zutage, wo die skythischen Tiermotive zunächst von geometrischen Mustern und später unter dem Einfluß der Goten von Vogelformen verdrängt werden. Derartig gestaltetes Pferdegeschirr fand man im südrussischen Raum bis nach Bulgarien und Transsylvanien in Grabstätten aus der Zeit vom 2. Jh. v. Chr. an.[172]

Im nördlichen Schwarzmeergebiet wie auch im Donauraum trafen die sarmatischen Stämme auf Germanen, besonders auf die Goten, die vom baltischen Gestade zum Schwarzen Meer gelangt waren und zwischen den sarmatischen Kräften ihr Reich gründeten. Obwohl die Goten das Pferd bereits kannten, als sie nach Süden vordrangen, prägte die Begegnung mit den Sarmaten sie doch grundlegend: Die Goten förderten die Vorherrschaft des Reiterkriegertums, das das Geschehen der Völkerwanderungszeit charakterisierte. Die Berittenen wurden in den germanischen Heeren, in denen sie bis zu dieser Zeit in gemischter Ordnung mit den Fußkämpfern gefochten hatten, zum Kern der Streitmacht, besonders als schwere Reiterei.[173] Bei dieser Entwicklung spielte das iranische Aufgebot von Panzerkriegern zu Pferd eine exemplarische Rolle.[174] Neben dem Lanzenreiter übernahmen die Goten von den Sarmaten auch den Pferdebogner, den nomadischen Reiterkriegertyp mit dem taktischen Prinzip der verstellten Flucht.[175] Alanische und später auch hunnische Reiter gliederten die Goten in ihre Reihen ein. Diese Verstärkung war so entscheidend, daß die römischen Fußkämpfer ohne die Unterstützung Berittener der Goten nicht mehr Herr wurden. Vornehmlich die geschlossene Masse der Krieger zu Pferd entschied den Sieg der Goten über die Römer bei Adrianopel im Jahre 378. »Wie ein Blitz fuhr sie unter die Feinde: alles, was ihr bei dem Ansturm in den Weg trat, wurde niedergeritten!« So kennzeichnete ein Zeitgenosse die Wirkung dieser Reiterei.[176]

Um das Jahr 253 n. Chr. hatten die Goten die Nordküste Kleinasiens geplündert und waren nach Süden bis Ephesus vorgedrungen, während eine zweite Streitmacht durch Thrakien zog und Thessalonike angriff, dessen Bewohner sich zur Wehr setzten und die Belagerung abwehrten. Die gotische Offensive verbreitete in ganz Griechenland Furcht und Schrecken und veranlaßte die Bewohner der Peloponnes, den Isthmus von Korinth zu befestigen, und die Athener, erstmals seit 86 v. Chr. ihre Mauern zu reparieren. Die Kanonische Epistel, die der als Bischof von Neocaesarea fungierende Gregorius verfaßte, spiegelt die soziale Unruhe, die die Invasion der »Barbaren« hervorgerufen hatte. In der Epistel legte der Bischof unter anderem fest, wie Jungfrauen zu behandeln seien, die von den Fremden vergewaltigt worden waren, wie man mit denen verfahren solle, die vom Feind ausgeplündert worden waren und danach andere ausgeraubt hatten, um sich Ersatz zu schaffen, wie man schließlich Überläufer und Sympathisanten der Feinde sowie diejenigen behandeln sollte, die sich von den Goten zurückgelassene Beutestücke angeeignet hatten.[177]

Um 260 n. Chr. bewegte sich eine Gotenschar an der Westküste des Schwarzen Meers südwärts; sie überquerte die Meerengen, plünderte die wohlhabenden Städte Bithyniens und setzte sie in Brand. Ein Fluß, der sich aufgrund der zufälligen Witterungsumstände verbreitert hatte, soll ihren Vormarsch aufgehalten haben; die Goten luden ihre Beute auf Schiffe und Wagen und kehrten heim. In den Jahren 262 und 263 erreichte eine weitere gotische Invasion die großen Städte Asias. Im Verlauf dieses Raubzugs wurde der Artemistempel in Ephesus zerstört. Möglicherweise belagerten die Goten bei dieser Gelegenheit auch Side in Lykien, möglicherweise wurden sie erst nach schweren Kämpfen zurückgeschlagen.[178] Im Jahr 275 plünderten die Goten vom Norden des Schwarzen Meeres aus ganz Kleinasien bis Kilikien; Tacitus schlug sie dann zurück.[179]

Das erfolgreiche Reiterkriegertum schuf ein neues männliches Ideal, dem auch der König verpflichtet war: Theoderich wurde in seinem ehernen Standbild in Ravenna als Reiter mit Schild und Lanze dargestellt.[180] Vor der für ihn unglücklichen Schlacht von Tadinae im Jahre 551 präsentierte König Totila sich als gewappneter Krieger in einem glänzenden Reiterspiel, offenbar zur exemplarischen Demonstration perfekt kampffähigen Königtums. Prokop[181] berichtete darüber: Totila ließ sein Pferd »in zierlichen Wendungen hin- und hertänzeln, dann warf er den Speer in vollem Jagen in die Lüfte und erfaßte ihn, wenn er wirbelnd niedersank, in der Mitte: er fing ihn bald mit der rechten, bald mit der linken Hand in künstlerischer Abwechslung, wobei er seine ganze Gewandtheit zeigte, sprang von hinten und von vorn wie von beiden Seiten vom Pferde herab und wieder hinauf, wie einer, der von Jugend an auf die Künste der Reitbahn geübt hat«.[182]

Charakteristisch drückt sich die Bedeutung des Pferdes bei den Germanen in der Konzeption reitender Götter aus: Die Asen saßen zu Pferd, und ihr Führer Wotan, ursprünglich selbst pferdegestaltig, ritt den achtfüßigen, das heißt allen anderen Rossen an Schnelligkeit überlegenen Sleipnir.[183]

Die integrale und umfassende Bedeutung des Pferdes und speziell des Reiters blieb auf den ostgermanischen Raum beschränkt. Nur in Ausläufern erreichte die neue Kriegs- und Lebensweise die Westgermanen. Als sich zum Beispiel die Alanen auf römischer Seite in der Schlacht bei Straßburg im Jahre 357 gegen die Alemannen zum entscheidenden Ansturm ordneten, zwang die Forderung der Gemeinen im westgermanischen Aufgebot den berittenen Adel, vom Pferd zu steigen und ins Glied zu treten – eine Forderung, die wohl nur auf der Basis unzureichender reiterlicher Leistungen gestellt und befolgt werden konnte. Noch im 6. Jahrhundert bestand die fränkische Heeresmacht vornehmlich aus Fußkämpfern; »nur wenige Reiter scharten sich um den Führer«.[184]

Der generelle Bedeutungszuwachs des Reitens im eurasischen Raum stellt sich als eine keilartig von Osten nach Westen verlaufende Entwicklung dar, vom südrussischen und iranischen Gebiet in breiter Front ausgehend und in einer Spitze bei den Westgermanen endend. Die speziell durch die Sarmaten in den germanischen Bereich vermittelten iranischen Gegebenheiten erklären »zahlreiche bedeutsame Parallelerscheinungen in der ritterlichen Welt des Mittelalters, die wir bei Germanen und Iranern feststellen können«.[185]

5. Hiung-nu und Hunnen

Die Hiung-nu, auch Hsiung-nu oder Xiongnu geschrieben, und die Hunnen wurden und werden vielfach als ein und dasselbe Volk angesehen. Möglicherweise handelt es sich jedoch um verschiedene Völker, die gleichzeitig existierten, wobei allerdings der früheren Machtentfaltung der Hiung-nu die spätere der Hunnen folgte. Es könnte ferner so sein, daß die Hunnen bei ihrer Westwanderung die Hiung-nu vor sich herschoben. Eine weitere Annahme geht dahin, daß die in den Westen verschlagenen Hiung-nu sich als Hunnen zusammenschlossen und neu formierten.[186] Die Hiung-nu lebten in dem Gebiet, das heute von den Mongolen bewohnt wird. Als Reiterkrieger wurden sie erst im 5. und 4. Jh. v. Chr. bekannt; der Osten der Steppengebiete bis zu den Grenzen Chinas wie die nördlich angrenzende Waldzone folgten der Entwicklung im Westen mit deutlicher Verzögerung. Ehe die Hiung-nu, deren Herkunft ungeklärt ist[187], die Perfektion expansiver Reiternomaden erreichten, hatten sie die Reiterwaffe und die Reitertracht mit

Hose, Rock und Gürtel, vielleicht auch das Reiten selbst, von ihren iranischen Nachbarn übernommen.[188]

Seit dem späten 4. Jh. v. Chr. bedrohten Hiung-nu als bewegliche Reiternomaden das chinesische Hoheitsgebiet, das seit der Shang-Zeit im späten 2. Jahrtausend v. Chr. ausschließlich von Wagenkämpfern und Fußtruppen verteidigt wurde. In der Auseinandersetzung mit den traditionellen Waffen erwiesen sich die nomadischen Reiterkrieger als stärker. Ihre Überlegenheit war lange Zeit so drückend, daß die Chinesen sich mit reichen »Geschenken«, das heißt mit Tributen, von der stets akuten Gefahr handfester Konflikte freikaufen mußten. Mit Seide, Reis und Waffen verschafften die Chinesen sich einen Frieden, der für die Gestaltung ihres Einheitsreiches eine wichtige Basis bildete, auf Dauer derart freilich nicht stabilisiert werden konnte. Nach Franke/Trauzettel[189] läuft der Aufstieg der Hiung-nu seit dem Ende des 3. Jh. v. Chr. mit der »Schaffung des chinesischen Einheitsreiches« parallel. Die Reichsgründung der seßhaften Chinesen habe zweifellos auf ihre nomadischen Nachbarn anregend und exemplarisch gewirkt. Die chinesische Kultur habe schon früh Einfluß auf die Hiung-nu gewonnen, unter anderem durch chinesische Renegaten, politische Flüchtlinge und kühne Abenteurer. In den annektierten chinesischen Gebieten bildeten die Hiungnu, wie Franke/Trauzettel[190] feststellten, eine »nomadische Herrenschicht über den ansässigen, ackerbauenden Chinesen«. Dieser Status habe die neuen Machthaber nicht gehindert, »alle Güter höherer Zivilisation, angefangen mit der Schrift und den Rudimenten einer Staatsstruktur«, von den Chinesen zu übernehmen. Jettmar[191] und Wiesner[192] schilderten ebenfalls den Austausch, der zu einer »Sinisierung« der Hunnen führte. Dieser Umstand ist gerade insofern bemerkenswert, als die Hunnen im 5. Jh. n. Chr. die einzigen »Barbaren« gewesen sein sollen, die ins römische Reich eindrangen und von der römischen Kultur wie vom Christentum unbeeinflußt blieben.[193] In der machtpolitischen Auseinandersetzung zwischen den Hiung-nu und den Chinesen zeichnete sich ein drastischer Wandel ab, als der chinesische Kaiser Wu-ling von Dschao (325–298 v. Chr.) die kriegstechnische Bedeutung der Reiterwaffe erkannte und sich zur Umrüstung entschloß. Wu-ling brachte einen Teil des Feudaladels dazu, sein Leben als Wagenritter aufzugeben und sich im Reiten und Bogenschießen zu üben. Die Quellen berichten von drastischen Maßnahmen, die notwendig waren, um dieses Ziel zu erreichen.[194] Die Schwierigkeiten waren wesentlich bedingt durch das Ethos des Wagenritters, das sich mit den Prinzipien und Praktiken der Pferdebogner schlecht vertrug. Wu-ling setzte sich jedoch durch, baute eine Truppe berittener Bogenschützen auf – sie trugen den gegürteten Ärmelrock und die lange Hose – und konnte noch ein Jahr vor seinem Tod die Hiung-nu mit ihren eigenen Waffen schlagen.[195]

Im 3. Jh. v. Chr. erreichten die Hiung-nu den Höhepunkt ihrer Macht in der Mongolei. Sie bildeten eine der größten Gefahren für die Herrscher Nordchinas. Die Stärke der Hiung-nu wuchs unter ihrem Schanyü (»Höchster Anführer«) T'ouman; während der Regierungszeit seines Sohnes, des großen Mao-tun (etwa 209 bis 174 v. Chr.), erreichte sie ihren Gipfel. Mao-tun unterwarf die Nachbarstämme der Sien-pi, Kitan und Tungusen und machte sich damit zum Kaiser der Steppen.[196] Mao-tun gilt als der Reichsgründer der Hiung-nu. Unter seiner straffen Führung erweiterten und konsolidierten die Hiung-nu ihren Herrschaftsbereich. Verschiedene Nachbarvölker wichen vor den Gebietsansprüchen der neuen Herren nach Westen; die Saken und die iranischen Tocharer drangen in parthisches Hoheitsgebiet vor.[197] Im Jahr 175 v. Chr. unterwarfen die Hiung-nu die Massageten; damit befreiten sie die Sarmaten aus der Abhängigkeit von ihnen. Dieser Umstand bildete wahrscheinlich eine wichtige Voraussetzung für die Gründung des sarmatischen Staates im jetzigen Südrußland.[198]

Im 3. Jh. v. Chr. verbanden die Chinesen die bereits zuvor bestehenden Grenzwehre zu einem geschlossenen Wall, der die ursprüngliche Form der »Großen Mauer« darstellt. Dieses bekannteste aller chinesischen Baudenkmäler sollte sich den nomadischen Eindringlingen als Barriere in den Weg stellen. Diese »Große Mauer« ist noch nicht identisch mit dem teilweise heute noch bestehenden imponierenden Bauwerk, das im 15. Jh. errichtet wurde und den gleichen Zweck verfolgte wie der erste Limes, den man sich als einen Lehmwall mit hölzernen Wachttürmen vorzustellen hat.[199]

Die Hiung-nu blieben auch die gefährlichsten äußeren Gegner des Han-Reiches. An den Grenzen wurde freilich nicht nur gekämpft, sondern auch verhandelt. Der Han-Kaiser Wen erkaufte sich den Frieden mit der Lieferung von Getreide und Seide. Die Chinesen waren sogar bereit, Prinzessinnen ihres Landes mit Hiung-nu-Herrschern zu verheiraten, und das förderte den Einfluß der chinesischen Kultur auf die »Barbaren« beträchtlich. Die Nomaden waren, wie Franke/Trauzettel[200] feststellten, stets auf Getreide zur Ergänzung ihrer schmalen Nahrungsbasis angewiesen, und zwar unabhängig von dem kümmerlichen Ackerbau, den sie selbst betrieben: »Solange im Tauschhandel an der Grenze Chinas die nötigen Getreidemengen gegen Pelze, Häute, Vieh, namentlich aber Pferde erworben werden konnten, war die Nachbarschaft friedlich. Bei Mißernten und Viehseuchen aber, und zumal wenn China selbst aus klimatischen Gründen oder infolge innerer Wirren keine Getreideüberschüsse exportieren konnte, wurde die Notlage der Nomaden akut, und sie schritten zur Selbsthilfe durch Einfälle, um sich das mit Gewalt zu nehmen, was ihnen sonst der Tauschhandel bot. So setzte sich eine Kettenreaktion in Gang, die oft genug den chinesischen Regierungen zu schaffen machte.« Die Chinesen scheinen den Hiung-nu soviel Seide geliefert zu haben, daß diese den Überschuß mit Profit nach Westasien verkaufen konnten. Die Hiung-nu kontrollierten zeitweise die »Seidenstraße« und der Handel auf ihr verdankt seine Entstehung weniger der privaten Initiative chinesischer Kaufleute als vielmehr den an die Nomaden gelieferten Tributen.[201] Die Hiung-nu wurden mit den Seidenlieferungen vom 2. vorchristlichen bis zum 1. nachchristlichen Jahrhundert weitgehend friedlich gehalten; China gewann somit aus seinem wichtigsten Exportgut kein verfügbares Kapital.[202]

Die Auseinandersetzung mit den Nomaden brachte die Chinesen allerdings auf den Weg nach Westen; sie schuf eine wichtige Voraussetzung für den Kulturaustausch mit dem iranischen Raum. »Auf den Routen der Seidenstraße erreichte seit dem 1. Jahrhundert n. Chr. auch der Buddhismus und mit ihm eine Fülle von neuen, die chinesische Zivilisation bereichernden Elementen China.«[203] Nach Goepper[204] gelangten die buddhistischen Mönche schon in der ersten Hälfte des 1. Jh. v. Chr. nach China; im 1. Jh. n. Chr. habe es schon Ansätze zur Bildung von buddhistischen Gemeinden gegeben.

Die Machterweiterung und Kräftekonzentration unter Mao-tun zwang die Chinesen zu verstärkter Abwehr. Der Han-Kaiser Wu-ti (Wu-Di, Wu Di) (141–87 v. Chr.) reorganisierte die von Wu-ling aufgebaute chinesische Reiterei. Die Bewaffnung mit dem Bogen wurde durch das breite Hiebschwert und die Stoßlanze ergänzt. Um die neue Ausrüstung effektiv einsetzen zu können, festigten die Reiter ihren Sitz auf dem Pferderücken mit Hilfe von Steig- beziehungsweise Stehbügeln. In den »Himmelsrossen des westlichen Weltendes« oder den »blutschwitzenden« Rossen von Ferghana sahen die Chinesen technische Hilfsmittel zur Verstärkung ihrer Reitertruppe, darüber hinaus aber auch Wesen, denen sie in abergläubischer Verehrung wahrscheinlich übernatürliche Kraft zuschrieben und mit deren Unterstützung der Kaiser Unsterblichkeit gewinnen wollte. Aufgrund solcher Vorstellungen nahm Wu-ti die verlustreichen Feldzüge nach Sogdiane in den Jahren 104 und 101 v. Chr. um der Ferghana-Rosse willen in Kauf. Mit der Zeit entwickelte sich ein regelmäßiger Import vorderasiatischer Pferde nach China, und zwar Exemplare, deren Leistungsfähigkeit die Hiung-nu schon schätzten. Im Zuge dieses Güteraustausches gelangten auch verschiedene Kulturpflanzen in den Osten, unter ihnen die als Pferdefutter wichtige Luzerne.[205]

Trotz solch umfangreicher Maßnahmen zum Aufbau einer schlagkräftigen und dann auch erfolgreichen Reiterei spielten die Berittenen im chinesischen Heer lange eine untergeordnete gesellschaftliche Rolle. Die feudale Tradition hielt sich zäh; gegen ihren Anspruch mußte der Kaiser die Reitertruppe als Neuerung durchsetzen, möglicherweise sogar als seine persönliche Liebhaberei. Der Erfolg gab schließlich der Umrüstung auf die Bewaffnung und Taktik der »Barbaren« Recht. In verschiedenen Schlachten unterlagen die Steppenreiter. Die Chinesen konnten sogar in das von den Hiung-nu beherrschte Gebiet vordringen und bald endgültig den Druck der Nomaden abwenden.

Seit der Mitte des 1. Jahrhunderts n. Chr. verunsicherten die Steppenreiter den Westen; möglicherweise bildete sich das Volk der Hunnen aus den westwärts abgedrängten Hiung-nu. Im 3. Jh. saßen die Hunnen im Wolgagebiet, im 4. Jh. unterwarfen sie die Sarmaten. Im Jahre 375 überschritten die Hunnen unter ihrem Herrscher Rua den Don, stießen auf die sarmatischen Alanen wie die germanischen Goten und bewirkten das Vordringen der Germanen in das römische Reich. Nach dem Sieg der Westgoten über den römischen Kaiser Valens bei Adrianopel im Jahre 378 tauchten die Hunnen plündernd im Donauraum auf. Um 420 entstand dort ein »hunnisches Zentrum von erstrangiger Bedeutung«. Wahrscheinlich wurden die Hunnen erst zu dieser Zeit von einer starken staatlichen Zentralgewalt in den Händen Ruas regiert. Ihm folgten um 434 seine beiden Neffen Attila und Bleda. Nach der Ermordung Bledas im Jahr 445 herrschte Attila – ein Mann von außergewöhnlichen Führungsgaben, wie Priskus berichtete – unumschränkt über die Hunnen.[206]

Attilas Reich umfaßte verschiedenartige Kräfte unter der Gewalt des Großkhans. Auch von zahlreichen germanischen Stämmen wurde die hunnische Oberhoheit anerkannt. Wandalen, Burgunder, Westgoten, Ostgoten, Gepiden, Rugier, Skiren, Sueben, Thüringer und Sachsen gehörten zu Attilas Aufgebot. Gegenüber den sarmatisch-iranischen und germanischen Kräften vertraten die Hunnen in der Gesamtbevölkerung des Attilareiches eine Minderheit, die sich durch die Herrschergewalt des Großkhans und die dadurch geförderten Interessen der Vasallenstämme behaupten konnte.[207] Nach Maier[208] war das Hunnenreich »eines jener ›Steppenreiche‹, die von mongolisch-altaischen Reitervölkern mit einer erstaunlichen Plötzlichkeit errichtet worden und in Entwicklung und politischem Aufbau stark an die besonderen Lebensformen dieser Reiternomaden gebunden gewesen sind«. Das Reich Attilas sei bereits ein »Vielvölkerstaat« gewesen, dem verschiedene Stämme in »lockerem, föderativem Anschluß« angehörten.

Attila konzentrierte seine Angriffe zunächst auf die oströmische Donaugrenze. Gleichzeitig stellte er dem Römer Aetius hunnische Söldner zur Verfügung, die entscheidend mithalfen, den Vormarsch der Burgunder nach Belgien im Jahre 436 aufzuhalten. Aus diesen Kämpfen entstand die Nibelungen-Sage mit der Geschichte vom Untergang des Königs Gunter, in der die Gestalten von Aetius und Attila in der Gestalt Etzels zusammenflossen. Im Jahre 450 spitzten sich die Beziehungen zwischen dem Hunnenreich und Rom zu, als der oströmische Kaiser wie die westliche Regierung die bis dahin gezahlten Tribute verweigerten. Attila, von dem es heißt, er habe »ein sehr übersteigertes Bewußtsein seiner Größe und Möglichkeiten besessen« und ferner »in seinem Hoflager in barbarischem Luxus« gelebt, war, wie Maier[209] vermutete, »offenbar zur Eroberung in großem Stil entschlossen«. Der Hunnenkönig konzentrierte im Jahre 451 den Druck der hunnischen Armee auf die Rheingrenze. Im Vormarsch gegen die mühsam von Aetius aufgebaute Abwehr erreichten die Hunnen die Loire. Mit westgotischen, burgundischen und fränkischen Kontingenten erfocht die römische Armee auf den Katalaunischen Feldern in der Champagne einen Sieg, dem ob der drohenden »Barbarisierung« des Westens weltgeschichtlicher Rang zugeschrieben wurde. Die militärische Bedeutung der Schlacht auf den Katalaunischen Feldern wird von den Historikern allerdings nicht übereinstimmend gewertet, unter anderem angesichts der Tatsache, daß die hunnischen Operationen im folgenden Jahr ohne großen Widerstand in Oberitalien weitergingen. Ausschlaggebend hingegen war es, daß Attila nach dem Ereignis von 451 seine nach Westen gerichtete Expansion abbrach und die gegen Italien gerichteten Pläne nicht verwirklichen konnte, weil er im Jahre 453 starb – an einem Blutsturz während der Hochzeitsnacht mit der Germanin Ildico, wie Priskus informierte. Bald nach Attilas Tod zerfiel die hunnische Macht; die Aufteilung des Reiches unter die Söhne des Großkhans leitete diese Entwicklung ein. Die Hunnen waren nicht die Herren des Westens geworden, die man aufgrund ihrer Machtentfaltung um die Mitte des 5. Jhs. in ihnen schon gesehen hatte.[210]

Die Hunnen werden als Nomaden geschildert, die von der Viehzucht und der Jagd lebten. Von ihren nordiranischen Nachbarn übernahmen sie das Reiterkriegertum mit entsprechender Bewaffnung, neben dem Bogen später das Hiebschwert, den Säbel, Hellebarden und lange Reiterlanzen. Den Schild verwandten sie nicht, seit dem 3. Jh. n. Chr. allerdings den schweren Panzer für die Klibanarier und Kataphrakten. Der Plättchen- und Lamellenpanzer trat an die Stelle eines ledernen Kollers, das durch aufgenähte, lederne, kupferne oder eiserne Schuppen und auch in Übergangsformen bekannt ist. Nach Altheim[211] bedienten die Hunnen sich des Panzers nicht allein aus wehrtechnischen Gründen; er habe ferner im Zusammenhang gestanden mit der Tracht des Schamanen, der sein Kleid vor allem mit Abbildern von magisch eingesetzten Geistern dicht behängte.[212]

Die Hunnen verdankten ihre Siege auf ihrem Zug nach Westen »zu einem gewissen Grad der überlegenen Qualität ihrer Bogenwaffe«.[213] Der hunnische Bogen ähnelte einer Armbrust, wurde aber durch eine Knocheneinlage verstärkt; diese erlaubte es, schwerere Pfeilspitzen als bisher zu benutzen. Der neue Bogentyp war gegen schwere Kavallerieeinheiten so wirksam, daß die Sarmaten im 2. Jh. n. Chr. beim entscheidenden Kampf mit Rom ihre schwere Kavallerie durch berittene Schützen ersetzten, die mit dem hunnischen Bogen ausgerüstet waren und die in skythischer wie parthischer Manier nach rückwärts schießen konnten. Auf der Trajanssäule in Rom sind sie abgebildet, wie sie den hunnischen Bogen in dieser Weise gebrauchen, dabei aber neben weiteren sarmatischen Waffen den konisch geformten Helm tragen.

Zum Kriegserfolg der Hunnen soll ihr scheußlicher Anblick, »der Verwirrung schuf und zur Flucht zwang«, wesentlich beigetragen haben.[214] Ausschlaggebender dürfte aber ihre bewegliche Kampfweise gewesen sein. Nach Zosimos[215] fochten sie nicht in fester Reihe, sondern »wie mit dem Pferd verwachsen« schwärmten sie aus, umzingelten, stießen vor und zogen sich in verstellter Flucht zurück. Dabei wurde der Feind unaufhörlich mit einem Hagel von Pfeilen überschüttet.[216] Erst mit dem vermehrten Einsatz der Nahwaffen und dem Aufbau der schwergepanzerten Reiterei entwickelte sich eine geschlossene Kampfordnung, möglicherweise auch eine Art von Treffentaktik; jedenfalls hielt man im Hintergrund Reserven zum Angriff bereit. Bei den Hunnen soll sich auch zum esten Mal »eine geordnete und gegliederte Reiterei anstelle der regellos angreifenden Schwärme« finden.[217]

Die Disziplinierung der Bogner wird als eine Leistung des Reichsgründers Mao-tun angesehen. Man darf allerdings annehmen, daß der Ungebundenheit des Nomadendaseins generell und quasi sachlogisch eine sehr strenge und autoritäre Führung entsprach. Ihr kam die Funktion zu, die besonders mobilen Völkern und Stämme zu einem operationsfähigen Körper zu integrieren; ohne eine feste Hand wäre dies nicht möglich gewesen.

Bezeichnenderweise rühmte sich der Schan-jü der Hiung-nu, »vom Himmel und der Erde gezeugt, von Sonne und Mond eingesetzt« zu sein; er verstand sich als Vertreter des Göttlichen.[218] Die Herrschaft und mit ihr die Rechtsprechung waren demnach numinos sanktioniert und als unbezweifelbare Gegebenheiten stabilisiert. An dieser integralen Regelung orientierte sich die militärische Führung. Der Schan-jü Mao-tun forderte die Unterordnung nicht nur für bestimmte konkrete Situationen; er erhob den »blinden« Gehorsam zum unumstrittenen Prinzip. Von ihm berichten chinesische Quellen, er habe pfeifende Pfeile fertigen lassen und bei den Übungen seiner Bogenschützen allen den Befehl gegeben, auf das Ziel zu schießen, das er durch seinen Pfeil angebe; wer es nicht tue, der werde enthauptet. Mao-tun beließ es nicht bei dieser Drohung, sondern schlug allen, die nicht auf den anvisierten Gegenstand schossen, den Kopf ab. Er ging schließlich so weit, auf eines seiner Prachtrosse und dann auf seine »geliebte« Frau zu zielen; alle, die er

starrt dastanden und nicht den Mut hatten, dem Befehl Mao-tuns zu folgen, wurden enthauptet. Als Mao-tun endlich mit einem pfeifenden Pfeil sein Lieblingspferd erschoß und die Pfeile seiner Gefolgschaft das Tier ebenfalls trafen, wußte der Schan-jü, daß er sich auf seine Leute verlassen konnte. Bei diesem ebenso unnachsichtigen wie prinzipiellen Gehorsamkeitstraining tötete Mao-tun unter anderem seinen Vater, seine zweite Mutter und seinen Bruder – und sicherte damit möglicherweise seine Machtposition vor konkurrierenden Familienmitgliedern ab.[219]

Außerordentliche Grausamkeit ist, wie Bivar[220] feststellte, in den östlichen wie in den westlichen Quellen ein übereinstimmendes Charakteristikum der Hunnen, die etwa 800 Jahre einen bedeutenden machtpolitischen Faktor darstellten. Man müsse zwar von der Tendenz der Berichterstatter ausgehen, die Leiden zu übertreiben und zu dramatisieren, die die Hunnen den Chinesen wie den Römern zufügten; diese Einschränkung dürfe jedoch nicht übersehen lassen, daß die Beschreibungen weitgehend übereinstimmten und so natürlich wirkten, »daß sie bis zu einem gewissen Grad auf Tatsachen beruhen müssen«.

Die Hunnen benutzten wahrscheinlich lederne Sättel und Steigbügel, allerdings noch keine Sporen. Um die Zeitwende ersetzten sie in der nördlichen Mongolei die auf den Rücken des Pferdes geschnallten Decken oder Polster durch einen aus Holz gefertigten Sattel.[221]

Ihre verschiedenen Stämme bezeichneten die Hunnen nach Pferdefarben.[222] Ihre Lebensweise als Reitervolk und speziell ihre Verwachsenheit mit dem Pferd dokumentierte sich – wie in den Verhandlungen zwischen Surenas und Crassus – schlaglichtartig im Jahre 435 beim Zusammentreffen von Attila und Bleda mit den Unterhändlern des oströmischen Kaisers Theodosius II. Die Hunnenkönige bestanden darauf, die Verhandlungen zu Pferd zu führen; die oströmischen Gesandten fügten sich der für sie ungewohnten Sitte.[223]

Nach chinesischen Berichten ist von den Hunnen bekannt, daß ihre Kinder schon früh das Reiten auf Schafen lernten. Zugleich wurde ihnen beigebracht, den Bogen zu spannen und sich bei der Jagd auf Vögel, Wiesel, Ratten, Füchse oder Hasen im Schießen zu üben.[224] Man darf annehmen, daß dieses frühe Wehr- und Sporttraining in der Jugend und im frühen Mannesalter systematisiert wurde. Nach de Groot[225] »üben sich die Männer für den Krieg«, sobald Gefahren drohen. Es handelte sich also um eine Art kurzfristiger Mobilmachung, der in Zeiten ohne Gefahr ein sorgloses Dasein entsprochen haben soll. Da auch von einem System von Altersklassen berichtet wird, liegt es nahe, die Existenz kriegerischer Jungmannschaften wie bei anderen Nomadenvölkern anzunehmen. Der kampforientierten Alterskalklasse wurde wahrscheinlich auch eine Art Kraftnahrung zugebilligt. In diese Richtung weist die Information, nach der die jungen Männer die fetten und guten Speisen aßen, während die Alten nur die Reste erhielten. Die Jungen und Kräftigen habe man geachtet, die Alten und Schwachen für minderwertig angesehen.[226]

Die geringe Achtung der Alten beruhte auf ihrer reduzierten Handlungs-, Kampf- und Entscheidungsfähigkeit. Aus kriegs- und auch ernährungstechnischen Gründen dürften die Greise eine schwer tragbare Belastung gewesen sein, insbesondere dort, wo ihre gesellschaftliche Stellung zu Generationskonflikten führte. So gesehen diente der Kannibalismus in verschiedener Hinsicht der Funktionsfähigkeit der Gesellschaft. Von mehreren Völkern, zum Beispiel von den Massageten[227] oder den Saken[228], ist bekannt, daß sie die »nutzlosen« Alten töteten und, sofern sie gesund waren, feierlich verspeisten.

Möglicherweise beschränkten die kampffähigen Altersklassen sich nicht auf die Männer. Die hunnischen Frauen und Mädchen saßen zu Pferd und sollen auch ausgesprochene Reiterspiele gekannt haben. Nach den Jahrbüchern der alten Han führten im kritischen Kampf auch die Frauen Pfeil und Bogen.[229]

Die Bedeutung der Waffen, des Reitens und seines Zubehörs zeichnet sich in den hunnischen Gräbern ab. Das Ausmaß der Funde reicht allerdings nicht an die skythischen heran. Man nimmt symbolischen Ersatz, das heißt Rationalisierungen und auch Rationierungen an, die ökonomisch bedingt sein könnten. Wahrscheinlich wurden zum Beispiel bei der Totenmahlzeit die Pferde, sofern sie ausreichend zur Verfügung standen, verspeist und allein ihre Schädel mit ins Grab gegeben.[230]

Von den Hunnen nimmt man weiter an, daß sie eine Adelswelt mit höfischer Gesellschaft und feudaler Klassenteilung ausbildeten: Am Hofe Attilas wurde außer hunnisch, gotisch, lateinisch und griechisch gesprochen. Man sang Sieges-, Helden- und Scherzlieder. Das Totenlied zu Ehren Attilas läßt auf eine eigenständige Dichtung schließen. Der Großkhan residierte in einem Palastviertel mit Blockhäusern. Der hunnische Adel und der reiche Hofstaat des Khans lebten vornehm und auch prunkvoll; man trank aus goldenen und silbernen Bechern. Attila selbst wird im Gegensatz dazu als ausgesprochen schlicht geschildert; er trank aus einem Holzbecher. Wiesner[231] vermutete, dieser Zug Attilas hänge mit der pointierten Wahrung des Steppenerbes durch den König zusammen. Die künstlichen »De«formationen des Kopfes durch Bindenwicklung zu einem Turmschädel dürften ebenfalls mit bestimmten Stilisierungen des Lebens durch Adelsschichten oder auch mit einem allgemeineren Schönheitsideal bei den Hunnen zusammenhängen. Die Umbildungen finden sich vornehmlich bei Frauenschädeln.[232] Von den Sarmaten ist diese Sitte ebenfalls bekannt, später auch von verschiedenen germanischen Stämmen; möglicherweise handelt es sich in beiden Fällen um Anpassungen an die hunnische Kultur.[233]

6. Awaren, Bulgaren, Chazaren und Ungarn

Die Awaren (Avaren), Bulgaren, Chazaren (Khasaren) und Ungarn sind Nachfahren der Hunnen und wie diese turkvölkischer Herkunft. Im nördlichen Schwarzmeergebiet und im Donauraum nahmen diese Reitervölker den gleichen Weg, den vor ihnen die Kimmerier, Skythen und Sarmaten eingeschlagen hatten.[234]

Der awarische Stammesverband soll den Chinesen im 4. Jh. n. Chr. bekannt gewesen sein. Im 6. Jh. beherrschten die Awaren das Schwarzmeergebiet bis zur Donaumündung und stießen nach Schlesien und Thüringen vor. Trotz zeitweiliger Verbindungen und Föderationen stellten sie für Byzanz wie für die Ostgrenze des Frankenreichs eine ständige Gefahr dar.[235] Fränkisches Territorium griffen sie erstmals in den Jahren 561/62, 565/66 und 596 an, freilich ohne Erfolg.[236] Der byzantinische Kaiser Justin II. (565–578) hatte sich gleichzeitig gegen die Awaren und die Sassaniden zur Wehr zu setzen. Nach verschiedenen Einzelerfolgen wurde er mehrfach nachhaltig geschlagen, unter anderem aufgrund mangelnder militärischer und finanzieller Reserven.[237]

Das weitere Vordringen der Awaren nach Westen geschah möglicherweise auf Veranlassung des oströmischen Hofes. Im Jahre 568 hatten die Awaren die Pußtaebenen besetzt, die sie bis zu ihrem Untergang behaupteten. Der Daseinsweise der Reiternomaden bot sich diese Landschaft ebenso an wie die Gebiete nördlich und westlich des Schwarzen Meeres, von denen das Awarenvolk ausgegangen war. Die Langobarden, von denen die Awaren gegen die germanischen Gepiden zur Hilfe gerufen worden waren, konnten sich nach dem gemeinsamen Erfolg über das Brudervolk des awarischen Drucks nicht mehr erwehren; sie zogen im Jahr 568 nach Oberitalien ab.[239]

In der zweiten Hälfte des 6. Jhs. entglitt der Balkan weitgehend der Kontrolle des byzantinischen Reiches. Neben den Slawen und Bulgaren tauchte, wie Maier[239] formulierte, »eine dritte Kraft aus dem scheinbar unerschöpflichen Reservoir der innerasiatischen Steppen auf: die Awaren. Sie spielten in diesen Jahrzehnten eine ähnliche Rolle wie früher die Hunnen – in der Schnelligkeit, mit der sie Räume wechselten, Herrschaften begründeten und die verschiedensten Stämme unter einer kurzlebigen Oberhoheit zusammenfaßten. Sie übten einen zusätzlichen Druck auf die slawischen Wanderstämme aus, der diese gegen die Reichsgrenzen und die Reichsprovinzen preßte. Zunächst verwirrte sich dadurch die gesamte politische und militärische Lage derartig, daß die Situation auch für erfahrene byzantinische Diplomaten und Generäle kaum mehr durchschaubar war.« Das Awarenreich konstituierte sich im Theiß-Becken als politisch geschlossener Verband. Es gelang ihm de facto, den byzantinischen Herrschaftsbereich auf Konstantinopel, Saloniki und einzelne Festungen in Dalmatien einzuschränken. Die »Technik« der Awaren bestand wesentlich darin, Beutezüge und Expeditionen zur Erpressung von Tributen durchzuführen.[240]

In Verbindung mit der sassanidischen Armee näherten sich awarische Kräfte im Jahre 615 der byzantinischen Metropole Konstantinopel. Kaiser Heraklios (610–641) entging bei seinen Verhandlungen mit dem Awaren-Khagan im Jahre 617 nur knapp einem Hinterhalt. Der im Jahre 619 mit den Awaren geschlossene Frieden schuf die Basis für eine byzantinische Gegenoffensive, die mit der militärischen Niederlage der sassanidischen Armee endete. Ob dieser Enttäuschung meuterten die sassanidischen Truppen; sie folterten ihren Führer Chosroes grausam zu Tode. Zuvor hatten die Sassaniden und die Awaren in den Jahren 626 und 627 erneut gemeinsam Konstantinopel belagert. Die verlustreichen Auseinandersetzungen um den Sitz des byzantinischen Kaisers hatten die militärische Kraft der awarischen Armeen beträchtlich ge-

schwächt. Die Position der Awaren wurde ferner dadurch eingeschränkt, daß Byzanz die Einwanderung der Serben und Kroaten ins heutige Jugoslawien ebenso nachdrücklich förderte wie die Bildung des ersten bulgarischen Reiches. Die Serben und Bulgaren erkannten die byzantinische Oberhoheit nominell an; mit ihrer Hilfe endeten die ständigen awarischen Plünderungszüge. An die Stelle der awarischen Invasionen traten freilich mit der Zeit die bulgarischen.[241]

Die Feldzüge Karls d. Gr. und Pippins im Westen sowie der Aufstieg der Bulgaren im Osten führten zum Ende der Awarenherrschaft. Bürgerkriege hatten die Einheit der Awaren zerstört. Im Jahre 796 war die Macht der Awaren bereits gebrochen, in den Jahren danach eroberten die Franken das Awarenreich vollends.[242] Die bulgarischen Bestandteile des Awarenreichs hatten sich zuvor in wachsendem Maße aus dem Herrschaftsverband ausgegliedert. Um 635 hatten sie sich direkt gegen die Führung aufgelehnt, hatten die Awaren schlagen und sich 640 von ihnen befreien können; spätestens seit dieser Zeit begründeten sie »im Durcheinander von Stammeswanderungen und Siedlungsversuchen auf dem Balkan« ein im Vergleich zur awarischen Herrschaft »konzentrierteres politisches Kräftefeld«. In einem militärisch organisierten Staat regierten die Bulgaren als kriegerische Herrschaftskaste die slawische Ackerbaubevölkerung. Sie erweiterten ihren Anspruch, unterwarfen neue slawisierte Balkangebiete und begegneten erfolgreich den wiederholten Rückeroberungsversuchen byzantinischer Armeen. Als der Islam seine Stoßkraft verloren hatte, bedrohte das Bulgarenreich Byzanz tödlich. Diplomatische und finanzielle Zugeständnisse bildeten für Byzanz häufig den einzigen Weg, der prekären Situation Herr zu werden.[243]

Wie die Hunnen wurden die Awaren von einem Khagan oder Khan beherrscht und geführt, dessen Autorität numinos sanktioniert war; man nahm an, der Himmelsgott selbst habe den Herrn eingesetzt und mit extraordinärer Macht ausgestattet. Der Awaren-Khagan fühlte sich unter anderem als berufener Nachfolger des oströmischen Kaisertums. Bei der – erfolglos gebliebenen – Belagerung von Konstantinopel schwebte dem Nomadenführer das Ziel vor, den oströmischen Kaiser zu entthronen und an seine Stelle zu treten. Dieser Anspruch wurde nicht allein vom ungebrochenen Selbstbewußtsein eines mächtigen Reiterfürsten diktiert; oströmische und chinesische Entwürfe, die sich bereits bei den Hunnen finden, dürften

7. Reitergefecht zwischen Russen und fliehenden Bulgaren im 10. Jh., Slawonische Handschrift

الفرس بالصاد

8. *Islamischer Reiter. Darstellung aus einem arabischen Papyrus, um 950 n. Chr.*

strut die norddeutschen Gebiete von den Ungarn, die endgültig dann erst 955 auf dem Lechfeld bei Augsburg geschlagen wurden.[257] Auf dem Lechfeld näherten sich acht deutsche Heereseinheiten auf verschiedenen Wegen dem Feind, und zwar drei bayrische Truppen, eine aus dem Frankenland, eine sächsische, zwei schwäbische und eine böhmische Abordnung. Die Ungarn gingen ohne ein festes Konzept gegen diese Übermacht vor, errangen bei ihrer Improvisation auch Anfangserfolge, wurden dann aber entscheidend geschlagen. Mit dem Sieg am Lech endete eine Gefahr, die Europa ein halbes Jahrhundert bedroht hatte, und es endete mit diesem Erfolg auch die ganze Epoche der Invasionen asiatischer Reitervölker. »Nach dieser Schlacht gab es zwar noch marschierende Heere, aber es gab keine Völker mehr, die ihre Sitze nach Europa verlegten.«[258]

Die militärische Stoßkraft der Ungarn lag in ihrer äußerst schnellen Kavallerie, der Westeuropa lange nichts Adäquates entgegenzusetzen wußte.[259] In der Schlacht bei Riade jedoch soll Heinrich I. selbst an der Spitze seines im Vergleich zu den Ungarn sorgfältig vorbereiteten und disziplinierten Heeres gefochten haben. Die mit Schilden und Lanzen ausgerüsteten Ritter stellten sich geschlossen beziehungsweise in gleichmäßigem Antritt den plänkelnden und scharmützelnden Ungarn, die vergeblich versuchten, das Heer Heinrichs auseinanderzureißen. Neben den Schwergepanzerten kämpften auf der Seite des Königs wendige berittene Armbrustschützen, denen es gelang, die ungarischen Reiter in Nebengefechte zu verwickeln und abzulenken. Die Befähigung Heinrichs als Reiterführer zeigte sich unter anderem in der Verfolgung des Gegners nach dem Sieg auf dem Schlachtfeld.[260] Auch beim hart umstrittenen Erfolg auf dem Lechfeld gelang es der leichten ungarischen Reiterei nicht, das relativ diszipliniert operierende kaiserliche Ritterheer auseinanderzuziehen; Otto I., der Große, hatte neben den schwergewappneten Reitern auch leichtere aufgeboten.[261]

Die Bedeutung des Siegs über die Ungarn läßt sich an den Berichten ermessen, die die Schreckensherrschaft der räuberischen Reiter festgehalten haben. Der Annalist von Fulda notierte für das Jahr 894, die Ungarn hätten alle Männer sowie alle bejahrten Frauen getötet, die jungen Mädchen und die übrigen Frauen Sachsens wie Vieh fortgeführt, um ihre Gelüste an ihnen zu befriedigen. Im Jahre 906 kam es in Pannonien zu dem bekannten Vorgang, bei dem die Magyaren die Frauen nackt und mit den Haaren aneinandergebunden wegführten. Dhondt[262] meinte daher, »daß diese Angriffswelle von einem gänzlich barbarischen Volk ausging, das, in eine ihm völlig fremde Welt vorgedrungen, dort seinen niedrigsten Instinkten freien Lauf ließ«.

Nach ihrer expansiven Phase fanden die Ungarn zwischen Theiß und Donau zur Ruhe. Um das Jahr 1000 bildeten sie einen festgefügten, in seinem Gebiet verwurzelten Staat. Der schnelle Übergang vom Nomadismus zur Seßhaftigkeit läßt sich nur mit dem Einfluß der Slawen erklären, die dieses Stadium zuvor schon erreicht hatten.[263] Der ungarische Herzog Waik ließ sich im Jahr 995 taufen und einige Jahre später sandte Papst Silvester II. ihm im Einverständnis mit dem Kaiser eine Königskrone. Das Christentum und mit ihm die Maßstäbe der westlichen Welt verbreiteten sich erstaunlich schnell im Land, was vor allem angesichts der noch im Jahre 972 akuten Bedrohung Deutschlands durch die heidnischen Magyaren als bemerkenswert erscheint.

7. Araber und Sarazenen

Die Araber beziehungsweise Sarazenen – ursprünglich hießen allein einige arabische Stämme Sarazenen, von den christlichen Schriftstellern wurden dann alle Araber beziehungsweise die Mohammedaner der Mittelmeerwelt und insbesondere die Gegner der Kreuzfahrer als Sarazenen bezeichnet – kamen schon früh mit dem abendländischen und asiatischen Kriegswesen in Berührung; wahrscheinlich hinterließen diese Kontakte überdauernde Einflüsse. In den Reihen, die Crassus gegen die Parther führte, kämpften bereits arabische Reiter. Das oströmische Kaisertum wurde in der Auseinandersetzung mit den andrängenden Germanen durch arabische Hilfstruppen verstärkt. In der Spätantike spielten die Araber im Osten als Söldner eine ähnliche Rolle wie die Germanen im Westen; den Römern war die Eingliederung der arabischen Welt in ihr Reich ebenso wenig gelungen wie die Unterwerfung der germanischen Völker.[265]

Delbrück[266] sah in den arabischen Reiterkriegern Einzelkämpfer, die erst durch ihre Führer zu einem taktischen Körper zusammengefaßt und diszipliniert wurden. Der Religionsstifter und Militärführer Mohammed verband die zahlreichen arabischen Stämme zu einer religiösen und zugleich politischen wie militärischen Organisation. Mit der islamischen Religion gab Mohammed dem zum Fanatismus bereiten kriegerischen Beduinentum ein verbindliches Aktionsziel, das die Angriffs- und Kooperationsbereitschaft in prinzipiell anderer Weise förderte, als es söldnerische Motive tun können: Der Krieg war eine religiöse Veranstaltung. Der militärische Erfolg bestätigte die Wahrheit der religiösen Lehre. Wer auf dem Schlachtfeld starb, ließ sein Leben für Allah; ihm öffnete sich das Tor zum Paradies. »Der Islam war in seiner ersten Zeit eine Religion welterobernder Krieger, eines Ritterordens von disziplinierten Glaubenskämpfern, nur ohne die sexuelle Askese der christlichen Nachbildungen in der Kreuzzugszeit.«[267]

Das religiöse Engagement verband sich mit einer Art von Abenteurertum und auch handfestem materiellem Versprechen, auf das Cahen[268] deutlich hinwies: Die Kriegsbeute brachte »unerhörten Gewinn«, sie verstärkte und bestätigte die religiöse Begeisterung, sie ließ sich ferner als äußeres Zeichen für den Beistand Allahs interpretieren. Den derart motivierten Gottesstreitern standen »schwerfällige und gleichgültige Truppen gegenüber (im Byzantinischen Reich fast ausschließlich Söldner), Truppen, die überdies durch innere Streitigkeiten und die Feindseligkeit der Bevölkerung demoralisiert waren«. Angesichts dieser Gegebenheiten erscheinen das Ausmaß und die Schnelligkeit der arabisch-islamischen Eroberungen nach Cahen[269] »nicht mehr als ein außerordentliches Wunder«.

Der charismatische Führer Mohammed kanalisierte den Fanatismus in eine disziplinierte religiös-militärische Bewegung mit eindeutig offensiven Zielen. Der rasch vorgetragene Eroberungszug der Moslems führte über Spanien bis ins Frankenreich. Gleichzeitig stießen arabische Heere bis nach Turkestan und Indien vor. Auch auf Byzanz erstreckte sich die arabische Expansion. Das fanatische Engagement führte zu raschen Erfolgen, zugleich bedingte es freilich auch die Kurzphasigkeit des arabischen Einsatzes. Kurz nach der Hedschra, der Auswanderung nach Medina im Jahre 622, gründete Mohammed eine religiös-politische Gemeinde. In den folgenden zehn Jahren unterwarf und bekehrte er mit seinen Truppen die arabischen Stämme. In Medina hatte der Gottesmann sich und seine Anhänger auf den heiligen Krieg gegen die Ungläubigen verpflichtet.[270] Nach dem Tod des

Gründers im Jahre 632 eroberten seine Nachfolger, die Kalifen, 635 Syrien, 637 Palästina, 642 Ägypten, 640–644 das neupersische und 711 das Reich der Westgoten in Spanien. 732 wehrte Karl Martell den Einfall ins Frankenreich bei Tours und Poitiers ab. Bereits ab 750 begann dann der Zerfall der arabischen Macht.

Denison[271] kennzeichnete die sarazenischen Reiter des 10. Jhs. als leichte Kavallerie. Diese Charakterisierung ist wahrscheinlich einseitig und darüber hinaus erfaßt sie nicht die Situation im 7. Jh.. Nach arabischen Quellen gab es vier Arten von Reiterkriegern: Reiter mit langen Lanzen, Reiter mit Wurfspießen, Reiter mit Pfeil und Bogen und schließlich Reiter, die »ganz vollständig« bewaffnet waren. Zu dieser Vollständigkeit gehörten Lanze, Wurfspeer, Bogen, Schwert, Messer, Streitkolben, Beil und Steine – ein Arsenal, das man freilich beim einzelnen Reiter im Einsatz nicht komplett erwarten durfte.[272] Nach anderen Aussagen scheint das arabische Reiterheer dem abendländischen Aufgebot der Ritter »sehr ähnlich«[273] gewesen zu sein, allerdings mit dem bedeutenden Unterschied, daß den Bogenreitern bei den Arabern eine zentrale Rolle zufiel, während eine fest institutionalisierte leichte Reiterei im Abendland nicht existierte; im Westen blieb sie auf sporadische, situationsbedingte und auch inoffizielle Hilfsdienste beschränkt.[274] Ferner existierten in den beiden Militärbereichen unterschiedliche Ideale vom Reiterkrieger. Im Abendland stellten die Schwerbewaffneten das eindeutige Leitbild dar, während im Orient der leichtbewaffnete und wendige Bogenschütze als der eigentliche Reiterkrieger erscheint. Die arabischen Reiterspiele früher und später Zeit, insbesondere Pferderennen, Polospiel, Bogenschießen und Jagd,[275] dokumentieren, wie sehr der leichte Reiter generell die Vorstellung vom berittenen Krieger bestimmte.

Bei der Schilderung der arabischen beziehungsweise sarazenischen Reiter werden vielfach die Entwicklungen innerhalb der islamischen Truppen übersehen. Laut Cahen[276] bestand die Armee der Eroberungszeit ausschließlich aus Arabern, Kämpfern des heiligen Krieges, denen ein Teil der Beute und eine Rente zustand, deren Hauptwaffe die Begeisterung war und deren technischer Vorteil gegenüber dem Gegner in der Beweglichkeit lag. Mit wachsender Entfernung der Kriegsschauplätze von der Heimat wurden die Eroberungen schwieriger, die Kampfformen aufwendiger und der Gewinn geringer. Die geregelte Besoldung gewann mehr und mehr an Bedeutung, und neben den Arabern kämpften Männer, die in der Berberei, in Zentralasien, im nordwestlichen Iran, in Kilikien und anderswo angeworben worden waren. Die Truppe fanatischer Gottesstreiter hatte sich zu einer komplizierten militärischen Organisation verändert. Zu den völkisch-politischen Neuerungen kamen technische. Die arabische Kriegführung hatte wesentlich auf der kämpferischen Leistung des einzelnen beruht; sie kannte weder schwere Bewaffnung noch taktischen Einsatz von Bogenschützen und auch nicht den Belagerungskrieg. Zur Verteidigung und Erweiterung des neuen Großreichs genügte sie nicht mehr, vor allem deshalb nicht, weil inzwischen in ganz Eurasien die schwere Reiterei wachsende Bedeutung gewonnen hatte. Diese Situation bestärkte die Tendenz, nach der die Araber – wie in anderen Bereichen – in der Kriegführung ihre überragende Stellung verloren; zugleich schmälerte sich ihr Anteil am Gewinn. Die bewährten chorasanischen Truppen nahmen ihren Platz ein. Die Chorasanier verfügten aufgrund der alten iranischen Tradition über eine ausgebildete Kriegskunst. Sie kannten die berittenen Bogenschützen, die es bei allen Grenzbewohnern Zentralasiens, den Seßhaften wie den Wandernden, gab, und sie kannten auch die Taktiken der Zermürbung und die Techniken der Belagerungsmaschinen sowie der Brandgeschosse. Im Rahmen einer Berufsarmee lernten, trainierten und entwickelten die Chorasanier das Kriegsgeschäft. Die professionellen Kämpfer des moslemischen Reiches beschäftigten sich, unterstützt durch die Gelehrten, auch mit der Übersetzung und Bearbeitung der griechischen und iranischen Schriften über die Feldschlacht und die Belagerung.

Die chorasanischen Truppen, die bald das reguläre, von den fanatischen Freiwilligen nur noch ergänzte Heer bildeten, gingen ferner dazu über, anstelle des Bogens die Armbrust zu benützen. Diese Waffe war wahrscheinlich im 8. oder 9. Jh. in Zentralasien erfunden worden; sie ließ sich zwar nicht so leicht wie der Bogen handhaben, zeitigte aber eine stärkere Wirkung als dieser.

Im mohammedanischen Aufgebot der Eroberungszeit spielte die Reiterei eine geringere Rolle als vielfach angenommen wird. Bei Überlegungen zu diesem Thema ist zu berücksichtigen, daß das Pferd in Arabien einen seltenen Luxus darstellte und das Kamel sich zwar ausgezeichnet als Lasttier zum Transport der Truppen, jedoch nicht für den Kampf selbst eignete.[277] Altheim/Stiehl[278] erwähnten die Kamel- und Dromedarreiter bei der Darstellung der Stärke des mohammedanischen und des gegnerischen Heeres; sie vermittelten derart den Eindruck, die Kamel- und Dromedarreiter seien am Kampf beteiligt gewesen, erwähnten solche Aktivitäten freilich nicht ausdrücklich. Die Schilderungen von Altheim/Stiehl lassen allerdings auch die Deutung zu, den Kamelen und Dromedaren seien ausschließlich oder zumindest vornehmlich Transportaufgaben zugekommen. Bei der Eroberung von Haibar im Jahre 628 trugen die Dromedare sogar die Reiter, das heißt beim Marsch saß die gesamte mohammedanische Truppe auf Dromedaren; die Pferde wurden mitgeführt[279] und wahrscheinlich erst bei der direkten Auseinandersetzung mit dem Feind bestiegen.

Die Schlacht bei Bedr im Jahre 624 soll Mohammed mit einem Aufgebot von 300 Mann bestritten haben; siebzig von ihnen sollen ein Dromedar, nur zwei oder drei ein Pferd besessen haben. Mohammed selbst teilte sich ein Dromedar mit zwei Genossen. Das gegnerische Aufgebot bestand aus 950 Mann, von denen 700 auf einem Dromedar und 100 gepanzert auf einem Pferd saßen, und auch beim Unternehmen gegen die jüdischen Banu Kainuka verfügte Mohammed nicht über Pferde.[280] Noch im gleichen Jahr 624 wurden Mohammeds Mannen von Abu Sufyan mit 200 – nach anderen Quellen nur mit vierzig – Reitern überfallen; Mohammed soll die Eindringlinge abgewehrt und verfolgt, soll die Flüchtenden aber nicht eingeholt haben. Im Juli 624 fielen den 200 Teilnehmern eines mohammedanischen Unternehmens 500 Dromedare als Beute in die Hände. Im März des Jahres 624 wurde Mohammed am Ohod (Uhud) im Rahmen der Auseinandersetzungen zwischen Mekka und Medina von einer Truppe geschlagen, die über 3000 Mann und 3000 Dromedare verfügte. 700 der Kämpfer waren gepanzert, 200 verfügten über ein Pferd, das sie nach dem Anmarsch auf dem Rücken der Dromedare erst zum Kampf bestiegen. Den Kern von Mohammeds Aufgebot bildeten 100 gepanzerte Lanzenträger. Wahrscheinlich kommandierte der Prophet nur einen Berittenen, den er als Späher einsetzte. Bei der Verfolgung, die Mohammed zum Schein durchführte, soll er allerdings selbst auf einem Pferd gesessen haben. Die Entscheidung der Schlacht hatten die gegnerischen Reiter herbeigeführt.[281]

Beim »Grabenkrieg« im März des Jahres 627 verfügte Mohammed immer noch nicht über eine nennenswerte Reiterei. Seine 3000 Streiter schaufelten einen Graben, um das überlegene gegnerische Aufgebot an der Entfaltung seiner 300 Pferdereiter zu hindern. Erst im weiteren Verlauf des Jahres 627 erschienen dann in der Truppe des Propheten die ersten berittenen Abteilungen. Zunächst werden in den Quellen 36, 30 und 20 Reiter erwähnt. Im Oktober 627 soll Mohammed 170, im folgenden Jahr dann über 200 Reiter eingesetzt haben. Die Pferde übernahmen die Gottesstreiter von den geschlagenen Gegnern. Aus dem Jahr 630 wird für die mohammedanischen Truppen sogar eine – sicher übertriebene – Zahl von 10 000 Reitern überliefert.[282]

Nach Schiele[283] ist es selbstverständlich, daß Mohammed etwa 57 Jahre seines Lebens ohne Pferde verbrachte. Er sei von Hause aus Städter gewesen und habe als Kamelhirte, Kameltreiber wie später als Karawanenführer keine Pferde gebrauchen können. Das Tier der Karawane sei das Kamel. Der Führer des Zuges sitze auf ihm, allenfalls auf dem Esel. Ferner sei Mohammeds Heimat kein Pferdeland gewesen; es habe sich nicht für die Pferdezucht geeignet. So richteten wohl in erster Linie militärische Gründe den Blick des Propheten aufs Pferd. Die mekkanischen Gegner des Gottesstreiters kämpften mit einer Reiterei, die wesentlich zur Niederlage Mohammeds am Ohod beigetragen hatte.[284] Es liegt nahe, daß die Stärke der gegnerischen Reiter den Heerführer dazu veranlaßte, seinerseits eine schlagkräftige Abteilung von Berittenen aufzubauen und damit eine Entwicklung einzuleiten, die dann später in der chorasanischen Berufsarmee ihre sachlogische Fortsetzung fand.

Bei der Verteilung der Beute wurden die Reiter in Mohammeds Aufgebot bevorzugt bedacht. Dieser Umstand könnte mit ihrer Leistung und ihrem Prestige zusammenhängen, aber es wurde damit auch dem Aufwand Rechnung getragen, der für die Fütterung und Unterhaltung der Pferde erforderlich war. Der Prophet scheint geplant zu haben, auf dem eroberten Land und in den enteigneten Schlössern Besitzer von Lehen anzusiedeln, die zu Pferd und gepanzert Kriegsdienst leisten sollten.[285] Möglicherweise orientierte Mohammed sich direkt an der sassanidischen Organisation des Ritterheeres aufgrund von Landlehen, deren Inhaber verpflichtet waren, zu Pferd und gerüstet beim Heer zu erscheinen. In welchem Maße selbst Details der Heeresorganisation und Kampfweise von den verschiedenen Gesellschaften untereinander ausgetauscht oder parallel entwickelt wurden, do

kumentiert sich unter anderem darin, daß die sassanidische Praktik, die Kämpfer mit Hilfe von Ketten zusammenschließen, um sie an der Flucht zu hindern, in der Schlacht am Yarmuk auch von den Römern und ihren Hilfstruppen angewandt wurde.[286]

Mohammeds Bekehrungsfeldzug hatte damit begonnen, daß seine Anhänger Karawanen aus Mekka überfielen und ausraubten. Einen maßgeblichen Sieg errangen die religiösen Kämpfer im Jahre 624 bei Bedr (Badr) gegen ein numerisch überlegenes Aufgebot aus Mekka. Mohammed selbst gab den Erfolg von Bedr als Beweis für die Echtheit seiner Mission aus, ein Anspruch, der sich nach der Niederlage am Ohod im folgenden Jahr dann aber umso stärker gegen ihn wandte. Der Glaubenskämpfer hatte allerdings insofern Glück, als seine Gegner den Ausgang der Schlacht am Ohod nicht militärisch zu nutzen verstanden. Sie verfolgten die Mohammedaner nicht bis zur totalen Vernichtung, sondern gaben sich wahrscheinlich ihren persönlichen Leidenschaften und Rachegelüsten hin, und feierten »ihren Triumpf nach der Art der Barbaren ihrer Zeit«: Die Frauen verstümmelten die Leichen und machten sich aus deren Ohren und Nasen bluttriefende Halsketten. Eine erbitterte Gegnerin Mohammeds öffnete die Brust des erschlagenen Hamsa, des Onkels des Propheten. Sie riß dem Manne, der ihren Vater bei Bedr getötet hatte, die Leber aus dem Leib, begann sie zu kauen und spuckte sie dann aus.[287]

Bei der für die Entwicklung Europas so folgenreichen Schlacht bei Tours und Poitiers im Jahre 732 sollen die Sarazenen mit einer Reiterei gekämpft haben, die die Entscheidung nicht durch den bedingungslosen Ansturm des gesamten Verbandes, sondern im Stil der Bogenreiter durch eine Vielzahl von Scharmützeln suchte. Die Geplänkel sollen sich unter klimatischen Bedingungen, die den Arabern fremd waren, zwei bis fünf Tage hingezogen haben, letztlich aber vergeblich gewesen seien. Die mangelnde Disziplin der Sarazenen soll den Ausschlag für den fränkischen Sieg gegeben haben.[288] Dem Aufgebot unter Karl Martell war es bei Tours und Poitiers offenbar gelungen, sich diesmal der Plänkeltaktik zu entziehen und sich nicht aufreiben zu lassen. Bei vorangegangenen Auseinandersetzungen mit den Sarazenen, vornehmlich im Osten, hatten die abendländischen Ritter ihre ohnehin beschränkte Disziplin und Formation schnell aufgegeben zugunsten von Einzelkämpfen, die die Bogner nicht in ritterlicher Manier fochten, in denen sie vielmehr ihre Wendigkeit ausspielten und so überlegen ner; dennoch soll in diesem und dem folgenden Abschnitt etwas zu ihrer Reiterei gesagt werden. An der numidischen, maurischen und araukanischen Reiterei läßt sich nämlich belegen, daß das nomadisch akzentuierte Reiterkriegertum interkontinental verbreitet war; man kann es weder räumlich noch zeitlich klar abgrenzen. Passende Lebensräume sowie die Nähe zu nomadischer Existenzweise scheinen generell zur Ausbildung eines Reiterkriegertums disponiert zu haben, sofern hinreichend Pferde zur Verfügung standen oder sie inklusive der erforderlichen technischen Voraussetzungen übernommen werden konnten. Die ökonomisch-technische Möglichkeit, mit dem Pferd die Distanzen der Steppe schneller als mit den übrigen Hilfsmitteln zu bewältigen, war der Entwicklung eines nomadischen Reiterkriegertums ebenso förderlich wie die Faszination, die vom Beherrschen des Raumes ausging. Jettmar[338] wies auf das »Recht des Stärkeren« hin, nach dem die Weideräume durch die Nomaden aufgeteilt worden seien. Mit der Ausbildung des Primats der Stärke als einer ausreichend legitimierten Rechtsposition war eine wichtige »ethische« Voraussetzung für das räuberische und kriegerische Dasein im Sattel erfüllt.

Die nordafrikanischen Stämme bewohnten fruchtbares Land; sie existierten vorwiegend als Nomaden, insbesondere auch als nomadisierende Reiter. Neben den alten Ägyptern waren die Numider das zweite große nordafrikanische Ur- oder Altvolk, das die Griechen generell als Libyer bezeichneten. Den Namen Numider gaben die Römer den bodenständigen Afrikanern. Die lateinische Bezeichnung »Numida« geht auf die griechische Akkusativform »Nomada« zurück. Der griechische »Nomas« ist der »Nomade«. Und als »Nomaden« bezeichneten die Griechen seit Hekataios und Herodot die nicht-seßhaften Stämme des nordafrikanischen Autochthonenvolkes, im Gegensatz zu den Seßhaften in den Atlas-Ländern.[339]

Eine kontinuierliche Historiographie existiert von den Numidern nicht; man kennt nur einzelne Ereignisse, aufgrund derer die Zusammenhänge konstruiert werden müssen. Aus der Feder der Numider selbst liegen keine Informationen vor; meist stammen die Nachrichten von den Verbündeten oder Gegnern der Nomaden. Nach R.-Alföldi[340] ist allerdings soviel bekannt, daß die Familie die Grundlage der numidischen Gesellschaft bildete, daß die Familien sich dort, wo sie seßhaft wurden, zu Dorfgemeinschaften oder sogar Dorfrepubliken zusammenschlossen, daß sie in Situa-

tionen, in denen es um Angriff oder Verteidigung ging, einen Stammesführer wählten, der zeitweise auch größere Gebiete und mehrere Stämme unter sich vereinigte, daß sie schließlich nicht zu stabilen Organisationen gelangten, mit ihrer labilen pragmatischen Haltung ihre Verbündeten verärgerten und sich den Vorwurf der Treulosigkeit einhandelten. Ferner weiß man von den Numidern, daß sie ausgezeichnete Reiter und gefürchtete Bogenschützen waren, mit dem Speer gut umzugehen verstanden und ihre für militärische Operationen so schwierige Landschaft derart souverän beherrschten, daß selbst so mächtige Reiche wie Ägypten, das punische Karthago oder Rom sie als eminente politische Gefahr respektierten – und sich ihrer bedienten. Im heutigen nordmarokkanischen Raum bildete sich noch vor dem Beginn des 4. Jhs. v. Chr. die bedeutende Stammesföderation der Mauren aus. Im Süden grenzte sie an die Gaetuler. Weiter östlich saßen die Massaesyli sowie die Massyli; sie spielten im Verlauf des 3. und 2. Jhs. v. Chr. eine ausschlaggebende Rolle. In den Quellen werden die Massaesyli und Massyli in der Regel als Numider zusammengefaßt und von den maurischen Stämmen abgehoben.[341]

Die Numider erwarben sich einen besonderen Ruf als gefürchtete Reiterkrieger. Die Karthager sowie die Römer bedienten sich ihrer Mithilfe bei den Auseinandersetzungen in Spanien und Nordafrika. In der Verbindung der Römer mit den Numidern – sie erfolgte kurz vor 200 v. Chr. – wird eine entscheidende Komponente für den römischen Sieg gegen Karthago im 2. Punischen Krieg gesehen. Die Schlacht von Zama im Jahre 202 v. Chr., nach der die gesamte punische Macht zusammenbrach, wurde nicht von den römischen Legionen, sondern durch die numidische Reiterei entschieden.[342] R.-Alföldi[343] kennzeichnete den numidischen König Masinissa, der die Machtkämpfe innerhalb des Landes im Schatten des zweiten Punischen Krieges für sich entschieden hatte, als »machtvollen und dankbaren Partner«. Rom habe die »reale militärische Hilfe, die Masinissas Reiter darstellten, durchaus zu schätzen« gewußt.

Die numidische Macht stellte auch eine wirksame Kontrolle gegenüber Karthago vor Ort dar. Masinissa erwarb sich das Wohlwollen Roms außerdem dadurch, daß er zuverlässig große Mengen Getreide und Kampfmittel aller Art lieferte, angefangen von Spezialeinheiten und gewöhnlichen Soldaten bis zu den teuren und gefürchteten Kriegselefanten. Der griechische Geschichtsschreiber Polybios[344] lobte Masinissa als einen unter anderem im Sattel leistungsfähigen Mann, dessen Vitalität sich auch darin zeigte, daß er bei seinem Tod als Neunzigjähriger im Jahre 148 v. Chr. einen vierjährigen Sohn zurückgelassen haben soll: »Masinissa, der König der Numider in Libyen, war der ausgezeichnetste und glücklichste Mann, den ich erlebt habe. Er regierte mehr als sechzig Jahre, erfreute sich die ganze Zeit über der besten Gesundheit und erreichte das hohe Alter von neunzig Jahren. Niemand unter seinen Zeitgenossen kam ihm an körperlicher Leistungsfähigkeit gleich. Wenn er stehen mußte, stand er den ganzen Tag auf demselben Fleck; wenn er saß, rührte er sich nicht von seinem Platz; die körperliche Anstrengung, einen ganzen Tag und eine Nacht hindurchzureiten, ging spurlos an ihm vorüber.« Masinissa gilt auch als der Begründer der numidischen Agrikultur. Möglicherweise hatte der König im Laufe seiner Ausbildung in Karthago hellenistische, seleukidische und ägyptische Regierungsformen und Wirtschaftspraktiken kennengelernt. Masinissa wird generell die Öffnung des Landes gegenüber den wirtschaftlichen, zivilisatorischen und kulturellen Einflüssen und Veränderungen durch den Hellenismus zugeschrieben.[345]

Als besonders tüchtiger Heerführer charakterisiert die Geschichtsschreibung den numidischen König Jugurtha, der, ähnlich den anderen numidischen Prinzen, im Kriegshandwerk wie in hellenistischer Gelehrsamkeit ausgebildet worden war. Als Taktiker entzog Jugurtha sich stets der offenen Schlacht und der Belagerung. Geschickt nutzte er die wechselnden Situationen in schwierigem Gelände; er bestärkte den Ruf Numidiens, schwerlich erobert und besetzt werden zu können. In den Auseinandersetzungen mit Rom unterlag Jugurtha endgültig im Jahre 105 v. Chr. Er hatte Zuflucht bei seinem Schwiegervater, dem Maurenkönig Bocchus, gesucht; dort konnten die Römer ihn gefangen nehmen und im Jahre 104 schließlich hinrichten. Westnumidien fiel an die Mauren.[346]

Im römischen Bürgerkrieg Cäsars gegen Pompeius ergriffen Bogud und Bocchus der Jüngere, die beiden Könige von West- und Ostmauretanien, die Partei Cäsars, der im Sommer 49 v. Chr. Curio mit zwei Legionen und 500 Reitern nach Afrika geschickt hatte. Dem mit Pompeius verbündeten ostnumidischen König Juba I. gelang es, Curios Aufgebot zu täuschen, es aus seinem festen Lager zu locken und vernichtend zu schlagen. Im Dezember 47 v. Chr. griff dann Cäsar

selbst in die Kämpfe in Afrika ein, stellte sich dem ob seiner rücksichtslosen Grausamkeit berüchtigten Juba I. und bezwang die mit dem Ostnumidier verbundenen Pompejaner in der Schlacht bei Thapsus. Ostnumidien wurde nach dieser Entscheidung als römische Provinz organisiert.[347]

Der unter dem Namen Caligula bekannte Gaius Caesar lud im Jahre 40 n. Chr. den ihm verwandten Maurenkönig Ptolemaios zu den kaiserlichen Spielen in Rom ein, empfing ihn mit großen Ehren, ließ ihn dann aber gefangen nehmen und als Hochverräter hinrichten. Caligula soll sich darüber geärgert haben, daß der in einen glänzenden Purpurmantel gekleidete Ptolemaios die allgemeine Aufmerksamkeit auf sich zog und den Kaiser in den Hintergrund drängte. Neben dieser Laune spielten wahrscheinlich aber auch machtpolitische Gründe bei der Ermordung des reichen Maurenherrschers mit. Die Afrikaner suchten den Tod ihres Führers zu rächen, rebellierten gegen Rom, wurden dann aber endgültig im Jahre 42 n. Chr. geschlagen. Kaiser Claudius I. begründete anschließend die beiden mauretanischen Provinzen Tingitana und Caesariensis; mit ihnen endete die Geschichte der numidischen und maurischen Königreiche in der Antike.[348]

Die maurische Reiterei war eine der effektivsten Formationen des römischen Heeres gewesen, ebenso renommiert wie zuvor die »schlachtenberühmten« numidischen Krieger. Eine der Inschriften aus dem 3. Jh., die in der neuen römischen Provinz gefunden wurden, ehrte zum Beispiel Gargilius Martialis, den Befehlshaber einer Kohorte und einer Truppe mauretanischer Kavallerie in Auzia an der Grenze der Caesariensis; er hatte besonderen Mut und besondere Wachsamkeit bei den Kämpfen mit plündernden Nomaden bewiesen.[349] Maurische Reitertruppen werden auch in den Berichten über die Feldzüge der Kaiser Claudius II. (268–270) und Aurelian (270–275) genannt.[350] Die maurischen Berittenen galten als »unwiderstehlich, sei es, daß sie Weichende in hitzigem Nachdrängen verfolgten, sei es, daß sie nach verstellter Flucht sich unversehens auf allzu siegesgewiß Vordrängende warfen. Überfall und Raub hatten die Mauren ans Kriegshandwerk gewöhnt; Nomaden gleich Skythen und Sarmaten, waren sie ebensowenig zu fassen wie diese. Maurische Gewandtheit vermochte das Pferd in vollem Laufe, ohne Zügel und mit bloßen Stöcken, zu lenken. Die Treffsicherheit ihres Speerwurfes war unerreicht.«[351]

Solch intensive Ausrichtung aufs Pferd dokumentiert sich naheliegenderweise in den Zeugnissen afrikanischer Kunst und Kultur. Auf den Rückseiten der Münzen des Masinissa und seiner Nachfolger sind, von einer Ausnahme abgesehen, stets Pferde dargestellt, bald mit, bald ohne Reiter, bald im Stand, bald im Galopp oder im Sprung. Das numidische Reich war nicht nur ob seiner Kavallerie, sondern auch wegen der Pferdezucht berühmt. Die Pferdedarstellungen belegen wahrscheinlich nicht nur den profanen Bezug von Mensch und Tier; vermutlich haben sie darüber hinaus symbolische Bedeutung, weisen auf eine solare Gottheit hin und verbinden sich deshalb mit astralen Zeichen, wie dem Palmzweig, dem Heroldstab und der Sonne; viele von diesen Zeichen finden sich zum Beispiel auf den Weihesteinen aus dem punisch-libyschen Heiligtum von El-Hofra, in dem die nordafrikanischen Himmelsgötter Ball Hammon und Tinnit verehrt wurden.[352] Die numidischen Münzen, die seit dem Ende des zweiten punischen Krieges geprägt wurden, verehren den Fürsten auch als Kriegsherrn; sie zeigen ihn unter anderem an der Spitze seiner Reitertruppe.[353] Im 5., 6. und 7. Jh. n. Chr. lebten die Kulturelemente der vorrömischen Zeit nach. In den Grabmonumenten aus dieser Zeit finden sich auf Felsblöcken Reliefzeichnungen, auf denen man unter anderem einen Reiter erkennt, der von seinem Hund begleitet wird und einen Strauß verfolgt. Solchen Jagdszenen kommt im Zusammenhang mit dem Grabkult symbolische Bedeutung zu. Sie stellen den Verstorbenen Fürsten dar und heroisieren ihn als mutigen und erfolgreichen Jäger. Diese Bilder entsprechen denen, die seit dem 2. Jh. n. Chr. aus der römischen Kunst bekannt sind und in der Bildpropaganda der Kaiser als wichtige Elemente fungierten.[354] Im späten 3. Jh. v. Chr. wurde aus Terrakotta eine 18 cm hohe und 27 cm lange Reiterstatuette geschaffen, die man in einem Grab in Canosa fand. Sie gehörte zum Schmuck eines großen Grabgefäßes. Die Stadt Canosa liegt in Apulien, nicht weit vom Schlachtfeld von Cannae entfernt. In der Armee Hannibals hatte die numidische Reiterei eine große Rolle gespielt; die kleinen Figürchen der nordafrikanischen Reiter erinnerten die Bewohner Süditaliens wahrscheinlich an die fürs römische Reich so gefährliche Vergangenheit. Die Statuette zeigt einen Reiter, den ein Pfeil getroffen hat und der nach vorne neben den Hals des Pferdes gesunken ist, das in vollem Galopp dahinsprengt. Der Reiter trägt eine kurze Tunika und hohe Schuhe, seine Waffen beschränken sich auf ein Schwert und einen kleinen Rundschild.[355] In Zentralalgerien wurde ein 1,55 m hoher und 1,12 m breiter Sandstein gefunden, der einen Reiter darstellt, der auf ungezäumtem Pferd sitzt. Nach Horn/Rüger[356] könnte ein vom Hals des Pferdes herabhängendes, unten in zwei runden Enden auslaufendes bandartiges Gebilde jedoch ein Zaumzeug darstellen oder damit zusammenhängen. Das Steinbild ist freilich generell so abstrakt, daß man auch beim Kopfstück keine Detailgenauigkeit erwarten darf. Das fehlende Kopfstück bei der Sandstein-Darstellung aus Zentralalgerien wie beim Canosa-Pferdchen können jedenfalls nicht unmittelbar das von den Numidern belegte trensenlose Reiten bezeugen.

Eine interessante Parallele zur Verbindung von Mensch und Pferd im Reiterkriegertum findet sich in der gesellschaftlichen Bedeutung des Dromedars bei den nordafrikanischen Nomaden. Seit dem 3. Jh. wandelte sich die Macht dieser Stämme an der Grenze des römischen Reiches auf eigentümliche Weise. Das in Nordafrika schon früher bekannte Dromedar übernahm in vermehrtem Maße die Aufgaben, die bis dahin dem Pferd übertragen worden waren, möglicherweise aufgrund der Größe und Anspruchslosigkeit des neuen Lastträgers, vielleicht auch wegen des Mangels an geeigneten Pferden. Das Dromedar ersetzte das Pferd zwar nicht generell, es eröffnete allerdings die Möglichkeit, »gegen die Römer mit neuer Kraft und in breiterem Maßstab« vorzustoßen.[357] Altheim bezeichnete diese Reiter als »Dromedarnomaden«. Ihr Auftreten im afrikanischen Norden entspreche dem Emporkommen des reiterlichen Stils bei den Hunnen, im China der Han, bei den Goten und Finnen oder bei den Arabern. Überall gewinne Tierisches symbolischen Rang. Es entfalte sich ein Krieger- und Heldendasein, auf das »Leben im Tier« gegründet. »Härte und Einsatz, Einzelkampf und Freude an Krieg und Abenteuer, ein bewegliches und unabhängiges Dasein haben sich, wenn auch unter verschiedenen Formen, durchgesetzt.«[358] Das Dromedar bestimmte seit dem 3. Jh. n. Chr. das Leben der afrikanischen Menschen entscheidend. Als die Römer Afrika betraten, fanden sie es noch nicht vor. In Ägypten gewann es erst seit frühptolemäischer Zeit an Bedeutung. Aus dem 4. Jh. liegt ein Bericht vor, wonach von einer nordafrikanischen Stadt verlangt wurde, tausende von Lastdromedaren bereitzustellen; jetzt tauchten auch in der römischen Besatzungsarmee Dromedarreiter auf.[359]

10. Die Araukaner

Eine aufschlußreiche Parallele zur Bedeutung des Pferdes im eurasischen Raum bietet seine Funktion im amerikanischen Doppelkontinent; dort wurde die Reitnutzung des Equiden etwa zweieinhalbtausend Jahre später als in den Steppenzonen Asiens und Europas bekannt, und zwar nicht als eine autochthone Neuentwicklung, sondern als voll ausgebildetes Importgut.

Die Lebens- und Wirtschaftsweise in den nordamerikanischen Prärien und den südamerikanischen Pampas änderte sich im Zuge der Verwendung des Pferdes wahrscheinlich nicht grundlegend im Sinne des Übergangs zum Nomadismus, wie es neben anderen Jettmar[360] vermutet hatte; stattdessen wird heute meist angenommen, daß der Einsatz des Pferdes die bereits früher existierenden Einstellungen und Handlungsweisen der nomadisierenden Steppenbewohner intensivierte:[361] Die Erfindung oder Übernahme der Reittechnik unterstützte bereits vorhandene nomadische Tendenzen; bei Seßhaften und Ackerbauern führte die Akquisition des Pferdes jedoch nicht stets zur Aufgabe ihrer bisherigen Existenzweise, sie bedingte auch nicht in allen Fällen einen Zuwachs an räuberischen und kriegerischen Aktivitäten. Die verschiedenartigen Einzelverläufe dürfen freilich nicht die dominante Entwicklungstendenz übersehen lassen; sie beinhaltete vor allem in den Steppengebieten wesentlich die Unterstützung des »aggressiven Beutegeistes« mit entsprechender »Verrohung der Sitten«. Auf dieser Linie liegt die Tatsache, daß die Indianer – neben anderen Formen des Reitens – eine Kriegsreiterei ausbildeten, die verschiedene Parallelen zu der asiatischen Reiternomaden aufwies. Diese Entwicklung ist vor allem deshalb bemerkenswert, weil die Indianer den Reiter nicht als wendigen Bogenkämpfer, sondern in der Form des vergleichsweise schwerfälligen Ritters kennengelernt hatten.

Die Spanier brachten im Jahre 1518 unter Cortez die ersten Pferde wieder nach Amerika, nachdem die Pferdeahnen dort schon lange vor der Domestizierung im eurasischen Raum ausgestorben waren. Als Hernan Cortez mit 400 Leuten und Franzisco Pizarro mit weniger als 200 Mann die amerikanischen Weltreiche eroberten und die Inkas wie die Azteken unterwarfen, bedienten sie sich mit dem Pferd eines kriegstechnischen Hilfsmittels, das ihren Gegnern völlig unbekannt war und dem diese mit äußerster Furcht und religiöser Verehrung begegneten. Die Bedeutung des Pferdes bei der Eroberung Amerikas wird nicht durch den Umstand geschmälert, daß einheimische Feinde der Inkas und Azteken die Eroberer als Hilfstruppen unterstützten, auch in der Hoffnung, mit deren Hilfe von den überlagernden Epigonen befreit zu werden.[362]

Furcht und Ehrfurcht gegenüber den Pferden überwanden die Indianer relativ schnell; sie entwickelten bald Eigenschaften, die man zuvor nur bei ausgesprochenen Reitervölkern gekannt hatte.[363] Dabei hatten die Spanier lange versucht, den Eingeborenen die Pferdenutzung zu verwehren beziehungsweise sie später, nachdem die Indianer auf gestohlenen Pferden schon reiche Erfahrung gesammelt hatten, nur in Grenzen am Privileg der Eroberer partizipieren zu lassen. Die ziemlich umfangreichen Pferdeimporte aus Spanien – die Einfuhren nahmen zeitweise einen solchen Umfang an, daß der Pferdebestand in Spanien dezimiert zu werden drohte und die Regierung zeitweise ein Exportverbot für Pferde erließ[364] – sorgten für ein auffallend schnelles Anwachsen des Pferdebestandes in Amerika. Schon vor dem Ende des 16. Jhs. besaßen zahlreiche Stämme das Pferd. Zu den ersten Berittenen gehörten die Ute, Apache, Comance, Kiowa und Caddo.[365] In Übereinstimmung mit dem Weg der Eroberer lernten die Bewohner der nördlichen Präriezonen das Pferd erst nach den Indianern der südlichen Regionen kennen. Insgesamt kann man annehmen, daß die Verbreitung des Pferdes unter den Stämmen der Prärie-Indianer im Jahre 1541 eigentlich begann und im Jahre 1784 abgeschlossen war.[366] Aus Denhardts[367] Übersichtskarten über die Verbreitung des Pferdes in Nord-, Süd- und Mittelamerika läßt sich in der folgenden Tabelle zusammenstellen, wann das Pferd in die einzelnen Gebiete kam:

Mittelamerika:	1493	Haiti
	1509	Columbien
	1511	Cuba
	1519	Süd-Mexico
Südamerika:	1530	Brasilien
	1532	Peru
	1535	Bolivien und Argentinien
	1536	Paraguay
Nordamerika:	1524	Bereich Mexico-City
	1565	Florida
	1567	Sierra Madre
	1607	Neu-Mexico

11. Dschingis Khan (1155–1227) auf der Jagd mit dem Falken zu Pferd. Chinesische Seidenmalerei

um die Zivilisierung des Leitbildes und der Lebenswelt des Menschen, von dem Altheim sagte, er sei der Held, der sein Dasein auf Kampf stelle, der Gewalt- und Herrenmensch, der weite Lande durchziehe und sie als die ihm sich darbietende Beute betrachte. Das Tschingis-Khan zugeschriebene Psychogramm vom Eroberer, der die Feinde niederwirft, sie verfolgt, ihren Besitz raubt und ihre Liebenden weinen läßt, ist faszinierend und abstoßend zugleich; die Machtfülle reizt, die Ruchlosigkeit schreckt.

Das Nomadenleben erforderte, wie Hambly[380] formulierte, »eine kräftigere Konstitution, als sie der seß- hafte Oasenbewohner nötig hat«. Desgleichen verlan- ge es »unabhängigere Charaktere, die imstande sind, in Notzeiten schnelle Entscheidungen zu fällen und die Initiative zu ergreifen«. Während der unaufhörli- chen Kämpfe um die Weiden, in den unbarmherzigen Blutfehden erwerbe sich der Nomade »aggressive In- stinkte, die ihn, gepaart mit dem Verlangen nach den Produkten des seßhaften Lebens, veranlassen, rau- bend über seine schwächeren Nachbarn herzufallen«. Diese räuberischen Gewohnheiten sowie die mit ihnen verbundene Zerstörungswut habe dem Nomaden in der Vergangenheit den Ruf angeborener Grausam- keit verschafft, obwohl er, selbst bei rücksichtslosem Töten, »nur selten die raffinierten Grausamkeiten des kaiserlichen China oder Byzanz« verübt habe.

Angesichts dieser »Reitermentalität« ist die Einstel- lung Laotses zu verstehen: Der chinesische Weise soll sich gegen die Nutzung des Pferdes und den damit verbundenen Lebensstil gewandt haben, da des Men- schen Sinn durch Pferderennen und Jagden verwildere. Die »elementare Freude am Experiment mit dem le- bendigen Objekt« förderte die Erfindung und Ent- wicklung des Reitens wahrscheinlich beträchtlich; aber diese Freude am Experiment darf man auch ver- stehen als eine vom Druck ökonomischer Transport- bedürfnisse entlastete Beschäftigung mit dem Pferd, als ein Handeln, das über die Erfordernisse der alltäg- lichen Lebensfristung hinausging. Die psychische Be- reitschaft, das Tier in seiner Ungewißheit und Kraft zu ergreifen und sich mit ihm auseinanderzusetzen, ist in dieser Hinsicht ebenso zu berücksichtigen wie der physische Einsatz, mit dem das Tier gefangen, ge- zähmt und fürs Reiten »brauchbar« gemacht wurde. Das über den Transport des Menschen auf dem Pfer- derücken hinausgehende Reiten bedurfte des lei- stungsbereiten Zugriffs und der innovationswilligen Gestaltung. Der Tierstil und die mit den Trensenkne-

beln und möglicherweise auch mit dem Panzer ver- bundenen magischen Absichten dokumentieren die Virulenz der im Tier begegnenden Kraft ebenso wie das Bestreben, die ungewisse und wohl auch unheimli- che Dynamik zu beherrschen und darüber hinaus noch zu steigern. Bezeichnenderweise gilt gerade das Einreiten und Zureiten von Pferden als besonders wagnisreich. Im Rodeo-Sport verselbständigte es sich in der Moderne zu einem besonders harten Wett- kampf, der durch verbandsmäßige Organisation so- wie bestimmte Leistungsanforderungen geregelt und von Amateur- wie von professionellen Rodeo- Cowboys in öffentlichen Konkurrenzen betrieben wird.[381]

Der Pferdehirtennomadismus entdeckte aufgrund seiner engen Verbindung von Mensch und Tier das Pferd nicht nur als technisch-ökonomisches Hilfsmit- tel, sondern auch als Spielkameraden und Sportgerät. Im Pferdehirtennomadismus wurde das Reiten- Können ausgebildet, reiterliches Geschick bis zum freihändigen Reiten, der Basis des Pferdebognertums, perfektioniert. Wahrscheinlich fanden die Hirten sogar zu einer spielerisch-sportlichen Einstellung, die die Ausbildung auf dem Rücken des Pferdes förderte und in ständiger Übung weiterführte.

Die hirtennomadische Verbindung zum Tier schuf gegenüber dem Bauern einen Leistungsvorteil, der im Kriegsfall ausschlaggebend wurde.[382] Das selbstver- ständliche Geschick im Reiten und Bogenschießen entwickelten vor allem die Pferdezüchter und Jäger; der Bauer, der für einen Feldzug angeworben wurde, erreichte dagegen solche Perfektion bestenfalls erst nach längerem Training. Hinzu kam, daß der Bauer sehr viel unbeweglicher als der Nomade ist, stärker an sein Feld und an die Regel von Aussaat und Ernte ge- bunden. Willkürlich konnte freilich auch der Nomade sich nicht bewegen; mit seinem Vieh blieb er auf Was- ser- und Weideplätze angewiesen. Die Vorstellung von Nomadenhorden, die mit unermeßlichen Vieh- herden durch Asien ziehen, überschätzt die physi- schen Möglichkeiten des Hirtenlebens stark. In Wirk- lichkeit sind die Wanderungen der Nomaden oft sehr kurz. Manchmal bleiben sie sogar auf ein bestimmtes Gebiet beschränkt, vornehmlich als vertikale Bewe- gungen, die starken Klimaveränderungen folgen, we- niger als horizontale. Die Kirgisen des T'ienschan zie- hen zum Beispiel zur Überwinterung in geschützte Täler, die nur einige Kilometer von ihren Sommer- weiden entfernt sind.[383]

Trotz der Verschiebungen innerhalb des zentralasiatischen Nomadismus, trotz der Spannungen und Uneinheitlichkeiten innerhalb dieses Phänomens und trotz der Übergangserscheinungen zwischen dem Nomadentum und der Seßhaftigkeit lassen sich doch auch generelle Charakteristika nomadischer Existenz feststellen. Neben dem bisher Gesagten gehört hierzu auch der Umstand, daß die Nomaden einen länger anhaltenden Zermürbungskrieg sehr viel besser durchstehen konnten als die Armeen von Bauern, die nur darauf warteten, zur dringenden Arbeit auf den Feldern zurückkehren zu können. Seßhafte lebten im zentralasiatischen Steppengebiet vornehmlich an den Flüssen oder in Oasen. Sie bauten Städte, die im transkontinentalen Karawanenhandel eine besondere Rolle spielten, Zentren der Herstellung und des Vertriebs lokaler Erzeugnisse waren und den großen Kulturen, vornehmlich die Chinas und Irans, gestatteten, mit ihrem Einfluß Fuß zu fassen. Die typischere Form Zentralasiens aber stellte der spezialisierte Steppennomadismus dar; er ermöglichte es dem Menschen, ohne Kultivierungsarbeiten und ohne festen Wohnsitz auszukommen und sich nur auf den Besitz des Viehs zu verlassen. Die Tiere verschafften Nahrung, Kleidung, Obdach, Brennmaterial und Transportmittel und sie produzierten darüber hinaus einen Überschuß, den die Nomaden mit ihren seßhaften Nachbarn gegen fehlende Güter tauschen konnte, zum Beispiel gegen Getreide und Metallwaren.[384]

Die enge reiterliche Verbindung zum Pferd und das Geschick, den Bogen zu spannen, begründeten die militärische Überlegenheit der zentralasiatischen Nomaden. Zumindest zeitweise mußten die wendigen Reiter freihändig im Sattel sitzen können, um den Bogen zu spannen, auf den Feind zu zielen und den Pfeil abzuschießen. Bei verstellter Flucht über die linke Schulter auf den Feind zu schießen, forderte in außergewöhnlichem Maße die über Wagnis und Versuch hinausgehende problemlose Verbindung zum Pferd mit dem aus ihr resultierenden sicheren Sitz auf dem Rücken des Tieres. Die Taktik der verstellten Flucht bestand aus einer Folge von Angriffen, Wendungen, Rückzügen und erneuten Angriffen. Wenn dieses taktische Konzept auch nicht immer in der von den antiken Autoren wahrscheinlich idealisiert beschriebenen Weise angewandt wurde, so darf man doch Tempoaktionen auf kleinem Raum sowie über weite Strecken annehmen; ihnen waren allein besonders geschickte oder besonders ausgebildete Reiter gewachsen. In der

Reitweise der Steppenvölker dominierte wahrscheinlich, wie unter anderem aus jüngeren Berichten über asiatische Reiternomaden zu schließen ist, die kollisionsfreie Anpassung ans Pferd; die Einwirkung mit einem bestimmten Katalog von Hilfen und die dem entsprechende Dominanz des Menschen übers Tier trat demgegenüber zurück. Bestimmte formale und ästhetische Kriterien waren ebenfalls von untergeordneter Bedeutung, anders als in der abendländisch-neuzeitlichen Dressurauffassung. Der naheliegende Zweck diktierte den Stil der Nomaden. Kurierritte von 400–480 km pro Tag waren nur bei einseitig funktionaler Reitweise möglich, ebenso die Leistung des Mongolenfeldherrn Ssubotai, der mit seiner Division beim Einfall nach Ungarn im Jahre 1241 eine Strecke von 480 km in knapp drei Tagen bewältigte.[385]

Nach Aussagen mehrerer Autoren ritten und reiten die Kirgisen sogar so geschickt, daß die Pferde unter ihnen bedeutend längere Strecken als unter anderen Reitern zurücklegen; Pferde, die unter fremden Reitern bereits ermatteten, sollen sich unter ihnen wieder erholen.[386] Die Wertschätzung, die außergewöhnliches reiterliches Können bei den Heerführern genoß, läßt sich auch für das frühe Europa belegen, für das spätere ohnehin durch das ritterliche und kavalleristische Reittraining. Cäsar stellte eine Gruppe von reiterfahrenen Germanen, die unzureichend beritten als Verstärkung zur römischen Truppe stieß, die Pferde seiner Equites und Tribunen zur Verfügung.[387]

Bei den enormen Leistungen der Steppenvölker ist zu berücksichtigen, daß sie fast ausschließlich im Schritt oder Galopp ritten; längeres Traben war ihnen unbekannt. Wenn ihre Pferde kurzfristig in den Trab fielen, saßen sie ihn wahrscheinlich nicht bei geradem Oberkörper aus, sondern beugten sich nach vorn und fingen mit dem Oberschenkel die Stöße bei der unangenehmen Gangart ab.[388] Das heute übliche Leichttraben verbreitete sich erst im 19. Jahrhundert von England aus. Vor dieser Zeit kannte man im Abendland den Paß und den Tölt (Zelt), zwei Gangarten, die im Tempo zwischen Schritt und Galopp liegen, bei denen es aber nicht zu der unangenehmen stoßenden Rückenbewegung kommt, die eine Vielzahl von nicht speziell ausgebildeten Pferden aufgrund »festgehaltenen« Rückens im Trab zeigt. Wichtig für die Reittechnik waren auch die Neuerungen bei den mechanischen Hilfsmitteln, etwa die Verwendung spezieller Trensen sowie die Erfindung der Steigbügel und des Sattels. Indirekte Hilfe zur Verbesserung der Reittechnik bedeuteten die züchterischen Maßnahmen, mit denen man die Leistungen der Pferde allgemein zu verbessern und speziellen Verwendungszwecken anzupassen suchte.[389]

Das hohe reiterliche Können, das das Bogenschießen zu Pferd verlangte, wurde aus abendländisch-agonaler Sicht lange nicht hinreichend gewürdigt; der Bogner war verpönt, man sah moralisch auf ihn herab und glaubte, die Taktik der verstellten Flucht entspringe der Furcht vor dem heldenhaften Kampf Mann gegen Mann. Die Eigenständigkeit des nomadischen Konzepts – nämlich Antithese zum Nahkampf auf der Basis besonderen reiterlichen Geschicks – wurde ignoriert. Der Bogen, die charakteristische Fernwaffe der offensiven Völker der weiträumigen Steppen, war der agonalen griechischen Kampfauffassung ebenso zuwider wie den germanischen Helden. Aus griechischer Sicht rivalisierten in den Perserkriegen unter anderem die hellenische Lanze mit dem persischen Bogen; die Auseinandersetzung ging über ihre kriegstechnische Bedeutung hinaus, sie offenbarte ethische Grundpositionen. Homer[390] artikulierte die Normen seiner Gesellschaft, als er forderte: »Helden sollen nur Brust gegen Brust sich gegenüber treten; nur Feiglinge kämpfen aus sicherer Ferne.« Demosthenes beugte sich wahrscheinlich der normativen Kraft des Faktischen, das heißt der politischen Notwendigkeit, als er im Jahre 354 v. Chr. die athenische Volksversammlung darauf hinwies, der Krieg mit dem Perserkönig sei »kein Agon, zu dem man nur tapfere Männer braucht, sondern ein Krieg, der Schiffe, Geld und Länder als Operationsbasis erfordert«.[391]

Besonderes reiterliches Können verlangten die großräumigen Aktionen in der weiten Steppe ebenso wie die Bewegungen der Kriegerschar auf beschränktem Raum. Die militärische Effektivität des Aufgebots hing ausschlaggebend davon ab, inwieweit das reiterliche Können sich mit krisenfester Disziplin verband und die Summe von Einzelkämpfern zu einer Formation mit verschiedenen geschlossenen Abteilungen sich organisierte. Wenn das Ordnungssystem den Anritt gegen den Feind überdauern und sich im Gefecht bewähren sollte, bedurfte es neben der reiterlichen Perfektion einer straffen Disziplin mit unbedingtem Gehorsam. Unzureichende Beherrschung des Pferdes wie mangelnde Unterordnungsbereitschaft ließen die Abteilungen auseinanderfallen und die riskante Taktik der verstellten Flucht leicht in einen regellosen Rückzug übergehen. Angesichts dieser Gefahren wird

das ebenso prinzipielle wie barbarische Gehorsamkeitstraining Mao-tuns verständlich. In diesen Gedankenzusammenhang gehört wohl auch die Bedeutung der Führerschaft für den Erfolg der nomadischen Bogner. Gehorsam und Disziplin wurden von der Mehrzahl der Steppensöhne wahrscheinlich nicht als objektive funktionale Wege zur optimalen Lösung bestimmter Sachaufgaben verstanden; sie waren in der Regel wohl an personale Beziehungen gebunden, das heißt an die Macht, die Durchsetzungsbereitschaft und das Charisma des Führers. Unter geschickten und begnadeten Herrschern entstanden nomadische Großreiche in kurzer Zeit, aber mit dem Tod der Gründer verloren sie dann häufig rasch ihre militärische Kraft und politische Bedeutung. Die unzureichende Versachlichung der Disziplin machte sich vor allem dort negativ bemerkbar, wo eine umfangreiche Armee mit Kämpfern unterschiedlicher Herkunft und ein riesiges Reich zur Disposition standen. Nach dem Tod des charismatischen Führers schaffte die verwandtschaftlich verbundene kleine Adelsschicht diese Aufgabe meist nicht mehr. Zu Lebzeiten des Führers war sie schon deshalb schwer genug, weil die nomadischen Herrscher kein System einer einheitlichen und zentral geführten Verwaltung für ihre Großreiche entwickelten. Sie konnten dies unter anderem deshalb nicht tun, weil die personellen Reserven ihres Stammes oder Volkes hierzu nicht ausreichten. Bei lokal beschränkten Verwaltungen zeigte sich immer wieder die Gefahr, Eigen- und Sonderinteressen vor die Anliegen des Reichs zu stellen und derart die Integration zu gefährden.

Die Führerschaft ist nach Hambly[392] »auf jeder Entwicklungsstufe der nomadischen Gesellschaftsordnung ... von entscheidender Bedeutung«. Hambly erklärte diesen Umstand aus der alltäglichen Lebenspraxis der Nomaden: Ohne Fürerschaft können die Herden nicht geschützt, die Weiden und Brunnen nicht verteidigt, aggressive Nachbarn nicht zurückgeschlagen und Raubzüge nicht unternommen werden. Mit Ausnahme der Kirgisen und im Unterschied zu Nomaden in einigen anderen Teilen der Welt hätten die zentralasiatischen Reiternomaden stets dazu geneigt, aristokratische Institutionen zu fördern und einen ausgeprägten Steppenfeudalismus auszubilden. Dabei basiere die nomadische Führerschaft immer auf einer ganzen Reihe von Umständen, auf der Persönlichkeit, der körperlichen Tüchtigkeit, der vornehmen Abstammung, dem Reichtum an Vieh, der Zahl der Gefolgsleute, der Stammesloyalität und weiteren Faktoren mehr.

Die koordinierte Aktion war freilich nicht ausschließlich auf den blinden Gehorsam angewiesen. Denn auch die militärischen Ziele einten, ferner ein aggressiver Wetteifer quasi sportlichen Zuschnitts, nicht zuletzt der handfeste Lohn und die Beteiligung an der Beute. Die verschiedenen Inhalte des Engagements führten den Fanatismus; sie förderten die Identifizierung mit den militärischen Zielen, schufen wohl auch einen gleichgestimmten Verband, jedoch noch nicht eine auf Disziplinierung beruhende und relativ stimmungsunabhängig funktionierende Ordnung. Die vom Gleichklang der Emotion und Begeisterung diktierte Einheit konnte schließlich durch religiöse Ideen gestiftet werden. Besonders deutlich war dies beim heiligen Krieg der islamischen Truppen, es dürfte aber auch bei den früheren Reitervölkern ein mehr oder minder ausschlaggebender Faktor gewesen sein. Auf religiöse Motive lassen unter anderem die Musikinstrumente schließen, derer man sich aufgrund schamanistischer Überzeugungen und Kulte bediente, von denen man sich also nicht nur – wie bei heutigen Formationsmärschen im Bereich des Militärs, des Sports, des Brauchtum oder der Politik – zur allgemeinen Einstimmung »begleiten« ließ. Vor dem Auftreten des Islam und des Buddhismus verband der Nomade »Ehrfurcht vor den Schöpfungen der Natur, die er sich als von Geistern beherrscht vorstellte, also vor dem Wind, der Erde und dem Wasser, den Gipfeln der Berge, den Bäumen der Wälder, dem heftigen Sturm, der die Einsamkeit der Steppen nur noch furchterregender machte, vor dem Himmel, der sich endlos bis über einen unbekannten Horizont hinauserstreckte, mit der Scheu vor den übernatürlichen Kräften der Schamanen, die sich mit den toten Vorfahren in Verbindung zu setzen vermochten und als Vermittler mit der Geisterwelt fungierten.«[393] Die mohammedanischen Derwische und die buddhistischen Lamas bedienten sich später schamanistischer Methoden. Zu Beginn des 20. Jahrhunderts waren die zentralasiatischen Nomaden in ihrer Mehrzahl Mohammedaner, von der islamischen Religion, wie Hambly[394] feststellte, allerdings »nur oberflächlich berührt«.

Das Vermögen, den Bogen zu spannen und zielsicher zu schießen, verriet, wie der literarische Topos bekräftigt, den leistungsfähigen Helden. Die nomadischen Reitervölker beschränkten sich freilich nicht auf den Typus des leichten Bogners; sie kämpften auch mit der langen Lanze, dem Kriegsbeil, der Keule, dem Schwert, dem Krummsäbel, dem Lasso und dem Dolch, entwickelten ferner den gepanzerten Reiter, idealtypisch verstanden als die Defensivwaffe, mit der Völker ihren Besitz beziehungsweise das in der Offensive Erreichte verteidigen. Der Flegel, eine Holzkeule mit einer Kette, an deren Ende ein eisenbeschlagenes Holzstück befestigt war, wurde möglicherweise in der Steppe erfunden; mit dieser Waffe griffen nomadische Reiter die chinesische Infanterie an. Rüstungen verwandten die zentralasiatischen Reiter schon in frühen Zeiten. Zunächst sicherte man sich mit Fellen gegen die Geschosse der Feinde. Widerstandsfähiger als die Lederrüstungen waren später die Ketten-, Ring- oder Schuppenpanzer, vielfach in städtischen Zentren kunstvoll und kostbar gearbeitet und für ihre Besitzer ein Zeichen von Wohlhabenheit und hohem Rang, generell auch als Indiz fortschreitender Zivilisation gewertet. Die Rüstungen aus Metall verminderten die Beweglichkeit der Reiter zum Teil so stark, daß sie ihre einstige Gefährlichkeit und Unberechenbarkeit verloren und gegenüber der ursprünglicheren Kraft leichter Bogenreiter ins Hintertreffen gerieten.[395]

Vom Rücken des Pferdes aus die Waffe sicher führen zu können, bedurfte vor allem in den Gesellschaften besonderer Ausbildung, deren Mitglieder nicht oder nicht mehr mit den alltäglichen Aufgaben viehzüchtender Nomaden groß wurden. Von der Einübung der Heranwachsenden ins Reiterleben wird ausdrücklich berichtet. Bereits die Kinder lernten, den Bogen zu spannen, auf Vögel und Kleingetier zu schießen. Die mehr oder minder systematisierte Ausbildung begann mit dem Reiten auf Schafen. Die Römer bedienten sich später eines Holzpferdes, vor allem um das Aufspringen zu erlernen. Dieses Pferd gelangte über die Fechtsäle des Mittelalters in die neuzeitlichen Turnhallen.[396] Nach Herodot lernte die persische Jugend drei Dinge, nämlich zu reiten, mit dem Bogen zu schießen und die Wahrheit zu sagen. Für die Perser handelte es sich bei diesen Bereichen offenbar nicht um Sonderfertigkeiten; beim Reitervolk waren sie ein Bestandteil der allgemeinen Sozialisation. Im alten China gehörten Reiten und Bogenschießen ebenfalls zu den wichtigsten Disziplinen des staatlichen Erziehungsprogramms.[397]

Kodifizierte Reitlehren sind von den ausgesprochenen Reitervölkern schon aus dem Grund nicht bekannt, weil sie über keine Schrift verfügten. Über diesen Umstand hinaus war das Reiten bei ihnen möglicherweise ein so selbstverständliches und allgemeines Lehrgut, daß es einer ausdrücklichen Fixierung nicht bedurfte. Die erste überlieferte Reitlehre schrieb der Grieche Xenophon mit den Werken »Peri Hippikes« und »Hipparchikos« um das Jahr 369 v. Chr. Xenophon dürfte sich bei diesen Schriften seine Erfahrungen bei der Exkursion nach Persien und der Rückführung der Zehntausend nach Griechenland zunutze gemacht haben. Neben der Bekanntschaft des Autors mit der persischen Reiterei ist für diese Bücher bezeichnend, daß sie nicht die Grundausbildung von Pferd und Reiter beschrieben, sondern allgemein den Umgang mit und die Haltung von Kriegs- und Paradepferden behandeln, und zwar mit dem erklärten patriotischen Ziel, die der Standesverpflichtungen müde Adelsjugend Athens wieder für den Dienst zu Pferd zu gewinnen.

Wie wenig selbstverständlich reiterliche Perfektion vor allem für die nicht genuin nomadischen Völker war, dokumentieren unter anderem Übergangsphänomene von der Infanterie zum Reiterkriegertum und vom Reiterkriegertum wieder zurück zur Infanterie. Berittene Infanterien existierten in den ersten Stadien der Kriegsreiterei ebenso wie bei ihrem Niedergang, zu dem es unter anderem dadurch kam, daß die Privilegierten den unumgänglichen reiterlichen Anforderungen nicht mehr genügten. Als die Sonderrechte der reitenden Herrenmenschen nicht mehr auf außergewöhnlichem Können basierten, stellte der einfache Fußsoldat ihre Legitimation infrage; in der kritischen Situation setzte er seine Forderung nach sozialem Ausgleich durch, die Herrenmenschen sahen sich gezwungen, vom Pferd zu steigen, oder sie taten es aus eigenem Antrieb, weil sie sich beim Fußkampf stärker und sicherer fühlten.

Die ursprünglichen Reiternomaden trainierten ihr Können im Sattel über ihre alltägliche Arbeit beim Umgang mit den Herden hinaus. Möglicherweise entfaltete sich ihre hohe Aggressionsbereitschaft gerade in einer gesteigerten Rivalität im Bereich reiterlichen Könnens. Hinzu kommt, daß sich mit der Bewältigung des Tieres quasi sachlogisch bei den einzelnen Reitern die Tendenz verbindet, ihre Leistung mit der anderer zu vergleichen. Wettkampfartige Reiterspiele entwickelten sich daher wahrscheinlich schon bald nach der Erfindung des Reitens. Inerasiatische Reiternomaden veranstalteten anläßlich von Festen Pferderennen mit sakral-kultischer Bedeutung.[398]

Die Jagd dient ebenfalls dem reiterlichen Training.

Ursprünglich bildete sie eine Technik zum Erwerb der Nahrungsmittel, im umfassenderen Sinne eine Existenzweise, bei der sich die ökonomischen Anliegen unmittelbar und ohne besondere Zwecksetzung mit dem vormilitärischen Training verbanden. Die Reiternomaden betrieben die Jagd ferner als verselbständigten Sport, losgelöst von ihrem ökonomischen Hintergrund und unabhängig vom Problem des Zusammenhangs von Jäger- und Hirtentum. In artifizieller Form wurde die Jagd dort versportlicht, wo die Tiere, in künstlich angelegten Parks gehalten, dem Adel als jagdbares Wild ständig, situationsunabhängig und beliebig zur Verfügung standen.

Das Verfolgen eines Gegners lernte man im sportlichen Wettkampf ebenso wie das reiterliche Geschick und die Handhabung der Waffe. Verschiedene Reiter kooperierten in kleinen Gruppen, Fußtreiber arbeiteten gemeinsam mit Berittenen. Derart wurde der Kampf in der reiterlichen Formation und auch der Mischkampf zwischen Fußtruppen und Reiterkriegern eingeübt. Die Parallelen zwischen der Jagd und dem Krieg gehen weiter, im Rahmen »barbarischer« Einstellung zum Feind sogar so weit, den Krieg als eine besondere Form der Jagd zu verstehen. Aus dieser Sicht unterschieden sich die beiden Verfahren nicht durch ihre Methode, sondern »nur« durch ihr Objekt, in einem Fall das jagdbare Tier, im anderen der jagdbare Mensch. Wahrscheinlich hat man in diesem Zusammenhang auch an den mehrfach berichteten Kannibalismus zu denken. Wo Menschenfleisch zur Nahrung diente oder neben anderen Angeboten der Natur dienen konnte, wird es – zumindest gelegentlich – erforderlich und üblich gewesen sein, sich die Opfer durch jagdähnliche Verfahren zu verschaffen. Vor allem in Situationen extremer Verknappung pflanzlicher und tierischer Nahrung hat man dies anzunehmen. Die Jagd auf Tiere könnte damit sogar ein Ersatz für die Jagd auf Menschen gewesen sein.

Zu den malerischen Übertreibungen der nomadischen Existenz gehört das Bild von total berittenen Völkern. Gegenüber dieser Vorstellung hat man anzunehmen, daß das harte Kriegsgeschäft von bestimmten Gruppen oder Schichten des Stammes betrieben wurde und in der Regel weder die Frauen noch die Kinder und die Alten am Kampf beteiligt waren. Aus der nomadischen Frühzeit wird von Altersklassen und Jungmannschaften berichtet.[399] Von den späteren Heeren ist bekannt, daß die Berittenen nur einen beschränkten Anteil am Aufgebot ausmachten; beim persischen Heer in Griechenland saß zum Beispiel nur etwa jeder zehnte Mann zu Pferd.

Die Altersklassen und Jungmannschaften der frühen Reitervölker lebten in der Kriegszeit und unter Umständen auch in Zeiten relativer Ruhe – wie die Großwildjäger[400] – vergleichsweise abgetrennt von der Gesamtgesellschaft. Möglicherweise bereiteten sie sich in einer Art von Training auf ihre Aufgaben vor, sicher waren sie ständig bereit und geneigt, ihre Fähigkeiten unter Beweis zu stellen. Härte und Unerbittlichkeit, die auf die physische und psychische Ertüchtigung wie auf den für die Ordnung des Verbandes unerläßlichen absoluten Gehorsam abzielten, dürften für die Ausbildung charakteristisch gewesen sein. Wahrscheinlich bestanden auch Zusammenhänge mit den Initiationsriten, in denen körperliche Ertüchtigung, Abhärtung und soziale Disziplinierung ebenfalls von zentraler Bedeutung sind.[401]

Die Kampfbereitschaft wie die grausam anmutenden Kampfmethoden könnten sogar durch Aggressionen forciert worden sein, mit denen auf die Frustration im Trainingslager reagiert wurde. Im übrigen gab die weitgehende Identifizierung von Jagd und Kampf keinerlei Anlaß für eine humane Behandlung der Feinde. Sadistische und masochistische Tendenzen dürften beim Härtetraining ebenfalls eine Rolle gespielt haben; die vielfach berichtete Neigung zum Rausch könnte sich dann als die Bereitschaft verstehen lassen, sich der Versagungen und Eingrenzungen zeitweise zu entledigen. Ein gewisses Maß an »Entfremdung« war wohl erforderlich, um als der Gewalt- und Herrenmensch zu leben, von dem es heißt, daß er sein Dasein auf Kampf stellte, die Feinde niederwarf und beraubte, ihre Liebenden weinen ließ und allein das »Recht des Stärkeren«[402] akzeptierte.

Mit dem »Recht des Stärkeren« hängt auch der Primat zusammen, der den jungen wehrfähigen Männern gegenüber den Alten eingeräumt wurde. Von der Kraft der Jungen hing die Existenz der gesamten Gesellschaft ab. Daher erhielten sie die guten Speisen, während die übrigen Familien- oder Stammesmitglieder, insbesondere die geringgeschätzten Alten, sich mit den schlechten und den Abfällen zufrieden geben mußten. Aus der verfestigten und institutionalisierten Anerkennung des Leistungsvorsprungs bestimmter Gruppen oder Schichten resultierte mit der Zeit ihre generelle Privilegierung. Derart läßt sich die bei den nomadischen Reitervölkern durchgehend anzutreffende Etablierung eines Adels interpretieren. Seine

Vorrechte beruhten ursprünglich auf den besonderen militärischen Leistungen, die den Kämpfern vor allem in der Krise zur Legitimation ihres Status abverlangt wurden. Im einzelnen konnte sich die Führungsschicht zum Beispiel dadurch herausbilden, daß die kriegerischen Jungmannschaften oder Altersklassen ihre Sonderstellung gegen heranwachsende Altersklassen verteidigten und so weit festigten, daß sie auf ihre Kinder übergingen. Bei der ersten Nachkommen-Generation wird die Wahrung der ererbten Privilegien noch eng mit Eigenleistungen verbunden gewesen sein, mit fortschreitender Institutionalisierung der Adelsschicht rückte jedoch die Leistungsbewährung in den Hintergrund. Numinoskultische Momente, besonders die Sanktion der Privilegien durch transmundanen Auftrag, dürften bei dem Stabilisierungsprozeß ebenfalls eine Rolle gespielt haben.

Die Entstehung des Adels verlief wahrscheinlich nicht generell aufgrund endogener Veränderungen; exogen bedingte Prozesse, nämlich die Überlagerung durch siegreiche Stämme, sind ebenfalls anzunehmen, ferner der erfolgreiche Anspruch der Kriegermannschaften auf die von ihnen eroberten Gebiete inklusive der daraus resultierenden Macht. Beim griechischen wie beim römischen Adel ist der endogene Prozeß ziemlich sicher. Mehrfach wurde darauf hingewiesen, daß seine Privilegien von der militärischen Überlegenheit der Reiterkrieger ausgingen.[403] Die Entwicklung in der Antike ist eines der eindrucksvollsten Beispiele für den sozialen Aufstieg durch militärische Leistung.

Bei intakten kriegerischen Reitervölkern war der Adel immer auch Leistungsadel; wenn er in einen Geburtsadel überging, der der Leistungsbewährung nicht mehr bedurfte, dann wurde sein Anspruch unter anderem deshalb bald in Frage gestellt, weil er sich nicht in einem stabilen Beamten- und Verwaltungssystem objektivierte. Der vielfach rasche Zerfall der nomadischen Adelsschichten zeugt von diesen quasi gesetzmäßigen Entwicklungen. Vor allem angesichts der generell unsicheren politischen Verhältnisse in der Steppe und speziell angesichts der stets akuten Gefahr von Feinden, die bereit waren, ihr Glück zu versuchen, repräsentierte der Adel die kriegsreiterliche Leistungswelt; er erledigte die offensiven und defensiven Aufgaben für die gesamte Gesellschaft, die ihrerseits mit steuerartigen Abgaben die privilegierte Schicht von alltäglicher Arbeit freistellte und es ihr gestattete, stilisierte Lebensformen auszubilden.

13. Leben der Indianer in Nordamerika. Kriegsspiele. Stahlstich von H. Winkles, um 1860

14. *Blackfoot-Indianer zu Pferd, Stich von Beyer nach Ch. Bodmer*

Die Etablierung als Führungsschicht bedeutete auch, daß dem Adel im Kriegsgeschäft in erster Linie Organisations- und Führungsaufgaben zukamen. Die Hilfstruppen der Unterjochten, die besoldeten Hörigen oder die Lehnsleute kampfbereit und waffenfähig zu halten, erforderte insbesondere angesichts wachsender Reiche ein beachtliches Können, das sich am Kriegserfolg messen ließ. Über das Training der abendländischen Ritter gibt es ziemlich genaue Berichte. Von den berittenen Bogenschützen des Partherfürsten Surenas – sie waren Hörige – ist ebenfalls bekannt, daß sie »zum ständigen Üben«[404] angehalten wurden.

Für den normativen Charakter des fähigen Reiterkriegers, gleich ob Bogen- oder Lanzenreiter, ob gepanzert oder ungepanzert, ist die Darstellung von Göttern oder Königen zu Pferd symptomatisch. Des Dareios Grabinschrift lobte den König ob seines handfesten, jedem verständlichen und daher auch respektablen Könnens: »Geübt mit Hand und Fuß, ein guter Reiter, ein guter Bogner, ein guter Lanzenwerfer, und zwar zu Fuß wie zu Roß.« Der Zusatz »zu Fuß wie zu Roß« will wahrscheinlich besagen, daß die körperliche Leistungskraft des Herrn nicht vom Hilfsmittel Pferd abhing. Dieser Umstand ist gerade angesichts des tumben Helden Parzival[405] bemerkenswert: Parzival weigerte sich nämlich, vom Pferd zu steigen, befürchtete er doch, zu Fuß kein Ritter mehr zu sein.

Ähnlich wie die Dareios-Grabinschrift ist der Bericht zu verstehen, wonach der Gotenkönig Totila vor der Schlacht bei Taginae als glänzend gewappneter Lanzenreiter auftrat und in einem Reiterspiel seine Gewandtheit zu Pferd bewies. In solchen Bildern wurde der Führungsanspruch demonstrativ mit der eigenen Leistungsfähigkeit legitimiert. Die Prätention der Reiterstandbilder mittelalterlicher und neuzeitlicher Herrscher des Abendlandes erinnert nur noch symbolisch an die ursprüngliche Situation, ein Wandel, der freilich allein angesichts der veränderten Aufgaben der Kaiser und Könige zu beurteilen ist. Der sicher für die expansiven Phasen der Reitervölker anzunehmende Zusammenhang zwischen Führungsanspruch und körperlicher Leistungsfähigkeit im Sattel und mit der Waffe dokumentiert sich tendenziell auch darin, daß der persische Herrscher nach Erreichen einer bestimmten Altersgrenze zumindest auf die militärische Führung verzichten mußte und daß der Chazarenkönig nach einer Regierungszeit von höchstens vierzig Jahren abgelöst und getötet wurde.

Anspruch und körperliche Leistungsfähigkeit stimmten im Verlauf der Geschichte der Reitervölker nicht immer überein; ihre Konkordanz war vornehmlich ein Phänomen der Bewährungs-, Erfolgs- und Blütezeiten, möglicherweise auch ein Merkmal der Reorganisation und Reform. Generell neigte der aggressive Reiternomadismus dazu, mit der Etablierung eines Reiches den Offensivdrang zumindest teilweise durch die Defensive zu ersetzen und in den Generationen nach der Eroberung höfisches Leben mit bestimmten ethischen wie ästhetischen Formen zu entfalten. Stilisierungen begannen bei den Reiterkriegern eigentlich schon dort, wo sie mit Hose, Rock und Stiefeln eine bestimmte Kleidung trugen. Hose, Rock und Stiefel stellten freilich noch Formen dar, die die Aufgaben des Reiters im Sattel förderten; von einer Vielzahl der späteren Stilisierungen konnte man dies nicht mehr sagen. In der prunk- und schmuckvollen Hofhaltung wurden ritualisierte Lebensformen gepflegt, die mit dem offensiven Nomadismus nur noch wenig zu tun hatten, selbst wenn sie im Ursprung von den magischen Überzeugungen und Praktiken der anspruchslosen Reiter herstammten.

Die Gefährdung des leistungsorientierten Reiterkriegertums durchs höfische Leben war wohl schon den Eroberern der ersten Generation bewußt, ihnen vielleicht sogar in besonderem Maße: Attila gab sich innerhalb des prunkvollen Adelslebens an seinem Hof demonstrativ bescheiden, wahrscheinlich um so an seine Herkunft wie an seine Aufgabe zu erinnern. Der Partherfürst Surenas beteiligte sich demgegenüber am feinen Hofleben und war doch ein erfolgreicher Feldherr; in die für ihn siegreiche Schlacht bei Karrhai zog er gescheitelt und geschminkt, während die übrigen Parther nach Skythenart ihr Haar ins Gesicht fallen ließen, um beim Gegner die Furcht vor den Barbaren zu wecken.[406]

Mit der höfischen Zivilisierung gewannen auch die Reiterspiele ritterlichen Charakter. Das vergleichsweise elegante Polospiel ersetzte grobschlächtigere Reiterwettkämpfe, wie sie zum Beispiel in verschiedenen Regionen Asiens in unterschiedlichen Formen unter den Namen Fang-mich-Spiel, Liebesjagd, Kyz-Beri, Baiga, Kok-buri oder Buskaschi bekannt waren und noch heute veranstaltet werden. Bei diesem Spiel, das ursprünglich wahrscheinlich ein Hochzeitsbrauch mit kultischer Bedeutung war, schwingt sich ein Mädchen auf ein Pferd, um von einer Gruppe von Burschen verfolgt zu werden. Wer das Mädchen »haben«

will, muß es fangen, auf sein Pferd ziehen, küssen oder seine Brüste berühren. Dabei kann das Mädchen mit einer Lederknute heftig auf seine Verfolger einschlagen und sie auch verletzen. Die Verfolgung geht meist bis zu einem Zielpfahl, der als Fruchtbarkeitssymbol aufzufassen ist. Häufig besteht die Trophäe nicht in einem leibhaftigen Mädchen, sondern in einem geschlachteten Hammel oder einer Ziege, die einer der Reiter mit in den Sattel nimmt und die seine Verfolger ihm zu entreißen versuchen. Hierbei können auch verschiedene Parteien einander bekämpfen.[407] Man darf bezweifeln, ob auch diese Version des Spiels vom Hochzeitsbrauch, bei dem der Bräutigam die Braut unbedingt einholen und fangen muß, hergeleitet ist; möglicherweise handelt es sich bei ihr um ein Kriegsspiel, bei dem Hammel oder Ziege den Feind darstellen.

Die Differenz zwischen solchen Raufereien und dem Polospiel ist bezeichnend für den Unterschied zwischen dem nomadischen Räuberdasein und dem höfischen Leben, in dem später auch die Kunst des Schreibens gelernt und das »königliche« Schachspiel verbreitet wurde.[408] Die Spannweite zwischen dem zweckorientierten Haudegen auf der einen und der in ästhetischem Ethos sich verwirklichenden Ritterpersönlichkeit auf der anderen Seite fand sich später auch im europäischen Mittelalter; ferner gab es in dieser Zeit den Rittersmann, der quasi als Amateur bei passender Gelegenheit zum Wettkampf bereit war, ihm gegenüber dann auch eine Klasse hauptberuflicher Turnierreiter, die ihren Lebensunterhalt mit Preis- und Lösegeldern sowie mit dem Verkauf der Pferde und Rüstungen der Besiegten bestritten.[409]

Mit der fortschreitenden höfischen Kultivierung gewannen ästhetische, rituelle und zeremonielle Elemente handlungsbestimmende Bedeutung. Ein Extrem in dieser Richtung bildet das japanische Yabusame, bei dem sich das kavalleristische Training im Bogenschießen zu einem symbolischen Ausdruck sublimer ritterlicher Lebensgestaltung verwandelte und mit einer von religiöser Mystik geprägten Interpretation von Welt und Mensch verband. Das Yabusame entwickelte sich erst im 12. und 13. Jahrhundert n. Chr., als der Zen-Buddhismus aus Japan nach China eingeführt wurde und die religiöse Praxis der sitzenden Kontemplation bei den japanischen Rittern weite Verbreitung fand. Für den religiös inspirierten Bogenschützen kommt es im Yabusame darauf an, sich in der Konzentration aufs Ziel von sich selbst zu lösen und

im Schuß die Gegensätze von Pfeil und Scheibe zu einen.[410]

Mit der fortschreitenden Gestaltung höfischen Lebens wurden die militärischen Aufgaben weitgehend an Hilfstruppen, Söldner, Lehnsleute und Hörige delegiert; der ursprüngliche nomadische Impetus nahm ab, mit ihm Leistungsbereitschaft und Leistungsfähigkeit. – Diese Darstellung kommt dem Klischee des Luxus und der Verweichlichung der Sieger nahe. Selbst wenn man dem zivilisationskritischen Schema kritisch gegenübersteht, muß man feststellen, daß die historischen Beschreibungen der Reiternomaden es zumindest tendenziell bestätigen. Man ist freilich nicht darauf angewiesen, die quasi gesetzmäßige Entwicklung nur negativ zu sehen, nämlich im Sinne der Verweichlichung und des Verlusts an Ursprünglichkeit; man kann sie auch »positiv« interpretieren, nämlich als Öffnung der Nomaden gegenüber den ihnen benachbarten Hochkulturen, speziell als die Bereitschaft, sich von der chinesischen und der iranischen Kultur zivilisieren zu lassen. Die Gefahr des Klischees besteht freilich auch hier, nämlich im Stereotyp der Verführung, das sich vielfach mit dem der Saturierung und Verweichlichung der Sieger verbindet. Aufgrund der spärlichen Informationen über die nomadischen Reitervölker ist nicht im einzelnen auszumachen, inwieweit die Klischees quasi gesetzmäßige Prozesse spiegeln und inwieweit sie eine historische Konstruktion zur Vereinfachung der in Wirklichkeit komplexen Verläufe darstellen.

Die Reiternomaden wußten von den benachbarten Hochkulturen, insbesondere an den Grenzen hatten sie mit ihnen Kontakt. Sie ließen sich von den zivilisatorischen Gütern wahrscheinlich ebenso faszinieren, wie es heute relativ primitive Gesellschaften tun. Sie selbst versorgten ihre Nachbarn mit einer ganzen Reihe von nützlichen Waren, mit Pferden und Rindern, mit Fellen, Filz, Wolle und Haar, mit Jagdadlern und Falken, mit Sklaven, ferner mit den Produkten aus dem hohen Norden, mit Pelzen, Eisen und Bernstein, mit Walroß- wie mit Mammutelfenbein. Als Gegengabe erhielten sie Getreide, Waffen, Haushaltsgegenstände, Pferdegeschirre und andere Gebrauchsgüter, ferner Luxuswaren für die Stammesführer, dann auch sorgfältig gearbeitete Waffen, Rüstungen und Sättel, schließlich Tee.[411] Speziell von den Mongolen stellte Hambly[412] fest, sie hätten im Verlauf ihrer Geschichte stets nach dem Gold und dem Silber, nach der Seide und dem Getreide Chinas getrachtet und zeitweise sogar um chinesischer Frauen und Titel willen als Söldner gedient.

In ihrer Funktion als Hilfstruppen gewannen die Nomaden ebenfalls Kontakt zu zivilisatorisch-kulturell höherstehenden Gesellschaften. Von den benachbarten Hochkulturen und ihren Gütern hatten die Nomaden schließlich über den Karawanenhandel Kenntnis, der durch die von ihnen besetzten Gebiete führte. Manche Reiterscharen haben die Händler zweifellos ausgeraubt. Die kurzsichtige Methode der Bereicherung wich aber mit der Zeit einer dauerhafteren und insofern auch einträglicheren: Die etablierten Nomadenherrscher schützten den Handel mit besonderen Wachen und Führern; sie ließen sich diesen Dienst mit Steuern und Zöllen bezahlen und erwarben mit Hilfe der regelmäßigen Einnahmen lebensnotwendige Güter und Waffen wie auch begehrte Luxuswaren.[413]

Die Faszination, die der Luxus auf die Reiternomaden ausübte, ging freilich nicht so weit, die eigene Existenzweise geringer als die der Bauern und Stadtbewohner zu schätzen; das Gegenteil war wahrscheinlich der Fall, die Nomaden verachteten die Seßhaften weitgehend. So meinte auch Hambly, daß der Historiker, der im Hirtennomadismus eine niedrigere Beschäftigungsart als in der Landwirtschaft sieht, beim Studium der zentralasiatischen Geschichte wahrscheinlich auf einen falschen Weg gerät; denn »vermutlich wird er es versäumen, das gewaltige Ansehen zu würdigen, das der Nomade aufgrund seines überlegenen militärischen Könnens bei den Oasenbewohnern zu allen Zeiten genossen hat«. Während es im allgemeinen zutreffe, daß öfter Nomaden zu Ackerbauern als Ackerbauern zu Nomaden wurden, so habe es doch auch »überraschende Beispiele dafür gegeben, daß seßhafte Bauern sich für das aristokratischere Leben im Sattel entschieden.«[414]

Das Nomadenleben selbst war eintönig; es bot nur wenig Spielraum für künstlerischen Ausdruck. Die schöpferischen Fähigkeiten des Nomaden blieben auf einen engen Kreis von Betätigungsmöglichkeiten beschränkt, auf die Herstellung von Teppichen und groben Wolldecken, von Satteltaschen und einfachem Zeltmobiliar. Hierbei entwickelten sie allerdings ein sehr feines Empfinden für Farbe und Form. Da die meisten Nomadenvölker keine Schrift besaßen, überlieferten sie ihre »Literatur« – meist Dichtungen und Legenden über die Heldentaten der Ahnen und Stammesführer – mündlich.[415]

Die Frauen beteiligten sich sicher nicht in dem Maße wie die Männer, wahrscheinlich sogar nur selten an der Kriegsreiterei; sie lebten in der Regel mit den Kindern und den Alten abseits des Kampfes, vielfach auf den Wohnwagen. Diese Funktionsteilung entsprach der früheren, nach der den Männern die Jagd und den Frauen die Beschäftigung mit den Kindern, dem Haus und den Pflanzen oblag. Es gab allerdings auch Ausnahmen von dieser Regelung. So ist von den hunnischen Frauen bekannt, daß sie sich in Reiterspielen übten und auch ins Kriegsgeschehen eingriffen. Später saßen die chinesischen[416] und auch die persischen[417] Frauen zu Pferd; sie spielten unter anderem Polo – und verbesserten damit ihren sozialen Status. Zentrale Bedeutung soll die Leistungsbewährung im Sattel bei den sigynnischen Frauen gewonnen haben; ihre Ehechancen sollen von ihren Erfolgen im Krieg abgehangen haben. Von den Sauromatinnen heißt es, sie hätten erst heiraten dürfen, nachdem sie einen Feind getötet hatten. In der Amazonensage fanden die den Griechen fremden Leistungen asiatischer Frauen bezeichnenden Niederschlag.

Die im Vergleich zur Jagd beträchtlich gewandelten Lebensbedingungen der Weidewirtschaft veränderten die Position der Frau möglicherweise grundsätzlich zugunsten ihrer Beteiligung an außerhäuslichen Aufgaben. Nach Hambly[418] hilft die Nomadenfrau in der Weidewirtschaft besonders während der Gebär- und Scherzeiten bei der Viehzucht mit. »Sie melkt die Tiere, entwöhnt die Jungen, hütet das Vieh und verwendet es zur Arbeit, wenn die Männer nicht zu Hause sind. Sie ist notwendigerweise im Reiten ebenso gewandt wie ihr Mann und geht diesem zur Hand, wenn die Herden unterwegs sind.« Selbst wenn Hamblys Darstellung die Aufgaben der Geschlechter über Gebühr einander anglich, so wird die Tendenz zur Annäherung doch vor allem dann verständlich, wenn man sich vor Augen hält, daß die Wanderungen der Viehzüchternomaden nicht so großräumig verliefen, wie vielfach angenommen wird. Mit der stärkeren Position der Frau bei der Erledigung der »öffentlichen« Aufgaben hängt möglicherweise die »sexuelle Laxheit«[419] zusammen, die von den zentralasiatischen Nomaden berichtet wird und die sich bis zur Promiskuität gesteigert haben soll.

Das offensive Steppenkriegertum währte als weltgeschichtlicher Faktor mehr als zweitausend Jahre. Von der Ursprünglichkeit neu auftretender Völker und Stämme wurde es immer wieder belebt, nach einigen

Generationen erlahmte deren originäre Kraft dann wieder. Das offensive Reiterkriegertum blieb nicht auf den asiatischen Raum beschränkt, es entfaltete sich vielmehr als generelle Antwort auf die Herausforderungen des nomadischen Lebenskonzepts und seiner aus der Nutzung des Pferdes resultierenden neuen Möglichkeiten. Das feudale Rittertum und die disziplinierte Kavallerie stellten andere Antworten auf andere Herausforderungen dar, allerdings ebenfalls Antworten, die von verschiedenen Gesellschaften beziehungsweise Kulturen unter ähnlichen Bedingungen ähnlich gegeben wurden. Die mit Elefanten und Dromedaren aufgebauten Kriegsreitereien erlangten nicht die universalhistorische Bedeutung der mit Hilfe des Pferdes vorgetragenen Offensiven. Die militärische Überlegenheit der zentralasiatischen Pferdenomaden endete unwiederbringlich im 16. Jahrhundert, als in Rußland wie in China schlagkräftige Artillerien aufgebaut wurden. Ausnahmen wie der Einsatz russischer und polnischer Reiter im Zweiten Weltkrieg oder der Widerstand zum Teil berittener afghanischer Nomaden gegen die sowjetischen Truppen im Jahre 1980 widerlegen die allgemeine Entwicklung nicht.

III. Die griechische Reiterei

Das vorwiegend gebirgige Land der Hellenen war schon aus geographischen Gründen für den Einsatz von Reitertruppen nicht besonders geeignet; es wurde daher auch nicht zu einer spezifischen Heimat von Pferdezüchtern.[1] Schachermeyr[2] führte die Erfolge der griechischen Hoplitenphalanx unter anderem auf die landschaftlichen Voraussetzungen zurück, die für die Fußtruppen »weit bessere Kampfbedingungen als für die Reiterei« boten. Im Kriegsgeschehen des klassischen Griechenland spielten die Reiterkrieger daher eine untergeordnete Rolle. Doch in vorklassischer Zeit bildeten die Ritter die militärisch und gesellschaftlich führende Schicht, und in der nachklassischen Epoche entwickelte sich die Reiterei im thebanischen und makedonischen Heer sogar zu einer schlachtentscheidenden Kraft.

Die humanistische Begeisterung für die Griechen verzeichnete unter anderem ihr Verhältnis zu den Pferden. Bei kritischer Distanz ist festzustellen, daß die Griechen keine eigentlichen horsemen waren; sie waren es jedenfalls nicht in einer den Pferdenomaden vergleichbaren Weise. Diese Einschränkung braucht allerdings nicht dazu zu führen, den Hellenen generell und für alle Zeiten den Besitz guter Pferde abzusprechen;[3] gegen diese Auffassung steht wohl schon die Existenz von Gestüten sowie ein vielfältiges Sport- und Rennprogramm bei den verschiedenen kultischen Spielen.[4] Stattdessen gewinnt man nach den Zeugnissen der klassischen Kunst und Kultur leicht den Eindruck, die alten Griechen seien ein originäres Reitervolk gewesen. Möglicherweise spiegelt sich in den überlieferten Dokumenten die gesellschaftliche Bedeutung der Ritterkaste in vorklassischer Zeit, möglicherweise wurden die Überlieferungen von den Vorstellungen der auch in klassischer Zeit kleinen Führungsschicht bestimmt, die in der »demokratischen« Ära den ritterlichen Ideen verpflichtet blieb.

Zu den mit dem Pferd verbundenen mythologischen Verklärungen gehört die Erzählung von der Entstehung des adligen Tiers: Als Demeter – so wußte man in Arkadien – nach ihrer geraubten Tochter suchte, stellte ihr Poseidon lüstern nach. Sie verwandelte sich darauf in eine Stute und weidete mit den Pferden des Königs Onkos. Poseidon bemerkte den Betrug, verwandelte sich in Hengstgestalt und begattete sie. Demeter gebar dem Poseidon das erste Pferd, nämlich Areion Poseidon. Als Hippios, das heißt als Pferdebändiger wie als Beschützer der Pferdezucht wurde er verehrt; noch auf blumiger Aue soll er mit der Medusa das Flügelroß Pegasos gezeugt haben.[5]

In homerischer Zeit existierte in Griechenland noch keine Reiterei, die Edlen und Fürsten fuhren auf zweirädrigen Streitwagen in den Kampf. Nach Rüstow[6] brachten die Achäer den Streitwagen nach Griechenland, nach Schachermeyr[7] lernten die Griechen ihn in Ägypten bei den Abwehrkämpfen gegen die Hykosos kennen. Allein die wirtschaftliche Führungsschicht der Grundbesitzer konnte sich das teure Gefährt leisten; ebenso wie die Pferdezucht wurde es zum Ausweis aristokratischer Existenz. Das von Kampfspielen, Wagenrennen, Jagd und Muße ausgefüllte Dasein des Adels bildete die Antithese zum Lebenskampf der Bauern, den Hesiod um 700 v. Chr. geschildert hatte. Es war daher kein Zufall, daß im 7. Jahrhundert die Festspiele in Olympia, später auch in Pythien, die Nemeen und die Isthmien, panhellenische Bedeutung erlangten: »Hier traf sich der durch vielfache Verschwägerung und Gastfreundschaft miteinander verbundene Adel, um die Ideale seines Lebens in sportlichem Wettkampf zu verwirklichen. Der Ruhm des olympischen Sieges war zugleich der Ruhm der adligen Sippe. Die politische Exklusivität der regierenden Adelskaste beleuchtet die Beschränkung der Vollbürgerzahl auf einen numerus clausus, oft auf ›die Tausend‹ oder auf die ›100 Häuser‹. Es sind Begriffe einer ursprünglich militärischen Sphäre. Sie bestätigen das Urteil des Aristoteles, wonach sich die adelige Politeia in der Kriegerkaste verkörperte.« Mit der Abschaffung des Königtums fielen dem Adel alle wichtigen Funktionen und Ämter im Staate zu. Besonders folgenreich wurde die Übernahme des gesamten Gerichtswesens.[8]

Im Vergleich zum athenischen Adel hatte der spartanische eine wesentlich lockerere Verbindung zum Pferd, während in Thessalien und Makedonien die Aristokratie wie in Athen Pferde hielt und ritt.

Nach Hesselmayer[9] trifft die Formulierung »omnis nobilitas ab equo« allein für den thessalischen und makedonischen Adel zu, bei den übrigen Gesellschaften müsse man einschränken: »omnis nobilitas cum equo«. Generell sei daher zu formulieren: »omnis nobilitas cum equo, pars nobilitatis ab equo!« Nicht ausdrücklich gegen diese Auffassung führten Schachermeyr[10], Bengtson[11] sowie Alföldi[12] den frühgriechischen und römischen Adel auf die militärische Überlegenheit einer Kaste von Streitwagenhelden beziehungsweise Reiterkriegern zurück.

Pferderennen existieren in Griechenland schon zu Homers Zeiten. Um den Zorn des Achilleus zu besänftigen, schenkte Agamemnon ihm zwölf Pferde, von denen es heißt, sie hätten sich bereits in zahlreichen Rennen bewährt. Die Schilderung der Leichenspiele des Patroklos im 23. Gesang der Ilias und die Erzählung der Kampfspiele der Phäaken im 8. Gesang der Odysse spiegeln das agonale Welt- und Menschenbild adliger Streitwagenathleten.

Bei den ersten überlieferten Olympischen Spielen im Jahre 776 v. Chr. gehörten Wettkämpfe mit Pferden noch nicht zum Veranstaltungsprogramm. Im Jahre 680 v. Chr. wurden bei der 25. Olympiade – wahrscheinlich kultische – Wagenrennen mit dem Viergespann, der Quadriga, eingeführt, im Jahre 648 dann auch Reitrennen, 496 Reiten auf Stuten, 408 Wagenrennen mit dem Zweigespann, 384 Wagenrennen mit Fohlen im Viergespann, 268 Wagenrennen mit Fohlen im Zweigespann, im Jahre 256 schließlich Reitrennen auf Fohlen.[13] Zeitweise umfaßten die antiken Olympischen Spiele sogar Rennen mit Maultieren.[14]

Zur Förderung oder Anregung der Zucht wurden die Rennen wahrscheinlich nicht ins Olympische Programm aufgenommen; indirekt wirkten sie jedoch in dieser Richtung, zumal die erfolgreichen Pferde, Wagenlenker und Reiter zwar gewürdigt wurden, die eigentliche Ehre des Sieges aber ihren Besitzern zufiel.[15]

Die Bedeutung der Pferdekonkurrenzen bei den Olympischen Spielen spricht eindrucksvoll aus der Erzählung, nach der Philipp von Makedonien an einem Tag drei bedeutende Nachrichten erhielt, nämlich die eines entscheidenden Schlachterfolges, die der Geburt seines Sohnes Alexander und die des Sieges seiner Pferde in Olympia.[16]

Am olympischen Pferdesport teilzunehmen, setzte allerdings umfangreiche finanzielle Mittel voraus, weshalb Eschmann[17] im Pferd den »eigentlichen Feind der olympischen Idee« gesehen hat: Die den Privilegierten vorbehaltene Disziplin Pferdesport habe nämlich mit der Zeit die übrigen Wettkämpfe an Reiz und Ansehen in den Schatten gestellt.

Das Reiten, die reiterliche Kampfweise und die reiterliche Tracht, die freilich nicht hellenisches Allgemeingut wurde, brachten die Thraker im Zuge der illyrischen Wanderung nach Griechenland.[18] Die Thraker hatten den Umgang mit Pferden von den Reitervölkern des Nordostens übernommen, und zwar so intensiv, daß sie sich selbst ihre Götter auf dem Rücken von Tieren vorstellten, auf dem des Pferdes wie auf dem des Hirsches.[19] Die verschiedenen Stämme der Thraker bewohnten ein großes Gebiet, dessen Zentrum im heutigen Bulgarien lag. Nach der griechischen Überlieferung sollen sie dort bereits um 1600 bis 1200 v. Chr. gelebt haben.[20] Der Historiker Solimus stellte im dritten Jh. n. Chr. von den Thrakern fest, sie gehörten »zu den stärksten und tapfersten Stämmen Europas«.[21] Mit den Griechen wie den Skythen pflegten die Thraker einen regen wirtschaftlichen und künstlerischen Austausch.[22] In dem reichen und hochstehenden thrakischen Tierstil spielte das Pferd eine zentrale Rolle, zahlreiche Abbildungen zeigen den Menschen als Reiter, Jäger oder Krieger.[23] Von den Thrakern sind ferner kleine Reiterfiguren aus Steingut und Bronze überliefert, dazu Panzer, Helme, Gebisse und Geschirrteile. Die thrakischen Weihereliefs zeigen sowohl Wagenfahrer wie auch Reiter.[24]

Zu den griechischen Zeugnissen, die vielfach in die Richtung des heutigen Dressurreitens überinterpretiert werden, gehören Xenophons Schriften Peri Hippikes und Hipparchikos. Widdra[25] verglich verschiedene Stellen aus den antiken Schriften mit Wätjens[26] Reitlehre und kam zu dem meines Erachtens unhaltbaren Schluß: »Die fast zweieinhalbtausend Jahre der Beschäftigung mit Pferd und Reiten haben bislang nicht über die Grunderkenntnisse Xenophons hinausführen können.« Diem[27] war vorsichtiger, als er hinsichtlich der Ausbildungsarbeit der Hellenen annahm, »daß den Griechen auch das Dressurreiten bekannt war und zu einem Wettbewerb geführt hat«.

Auch wenn Xenophon nicht die in der Neuzeit entwickelte Dressurreiterei vorwegnahm, so zeugen seine Schriften doch von einem hohen hippologischen Niveau. Neben einer von Xenophon zitierten, nur in Bruchstücken erhaltenen Schrift des Atheners Simon über das Aussehen und die Auswahl der Pferde sind die griechischen Arbeiten die ersten systematischen Werke über die Reiterei und das Reitpferd. Es wäre freilich äußerst eigentümlich, wenn diese ersten uns bekannten Schriften auf dem Boden der keineswegs renommierten griechischen Reiterei entstanden wären. Wahrscheinlich repräsentieren Xenophons Gedanken nicht allein oder nicht in erster Linie die hippologische Kultur der Griechen, sie vermittelten vielmehr die Erfahrungen des Autors mit der persischen Reiterei. Der agrarisch bewanderte Schriftsteller schrieb die Bücher um das Jahr 369 v. Chr., das heißt nach seiner Exkursion nach Persien und nach der Rückführung der »Zehntausend« nach Griechenland. Xenophon hatte nicht die Absicht, eine Reitlehre im Sinne der neuzeitlichen Ausbildungsvorschriften zu verfassen. »Peri Hippikes« versteht sich als praktischer Ratgeber für die jungen athenischen Bürger, die als Hippeis von Staats wegen zur Pferdehaltung verpflichtet waren. Xenophon hatte die Reiterei nicht nur als wehrtechnischen Faktor vor Augen; ihm ging es auch um die Ausstrahlung der Pferde und Reiter bei den politischen und kultischen Umzügen, zum Beispiel anläßlich der auf dem Parthenonfries dargestellten Panathenäen. Das eigentliche Zureiten der Pferde klammerte der politisch-pädagogisch engagierte Schriftsteller als quasi handwerkliche Aufgabe der Bereiter aus. Xenophon zeichnete das Bild eines leistungsfähigen Kriegs- und wirkungsvollen Paradepferdes, aber er skizzierte nicht das durch verselbständigte gymnastische Anforderungen gekennzeichnete Dressurpferd. Darüber hinaus formulierte der feinsinnige Praktiker bemerkenswerte tierpsychologische Gedanken: Er verstand das Pferd als einen eigenständigen Partner, der individueller Behandlung und über mechanische Hilfsdienste hinausgehender Pflege bedarf, um im Zusammenwirken mit dem Menschen gesund und leistungsfähig zu bleiben.

Die eindrucksvollen künstlerischen Pferdedarstellungen der Griechen wurden ebenfalls häufig überinterpretiert und als Vorwegnahmen der idealen Konzeptionen abendländischer Dressurreiterei ausgegeben. Zu diesem Zweck werden vor allem die mehr als zweihundert vom Meister Pheidias geschaffenen Pferde auf dem Parthenonfries immer wieder in Wort und Bild zitiert. Der Fries läuft um die Cella, das Heiligste des Tempels. Er zeigt den Zug der Athener bei den Großen Panathenäen – wahrscheinlich auch in propagandistischer Absicht. Hippologisch ist an den Parthenonpferden interessant, daß sie bei ausgeprägtem Hankenburg weit untertreten, sich bei extrem »tragenden« Hinterbeinen vorne vom Boden heben und

bei starkem Unterhals extrem aufgerichtet sind. Dieses Bild entspricht nur in einzelnen Hinsichten dem Ideal der neuzeitlichen Dressurausbildung. Die Hinterbeine treten so weit unter, daß man sich fragen muß, ob derart gehende Pferde wirklich noch »tragen« können oder ob sie der Lastaufnahme nicht durchs extreme Unterlaufen sich zu entziehen suchen. Im Zusammenhang mit der Aufrichtung läßt sich nicht übersehen, daß die Pferde bei herausgedrücktem Unterhals nicht durchs Genick treten, daß sie in Verbindung mit diesem Komplex auch nicht »mit Rücken« gehen, sondern den Rücken eher fortdrücken. Die Aufrichtung wurde in der Realität wie in der Darstellung wahrscheinlich von dem eindrucksvollen Bild beeinflußt, das die Wagenpferde – aufgrund ihrer Anspannungsart und Leinenführung – vermittelt hatten. Der extreme Hankenburg dürfte in starkem Maße mit dem gedrungenen Körperbau der griechischen Pferde zusammenhängen.

Bei kritischer Analyse kann man gegen die üblichen Interpretationen festhalten: Die Art, in der die Parthenonpferde sich bewegen, muß nicht Resultat einer langwierigen Ausbildung im Sinne der neuzeitlichen Dressurauffassung sein. Möglicherweise bildeten gedrungene Pferde, die von Natur aus über ausgeprägten Hankenburg verfügten, sich spannten, gegen die Hand gingen und eine Art von »Stallmut« entfalteten, das Vorbild für künstlerische Darstellungen, die sich nicht dem Ziel nüchterner Abbildung verpflichteten, sondern die Realität idealistisch überhöhten, um die imponierende Kraft und die eindrucksvolle Dynamik von Pferd und Reiter festzuhalten. Schließlich handelt es sich bei den Figuren des Parthenonfries nicht um irgendwelche profane Pferdebilder. In ihnen wurde ein kultisches Ereignis von integraler gesellschaftspolitischer Bedeutung stabilisiert und präsent gemacht, wurde der Mythos in eine sinnlich greifbare Form gebracht und griechisches Selbstverständnis allgemeinverbindlich und auf Dauer kodifiziert. Die Organisation der Festumzüge lag, ihrer zentralen und wohl auch gesellschaftsintegrierenden Funktion entsprechend, nicht in der Hand irgendwelcher untergeordneter Ausschüsse. Im klassischen Griechenland übernahm sogar die Bule, der Rat der Fünfhundert, die Oberaufsicht über die bei den Panathenäen eingesetzten Reiter.[28]

Die eindrucksvollen Zeugnisse von Pferden in der Kunst und Kultur spiegeln wahrscheinlich die Situation beim gesellschaftlich weiterhin tonangebenden

Adel, sie repräsentieren nicht die untergeordnete militärische Bedeutung der Reiterei im klassischen Griechenland. Der Adel hatte nach der Abschaffung des Königstums die wichtigen Ämter im Staat übernommen. Nach den großen Wanderungen verlegte die vermögende Schicht sich immer mehr aufs Reiten.[29] Steigbügel kannte man zu dieser Zeit in Griechenland ebenso wenig wie einen regelrechten Sattel. Das Reiten stellte demnach keine geringeren, eher höhere körperlich-athletische Anforderungen als das Fahren, selbst unter der Voraussetzung, daß dem Herrn Knechte und Knappen zur Seite standen. Beträchtlicher finanzieller Einsatz war ähnlich wie beim Fahren erforderlich. Das Reiten setzte sich jedoch aufgrund des thrakischen und später des persischen Vorbilds durch und zwar als die fortschrittlichere und militärisch effektivere Weise der Pferdenutzung. Der Streitwagenadel ging in einen Reiteradel über.

Militärische Schlagkraft gewann die kleine Schar adliger Reiter nicht. Um das Jahr 475 v. Chr. sollen in Athen nur 300 Mann zu Pferde gesessen haben. Erst zu Beginn der Peloponnesischen Kriege wurde die Reiterei auf 1200 Mitglieder aufgestockt.[30] Die Perserkriege wurden noch ohne Einsatz von Reiterei vornehmlich von der griechischen Bürgermiliz bestritten.[31] Die Spartaner schenkten den Berittenen noch weniger Aufmerksamkeit als die Athener,[32] nur 300 spartanische Ritter fungierten als königliche Leibwache. Erst gegen Ende des 5. Jahrhunderts bauten die Spartaner eine Reiterei auf, deren Leistungen aber unbedeutend blieben. Allein die Thessaler und Thebaner verfügten über eine nennenswerte Reitertruppe.[33] In den siebziger Jahren des vierten Jahrhunderts entwickelte sich im Norden Griechenlands Thessalien zu einem mächtigen Staat, ausgerüstet mit einem Aufgebot von 8000 Reitern neben 20 000 Mann zu Fuß.[34]

Als berittene Hopliten, eine Übergangserscheinung zwischen den Streitwagenkämpfern und der eigentlichen Reiterei, rückten die vornehmen hellenischen Bürger in vorklassischer Zeit in den Krieg. Dabei zerfielen die Hippeis in zwei Kategorien: Die reicheren unterhielten je zwei Pferde, eines wurde vom Hopliten selbst, das andere von seinem Knappen geritten. Die Hippeis der zweiten Klasse verfügten nur über ein Pferd, das je nach den Umständen bald dem schwerbewaffneten Herrn, bald dem Knappen, bald beiden zugleich diente. Die Pferde wurden allerdings nur zum »Transport« eingesetzt; auf dem Schlachtfeld saßen die Hopliten ab und übergaben den Knappen die

Tiere. Wiewohl die Knappen offiziell nur als Helfer der berittenen Herrn fungierten, entwickelte sich aus ihnen eine Art von leichter Reiterei, die Aufklärungs- und Meldeaufgaben übernahm.[35] Nach Meyer[36] ist das Phänomen der berittenen Infanterie aufs sechste und frühe fünfte Jahrhundert zu beschränken. Zu Anfang der Perserkriege soll sich die kleine Schar adliger Reiterkrieger nicht am Gefecht beteiligt haben, im weiteren Verlauf dieser Auseinandersetzungen dann doch. Delbrück[37] wandte sich gegen den Begriff der »berittenen Infanterie«, da man eine solche Abteilung in der Realität nicht vorfinde. Im Sinne eines Idealtypus würde der Begriff allerdings zulässig sein, wenn die Krieger in der Regel nur beim Transport auf dem Rücken des Tieres saßen und üblicherweise beim Kampf abstiegen. Vieles spricht für die zumindest zeitweilige Existenz eines solchen Kämpfertypus auch im alten Griechenland; er tauchte allenthalben in Phasen des Übergangs auf.

Mit dieser Feststellung kann aber nicht die gesamte vorklassische Adelsreiterei Griechenlands als berittene Infanterie abqualifiziert werden, denn die griechischen Ritter kämpften bereits in der Frühzeit zu Pferde, und zwar mit zwei Pferden, zwischen denen sie wechselten:[38] »Mit Schwert und Lanze bewehrt, durch Schild und kostbare Rüstung gedeckt, zogen die Adligen zu Pferde in den Kampf, um sich in agonaler Weise, die den Einsatz von Fernwaffen wie Pfeil und Schleuder verbot, miteinander zu messen.«[39]

Unabhängig von dieser Spezialfrage besteht zwischen den verschiedenen Historikern Einigkeit in der Feststellung, daß die Entwicklung der Hoplitenphalanx im 7. und 6. Jahrhundert militärgeschichtlich ausschlaggebender war und daß die Reiterei im Vergleich zu diesem Block schwerbewaffneter Fußkämpfer machtlos blieb, ja ihre zuvor gehabte Position – nach Bengtson kam ihr »in früherer Zeit ... eine bedeutende Rolle«[40] zu – sogar verlor.

Ein stehendes Heer hat es in Griechenland nicht gegeben. Alle Bürger waren grundsätzlich zum Einsatz mit der Waffe verpflichtet. Ihrem Vermögen entsprechend dienten sie in der Reiterei, in der Phalanx der Schwerbewaffneten oder bei den Leichtbewaffneten. Da die Kämpfer sich selbst ausrüsten mußten, waren die Grenzen zwischen den Angehörigen der verschiedenen Waffengattungen deutlich gezogen. Als im 7. Jahrhundert das griechische Schmiedehandwerk aufblühte, wurden schwere Waffen in großer Zahl und beträchtlich billiger als bisher gefertigt; damit erfüll-

15. *Amazone mit Pferd. Schwarzfigurige Amphora. Um 530 v. Chr.*

16. Reiterkampf. Schwarzfigurige Amphora um 530/500 v. Chr.

16. Reiterkampf. Schwarzfigurige Amphora um 530/500 v. Chr.

ten sich grundlegende technische und ökonomische Voraussetzungen für die Hoplitenphalanx, mit der Sparta in den messenischen Kriegen beispielhafte Erfolge errang.[41] Die Fußkämpfer trugen Speer und Schwert, den nur die Brust deckenden, aber leicht zu handhabenden Rundschild, den Harnisch und eherne Beinschienen. An die Stelle der adligen Einzelkämpfer, die um des Ruhms und der Beute willen zu Felde zogen, trat die trainierte Formation, bei der Disziplin und Pflichterfüllung die obersten Gebote waren. Die neue Phalanxtaktik bedingte nach Bengtson[42] »eine vollständige Umgestaltung des Kriegswesens und darüber hinaus des bisherigen Lebens«. Der neue griechische Hoplit war »allem orientalischen Fußvolk überlegen und konnte sich sogar gegen die persischen Reiter behaupten, sofern er nur allzu offenem Gelände aus dem Wege ging.«[43] Noch vor 600 v. Chr. hatte sich die im geschlossenen Verband kämpfende Phalanx in fast allen griechischen Staaten durchgesetzt.[44]

Die neue Wehrordnung gewann insofern gesamtgesellschaftliche Konsequenzen, als Solon sie im Jahre 594 v. Chr. zur Grundlage einer politischen Einteilung der athenischen Bürgerschaft machte und damit die politischen Rechte nicht mehr wie bisher nach der familiären Herkunft, sondern nach dem Landbesitz verteilt wurden. Die oberste Klasse bildeten die Fünfhundertscheffler, die Pentakosiomedimnoi. Ihnen folgten die Hippeis mit mindestens dreihundert Scheffeln Jahresertrag. Die Masse der Ackerbürger ernteten mindestens zweihundert Scheffel. Sie hießen Zeugiten und aus ihnen formierte sich die Phalanx. Die vierte Klasse, die Theten, folgten dem Heer als Leichtbewaffnete. Die beiden führenden Klassen schlossen sich als Berittene dem Bürgeraufgebot an, begleitet von ihren Knappen.[45] Mit der Etablierung der athenischen Demokratie gab der Adel seine Privilegien nicht einfach auf; die Ritter ließen sich auch nicht einfach in die Phalanx eingliedern, wie eine zu idealistische Sicht der Demokratie glauben machte.[46] Zur Phalanx formiert, bestritt die griechische Bürgermiliz die Kriege gegen die persischen Berufskrieger, die als Fußsoldaten wie als Reiter den Bogen spannten, den Flechten oder einen leichten Schuppenpanzer trugen und durchs Geplänkel der kleinen Gruppe die Schlachtordnung des Kontrahenten aufzubrechen suchten.[47] Die Griechen im allgemeinen und vor allem ihre Ritter verstanden den Kampf als Agon.[48] Das Taktieren mit der Fernwaffe erschien ihnen als »unritterliches« Verhalten, das dem Entscheidungskampf »feige« aus dem

Weg ging. Daher sind an der Schilderung von Kromayer/Veith,[49] nach der die griechischen Reiter mit der Wurflanze im »Anreiten, Wenden, Zurücksprengen und Wieder-Front-Machen zu neuem Speerwurf und Angriff« scharmützierten, nach der sie den Feind dabei überfielen und überlisteten, beträchtliche Zweifel anzumelden, dies auch deshalb, weil die griechischen Reiter sich als Schwerbewaffnete zum Gefecht aufmachten, das Scharmützieren aber die Taktik der wendigen Leichtbewaffneten war. Möglicherweise ließen Kromayer/Veith sich von Xenophon zu ihrer Behauptung verleiten, und zwar ohne hinreichend zu berücksichtigen, daß der griechische Schriftsteller seine Erfahrungen in Persien verarbeitete und lange nach den Perserkriegen seine Schriften verfaßte, daß er Anweisungen gab und nicht die wirkliche Kampfpraxis referierte. In seiner Schrift »Peri Hippikes«[50] hatte Xenophon es zur Festigung des Sitzes und der Waffenfähigkeit im Sattel als eine »gute Übung« angesehen, »wenn sich zwei Reiter verabreden und der eine über verschiedenartiges Gelände flieht und mit nach hinten gedrehter Lanze davongaloppiert, der andere aber die Verfolgung mit Speeren aufnimmt, welche durch Knöpfe gesichert sind, und mit ebenso geschützter Lanze; und wenn er in Wurfweite gelangt, nach dem Fliehenden mit den (vorn) abgerundeten Speeren wirft, wenn aber in Stoßweite, er dann nach dem Eingeholten mit der Lanze stößt. Es ist aber auch gut, wenn sie einmal aneinandergeraten, den Feind an sich zu ziehen und plötzlich wieder zurückzustoßen; das ist nämlich geeignet, (den anderen) vom Pferd zu werfen. Richtig aber ist es, wenn derjenige, der gezogen wird, sein Pferd herantreibt; tut er das nämlich, so wirft der Gezogene eher den, der zieht, herunter, als daß er (selber) fällt. Wenn einmal das Heer des Feindes (dem eigenen) gegenüberliegt und man beim Aufeinanderprall der Reiter den Gegner zwar bis zur feindlichen Front verfolgt, dann aber bis zur eigenen (zurückflieht), ist es zweckmäßig, auch in dieser Situation zu wissen, daß es gut und gefahrlos ist, unter den ersten zu wenden und in voller Karriere anzugreifen, solange man in der Nähe der eigenen Linie ist; daß man aber das Pferd in der Hand haben muß, wenn man in die Nähe der Feinde kommt. So nämlich kann man verständlicherweise den Feinden den meisten Schaden zufügen, ohne selbst von ihnen Schaden zu erleiden.« Xenophon empfahl hier zur Übung neben dem Kampf Mann gegen Mann auch die diagonale, von den Persern praktizierte Taktik der verstellten Flucht, er empfahl sie um das Jahr 369, also mehr als hundert Jahre nach den Perserkriegen.

Sieg und Niederlage der griechischen Phalanx hingen entscheidend davon ab, inwieweit ihre Geschlossenheit und Ordnung erhalten blieben. Die persische Kavallerie legte ihre Flankenangriffe darauf an, die feste Formation der Hellenen auseinanderzureißen und die Gegner in eine Reihe kleiner Gefechte zu verwickeln. Die lockere, in einer Vielzahl relativ selbständiger Angriffskörper operierende Ordnung des persischen Heeres kam diesem Ziel entgegen. Während die Reiter ihre Flankenangriffe vortrugen, sollten die persischen Bogner die Phalanx in der Front mit Pfeilen überschütten. Dieses Konzept ließ sich allerdings nur in einem offenen Gelände optimal verwirklichen.[51] Die Griechen kannten die Gefährlichkeit der persischen Reiter. In ägyptischen und lydischen Diensten hatten griechische Hilfstruppen verlustreich gegen sie gekämpft.[52]

Die bedeutende taktische Leistung des griechischen Feldherrn Miltiades bestimmte den Verlauf der Schlacht von Marathon im Jahre 490 insofern, als er die Auseinandersetzung nicht im offenen Feld annahm, sondern die Perser in geschlossenem Terrain zum Kampf herausforderte und ihnen so die Aktionsbasis für den Flankenangriff der Reiter nahm.[53] Die Perser hatten sich von ihren Berittenen so viel versprochen, daß sie die Pferde auf eigens für diesen Zweck gebauten Schiffe nach Marathon verladen hatten.[54] In den Schlachtberichten wurde die persische Reiterei dann jedoch nicht erwähnt. Entweder konnte sie sich im geschlossenen Gelände nicht entfalten oder sie war zahlenmäßig nicht stark genug.[55] Das Zentrum der griechischen Phalanx gab beim Aufeinandertreffen mit den Persern zwar nach, an den Flügeln behielten die athenischen Hopliten jedoch die Oberhand; mit dem Einschwenken der siegreichen Flügel vollendeten die Hellenen den Sieg, den sie allerdings nicht voll ausnützen konnten, weil sich ein Großteil des persischen Heeres auf die Schiffe rettete.[56] Die griechische Streitmacht zählte nach Bengtson[57] insgesamt etwa 10 000 Mann, beträchtlich weniger als das persische Aufgebot. Delbrück[58] hatte auf beiden Seiten 4000–6000 Krieger angenommen, unter ihnen 500–800 Reiter. In der Geschichtswissenschaft scheint sich die Ansicht durchzusetzen, daß die antiken Schriftsteller die Heeresgrößen, vor allem die der Feinde, vielfach übertrieben, Delbrück sie demgegen-

über etwas zu gering veranschlagte. Herodot hatte den gesamten persischen Heereszug auf 5 Millionen Mann, unter ihnen 1,7 Millionen Kämpfer und 80 000 Reiter, beziffert.

Die Doppelschlacht zu Land an den Thermopylen und zur See beim Artemision im August des Jahres 480 war insgesamt ein Erfolg der Perser, die sich mit ihm den Zugang nach Mittelgriechenland eröffneten. Zur See dominierten die Griechen; an den Thermopylen war es den Persern zuvor gelungen, das griechische Aufgebot zu umgehen und vernichtend zu schlagen.[59] Doch im September 480 besiegten die Griechen die persische Flotte entscheidend bei Salamis.

Bei Platää griffen im Jahre 479 etwa 40–50 000 Perser circa 30 000 Griechen in geschlossenem Terrain an. Der griechische Erfolg beruhte wesentlich auf der taktischen Leistung ihres Feldherrn Pausanias sowie auf der Tapferkeit der spartanischen Truppen. Die überlegene persische Reiterei – für ihren optimalen Einsatz hatte der persische Feldherr Mardonios Bäume fällen und so das Gelände präparieren lassen – konnte die griechische Phalanx wiederum umgehen, eine Quelle unbrauchbar machen und damit die Wasserversorgung der Griechen gefährden. Daraufhin zog sich Pausanias mit seinem spartanischen Heer zurück und schlug dann die Perser vernichtend. Der Sieg von Platää geht demnach nicht auf das Konto der griechischen Phalanx.[60]

Die Überlieferung, nach der die Griechen im Anschluß an den Erfolg von Platää beschlossen, eine gemeinsame Streitmacht von 10 000 Hopliten, 1000 Reitern und 100 Kriegsschiffen aufzustellen, ist laut Bengtson[61] nicht historisch; bei diesem Beschluß handele es sich vielmehr um eine Vorwegnahme der Verhältnisse, wie sie erst für den sogenannten Korinthischen Bund des Jahres 338 v. Chr. gegeben waren. Unabhängig vom speziellen Verlauf der Schlacht bei Platää darf man feststellen, daß die persische Reiterei und mit ihr das gesamte persische Heer an der Stärke der griechischen Phalanx sowie am taktischen Geschick der hellenischen Feldherren scheiterten. Bengtson[62] resümierte zur Bedeutung dieses Tatbestandes: »Die welthistorischen Perspektiven des griechischen Sieges über die Perser sind fast unabsehbar. Dadurch, daß die Hellenen den Ansturm des Ostens meisterten, haben sie der politischen und kulturellen Entwicklung des Westens auf ein volles Jahrhundert hinaus Ziel und Richtung gegeben. Erst durch den siegreichen Freiheitskampf der Griechen ist Europa als Idee und

IV. Die Rezeption des asiatischen Pferdebogners

1. Die Rezeption durch die makedonische Reiterei

Die im böotisch-thebanischen Heer erfolgreich praktizierte Taktik, der Reiterei in Zusammenarbeit mit der Hoplitenphalanx eine bedeutendere Position einzuräumen, verstärkte sich im makedonischen Heer so weitgehend, daß der Verband der schwerbewaffneten Fußkämpfer viel von seiner früheren Rolle als schlachtentscheidende Kraft verlor. Möglicherweise stellten die makedonischen Berittenen sogar die erste Kavallerie der Weltgeschichte dar, Kavallerie als streng disziplinierte und spezifisch geschulte Reiterformation verstanden. Unter Philipp II. und eindeutiger dann unter Alexander wurde das Konzept der Koordination und Kooperation der verschiedenen Waffengattungen verwirklicht und zu weltgeschichtlicher Relevanz entfaltet.[1]

Bevor Philipp die Macht übernahm, verfügten die Makedonen nicht über ein geschultes Heer. Die Bauern und Hirten des Landes dienten vornehmlich als leichtbewaffnete Hilfstruppe der adligen Reiterei, die den Kern des makedonischen Heeresaufgebots ausmachte.[2] Der makedonische Adel pflegte den Besitz und die Verwendung der Pferde als seine Privilegien. Nach Hesselmayer[3] ist die Aristokratie der Makedonen mit ihrer Reiterkaste gleichzusetzen. Granier[4] wies auf den Reiterdienst als die vornehme Aufgabe der makedonischen Herren hin und stellte ferner fest, daß die adligen Reiter später die Offiziersstellen besetzten. Schon vor den Zeiten Philipps sollen die makedonischen Reiter »vorzüglich geschult« und leistungsfähiger als die der übrigen griechischen Staaten gewesen sein.[5] Die Hilfstruppen der Reiter, die Peltasten, waren demgegenüber weder ausgebildet noch in taktischer Ordnung diszipliniert; mit den griechischen Hopliten konnten sie sich nicht messen.[6]

Zu den außergewöhnlichen Leistungen Philipps gehörte es, auf dieser Basis ein Volksheer aufgebaut zu haben, dem die benachbarten Staaten nichts Vergleichbares gegenüberzustellen hatten. Den Kern der Streitmacht bildete die Phalanx der sogenannten Pez-hetairen, die in eine Anzahl von Regimentern (taxeis) eingeteilt und mit langen Stoßlanzen, den Sarissen, bewaffnet waren. Die geschlossene Wand der Sarissen galt als besonders gefährlich, selbst noch bei den Römern in der Schlacht bei Pydna. Von Epameinondas übernahm Philipp die Taktik der schiefen Schlachtreihe, mit ihr auch den Einsatz der Kavallerie als einer wendigen Waffe, die je nach dem Erfordernis der Situation die verschiedenen Flügel verstärkte. Die Kavallerie entwickelte sich unter Philipp zu einem »die Schlachten entscheidenden« Potential. Nach Bengtson[7] schuf der König durch die neue Heeresordnung aus dem Feudalstaat den makedonischen Volksstaat; mit ihm habe er ein vollständig neues Element in die Geschichte des Abendlandes eingefügt.

Zur Förderung der makedonischen Zucht und der Reiterei soll Philipp II. von den Skythen – sie waren neben den baktrischen Reitern die gefährlichsten Gegner Makedoniens[8] – 20 000 Stuten – die Zahl ist wahrscheinlich übertrieben – erbeutet haben.[9] Schon bei der Auseinandersetzung mit den Illyrern und den Thessalern setzte Philipp die Reiterei als ausschlaggebende Waffe ein. Nach der Eroberung Thessaliens – bereits Simon von Athen pries Thessalien als Herkunftsland der besten Pferde[10] – baute der Makedonenkönig die Formation der Berittenen weiter aus. Seit dieser Zeit blieb die Reiterei nicht darauf beschränkt, den Fußtruppen zu sekundieren; sie rückte gleichrangig an deren Seite und führte manchmal auch den Hauptstoß, unterstützt durch Leichtbewaffnete, die die Aktion mit Wurfspeer, Pfeil und Schleuderstein vorbereiteten und verstärkten.[11]

Alexander der Große (336–323) führte nach dem Tode Philipps von Makedonien (359–336) den Heeresaufbau seines Vaters fort. Starke Reiter steuerten vornehmlich die Thraker, Illyrer und Thessaler zu seinem Aufgebot bei.[12] Bei diesen Kontingenten handelte es sich aber – gemäß der allgemeinen griechischen Ausrüstung – um Schwerbewaffnete. Die thessalischen Reiter trugen nach dem Ausweis ihrer Bilder auf den Münzen Stoßlanzen, Schwert, Metallhelm sowie Metallpanzer mit Lederstreifen, nicht den Schild.[13] Erst im späteren Verlauf des Perserkrieges ersetzte

Alexander die fcrtfallenden griechischen Kontingente an schwerer Reiterei durch griechische Söldner zu Pferd; im Kampf gegen die Reitervölker von Iran und Turan sowie bei seinem Feldzug in Indien bedurfte er eines umfangreichen Nachschubs an Berittenen. Noch stärker wuchs mit der Zeit der Bedarf an leichten Reitern. Alexander deckte ihn mit asiatischen Bogenschützen (Hippotoxoten) und Speerwerfern (Hippakontisten) baktrischer, sogdianischer, arachosischer, paropamisadischer, skythischer, parthischer, drangianischer, persischer und indischer Herkunft.[14] Die nationale Ritterschaft, die vornehmste Truppe des makedonischen Heeres, blieb trotz der weitgehenden Umstrukturierung ziemlich unverändert. Dieses nationale Elitecorps fungierte in einer Art von Leibgarde, vornehmlich mit der Stoßlanze und dem Schwert bewaffnet, mit einem Helm und einem Panzer gewappnet, die massiver als die der Fußkämpfer waren. Alexander selbst kämpfte meist zu Pferd in der Rüstung der Hetären; gewöhnlich nahm einer der Leibwächter einen Schild für den König mit ins Gefecht.[15] Die elitäre Rolle der Hetärenreiterei dokumentiert sich unter anderem in der Besoldung. In den letzten Jahren der Regierung Alexanders erhielten die Fußsoldaten 120–200, die Bundesreiter 250 und die Hetärenreiter 300 Drachmen. Möglicherweise war jedem Mitglied der vornehmen Reitertruppe darüber hinaus noch ein Pferdeknecht zugeteilt.[16] Das Zentrum der schräg aufgestellten makedonischen Schlachtordnung bildete die Phalanx der Hopliten; die Reiterei und die leichten Fußtruppen operierten an ihren Flügeln. Den Angriff kommandierte Alexander selbst; er hatte sich bereits beim Sieg Philipps gegen den Hellenenbund bei Chaironeia in Böotien im Jahre 338 als Führer der Reiterei ausgezeichnet. Um Alexander scharte sich seine berittene Leibwache. Der geschlossene Angriff der makedonischen Reiterei sollte in den Kämpfen gegen die Perser die Entscheidung herbeiführen; die persische Reiterei verfügte nämlich nicht über die taktische Geschlossenheit und Disziplin der makedonischen. Die Wucht der makedonischen Phalanx sollte den Ausgang der Schlacht besiegeln.[17] Bei Chaironeia hatte Philipp den Hauptstoß gegen die am rechten Flügel des Gegners stehenden Böoter gerichtet und mit dem eigenen rechten Flügel einen verstellten Rückzug durchgeführt. Alexander hatte mit der Reiterei die böotische Phalanx durchbrochen. Als die Makedonen derart das Zentrum der Griechen erschüttert und den linken Flügel umgangen hatten, löste sich die Ordnung des Gegners auf und die verschiedenen Kontingente suchten ihr Heil in der Flucht.[18] Nach der Ansicht Schachermeyrs[19] wurde bei Chaironeia »heldischer Opfermut … vom moderneren Heer, von der Taktik der verbundenen Waffen, vor allem von der makedonischen Adelsreiterei niedergerungen.« Bengtson[20] wertete den Sieg der Makedonen als »Symbol für den Aufstieg der in sich gefestigten Monarchie über die lockere Koalition der griechischen Stadtstaaten«. Die Zentralisierung der Entscheidungsgewalt bildete auch ein integrales Prinzip der Organisation und Führung des Heeres durch Alexander. Insofern wurde das makedonische Heer als typischer Ausdruck monarchischer Autorität sowie als Resultat königlicher Führung interpretiert.[21] Die makedonische Kavallerie entschied im wesentlichen die Schlacht am Fluß Granikos im Jahre 334. Alexander hatte als ihr Führer maßgebenden Anteil am Sieg. Auf persischer Seite erlitten die griechischen Söldner schwere Verluste. Die taktischen Fehler der Perser erleichterten Alexander den Erfolg.[22] Am Granikos siegte also »in einem Kampf von Rittern gegen Ritter … die bessere Bewaffnung der Makedonen und der allen Widerstand brechende Angriffsgeist des jungen Königs«.[23] Mangelnde Fernaufklärung der Makedonen wie der Perser führte bei Issos im Jahre 333 dazu, daß die beiden Heere auf verschiedenen Pässen aneinander vorbeizogen; der Großkönig stand unvermutet im Rükken Alexanders. Die Perser hatten ihrer Reiterei die entscheidende Rolle zugedacht; sie sollte den linken makedonischen Flügel überrennen, eine kleinere vorgeschobene Abteilung die rechte Flanke des Feindes fassen. Alexanders Dispositionen entschieden aber die Schlacht: Um den linken Flügel zu verstärken, hatte er die gesamte thessalische Reiterei dort aufgestellt, während er selbst mit seiner Hetairenkavallerie am rechten Flügel den ausschlaggebenden Stoß führte. Alexanders Attacke zersprengte den linken persischen Flügel, verursachte aber im makedonischen Zentrum eine Lücke, in die die auf persischer Seite kämpfenden griechischen Söldner hineinstießen. Alexander eilte dem schwer bedrängten Zentrum zu Hilfe. Durch die Übermacht des Gegners geriet auch der linke makedonische Flügel in Bedrängnis. Der Perserkönig Dareios verlor in dieser Situation jedoch die Übersicht, gab die Schlacht zu früh verloren, ergriff die Flucht und trug damit entscheidend zum Erfolg Alexanders bei. Dem Sieger fiel schließlich das persische

Lager mit der Mutter, der Gattin und zwei Töchtern des Königs in die Hand.[24] Der drei Jahre von Aristoteles unterrichtete und von griechischer Kultur geprägte Alexander behandelte die Frauen vornehm, anders als es einer der räuberischen Reiterführer der Steppe wahrscheinlich getan hätte.

Bei Gaugamela wurde im Jahre 331 durch die vorzeitige Flucht des Königs Dareios auch das Schicksal des Achämenidenreiches entschieden. Als Alexander mit der Hetairenkavallerie in die Mitte der gegnerischen Aufstellung eindrang, leistete Dareios keinen anhaltenden Widerstand, sondern verlor wie schon bei Issos die Übersicht. Den Makedonen trat – so Bengtson[25] – auf persischer Seite allein in den griechischen Söldnern eine Truppe gegenüber, deren Tapferkeit europäischen Maßstäben entsprach; alle anderen seien Orientalen gewesen, vor allem der Großkönig selbst. Den als Rachefeldzug proklamierten Perserkrieg beendete Alexander in Persepolis symbolisch dadurch, daß er selbst eine brennende Fackel in den Palast des Xerxes warf und damit für die Zerstörung der griechischen Heiligtümer durch die Perser Vergeltung übte. Nachdem damit das Ziel des Krieges erfüllt war, entließ Alexander in Ekbatana das griechische Kontingent seines Heeres. Ein großer Teil des hellenischen Aufgebots blieb dem bevollmächtigten Strategen des Korinthischen Bundes freilich als Söldner weiter verbunden. Die Männer dienten dem König bei seinem Vorhaben, den flüchtigen Dareios zu greifen. Bei der schonungslosen Verfolgung des Persers soll Alexander weder auf die Menschen noch auf die Pferde Rücksicht genommen haben. Der Makedone erreichte den letzten Herrscher aus dem Haus der Achämeniden allerdings erst nach seinem Tod. Bessos, der Satrap von Baktrien, hatte den Großkönig als Gefangenen mit sich geführt und ihn schließlich umbringen lassen, damit er nicht lebend in die Hände der Feinde falle. Alexander verstand sich als Rechtsnachfolger des Dareios, das heißt als legitimer Herrscher über die Völker des Perserreiches. Den ermordeten Großkönig ließ er mit allen Ehren in Persepolis bestatten, und er sah es als seine Pflicht an, am Königsmörder Bessos Rache zu üben. Mit der neuen Position öffnete Alexander sich zunehmend persischen Einflüssen. Persischen Adligen übertrug er führende Stellen in der Verwaltung der Satrapien und das makedonische Heer verwandelte zunehmend sein Gesicht.[26] Die Veränderung des Herrschers und auch der Persönlichkeit Alexanders spiegelte sich in dem Umstand, daß er einen Teil des persischen Königsornats annahm und das achämenidische Hofzeremoniell einführte.[27]

Seit dem Jahr 330 wurden die rangierten Feldschlachten durch den erbitterten Kleinkrieg einzelner Formationen abgelöst. Die neue Taktik erforderte Veränderungen im Aufbau des Heeres. Den neuen Anforderungen, die das Gelände und die Kampfweise der von religiösem Fanatismus beflügelten Gegner an ihn stellten, suchte Alexander dadurch zu entsprechen, daß er stärker mit kleineren, gemischten Verbänden von großer Beweglichkeit operierte.[28]

Seine letzte große Feldschlacht bestritt der Makedonenkönig im Jahre 326 am Hydaspes gegen den indischen König Poros. Aufgrund seiner militärischen Fähigkeit gelang es Alexander, den Strom, der gewaltige Wassermassen führte, vom Gegner unbemerkt zu überschreiten. Aus dem Anmarsch ging der König direkt zum Gefecht über. Mit seiner überlegenen Kavallerie entschied er erneut die Schlacht. Zuvor waren die indischen Elefanten durch Pfeilschüsse ihrer Führer beraubt worden; die wild umherlaufenden Kolosse brachten dann die indischen Reihen in Unordnung.[29] Bei Gaugamela hatten die Makedonen schon die Schlagkraft der persischen Sichelwagen zerstört, indem ihre Bogenschützen die Fahrer trafen und von den Gefährten herunterzerrten; die führerlosen Pferde hatten sich dann zurückscheuchen lassen.[30]

Den verwundeten und gefangenen Poros beließ Alexander nach der Schlacht am Hydaspes in der Stellung eines Vasallenfürsten. Zur Erinnerung an den Sieg gründete der König die Städte Nikaia und Bukephalos. Bukephalos bedeutet griechisch »Stierkopf«; Bukephalos hieß das Lieblingspferd Alexanders. Der weitere Vormarsch der Makedonen führte über den Akesines und Hydraotes bis an den Hyphasis (Bisa), den östlichsten Punkt, den Alexander erreichte. Der über zwei Monate dauernde Tropenregen, das feucht-warme Klima und die Furcht, in ungewisse Fernen geleitet zu werden, führten im makedonischen Heer zu einer so großen Depression, daß selbst Alexander kapitulierte, sein Ziel, den Ganges und das östliche Weltmeer zu erreichen, aufgab und umkehrte. Nach den Berechnungen des Grafen Yorck von Wartenburg hatten die Soldaten seit ihrem Aufbruch aus Makedonien in achteinhalb Jahren 18 000 Kilometer zurückgelegt, eine Marschleistung, die die der napoleonischen Heere wie die der Infanterien des zweiten Weltkrieges beträchtlich überträfe.[31] Die Bereitschaft des Aufgebots, solch außergewöhnliche Anstrengungen auf sich zu nehmen, beruhte wesentlich auf der organisierenden, motivierenden und disziplinierenden Kraft der zentralen Führung durch die geniale Persönlichkeit Alexanders, der 323 als knapp 33jähriger an der Malaria oder an einer Lungenentzündung nach einer Verwundung durch einen Pfeilschuß starb. Nach Bengtson[32] war das bedeutendste, was Alexander in seinem kurzer Herrscherleben geschaffen hat, die »absulte Monarchie, beruhend auf der göttlichen Verehrung des Königs in dem Herrscherkult«. Bengtson stimmte auch der Feststellung Belochs zu, nach der das Alexanderreich das erste und einzige Weltreich war, das die Geschichte kennt, Weltreich als ein Reich verstanden, neben dem es keine zweite Großmacht mehr gibt.

Die Kavallerie trug wesentlich zum Erfolg und zur Bedeutung des Makedonen bei. Durch Schulung und Disziplinierung gewann die makedonische Reiterei viel von ihrer gefechtsbestimmenden Position. Sie operierte nicht in unkontrollierbaren Einzelaktionen, sondern als manipulierbarer Körper, erlaubte den Angriff auf die feindliche Phalanx wie auf die feindlichen Berittenen, gestattete ferner die Verfolgung der Fliehenden ohne Preisgabe der eigenen Ordnung. Diese Eigenschaften ermöglichten es Alexander, noch während der Schlacht umzudisponieren und sich nach der Entscheidung nicht mit dem taktischen Sieg begnügen zu müssen, sondern den Erfolg in der Vernichtung des Feindes auch zu nutzen.[33] Die makedonische Reiterei vollbrachte diese Leistungen allerdings nicht als separate Waffe, sondern in der Kooperation mit den übrigen Kräften, das heißt als integrierender Bestandteil eines Heeresverbandes von exerzierten Berufskriegern.

Als Alexander zum Kampf gegen die Perser aufbrach, soll er über eine Landmacht von 30 000 Mann zu Fuß und 5000 Reitern verfügt haben; die sieggewohnten Veteranen Philipps, die Pezetairen der Phalanx, bildeten den Kern des Aufgebots. Der Korinthische Bund stellte – neben den 160 Trierern – alles in allem nur 7000 Mann Infanterie und 600 Reiter. Ein volles Viertel der gesamten Streitmacht blieb im Land zurück, zum Schutz gegen Einfälle von Thrakern und Illyrern sowie als allgemeiner Rückhalt für die makedonische Herrschaft in Griechenland. Im weiteren Verlauf seiner Darstellung bezifferte Bengtson[34] die Schutztruppe daheim mit 12 000 Fußsoldaten und 1500 Reitern. Diese Zahlen entsprechen nicht einem Viertel, sondern einem Drittel des gesamten Aufge-

bots. Bemerkenswert ist an diesen Angaben unter anderem das Verhältnis von Fußtruppen zu Berittenen; es lag bei 6 beziehungsweise 8 zu 1, damit deutlich über dem des klassischen Griechenland. Zu Pferde saß nur ein kleiner Teil des Heeres; aufgrund seiner Leistungen wurde ihm freilich die Position einer Elite eingeräumt.

Das Heer, das über den Hellespont gezogen war, unterschied sich beträchtlich von dem, das nach Indien einmarschierte. Der Umbildungsprozeß seit dem Jahre 330 umfaßte das Fußvolk ebenso wie die Reiter; er bestand wesentlich in einer Aufnahme asiatischer Krieger. Seit dem Jahre 326 wurden 30 000 Iranier in der makedonischen Taktik ausgebildet. Sie formierten sich zu einer neuen Phalanx. Im Jahre 324 erhielten sie sogar die Ehrenbezeichnung »Pezhetairen«. Diese Maßnahme des Königs verärgerte die alten Makedonen, die sich als Herrn der Welt betrachteten und hochmütig auf die Asiaten herabblickten.[35]

Die Veränderung der Heeresstruktur gewann auch insofern prinzipiellen Charakter, als sich Alexander entschloß, wendige Bogner zu Fuß und zu Pferd in seine Reihen aufzunehmen. Die skythischen Bogenreiter hatten zu den gefährlichsten Gegnern Alexanders gehört. Sie hatten es auch als einzige Reiterei zu Alexanders Lebzeiten fertiggebracht, eine seiner Abteilungen zu vernichten.[36] Nach dem Übergang über den Jaxartes ließ der König Sarissenreiter gegen die Skythen vorgehen; er konnte es freilich nicht verhindern, daß die skythischen Schützen viele von ihnen aus der Ferne verwundeten, den Nahkampf aber erfolgreich mieden. Derart erfuhr Alexander, wie wirkungsvoll eine Waffe sein konnte, mit der ihre Träger der ritterlich-agonalen Auseinandersetzung systematisch aus dem Wege gingen und die die griechische Tradition als feige ablehnten. Im Griechenland der Perserkriege waren die Normen der agonalen Ethik noch so stark, daß der Bogen trotz seiner offenkundigen Wirkung gehaßt und diskriminiert wurde.

Bis zum Ende der Auseinandersetzungen mit den Persern hielten die ethischen Schranken; durch die griechische Verteidigungsleistung gegen die »Barbaren« wurden sie gefestigt, im Peloponnesischen Krieg drohte ihnen keine Gefahr, weil hier Ritter gegen Ritter kämpften. Auf Dauer war es freilich unvermeidlich, die pragmatische Antwort auf sie zu finden. Demosthenes warnte bezeichnenderweise erst im Jahre 354 v. Chr. die athenische Volksversammlung davor, den Kampf mit dem Perserkönig als Agon anzuse-

17. Schlachtszene zwischen Fußvolk und Reiterei, auf dem sogenannten Alexander-Sarkophag aus Sidon, Ende 4. Jh. v. Chr.

18. *Alexanderschlacht (wahrscheinlich Schlacht bei Issos, 333 v. Chr.). Antikes Mosaik, gefunden in Pompeji*

hen.[37] Erst jetzt machte der idealisierende Maßstab des Ritterethos einer nüchternen Bewertung der Realität des Krieges und seiner Mittel Platz. Die existentielle Frage des Überlebens bewirkte die Umorientierung und Anpassung des agonalen Lanzenträgers an den Kampf mit der pragmatischen Fernwaffe. Das theoretische Eingeständnis des Wandels der eigenen Prinzipien ging der praktischen Adaption wahrscheinlich nicht überall voran. Vielfach dürfte es sogar umgekehrt gewesen sein. Generell beeinflußten die theoretischen Normen und die praktischen Übernahmen der Waffen des erfolgreichen Gegners zwar einander, parallel verliefen die Entwicklungen der beiden Bereiche in der Übergangszeit aber wohl nicht.

Neben dem Kontakt mit dem effektiven asiatischen Bogenreiter könnte die spezielle psychische Disposition des makedonischen Heeresorganisators einen wegweisenden Faktor für die Rezeption der Fernwaffe gebildet haben. Bengtson[38] beschrieb schon Philipp II. als einen Mann, der dem pragmatischen Handeln näher stand als dem prinzipiellen: »Philipp war den Griechen politisch und militärisch überlegen, er war schneller und klüger in seinen strategischen Planungen, rücksichtsloser in der Verfolgung seiner Ziele, listiger und verschlagener im diplomatischen Ränkespiel.« Alexander folgte der Tendenz seines Vaters, zumal er noch deutlicher als dieser Kontakt mit der asiatischen Fernwaffe gewann. Die Verluste, die den makedonischen Sarissenreitern durch die persischen Bogner beigebracht wurden, veranlaßten den König, den Asiaten mit gleichen Waffen entgegenzutreten und sein Heer durch Bogenschützen zu verstärken. Zunächst waren die Bogner im makedonischen Aufgebot noch nicht beritten; als Fußsoldaten wurden sie den Reitern neben anderen Leichtbewaffneten zur Unterstützung zugeteilt.[39]

Berittene Bogenschützen sollen erstmals in Nordindien in den Reihen Alexanders gekämpft haben. Sie wurden im Zuge der starken Vermehrung der Reiterei durch iranische Kontingente ins Heer eingegliedert. Vornehmlich handelte es sich bei diesen Pferdebognern um Daher, Nomaden, deren Heimat an der nordiranischen Grenze lag. Die Daher streiften nicht in üblicher Weise auf dem Rücken ihrer Pferde durchs Land; sie spezialisierten sich auf eine Gefechtstaktik, die besonderes Geschick verlangte und darin bestand, daß die Reiter mit zwei Pferden in den Kampf zogen und während des Gefechtes von einem aufs andere wechselten.[40]

In der Schlacht gegen den Inderkönig Poros kämpften die neuen Abteilungen perfekt in Pferdebognermanier, freilich mit einer Disziplin, die über das bei asiatischen Reiternomaden übliche Maß an Ordnung und Unterordnung weit hinausging: Alexander ließ seine Bogenreiter ausschwärmen und auf den linken Reiterflügel der Inder den Angriff eröffnen, um mit schnellem Pfeilhagel deren Reihen in Unordnung zu bringen. Er ließ ihre Offensive freilich nicht in unregelmäßige Einzelaktionen auslaufen, sondern unterstellte sie verbindlicher Regel und einheitlichem Kommando. Die straffe Disziplinierung war neben den allgemeinen Vorteilen hier auch deshalb erforderlich, weil die Truppe sich aus Söldnern verschiedener Herkunft und ohne völkischen Zusammenhalt aufbaute.[41]

Bei seiner Elite-Truppe der Hetären hielt Alexander lange an der griechisch-makedonischen Herkunft als Voraussetzung für die Einstellung fest. Erst im Zuge der Reorganisation im Frühjahr 324 wurden ihr in Susa iranische Bestandteile aus allen Teilen des Reiches eingegliedert.[42]

Die Angleichungen im militärischen Bereich waren Teil des Gesamtkonzepts der Verbrüderung des makedonischen und des iranischen Volkes. Der über Jahre sich hinziehende persönliche Umgang mit den Asiaten hatte nicht nur die Vorurteile gegenüber ihrer Taktik und Bewaffnung abgebaut, sondern ihnen generell den Charakter des Fremden und Barbarischen genommen: Die Makedonen kleideten sich wie die Perser. Das jahrelange Fernsein von der Heimat steigerte ihre Bereitschaft, sich mit den asiatischen Frauen zu verbinden. Die Massenhochzeit von Susa im Jahre 324 v. Chr. ist nach Bengtson[43] »eines der bedeutendsten Symbole der völkischen Verschmelzungspläne Alexanders«. Während sich der König selbst mit Stateira, einer Tochter des Dareios III., und mit Parysatis, der jüngsten Tochter des Artaxerxes III. Ochos, nach persischen Ritus ehelich verband, nahmen nicht weniger als achtzig seiner vornehmsten Mitkämpfer und Freunde sowie 10 000 Angehörige des makedonischen Heeres Perserinnen zu Frauen.

Die gesellschaftliche und militärische Verbrüderung fand auch juristischen Niederschlag: Der König gewährte den ostiranischen Reitern und Bogenschützen das Bürgerrecht. Von Besiegten und Unterworfenen hatten sie sich in wenigen Jahren zu gleichberechtigten Kampfgenossen emporgedient. Die bürgerliche Anerkennung der Asiaten bildete die logische Konsequenz der Entwicklung Alexanders vom makedonischen Heerführer zum Großkönig iranischer Prägung.[44]

Im dritten Jahrhundert v. Chr. entwickelte sich auf der Basis der Weltherrschaft der Makedonen die Weltherrschaft der hellenischen Kultur.[45] Den größten Posten im Haushalt der Diadochen stellten allerdings nicht die Ausgaben für die Kultur, sondern der Aufwand für die Versorgung und Unterbringung der riesigen Heere dar.[46] Delbrück[47] trat der Ansicht entgegen, nach der der Anteil der Kavallerie im Hellenismus ständig gewachsen sei, und zwar so weitgehend, daß sie als nahezu ausschließliche Waffe der Phalanx alle Bedeutung genommen habe. Tatsächlich blieb das quantitative Verhältnis der Fußtruppen zu den Berittenen ziemlich konstant, wie eine Aufschlüsselung der Heeresstärken ergibt, die Delbrück[48] für Gefechte und Aufgebote aus der Zeit zwischen 322 und 171 v. Chr. anführte: Bei den 28 zur Verfügung stehenden Angaben lag das Verhältnis der Fußtruppen zu den Reitern im Durchschnitt bei 7 zu 1. Diese Größenordnung entspricht der im makedonischen Heer. Angesichts der Unsicherheit der Angaben über die antiken Heeresstärken erscheint die Relation von 7 zu 1 bei den 28 von Delbrück erwähnten Aufgeboten als relativ konstant; die durchschnittliche Abweichung vom Mittelwert 7 beträgt + − 3.

Die relative Beständigkeit des quantitativen Verhältnisses zwischen den Fußtruppen und den Reitern schließt allerdings qualitative Schwankungen nicht aus. Die Berittenen dürften in der Regel die Position einer Elite, in Einzelfällen aber die einer Minorität eingenommen haben. Generell wuchs der Anteil der leichtbewaffneten Reiter wahrscheinlich auf Kosten der schwerbewaffneten.[49]

2.   Die Rezeption durch die Chinesen

Bei der Darstellung der Hiung-nu (Xiongnu) und Hunnen wurde bereits darauf hingewiesen, daß die Chinesen im Zuge ihrer lange währenden Auseinandersetzungen mit den nomadischen Reiterkriegern von diesen militärisch lernten und nach deren Vorbild eine Truppe berittener Bogenschützen aufbauten. Die damalige Lage der Chinesen läßt sich mit der der Griechen beziehungsweise Makedonen vergleichen. In beiden Fällen wurden Gesellschaften mit einem vor-

wiegend ritterlich orientierten Kampfethos anhaltend und erfolgreich von asiatischen Reiternomaden und ihrer inagonalen Fernwaffe bedrängt. Mit der Zeit führten die ähnlichen Herausforderungen zu ähnlichen Antworten, nämlich zur Anpassung an den Gegner und zur Rezeption seiner Waffen wie seiner Taktik.

Bis um das Jahr 300 v. Chr. hielten die Chinesen an der Kampfweise fest, die sie erstmalig durch die Shang kennengelernt hatten. Zu Ende der Zhou-Dynastie bestand ihr Heer aus 1000 Streitwagen, die jeweils mit drei Personen besetzt waren, einem Lenker in der Mitte, einem Speerwerfer zu seiner Rechten und einem Bogenschützen zu seiner Linken. Jedem Streitwagen folgten 72 Fußsoldaten und 25 weitere Begleiter. Um jedes Gefährt scharte sich demnach eine Hundertschaft.[50]

In den Kämpfen, die dem Untergang der Zhou vorausgingen, und zur Zeit der älteren Han wurde der Streitwagen aus seiner beherrschenden Stellung verdrängt; im Kampf mit den wendigen Reiterscharen der Nomaden erwies er sich als kriegstechnisch überholt. Der chinesische Kaiser Wu-ling von Dschao erkannte die Situation und entschloß sich zur Umrüstung.[51] Die drückende Überlegenheit der barbarischen Reiterscharen veranlaßte dazu, sich von der Tradition zu lösen und nach neuen Wegen zu suchen. Die militärische Kraft der Nomaden war so groß und die von ihr ausgehende Gefahr so virulent, daß den Chinesen zeitweise keine andere Lösung blieb, als sich durch Tribute freizukaufen. Mit Seide, Reis und Waffen verschafften die Chinesen sich den Frieden, der eine wichtige Basis für die Gestaltung ihres Einheitsreiches bildete, auf Dauer freilich nicht auf diese Weise stabilisiert werden konnte. Die Chinesen wandten nämlich ihre wichtigsten Exportgüter für ihre Sicherheit auf, und das nahm ihnen die Möglichkeit, aus den wirtschaftlichen Überschüssen verfügbares Kapital zu bilden.[52]

Die militärische Dominanz der Hunnen – ihre Einbrüche ins Reich sollen Naturkatastrophen geglichen haben[53] – sowie die daraus resultierenden Konsequenzen zwangen um des Überlebens oder um einer als würdig angesehenen Existenz willen zu neuen Antworten. Dem anhaltenden äußeren Druck entsprach eine wachsende innere Bereitschaft zur Rezeption von Gütern und Sitten der Fremden. Auch in diesem Punkt bestehen deutliche Parallelen zur Situation der Griechen beziehungsweise Makedonen.

Im Zuge der langjährigen Auseinandersetzung wuchsen der gegenseitige Kontakt und die gegenseitige Kenntnis; die ihrer Kultur bewußten Chinesen gewannen Verständnis für die Nomaden, die Abscheu gegenüber den Barbaren verlor ihre extremen Züge, möglicherweise faszinierte manchen Seßhaften die karge und ungebundene Lebensweise sogar. In Zeiten, die nicht vom akuten Krieg überschattet waren, pflegten die Chinesen und Hunnen regelmäßige Handelsbeziehungen. Die Hunnen bedienten sich der technischen Errungenschaften der Chinesen wie auch ihrer Erfahrung in der Verwaltung. Das »Kultur«gefälle verlief zwar von den Chinesen zu den Hunnen deutlicher als umgekehrt; die Chinesen übernahmen aber mit der Zeit auch von den Hunnen Techniken und Sitten. Von einer »Hunnisierung« der Chinesen kann man aber nicht in gleichem Sinne wie von der »Sinisierung« der Hunnen sprechen.[54]

Möglicherweise resultierte die chinesische Bereitschaft, Prinzessinnen ihres Landes mit Hiung-nu-Herrschern zu verheiraten, nicht allein aus dem äußeren militärischen Druck. Möglicherweise lagen ihr auch Fraternisierungsabsichten zugrunde; sie könnten der Bereitschaft vorangegangen, könnten den Verbindungen aber auch gefolgt sein. So programmatisch wie bei der Massenhochzeit von Susa muß eine Verbrüderung nicht immer vonstatten gehen.

Vor diesem Hintergrund des militärischen Drucks einerseits und des wachsenden gegenseitigen Verständnisses andererseits entschlossen sich die Chinesen zur Umrüstung. Im Vergleich zur griechischen und makedonischen Situation bestand bei ihnen ein wichtiger Unterschied darin, daß sie bei der Übernahme des Bogens nicht die ethisch-ritterlichen Normen zu überwinden hatten, die es dem Griechenland der Perserkriege versagten, den neuen Bedingungen Rechnung zu tragen. Bei dieser Gegenüberstellung ist freilich zu berücksichtigen, daß jenes Griechenland – anders als die Chinesen – über eine Phalanx verfügte und daß die Perser nicht mit der nomadischen Ursprünglichkeit auftraten, die von den Hunnen berichtet wird. Die Chinesen hatten die von den Griechen bekannten Vorbehalte gegenüber der Fernwaffe deshalb nicht zu überwinden, weil sie bereits mit ihr kämpften; auf dem Streitwagen stand, wie zuvor erwähnt, neben dem Speerwerfer ein Bogenschütze.

Trotz dieser Einschränkung scheint der Umstieg von dem vergleichsweise feudalen, mit dem Lenker und zwei Kämpfern besetzten und von einer knappen Hundertschaft von Fußkämpfern begleiteten Gefährt in den Sattel mit den Vorstellungen der Wagenritter schwer vereinbar gewesen zu sein. Wahrscheinlich spielte dabei der Umstand mit, daß der Reiter auf die Technik und den prunkvollen Aufwand des Wagens verzichten, und darüber hinaus das Lenken des Tieres und den Kampf gleichzeitig und ohne Helfer erledigen mußte. Jedenfalls sollen drastische Maßnahmen erforderlich gewesen sein, um den Feudaladel oder einen Teil von ihm zur Umrüstung auf die Reiterwaffe zu bewegen. Wu-ling setzte sich gegen die Widerstände durch und baute eine Truppe berittener Bogenschützen auf, die schließlich so stark wurde, daß sie schon im 26. Jahr seiner Regierung die Waldhunnen entscheidend schlagen konnte. Die neuen Bogenreiter paßten sich später auch in ihrer äußeren Erscheinung ihren Vorbildern an. An Stelle des langen, losen Gewandes und der weichen Schuhe – zeitweise auch in Verbindung mit der traditionellen Kleidung – trugen sie die enganliegende Tracht der Reiternomaden mit Hose, Rock, Gürtel und hohen Reiterstiefeln.[55]

Die Berittenen bedurften freilich vieler militärischer Erfolge, um ihre lange Zeit untergeordnete gesellschaftliche Rolle im chinesischen Heer gegenüber der zähen Tradition der Wagenritter aufzubessern. Das Wagenlenken zählte nach alter chinesischer Überlieferung zusammen mit dem Schreiben, dem Rechnen, dem Ritenvollzug, der Musik und dem Bogenschießen zu den kanonisierten »Sechs Künsten«, die ein Edelmann beherrschen mußte. Deshalb spielten Pferd und Wagen – in Natur wie als Nachbildungen – eine eminente Rolle bei der Ausstattung der Gräber führender Persönlichkeiten. In den Totenhäusern aus der Zeit der gesamten Zhou-Dynastie fanden sich Pferde, Wagen und Wagenlenker, in einem Grab in Liulige in der Provinz Henan sogar 19 Streitwagen, in prozessionsähnlichen Doppelreihen hintereinander aufgestellt.[56]

Die dominierende Position, die zur Zeit der Shang und der Zhou die Streitwagen gegenüber den Fußkämpfern eingenommen hatten, übernahmen seit etwa 300 v. Chr. die Reiter, deren eindrucksvolle Wendigkeit Sun Bin, ein General aus der Zeit der »Streitenden Reiche« mit den folgenden Worten gekennzeichnet haben soll: »Die Reiterei kann sich schnell vereinen und wieder trennen, sich zerstreuen und sammeln, sich über viele Meilen fortbewegen und ohne Unterbrechung hin- und herziehen. Deshalb nennt man sie ›Truppe des Sich-Trennens und Wieder-Konzentrierens‹.[57]

Über das Tempo der Umrüstung liegen keine eindeutigen Informationen vor. Verschiedene Historiker berichteten von der Zähflüssigkeit dieses Prozesses, andere vermittelten den Eindruck, der Wandel sei relativ zügig vor sich gegangen. In den Kämpfen zwischen den Staaten Qin und Zhao vor der Reichseinigung im Jahre 221 v. Chr. durch Kaiser Qin Shihuang Di sollen einmal 5000 Reiter der Qin ins Lager der Zhao-Armee eingebrochen sein, dort Verwirrung gestiftet und über ein Heer von 40000 Mann gesiegt haben. In den Kämpfen nach dem Zusammenbruch der Qin-Dynastie gab der Einsatz der Reiterei ebenfalls mehrfach den Ausschlag und bei der Konsolidierung der Han-Dynastie gewannen die Berittenen erneut verstärkte Bedeutung. Aufgrund der Kriegswirren und Feldzüge sollen Pferde im chinesischen Alltag zeitweise jedoch so selten und kostbar geworden sein, daß selbst der Kaiser im Ochsenwagen fahren mußte. Ein gutes Pferd habe einhundert Goldstücke gekostet, ein Vermögen für damalige Verhältnisse.[58]

Als im Jahre 177 v. Chr. die Hiung-nu trotz der mit ihnen geschlossenen Verträge wieder einmal nach Nordchina einbrachen, soll ihnen der Kaiser 85000 Reiter entgegengeschickt haben. 166 v. Chr. brachen, wie die Quellen – wahrscheinlich übertreibend – berichten, 140000 hunnische Reiter gegen die chinesische Metropole Changan auf; ihnen stellten sich auf chinesischer Seite 1000 Streitwagen und 100000 Kavalleristen entgegen. Vom Kaiser Jing Di (156–140 v. Chr.) wird gesagt, er habe sofort nach seiner Thronbesteigung gewaltige staatliche Gestüte in den nördlichen und westlichen Grenzgebieten eingerichtet; 300000 Pferde seien dort für den Armeegebrauch gezüchtet worden.[59]

Die genannten Zahlen erscheinen, wie angemerkt, übertrieben. Wenn sie aber doch die wirklichen Heeresstärken spiegeln, dann mußten sie nicht nur wegen des in ihnen sich demonstrierenden materiellen Reichtums und der durch sie repräsentierten politischen Macht beeindrucken; imponierend wäre dann auch das organisatorische Talent und das Maß an Disziplinierung, die es gestatteten, solche Kolossalaufgebote zweckvoll zu verwenden. Allerdings kämpften Heere dieser Größenordnung in der Frühzeit wahrscheinlich nicht als geschlossene Einheit, sondern in getrennten Aufgeboten, möglicherweise auf verschiedenen Schauplätzen und an verschiedenen Fronten der Großreiche. Das von den Han-Kaisern kontrollierte Gebiet erstreckte sich nämlich zur Zeit der Blüte der Dynastie entlang des 40. Breitengrades über 5100 km von Ost nach West, von Korea bis nach Afghanistan und Nordindien. Von Norden nach Süden reichte es über eine Entfernung von etwa 3600 km, von den Steppen der Mandschurei bis weit ins heutige Vietnam hinein.[60]

Die Hunnen blieben weiterhin die gefährlichsten Gegner Chinas, und sie blieben zugleich ihre militärischen Lehrer. Mao-tun (etwa 209–174 v. Chr.) gründete das Reich der Hiung-nu, er erweiterte und konsolidierte ihre Herrschaft, reorganisierte und disziplinierte das nomadische Heer zu neuer Schlagkraft. Die Renovierung der Truppe erstreckte sich unter anderem darauf, die Bogenreiter durch Hellebardenkämpfer zu Pferd zu ergänzen.[61]

Hatten die Chinesen zunächst nur den berittenen Bogner von den Hunnen übernommen, so rezipierten sie in einem zweiten Schritt auch die hunnische Taktik. Der Han-Kaiser Wu-ti (Wu-Di, Wu Di) (141–87 v. Chr.) reorganisierte mit Unterstützung unterworfener Hunnen die von Wu-ling aufgebaute chinesische Reiterei. Der Bogen wurde durch das breite Hiebschwert ergänzt, der Speer durch die lange Reiterlanze ersetzt. Um die neue Ausrüstung effektiv verwenden zu können, entlehnten die Chinesen von den Nomaden den Sattel und die Steigbügel, mit denen sie ihren Sitz auf dem Pferderücken festigten. Diese zweite Übernahme ließ die Schlagkraft des chinesischen Aufgebots so stark wachsen, daß es die Hunnen in sechs aufeinander folgenden Feldschlachten besiegte. Diese Erfolge trugen wahrscheinlich wesentlich dazu bei, die Hunnen seit der Mitte des ersten Jahrhunderts n. Chr. zum Aufbruch nach Westen zu bewegen.[62]

Im Rahmen der Reorganisation des Heeres bemühte Wu-ti sich unter anderem um die Verbesserung des Pferdebestandes; er tat dies mit so viel Aufwand, daß man vermuten darf, daß ihn neben den sachlich-militärischen Gründen das Prestige des Besitzes außergewöhnlicher Tiere motivierte. Die Existenz von großen Pferdezuchtgebieten im Westen, nämlich in Ferghana, sowie die besonderen Qualitäten der dort gezüchteten Pferde waren im zweiten Jahrhundert v. Chr. in China bekannt geworden. König Wu-ti nahm zu Ende des zweiten Jahrhunderts mit westlichen Völkerschaften Kontakt auf und erhielt im Jahre 115 v. Chr. auch Pferde, die größer als die in China üblichen waren. Zunächst vermutete man in diesen Pferden die renommierten »blutschwitzenden« Rosse von Ferghana, von denen es hieß, sie seien übernatürlicher Herkunft. Der Optimismus machte aber bald der Enttäuschung Platz, denn die Pferde erfüllten die in sie gesetzten Hoffnungen nicht. Verschiedene historisch gesicherte Botschaften belegen Wu-tis Versuche, an die wahren übernatürlichen Rosse von Ferghana heranzukommen. Gesandtschaften wurden ermordet und Geschenke geraubt. Im Jahre 104 v. Chr. unternahm Wu-ti dann den ersten kriegerischen Feldzug nach Sogdiane um der Pferde willen. Nach dem erfolglosen und verlustreichen Unternehmen folgte im Jahre 101 ein weiterer Kriegszug nach Ferghana; zu ihm sollen – die Zahlen sind wahrscheinlich überhöht – 60 000 Chinesen mit 100 000 Ochsen und 30 000 Pferden aufgebrochen sein. Im Kampf außerhalb der Stadt Ferghana siegten die Chinesen; sie drängten die Einheimischen in die Innenstadt zurück. Die Eingeschlossenen enthaupteten in dieser kritischen Situation ihren König Mu-kana und sandten dem chinesischen Heerführer das Haupt ihres Herrn mit dem Angebot, ihnen Pferde aus ihren kostbaren Herden auszuliefern, wenn der Kampf beendet werde; andernfalls würden sie ihre Pferde abschlachten und Kriegshilfe heranholen. Die Chinesen akzeptierten die Offerte und konnten mit ausgesuchten Pferden nach Hause ziehen. Die Feldzüge nach Ferghana sollen die Chinesen neben großen materiellen Verlusten mehr als 100 000 Mann gekostet haben. Selbst wenn diese Zahlen übertrieben sind, so spiegeln sie doch den »Aufwand«, der um der außergewöhnlichen Pferde willen in Kauf genommen wurde. Daß die kriegerischen Unternehmen den Besitz der Pferde zum Ziel hatten, gilt als gesicherte historische Tatsache.[63]

Die Rede von den »blutschwitzenden« Rossen stellt wahrscheinlich die legendäre Übersteigerung einer realen Gegebenheit dar: Unter der dünnen, seidigen Haut von Vollblutpferden tritt bei Anstrengungen oder in anderen Zuständen der Erregung das angeschwollene Adernetz deutlich hervor. Für einen Beobachter, der nur kaltblütige und dickhäutige Pferde kennt, ist dies besonders eindrucksvoll. Bei außergewöhnlichen Belastungen kann es zuweilen auch vorkommen, daß eines der vielen kleinen Blutgefäße platzt.[64]

Über die Rekrutierung und die Auswahl der Reiterkrieger liegen aus dem 2. Jh. v. Chr. nähere Angaben vor: Die Berittenen sollten beim Eintritt in die Armee unter 40 Jahre alt sein, als bestes Alter galten 22 Jahre. Die Reiter mußten ferner kräftig gebaut und größer als etwa 173 cm sein. Sie sollten mit Bogen und Pfeil umgehen können, wendig sein und geübt im Bergsteigen – eine Forderung, die darauf schließen läßt, daß die Reiter auch als Infanteristen eingesetzt wurden. Ein Jahr lang dienten die Kämpfer als Rekruten in der Garnison, ein Jahr lang als Vollsoldaten. In jedem Herbst fanden kriegsmäßige Manöver statt. Seit dem 3. Jh. v. Chr. wurden auch Fremde verpflichtet. Wahrscheinlich vermittelten diese Soldreiter den Chinesen viel von der hunnischen Erfahrung und Technik im nomadischen Umgang mit dem Pferd.[65]

Die allgemeine gesellschaftliche und speziell die militärische Bedeutung des Pferdes vor dem Streitwagen und unter dem Reiter zeigt sich besonders in der Ausstattung der Gräber und zwar in einem Ausmaß, das erst in den letzten zehn Jahren durch sensationelle archäologische Funde erkennbar wurde. Als das spektakulärste Ereignis in der gesamten Geschichte der neuzeitlichen Archäologie Chinas gilt die Entdeckung der Grabanlage des Kaisers Qin Shihuang Di im Jahre 1974. Dieser Komplex liegt gut einen Kilometer von dem eigentlichen Mausoleum des Herrschers entfernt, das seit 1961 unter Denkmalschutz steht, bisher noch nicht geöffnet wurde und möglicherweise keine besonderen Schätze mehr enthält; es ist nämlich nicht auszuschließen, daß Grabräuber sich bald nach der Bestattung des Herrschers oder in späteren Jahrhunderten der Wertstücke bemächtigten. Die 1974 aufgefundenen Anlagen sind Teil des ausgedehnten Grabkomplexes, der vor etwa 2200 Jahren gebaut wurde. In den verschiedenen Grüften ließ sich Qin Shihuang Di (259–210 v. Chr.) ein Heer von mehr als 7000 Mann in lebensgroßen Tonfiguren aufstellen. Mit dieser unterirdischen Armee, die auch Pferde, Wagen und Reiter umfaßte, wollte der Herr im Jenseits seine diesseitige Macht weiterführen und derart die Unsterblichkeit erlangen, die er mit Hilfe von Drogen gesucht, aber nicht gefunden hatte. Der chinesische Historiograph Sima Qian (ca. 145–86 v. Chr.) berichtete, mehr als 700 000 Zwangsarbeiter seien aus dem Reich zusammengezogen worden, um das imposante Totenhaus inklusive seines Inhalts zu erstellen.[66]

Kaiser Qin Shihuang Di hatte im Jahre 246 v. Chr. im Alter von 13 Jahren den Thron bestiegen. Die Verwaltung des Reiches übernahm an seiner Stelle ein Kanzler; mit 21 Jahren kam der Herr selbst an die Macht. Als seine bedeutendste Leistung gilt die Reichseinigung im Jahre 221 v. Chr. Qin Shihuang Di bediente sich eines zentralistisch ausgerichteten, von Beamten getragenen Verwaltungsapparats, gliederte das Reich administrativ in Provinzen, er vereinheitlichte mit den Maßen, Gewichten und Währungen auch die Breite der Wagenspuren im ganzen Land, reformierte und standardisierte die Schrift, schuf eine Fülle neuer Gesetze, baute Straßen und Paläste und verband die bereits existierenden Schutzwälle im Norden zu der berühmten über 2400 km langen »Großen Mauer«.[67]

Konsequent verschrieb sich Qin Shihuang Di den legalistischen Prinzipien, die nicht von idealen ethischen Werten ausgingen, sondern die vorgegebenen Lebensbedingungen inklusive der menschlichen Schwächen pragmatisch respektierten. Die Funktion der Tugend soll er durch Strafe und Lohn ersetzt, die Privilegien des Adels weitgehend abgeschafft, einen »allgegenwärtige(n) Staatsdirigismus« aufgebaut und eine »straff organisierte und kontrollierte Leistungsgesellschaft« gegründet haben.[68]

Bereits zu seinen Lebzeiten begann man mit dem Bau der imposanten und in diesem Ausmaß möglicherweise einzigartigen Grabanlage. Der Aufwand, der für das Totenhaus getrieben wurde und der zu Lasten der Untertanen ging, basierte wohl auf dem kaiserlichen Selbstverständnis sowie auf seinem Anspruch, als göttergleicher Herrscher veehrt zu werden. In diesem Zusammenhang ist auch sein vergebliches Suchen nach der Droge der Unsterblichkeit zu verstehen. Im Alter von 49 Jahren verstarb Qin Shihuang Di, ohne das Bauwerk vollendet zu haben. Als sein Nachfolger das Projekt mit gleichem Aufwand fortführte, rebellierten die völlig ausgepumpten Untertanen. Vier Jahre nach dem Tod von Qin Shihuang Di endete die Qin-Dynastie.[69]

Im Stil einer Heeresformation waren die 7000 Krieger, Pferde und Wagen in den Grabkammern aufgestellt. Die Krieger trugen ursprünglich echte Waffen aus Bronze, Holz und anderen Materialien, sie waren mit Schwertern, Streitäxten, Pfeilen, Bögen, Armbrüsten, langen Lanzen sowie Speeren ausgerüstet. Die von vier Pferden gezogenen Streitwagen schmückten Lackmalereien, den Pferden hatte man echtes Zaumzeug angelegt. Die Ausrüstung des unterirdischen Heeres wurde nicht mehr gefunden; vor Jahrtausenden hatten die Grabräuber sie bereits entwendet. Ein Rebellengeneral zeichnete für die frühe Verwüstung des kaiserlichen Totenhauses verantwortlich. Kohlespuren an der Holzkonstruktion bezeugen einen

Brand, der zum Einsturz der unterirdischen Anlage führte; durch ihn wurden zahlreiche Tonplastiken beschädigt.[70] Bisher grub man insgesamt 500 Figuren aus, darunter sechs Quadrigen. Die einzelnen Teilgräber enthalten unterschiedliche Truppen der gesamten Jenseits-Armee. Im ersten Grabbereich vermutet man neben den gepanzerten und den ungepanzerten in Reih und Glied aufgestellten Fußkriegern insgesamt sechs Quadrigen. Der zweite Grabkomplex soll 561 Fußsoldaten, 116 Reiter mit 116 Pferden, 89 komplette Quadrigen und 261 Begleiter enthalten. Die dritte Kammer beherbergt wahrscheinlich 68 hohe Offiziere und Militärberater sowie eine Quadriga. Die vierte Gruft wurde leer aufgefunden.[71]

Die lebensgroßen Plastiken bestehen aus hartem grauen Ton, der bei relativ hohen Temperaturen gebrannt wurde. Die großen Figuren wurden aus verschiedenen Teilen zusammengesetzt. Die Pferde waren ursprünglich vornehmlich braun oder schwarz bemalt. Von dieser Kolorierung blieben aber nur geringfügige Spuren erhalten, wahrscheinlich aufgrund des Brandes bei der frühen Plünderung sowie aufgrund der mehr als zwei Jahrtausende wirkenden Feuchtigkeitseinflüsse. In ihren Grundformen wurden die Tonplastiken serienmäßig hergestellt und mit immer wiederkehrenden, unterschiedlich kombinierten Details versehen. Bei den individuell gestalteten Gesichtern der Krieger sollen routinierte Plastiker letzte Hand angelegt haben. Wahrscheinlich wird man in der Nähe der Grabanlage noch die Werkstätten finden, in denen neben den Figuren die hölzernen Streitwagen, die Eisenteile und das Lederzeug verarbeitet wurden. Dies alles soll in den zwei oder drei Jahrzehnten vor dem Todesjahr von Qin Shihuang Di entstanden sein.[72]

Die chinesischen Quadrigen-Pferde, von denen bisher insgesamt 24 aus dem ersten Grabungssektor geborgen wurden, waren, wie von der griechischen Quadriga bekannt, paarweise rechts und links neben der Deichsel angespannt. Das Stockmaß der Pferde gab Brinker[73] mit 170 cm an. Diese Größe betrifft aber die Gesamthöhe des Tieres; bis zum Widerrist sind sie 30 bis 40 cm kleiner, ihr – von den Hippologen definiertes – »Stockmaß« dürfte demnach bei 130 bis 140 cm liegen und damit dem Wuchs der relativ kleinen chinesischen Pferde entsprechen. Die lebensgroßen Figuren aus dem Grab von Qin Shihuang Di sind nicht so fein modelliert wie die kleineren Tonplastiken aus späterer Zeit. Im Jahre 1965 entdeckte man zum Beispiel in den

Provinzen Shanxi und Henan, dem Kerngebiet der chinesischen Zivilisation, Gräber aus dem 2. Jahrhundert v. Chr. Sie enthielten unter anderem hunderte von Reiterfiguren, Kampfschilden und bronzenen Pferdebeschlägen; diese Figuren sind 67 bis 70 cm groß, sie beeindrucken sehr viel weniger als die lebensgroßen Modelle.[74]

Die aus Ton geformten Tiere ersetzten – wie die menschlichen Figuren – die ursprünglichen Grabbeigaben, nämlich lebende Wesen. Menschenopfer waren in der Shangzeit noch üblich.[75] In den skythischen Grabhügeln wurden natürliche Menschen und Tiere in großer Zahl gefunden. Im Verlauf der »Humanisierung« der Opferriten ersetzte man die Menschen in verschiedenen Gesellschaften durch Tiere. Von der Humanisierung des chinesischen Grabkults zeugt vor allem, die Substituierung der lebenden Wesen durch die tönernen Kopien. Der Ersatz des Originals durch das Abbild ging tendenziell weiter, indem kleine Figuren an die Stelle der lebensgroßen traten.

Die Kraft, das Tempo und die Dynamik des Pferdes regten auch die menschliche Phantasie an; sie führten die Chinesen dazu, das Pferd ihren mythologischen Vorstellungen zu integrieren. Ein kleines Reiterfigürchen aus dem ersten Jahrhundert v. Chr. (es war neben Exemplaren der zuvor beschriebenen Tonfiguren Bestandteil der China-Ausstellung in Zürich, Berlin, Hildesheim und Köln in den Jahren 1980 bis 1982) könnte ein Beispiel für den Han-zeitlichen Wunsch sein, sich in einen geflügelten Unsterblichen zu verwandeln und auf dem Rücken des Pferdes in die Regionen der Seligen aufzusteigen:[76] Bei der Interpretation des Stückes aus bläulich-weißem Jade ist freilich insofern Vorsicht geboten, weil zwar die Darstellung des Pferdes stilisierte Flügel – Symbole des Tempos und der Aufhebung der an die Erde bindenden Schwerkraft – erkennen läßt, die als Flügel gedeutete Rückenform des Reiters aber mit der generellen Stilisierung der Figur zusammenhängen könnte, möglicherweise durch die Verarbeitung des Materials bedingt. Nicht den Reiter sondern das Pferd als geflügelt anzusehen, wäre auch deshalb sinnvoll, weil aus mythischer Sicht das schnelle und wendige Pferd und gerade nicht der Mensch über das außergewöhnliche Vermögen des Fliegens verfügt, weil ferner ein bereits mit Flügeln ausgestatteter Mensch des Pferdes nicht bedürfte. Diese Interpretation wird weiter bestärkt durch den gesamten Eindruck der Figur, bei der das Pferd, dem auf den Schulterpartien ebenfalls Flügel eingeritzt zu

sein scheinen, dominiert, und der weit nach hinten sitzende Reiter sich anscheinend von der animalischen Dynamik tragen läßt. Goepper[77] brachte das Jadepferdchen mit den »Himmelspferden« beziehungsweise den »blutschwitzenden Pferden« von Fergahana in Beziehung. Um diese Pferde soll sich der Herrscher Wu-ti nicht nur aus militärischen Erwägungen gekümmert haben; er habe an sie vor allem die Erwartung geknüpft, auf ihrem Rücken in den Himmel aufsteigen zu können.

Mit der reiterlichen Nutzung entwickelte sich die Ausbildung der Pferde. Das Training der Tiere beschränkte sich mit der Zeit nicht nur auf den Gehorsam und die Rittigkeit für die üblichen Anforderungen, sondern verselbständigte sich im Sport, bei der Jagd und beim Polospiel[78] und gewann darüber hinaus in ungewöhnlichen Dressurleistungen artifiziellen Charakter. Am Hofe des Kaisers Zhong Zong (656–710 n. Chr.) beeindruckte man die Gäste zum Beispiel mit Pferden, die in der Lage waren, sich nach den Klängen von bestimmter Musik zu bewegen, ihnen vorgesetzte Weinschalen mit den Mäulern aufzunehmen und auszutrinken. Die Darstellung eines Pferdes aus dem 7. oder frühen 8. Jahrhundert – das Pferd sitzt auf der Hinterhand und hält eine Weinschale im Maul – illustriert diese Berichte.[79]

In den Jahrhunderten nach der Zeitwende hatte sich das Reiten in China endgültig durchgesetzt; sein Ansehen löste das frühere des Fahrens ab. Für die breite gesellschaftliche Verankerung des Reitens ist es schließlich bezeichnend, daß das bis dahin abgeschlossene Dasein der Frau in China mit Hilfe des Pferdes bedeutend erweitert wurde. Zur Zeit der T'ang (618–906 n. Chr.) bestiegen die Mädchen und Frauen erstmals das Reittier, zunächst den Esel, dann auch das Pferd. Terrakotten aus dieser Zeit zeigen Tänzerinnen und Gauklerinnen, die auf dem Rücken der Tiere ihre Künste vorführen. In weiteren Darstellungen erscheinen neben den männlichen Polospielern auch ihre Gefährtinnen zu Pferd. Die Verbindung mit dem Tier führte bei der Chinesin allerdings nicht dazu, die Welt der »feinen und geselligen Bildung« mit der rauheren des Waffenhandwerks zu vertauschen.[80] Bei den hunnischen Frauen war dies anders, sie kannten die von den Chinesen gepflegte Bildung nicht. In ausgesprochenen Reiterspielen demonstrierten sie ihre Fähigkeiten und sollen sich in kritischer Situation auch mit Pfeil und Bogen am Kampf beteiligt haben.[81]

V. Römische, karthagische und germanische Reiterei

1. Der römische Adel

Die Streitwagenfahrer genossen im frühen Rom lange hohes Ansehen. Die Veneter – sie saßen im Nordosten und gehörten zum indoeuropäischen Volk der Illyrer – machten Italien mit dem Reiten vertraut; sie bewirkten freilich nicht, daß das Prestige des Fahrens umgehend durch die neue Geltung des Reitens abgelöst wurde.[1] Der Tradition entsprechend ritten die siegreichen römischen Feldherren nicht, sondern blieben bis in die Spätzeit Wagenfahrer. Der Aufbau der römischen Adelsreiterei und die Entwicklung des Reitens zum Symbol aristokratischen Daseins schlossen sich als Gesamtprozeß an die Epoche der Fahrkultur an. In der ältesten Zeit scheint »Fahren oder Schreiten, nicht Fahren oder Reiten« die Alternative gewesen zu sein. In den Reitverboten, wie sie zum Beispiel für den magister populi galten, sah Wiesner Anzeichen dafür, daß das Reiten sich erst zu einer Zeit ausbreitete, als verschiedene Institutionen bereits fest geprägt waren; die neue Technik habe man als Gefahr für das Überkommene aufgefaßt.[2]

Der weitgehenden Bedeutungslosigkeit des Reitens im frühesten Rom folgte seine Hochschätzung mit der Etablierung der Reitercenturien gegen Ende der Königszeit. Der tiefgreifende Wandel vollzog sich in einem langwierigen Prozeß; die negativen Vorurteile über das Reiten und die positiven über das Fahren hielten sich zäh.[3] Der römische Begriff »equo vehi« liefert ein bemerkenswertes linguistisches Zeugnis dafür, daß das Reiten vom Fahren her verstanden wurde.[4] Die historische Folge vom Fahren zum Reiten legte diese Auffassung mit der ihr entsprechenden Begriffsentwicklung in Rom wie in anderen Gesellschaften nahe.

Die militärische Überlegenheit berittener Krieger hatte bereits Delbrück[5] als die Basis der römischen Adelsgesellschaft interpretiert. Nach seiner Ansicht schlossen sich die kriegerisch Überlegenen in einer Art Ritterkaste zusammen. Diese habe sich verfestigt und ihre Geltung dahingehend ausgeweitet, daß ihre Mitglieder schließlich in kapitalistischem Wohlstand als städtische Patrizier die Plebs unterdrückten. Delbrücks Darstellung blieb nicht ohne Widerspruch, sie wurde sogar als »groteske Erfindung« diskriminiert.[6] Hesselmayer[7] hatte zuvor die Ansicht geäußert, bei der Bildung des römischen Adels sei das Reiten von untergeordneter Bedeutung gewesen. Wiesner[8] und Alföldi[9] belegten jedoch mit Hilfe zahlreicher Quellen und Dokumente, daß Delbrück auf dem richtigen Weg war und seine – zu seiner Zeit sicher gewagte – These im Grundsatz mit den historischen Gegebenheiten übereinstimmt.

Der erste Schwerpunkt der vom Reiten ausgehenden Adelsentwicklung liegt im Rom der Königszeit: Der ältere Adel Roms ging aus der Reiterei der Könige hervor. Die Grenze zwischen diesen Patriziern und den Plebejern wurde erst überschritten, nachdem die Patrizier sich als Stand etabliert, sich die religiösen wie politischen Machtbefugnisse des Königs angeeignet und sich damit die dominierende Stellung im Staate gesichert hatten, die sie in historischer Zeit kennzeichnete. Die vorrepublikanische Konsolidierung verschaffte dem Adel die Macht, das Königtum dauerhaft zu beseitigen.[10]

Belegt wird diese Entwicklung nach Alföldi[11] unter anderem durch äußere Zeichen, die direkt oder indirekt auf die einstige Bewährung im Sattel hinwiesen. Das Kostüm und die Insignien der ältesten römischen Oberschicht seien teils aus Ausrüstungsstücken der römischen Reiterei entstanden wie den Phalerae (runde Schmuckscheiben aus Edelmetall an den Panzern der Krieger und am Zaumzeug der Pferde), der Trabea (das mit Purpurstreifen verzierte Gewand) und dem Patrizierschuh, teils aus Ehrenabzeichen der alten Reiterei wie dem Goldring und dem Purpurstreifen am weißen Hemd. »Als Reitersoldaten gebührte diese Tracht den Sprossen des patrizischen Adels. Die militärische Eigenart der Ehrentracht wurde in der Folgezeit durch den veränderten Charakter des neuen Adels und durch die wachsende Wichtigkeit der nicht militärischen Aufgaben im Staatsleben mehr und mehr verdeckt.« Für Alföldi[12] ist es ferner als bewiesen anzusehen, daß die alten römischen Reitercenturien ursprünglich Adelsgesellschaften waren, die wohl mit

19. Mark Aurel mit besiegten Feinden. Relief von der Mark-Aurel-Säule in Rom

ihrem zu Fuß kämpfenden Gefolge ins Feld zogen. Delbrück[13] hatte noch die Ansicht geäußert, die älteste römische Reiterei sei nicht von einem Fußvolk begleitet gewesen.

Das Ausgangsheer von 300 Reitern und 3000 Fußsoldaten soll nach römischer Überlieferung der Stadtgründer Romulus selbst aufgestellt haben.[14] Die privilegierte Herkunft und Rechtfertigung des herkömmlichen Aufgebots weist auf die extraordinäre Position der drei Reitercenturien als Leibgarde des Königs hin.[15] Jede der drei Centurien stand unter dem Befehl eines Tribunen (tribunus celerum); dies schloß man aus der sakralen Funktion der Offiziere bei den Salierprozessionen, die den Auszug der Armee zum Krieg und ihre Rückkehr mit zauberkräftigen Riten unterstützten.

Aus der Sicht des Fußgängers imponierte am Reiter neben seiner unüberschaubaren Kraft und Dynamik das durchaus einsichtige Tempo seiner Fortbewegung. Dieses Erlebnis prägte den Namen der ersten römischen Krieger zu Pferd. Sie waren die »celeres«, die »Schnellen«.[16] Erst später versachlichte sich die Benennung; im Begriff »equites« wurden der Umgang mit dem Pferd und wohl auch der Besitz des wertvollen Tieres ausschlaggebend.

Die reiterliche Bewährung als königliche Leibgarde war das zentrale Kriterium eines Patriziats, das aus kriegstüchtigen und kampferprobten Geschlechtern bestand. Die Leistungsorientierung machte es möglich, daß die Grenze von der Nobilität zur Plebs zwar nicht mühelos, aber doch grundsätzlich überschreitbar war.[17] Mit zunehmender Etablierung reduzierte sich die Durchlässigkeit; die drei Reitercenturien schlossen sich enger zusammen und schirmten sich deutlicher nach außen ab, sie ließen sich durch sakrale Bande zusammenschweißen, behaupteten lange das Auspizienrecht wie das Staatspriesterprivileg und übten auf diese Weise bedeutenden Einfluß auf die Gesellschaft aus. Wenn das Patriziat in späterer Zeit an den Ehrenkleidern und Ehrenattributen des alten equitatus festhielt, legitimierte es seine elitäre Stellung mit der Berufung auf die renommierte Tradition.[18]

Der Kreis der Reiter blieb mit der Zeit nicht auf die drei ursprünglichen Centurien beschränkt. Das Aufgebot wurde von 300 auf 600 verdoppelt. Wann dies geschah, ist nicht geklärt. Möglicherweise entsprach das Verhältnis der alten zu den neuen Reitern dem bei den Patriziern bekannten der gentes maiores zu den gentes minores. Die equites priores unterschieden sich nämlich von den equites posteriores deutlich; die priores unterhielten zwei Pferde auf Staatskosten, während die posteriores sich mit einem Pferd »von Staats wegen« begnügen mußten.[19]

Im Rahmen der militärischen und politischen Neuorganisation am Ende der Königszeit wurde die Reiterei um zwölf weitere Centurien auf insgesamt achtzehn verstärkt. Der beträchtliche Zuwachs, der sich aus Plebejern rekrutierte, blieb auf den gesellschaftlichen Status der Berittenen, die bis zu dieser Maßnahme den führenden Adel darstellten, nicht ohne Einfluß.[20] Es entstand eine zweite Adelsschicht, die sich von der der ersten sechs Centurien deutlich abhob. Die erste Schicht blieb weiterhin den Patriziern vorbehalten.[21] Dabei führten nicht nur militärische Erwägungen zur Erweiterung der Reiterei, sondern sie spiegelt möglicherweise die plebejische Forderung nach Mitsprache im Staatsgeschehen, dies jedoch nicht im Sinne der Verwirklichung konsequenter egalitärer Demokratie, sondern im aristokratischen Rahmen Roms.

Ursprünglich leistete die gesamte 1800 Mann umfassende Reiterei aktiven Kriegsdienst. Ihnen allen stellte der Staat Pferde oder Mittel für deren Ankauf sowie für ihre Unterhaltung zur Verfügung. In spätrepublikanischer Zeit hatte sich die eigentliche Aufgabe der »Reiter« erledigt; im politischen Raum spielten die »Reiter« aber als Abteilungen der Wahlversammlungen weiterhin eine wichtige Rolle.[22]

Inwieweit die Ritter des frühen Roms auch zu Pferde fochten, ist nicht eindeutig. Helbig[23] sah in ihnen berittene Hopliten, die sich des Pferdes nur als eines schnellen Beförderungsmittels bedienten. Friederici[24] vermutete, die Infanteristen zu Pferd hätten sich bis zum Ende des vierten Jahrhunderts v. Chr. gehalten. Delbrück[25] widersprach dieser Auffassung und Meyer[26] kam nach intensiver Beschäftigung mit dem Komplex zu der Überzeugung, die berittenen Hopliten im Helbigschen Sinne habe es nur im sechsten und fünften Jahrhundert v. Chr. gegeben, im übrigen sei für die ältere Zeit neben der Fußtruppe eine Reiterei anzunehmen, die selbständig und zu Pferde kämpfte. Zur Bewaffnung der Bürgerreiterei im sechsten und frühen fünften Jahrhundert ist anzumerken, daß die Kämpfer mit Lanze, Helm, Beinschienen und Schild ausgerüstet waren. An die Stelle des großen und schweren Hoplitenschilds trat später die kleine und leichte parma.[27]

Die Zahl der Staatspferdeinhaber, der equites equo publico, blieb auf achtzehn Centurien beschränkt. Der

20. *Der Hornhäuser Reiter. Bild eines deutschen Reiters aus der Zeit der Völkerwanderung, 7.–9. Jh.*

ältere Cato hatte sich vergeblich für eine Vermehrung auf 22 Centurien eingesetzt; er hatte dies freilich mehr aus politischen als aus militärischen Gründen getan.[28] Die Frage der Erweiterung hatte sich unter anderem deshalb gestellt, weil jetzt eine Reihe vermögender Römer, die am zunehmenden Wohlstand des Landes im fünften Jahrhundert besonders partizipierten und sich auf eigene Kosten Pferde hielten, zur Verfügung standen. Während des Krieges gegen Veji im Jahre 403 boten sie sich an, mit ihrem Pferd zu dienen; sie verlangten hierfür eine Entschädigung. Als equites equo privato zogen diese Reiter ins Gefecht.[29]

Die equites equo privato bildeten eine Art Finanzadel, der sich am Prestige des Adels orientierte, und der durch militärische Leistung wie durch die Auswahl seitens des Königs qualifiziert war. Der Timokratie der equites equo privato gelang es allerdings nicht, die Unterschiede zum alten Adel zu verwischen. Der Besitz von Pferden und die Reiterei symbolisierten zwar kapitalkräftiges Herrentum; sie besserten derart auch den gesellschaftlichen Status auf, tasteten die Sonderstellung der achtzehn Centurien equites equo publico jedoch nicht an. Mit anderen Worten: Die equites equo privato konstituierten zwar eine neue Schicht von Privilegierten, waren auch sachlich mit dem überkommenen Adel verbunden, gingen aber nicht in ihn über. Wiesner[30] sprach charakteristischerweise vom »Streitroß« der frühen Ritter und vom »Geldroß« der ökonomisch Arrivierten.

Ihre dominierende militärische Position büßte die Adelsreiterei im Laufe der republikanischen Zeit zunehmend ein. Wahrscheinlich entfremdete sie sich – wie andere Führungsschichten – mehr und mehr von der Bewährung durch kriegerische Leistung, dies im Zusammenhang mit der wachsenden Exklusivität und daraus resultierenden Nachwuchsproblemen sowie auch im Zusammenhang mit der Beanspruchung durch politische Geschäfte. Neben den internen Entwicklungen sind wahrscheinlich auch externe zu berücksichtigen, vor allem neue politische Erfordernisse und Ziele sowie insbesondere erstarkte militärische Gegner. Im zweiten Jahrhundert v. Chr. wurde die Leistungsreduktion des römischen Reiteraufgebots besonders offenkundig. In den Spanienkämpfen des Jahres 140 v. Chr. sowie an der Etsch im Jahre 113 v. Chr. trat die Bürgerreiterei zum letzten Mal auf. In der Folgezeit rekrutierten sich die Berittenen in römischen Diensten zunehmend aus Auxiliartruppen. Durch ihren Erfolg bei Zama im Jahre 202 v. Chr. hat-

ten die numidischen Reiter unter Scipio Africanus dem Älteren einen glänzenden Anfang in dieser Richtung gemacht.[31]

Ein letzter Versuch, der römischen Bürgerreiterei zu neuer Effektivität zu verhelfen, zeitigte keine hinreichende Wirkung: Die Unterscheidung zwischen den quites equo publico und den equites equo privato wurde aufgegeben, der Staat übernahm generell die Kosten für die Anschaffung und Unterhaltung der Pferde, womit man freilich dem Rittertum auch wichtige Privilegien nahm.[32] Die Mißerfolge im zweiten Punischen Krieg (218–202 v. Chr.) dechiffrierten die Lage der Bürgerreiterei; sie forderten eine generelle Umorganisation beziehungsweise eine Verstärkung, wie sie sich in der Form einer schlagkräftigen Auxiliarreiterei anbot. Die alte exklusive Reitertruppe entwickelte sich mehr und mehr zu einem Corps von Offiziersaspiranten und Stabsoffizieren.[33] Auf dem Kasernenhof und im Lager begannen die Ritter als Offiziere ihre Karriere im Staatsdienst.[34]

Die Reiter waren wegen ihres erhöhten Aufwands wahrscheinlich die erste Gruppe im römischen Aufgebot, für die – zunächst als Pferde- und Futtergeld (aes equestre und aes hordearium) – ein Entgelt gezahlt wurde. Die allgemeine Soldzahlung kam bei den Römern erst am Ende des fünften Jahrhunderts v. Chr. auf.[35] Das römische Heer der republikanischen Zeit war ein Milizheer. Jeder männliche Bürger hatte die Pflicht, im Heer zu dienen. Je nach Bedarf wurde von dieser Pflicht Gebrauch gemacht und zum Kriegsdienst »ausgehoben«. Im Rom dieser Zeit existierte also weder ein Berufsheer noch ein stehendes Heer; die Offiziere waren wie die einfachen Krieger Milizen. In Friedenszeiten stand in Rom theoretisch kein Bürger unter Waffen.[36] Der Militärdienst wurde als die Verteidigung von Land und Leuten verstanden, zu der jeder Bürger verpflichtet war, die aber auch jeden Bürger interessierte. Das gemeinsame Anliegen erübrigte einen Sold; die Kämpfer erhielten allerdings einen Anteil an der Beute, die der kommandierende Feldherr verteilte. Die Vorstellung der Verteidigung von Land und Leuten förderte die militärisch-soldatische Grundeinstellung sowie eine strenge militärische Disziplinierung. Aber auch durch die römische Expansion wurde die »positive Grundeinstellung der Römer zur Welt des Soldaten ... nicht unerheblich gefördert.«[37]

Soldzahlungen standen erst zur Diskussion, als die Belastungen durch den Kriegsdienst beträchtlich stiegen und über Jahre sich hinziehende Verpflichtungen den Bauern nicht mehr gestatteten, sich um Aussaat und Ernte zu kümmern. Die wachsende Unlust am Kriegsdienst, vor allem am Dienst außerhalb Italiens, führte schließlich dazu, Besitzlose, Freiwillige und später auch landesfremde Söldner sowie Hilfstruppen der unterworfenen Völker zu verpflichten. Die Soldaten, die ohne Vermögen und Einkommen ins Heer aufgenommen worden waren, konnten nicht besitz- und arbeitslos wieder entlassen werden; jedenfalls hätte eine solche Praktik nicht den römischen Vorstellungen von einem Feldherrn entsprochen, der nicht nur als militärischer Führer sondern auch als fürsorgender Vater seiner Untergebenen verstanden wurde. Es war daher üblich, die Verabschiedeten mit einem Stück Land zu beschenken, das ihren Lebensunterhalt sicherte. Solches Land in hinreichender Größe – vielfach gegen den Widerstand der besitzenden Nobilität – zur Verfügung zu stellen, führte in Rom allerdings zu beträchtlichen innenpolitischen Problemen.[38] Das Stadium des Söldnerheeres hatte Rom am Ende der Republik noch nicht voll erreicht.[39] Möglicherweise spielte bei dieser Entwicklung mit, daß der Söldner in den Augen des traditionsbewußten und national gesinnten Bürgers – wie dies ja auch heute noch zutrifft – eine suspekte Figur blieb; konnte man von ihm doch annehmen, er lasse sich für jedes politische, ja für jedes Ziel kaufen. Ein stehendes Heer von Berufssoldaten richtete erst Augustus ein.[40]

Auf die numerische Stärke des Aufgebots in der Königszeit – 3000 Fußsoldaten und 300 Reiter – wurde bereits hingewiesen. In der Mitte des 5. Jahrhunderts v. Chr. zählte das Heer wahrscheinlich bereits 20 000, kurz vor Ausbruch des Krieges gegen Hannibal etwa 250 000 Mann. Nach der Verleihung des Bürgerrechts an alle Bundesgenossen Italiens kam das Wehrpotential sogar an die Millionengrenze heran. Im zweiten Punischen Krieg standen trotz schwerster Verluste Jahr für Jahr 60 000–75 000 Mann unter Waffen. Nach Bleicken[41] kann man damit rechnen, daß damals mehr als die Hälfte, zeitweise sogar zwei Drittel der wehrtauglichen Bürger Soldaten waren. Auch in diesem Umstand spiegelt sich die nationale Bedeutung des Krieges im allgemeinen wie seines wechselnden Verlaufs im besonderen. Heuss[42] vertrat so auch die Ansicht, das auf etwa 300 000 Mann geschätzte Heer der römischen Kaiserzeit sei im Verhältnis zu seiner Aufgabe, die sehr langen Grenzen zu schützen, »nicht sehr groß« gewesen.

Zur Zeit der Begründung der Republik bestand das römische Aufgebot aus 89 Fußvolkcenturien und sechs Reitercenturien. Auf jeden Reiter kamen demnach fünfzehn Fußkämpfer. Dieses Verhältnis weist die Berittenen bei überdurchschnittlicher Leistung als Elite, bei mangelnder militärischer Effektivität als Minorität aus.[43] Die Übernahme der Staatsführung durch die Ritter am Ende der Königszeit könnte unter anderem dahingehend interpretiert werden, daß die Ritter im militärischen Bereich ihre dominierende Position verloren und daher besonders bereit waren, ihre privilegierte Stellung in einem anderen Bereich – ohne Anfechtungen durchs Fußvolk – zu behaupten. Ihre ritterliche Lebensführung aber hielten sie selbst nach ihrem Niedergang bei.[44]

Noch in der Mitte des zweiten Jahrhunderts v. Chr. wurde die unzertrennliche Verflechtung von Reiterdienst und Ämterlaufbahn offenkundig: Jeder, der sich damals um eine Amtsstelle bewarb, mußte die zehn obligaten Jahreskampagnen zu Pferd absolviert haben. Ein Bewerber ohne das Staatsroß kam für Staatsämter nicht in Frage. Sogar die höchsten Würdenträger hielten zur Zeit des zweiten Punischen Krieges noch ihre Staatspferde. Selbst in den folgenden Jahrzehnten scheint es üblich gewesen zu sein, daß führende Staatsmänner nach ihrem Konsulat mit ihrem Staatsroß als Kriegstribune ins Feld zogen.[45]

Mit der Konstituierung des Ritterstandes seit den Gracchen brach die alte Verbindung des Adels zur Reiterei nicht ab. Die vornehme Jugend Roms focht noch bis gegen Ende des zweiten Jahrhunderts v. Chr. in geschlossenen Reiterformationen. Zum Kreis der neuen Ritter gehörten nämlich auch alle jungen Männer aus senatorischen Familien vor ihrem Eintritt in den Senat.[46] Erst nach der gänzlichen Umgestaltung des Heerwesens bereitete der Staatsdienst anstelle der früheren Bewährung im Schlachtfeld auf die höhere Ämterlaufbahn vor. Pompejus, der nicht durch die Rangstufen der senatorischen Laufbahn, sondern als eques Romanus an die Spitze des Staates gelangt war, wußte den Glanz der römischen Reitertradition noch für seine Stellung auszunutzen.[47] Mit der Erneuerung der Reiterparaden der vornehmen Jungmannschaft gedachte Augustus feierlich der Vergangenheit. Der Nimbus der ersten Reitercenturien wurde selbst zu dieser Zeit noch merklich von dem der späteren, nämlich des zweiten Adelsstandes, unterschieden.[48] Berühmte Zweikämpfe früherer Reiterhelden blieben noch lange in der Erinnerung, vergegenwärtigt durch

Darstellungen in der bildenden Kunst. Der Reiter repräsentierte weiterhin das Ideal altrömischer Heldenhaftigkeit.[49]

Die Erfolge der römischen Legionäre wie der späteren Auxiliarreiter nahmen dem Ruhm der Adelsreiter freilich etwas von seinem Glanz. Möglicherweise veranlaßte diese Entwicklung Alföldi[50] dazu, seinen ansonsten ungeteilten Panegyrikus mit einem kleinen Abstrich zu versehen. Als solcher läßt sich nämlich seine Vermutung verstehen, die Leistungen des Adels in der Führung und Verwaltung der Staatsaufgaben hätten die militärischen wahrscheinlich noch überragt: »Nicht der unerhört starke Wille zu siegen und zu herrschen ist uns bei den frührömischen equites so erstaunlich, wie es den Alten erschien, sondern ihre großartige Fähigkeit, ihr eigenes Wesen für die ganz anders gearteten Aufgaben der Leitung des werdenden Reiches umzuformen.«

Alföldi[51] wies auf die Parallelen zwischen dem römischen und griechischen Adel hin; in Griechenland hätten die Reiter nach dem Sturz der Monarchie ebenfalls die Zügel der Staatsführung in ihre Hände genommen. Unterschiede zwischen den beiden Gesellschaften bestanden jedoch darin, daß in Athen alle Bürger ohne Ausnahme in die Vermögensklassen gehörten. Demgegenüber habe die römische Ritterschaft »nicht in, sondern über den Klassen« gestanden und sie sei »ohne Rücksicht auf das Vermögen« gebildet worden. Solon habe mit den Privilegien der Geburtsaristokratie ein Ende gemacht, der römische Gesetzgeber habe sie trotz der theoretischen bürgerlichen Gleichheit weiter zu konservieren gesucht.[52]

Aufgrund der Tatsache, daß die Krieger sich selbst ausrüsten mußten, waren im historischen Rom, die verschiedenen Waffengattungen den einzelnen Vermögensklassen zugewiesen. Derjenige, der sich kostspieliger ausrüstete und damit eine größere militärische Leistung brachte, sollte das gewichtigere politische Stimmrecht besitzen.[53] Die timokratische Ordnung bevorzugte die Besitzenden, sie war zur Zeit ihrer Entstehung in der Mitte des fünften Jahrhunderts v. Chr. jedoch insofern »fortschrittlich«, als sie das politische Recht nicht mehr ans Privileg der adligen Geburt, sondern an die sachliche und berechenbare Größe des Vermögens band. Abgesehen von den equites equo publico erhielten die Reiter, die außer den Waffen noch ein oder zwei Pferde zu finanzieren hatten, nach dieser Ordnung das größte politische Recht. Ihnen folgten die – mit Schwert, Lanze, Dolch, Schild

und Panzer – schwerbewaffneten Fußsoldaten, dann die – mit Schild und Schleuder – Leichtbewaffneten. Entsprechend dieser Ordnung standen die 18 Reitercenturien an der Spitze des Heeres, vor den 80 Abteilungen der Schwerbewaffneten. Die Reiter, denen nach Alföldi die Pferdehaltung durch den Staat finanziert wurde, werden von Bleicken nicht erwähnt. Der Dissens zwischen der Selbstequipierung und der Staatspferdehaltung ist wahrscheinlich dahingehend zu klären, daß einer kleinen Gruppe ihr traditionelles Privileg des »Staatsrosses« weiterhin zugebilligt wurde, möglicherweise sogar in Form eines praktisch nicht beanspruchten Rechtstitels; die größere Zahl der Berittenen mußte die Pferdehaltung – zumindest zeitweise – aus eigener Tasche finanzieren. Auf die Bedeutung des »Geldrosses« wurde oben bereits hingewiesen.[54]

Die beträchtliche, in mehreren Stufen erfolgte Ausweitung des Reiter- und Ritterstandes ebnete die einstige elitäre Position des alten Reiteradels erheblich ein – und zwar trotz der Spuren des ehemaligen Prestiges, die Alföldi[55] beschrieb. Möglicherweise trug die schwache militärische Position der römischen Bürgerreiterei in republikanischer Zeit zusätzlich zum naheliegenden Renomeeverlust bei. Angesichts dieser Entwicklung ist die Tendenz, innerhalb des breiten Ritterstandes zu differenzieren, nicht verwunderlich; vor allem ist vom »alten« Adel zu vermuten, daß er sich von den Neureichen zu distanzieren suchte und daß ihm die Sonderstellung im zuvor beschriebenen Sinne auch mehr oder minder weitgehend eingeräumt wurde. Der Segregationsprozeß führte in jüngerer Zeit zur Etablierung des Ritterstandes auf der einen und des senatorischen Adels auf der anderen Seite. Die früheren Unterschiede zwischen der ersten und der zweiten Klasse der Adelsreiter spielten wahrscheinlich ebenfalls in die jüngere Standestrennung hinein; man wird aber wohl nicht annehmen dürfen, daß die beiden Schichtungen sich ohne Übergänge deckten.

Über das jüngere Verhältnis des senatorischen Adels und der Ritterschaft liegen genauere Informationen vor als über die Rangunterschiede innerhalb des frühen Reiteradels: Ritter waren die als Reiter im Heer dienenden reichen Römer inklusive der alten Patrizier und der nicht zur Nobilität zählenden Senatoren, die ausnahmslos über großes Vermögen verfügten.[56] Die große Gruppe der Ritterschaft umfaßte somit die Nobilität beziehungsweise die Senatorenschaft wie auch die reichen Römer, die keine Nobiles waren. Mit anderen Worten: Innerhalb der Ritterschaft wurde zwischen den Nobiles oder Senatoren und den übrigen Reichen differenziert. Verschiedene politische Maßnahmen sorgten mit der Zeit für eine deutliche Scheidung zwischen den beiden Ständen. Cicero formulierte später, wenn er alle in der staatlichen Gemeinschaft verbundenen Gruppen ansprechen wollte: »senatus, ordo equester, populus Romanus!« Er wandte sich also an den Senat, an die Ritterschaft und an das römische Volk. Die Ritter wie die Senatoren stellten also jeweils einen abgeschlossenen Personenkreis mit einheitlichem Comment dar und bildeten in der Kaiserzeit verschiedene Stände.[57]

Rechtlichen und grundsätzlichen Charakter gewann die Distanz zwischen den beiden Gruppen, seit im Jahre 216 v. Chr. die Erwerbsmöglichkeiten der Senatoren per Gesetz (lex Claudia de nave Senatorum) geregelt wurden. Das Claudische Gesetz über »das Schiff der Senatoren« besagte, kein Senator und kein Sohn eines Senators dürfe größere Schiffe besitzen als solche, die 300 Amphoren tragen konnten. Die Beschränkung auf relativ kleine Schiffe sollte es dem senatorischen Adel unmöglich machen, Handel zu betreiben. Das Gesetz stand im Dienst des allgemeinen Ziels, die Senatoren als Bauern und Landbesitzer zu erhalten und sie nicht beziehungsweise nicht länger in die vergleichsweise suspekten Handels- und Geldgeschäfte zu verwickeln. Das auch wegen der wirtschaftlichen Sonderinteressen und der Unterminierung traditioneller Werte der Gemeinschaft beargwöhnte Geld- und Handelsgeschäft war bald für einen wirklichen Nobilis nicht mehr standesgemäß.[58]

Einen geschlossenen senatorischen Stand fixierte erst Augustus; er beschränkte, wie Heuss[59] feststellte, die Ämterlaufbahn wie die Senatssitze auf seine Mitglieder. »Nur wer den Purpurstreifen auf der Tunika (sog. latus clavus) trug, d. h. wer bzw. wessen Vater im Senat schon saß und wer ein Vermögen von mindestens einer Million Sesterzen (= ungefähr 200 000 Goldmark) aufwies, gehörte fortan zu ihm. Das war die Feststellung einer von Staats wegen privilegierten Klasse, also augenscheinlich eine soziale Erhöhung des Senatorenstandes und damit auch des einzelnen Senators.«

Der Ausschluß der Senatoren von den Geld- und Handelsgeschäften reservierte diesen Bereich den Rittern, die in ihm ihren privaten Sonderinteressen nachgehen und damit ihr Vermögen beträchtlich vergrößern konnten. Ohne eine über den Rahmen der übrigen Bürger hinausgehende politische Position standen die Ritter jedoch in der gesellschaftlichen Hierarchie eindeutig unter den Senatoren, die als Mitglieder der höchsten Behörde alleine an den großen politischen Entscheidungen teilhatten.[60]

Die Gracchen verfolgten das Ziel, die Ritterschaft zu politisieren und für ihre Interessen zu nutzen. Zu diesem Zweck trennten sie sich auch formal von den Senatoren. Dies geschah schon einige Jahre vor dem ersten Volkstribunat des C. Gracchus durch ein Gesetz, nach dem der Senator mit dem Eintritt in den Senat sein Ritterpferd abgeben mußte (lex reddendorum equorum vom Jahre 129 v. Chr.). Aufgrund dieser Bestimmung gehörten die Senatoren nicht mehr zu den Rittern; in ihrer neuen politischen Aufgabe verzichteten sie nun gänzlich auf den Bezug zu ihrer reiterkriegerischen Vergangenheit, den sie bisher zumindest symbolisch aufrechterhalten hatten. Die Senatoren waren seit dieser Zeit die in politischen Ämtern tätigen Großgrundbesitzer, die Ritter die reichen Händler und Kaufleute. Das Standesbewußtsein der Ritter wurde in den folgenden Jahrzehnten weiter gehoben; sie erhielten Standesabzeichen und besondere Sitze im Theater. Als politisch relevante Aufgabe reservierte C. Gracchus den Rittern die Geschworenenbänke in der Strafbehörde, die sich mit der Ausbeutung der Provinzen durch die Statthalter beschäftigte. Diese Maßnahme sollte zu einer ordentlichen Provinzverwaltung führen; zugleich war sie gegen die Senatoren gerichtet, über deren Geschäftsgebaren in den Provinzen jetzt die Ritter zu Gericht saßen. Die politischen Spannungen zwischen den beiden Ständen wuchsen dadurch beträchtlich; für C. Gracchus wurde die in ihrer Macht beschnittene Nobilität freilich »umgänglicher«.[61]

Augustus erhob auch die Ritter zu einer formell geschlossenen Klasse. Die ausdrückliche Zulassung zu dieser Klasse geschah durch die Verleihung des goldenen Rings und des schmalen Purpurstreifens; sie setzte ein Mindestvermögen von 400 000 Sesterzen (etwa 80 000 Goldmark) voraus und wurde wie bei den Senatoren in erster Linie durch den Kaiser selbst vorgenommen. Im Gegensatz zum Senatorenstand war die Ritterwürde nicht erblich.[62] Heuss[63] bezeichnete die Ritter als »die eigentlichen Funktionäre des römischen Kaisers«. Der Kaiser hatte das Recht, beide Stände zu ergänzen.[64] Später konnten sogar einfache Soldaten häufig zu Rittern avancieren.[65] Sogar Bürger aus den Donauprovinzen stiegen im dritten Jahrhundert

n. Chr. über die Armee auf, selbst bis zum Kaiserthron, wie Maximinus (235–238), Decius (249–251), Claudius Gothicus (268–270), Aurelian (270–275), Probus (276–282) und Diokletian (284–305) bewiesen. Der thrakische Schäfer Maximinus hatte seine Laufbahn als Rekrut in der Reiterei der Auxilien begonnen.[66] Sulla (138–78 v. Chr.) hatte lange vor dieser Zeit die senatorische Ritterschaft durch die einmalige Maßnahme einer adlectio von Rittern von 300 auf 600 Mitglieder erweitert.[67]

2. Die römische und die karthagische Reiterei

Die Schlachtordnung der schwerbewaffneten Fußsoldaten bildete das Zentrum der römischen Streitmacht. Sie stellte auch den Kern der Legion dar, die neben 300 Reitern 4000 bis 6000 Mann umfaßte. Die Leichtbewaffneten machten dagegen etwa ein Drittel der in verschiedenen Treffen postierten Legion aus. Sie sollten die feindlichen Linien verwirren; aus ihnen rekrutierten sich ferner die Ersatzleute wie die Kundschafter. Die Reiterei war in diesem Verband »taktisch nur von geringer Bedeutung«.[68]

Der adlige Einzelkampf scheint schon im sechsten Jahrhundert v. Chr. dem Gefecht in der Schlachtreihe gewichen zu sein – sofern er überhaupt für die Römer beziehungsweise Latiner besondere Bedeutung gehabt hatte.[69] Die Schlachtordnung der schwerbewaffneten Fußsoldaten beließ der adligen Reiterei an den Flügeln nur eine sekundäre Rolle. Die Römer rückten in starrer Linie vor und suchten den Gegner durch den wuchtigen Vorstoß der geschlossenen Masse zu bezwingen. Nach der Eröffnung durch Schleudern und Pfeile wurde der Kampf durch lange Stoßlanzen geführt. Im Zuge der Samnitenkriege lockerten die Römer ihre starre Front auf, gliederten das Aufgebot in beweglichere Abteilungen und benutzten an Stelle der Stoßlanzen den kurzen Wurfspeer und zum Nahkampf das Schwert. Unter P. Cornelius Scipio erhielten die Manipel innerhalb der Phalanx noch größere Beweglichkeit. Marius entwickelte in den Germanenkriegen die Kohortentaktik, die Cäsar fortführte und das kaiserliche Heer von ihm übernahm. Die Kohorte umfaßte 500 bis 600 Mann.[70]

Im ersten Punischen Krieg (264–241 v. Chr.) – er war in erster Linie ein See- und Festungskrieg – fand die erste große Auseinandersetzung zwischen den Römern und Karthagern statt. Ausdrücklich wird aus diesem Krieg von der starken karthagischen Waffe der Elefanten wie von der schlagkräftigen karthagischen Reiterei berichtet. Darüber hinaus informieren die Quellen über die Abhängigkeit des kavalleristischen Erfolgs vom Gefechtsgelände. Die Karthager sollen nämlich dort geschlagen worden sein, wo sie auf einem für ihre Pferde und Elefanten ungangbaren Terrain den Kampf annahmen, glücklich sollen sie hingegen gekämpft haben, wenn es ihnen gelang, auf freiem Feld die Überlegenheit ihrer Kavallerie auszuspielen.[71]

Der zweite Punische Krieg (218–202 v. Chr.) verband sich für die Römer trotz ihres endlichen Sieges mit einer Reihe von Mißerfolgen. Insbesondere versagte die römische Reiterei; sie tat dies um so mehr, als die karthagischen Berittenen demonstrierten, zu welcher Schlagkraft eine gute kavalleristische Ausbildung führen kann.[72] Die imponierenden Leistungen der karthagischen Truppen und ihres genialen Feldherrn Hannibal gewinnen noch an Gewicht, wenn man sich den abenteuerlichen und strapaziösen Landmarsch nach Italien – entlang der spanischen und französischen Küste ohne bemerkenswerte Unterstützung durch die gegenüber Rom schwächer gewordene karthagische Flotte – vor Augen hält.[73] An der Spitze eines gemischten Heeres, das aus Afrikanern, Iberern und Männern anderer spanischer Stämme, insgesamt aus 90 000 Fußsoldaten und 9000 Reitern sowie 38 Elefanten, bestand, war Hannibal aufgebrochen. Noch ehe der Zug die Pyrenäen erreichte, wollte ein großer Teil der spanischen Truppen wieder umkehren. Hannibal war klug genug auf sie zu verzichten. Die Reiter blieben offenbar bei der Stange. Mit 50 000 Fußsoldaten und 9000 Berittenen passierte der karthagische Zug die Pyrenäen. Die Bevölkerung der Durchmarschgebiete machte dem Heerzug zunächst keine Schwierigkeiten; sie ließ sich mit Geschenken dafür gewinnen, das Unternehmen zu unterstützen. Um die Rhône und die Alpen überschreiten zu können, täuschte Hannibal die Römer. Als er Italien erreicht hatte, war sein Heer auf 20 000 Fußsoldaten und 6000 Reiter zusammengeschmolzen.[74]

Am Ticinius traf Hannibal im Jahre 218 erstmals mit den Truppen des P. Scipio zusammen. Die Schlacht blieb auf die Reiter beschränkt. Den Numidern gelang es, die Römer zu überrumpeln. Der verwundete Scipio verzichtete auf eine Auseinandersetzung der Infanteristen und zog sich zurück. Wenig später im gleichen Jahr entschieden die punische Kavallerie und die Leichtbewaffneten auch die Schlacht an der Trebia. Durch ein geschicktes Manöver traf Hannibal mit einem der beiden römischen Teilaufgebote zusammen. Die karthagischen Reiter umgingen die Römer an den beiden Flügeln, fielen ihnen in den Rücken und schlugen sie vernichtend. Nur zehntausend Legionäre entkamen unter der Führung Scipios.[75]

Am Trasimenischen See ging der Römer Flaminius im Jahre 217 in eine Falle Hannibals. Die karthagischen Reiter überfielen das römische Heer auf dem Marsch und vernichteten es. Der ungeduldige Flaminius wurde von einem insubrischen Reiter getötet.[76] Nach diesen Erfolgen lag es nahe, daß Hannibal auch im Jahre 216 versuchte, die Entscheidung durch seine Reiterei herbeizuführen; der Karthager hatte ihrer Ausbildung besondere Aufmerksamkeit geschenkt.[77] Die Römer ließen sich in die Ebene von Apulien locken; zur Schlacht kam es auf flachem Feld bei Cannae am Ufer des Aufidus. In Verbindung mit den Leichtbewaffneten umgingen die karthagischen Reiter das römische Heer erneut an beiden Flügeln, schlossen einen Ring um die besten Legionen Roms und vernichteten sie.[78] Wie schon bei früheren Auseinandersetzungen hatten die »unglaublichen Ungeschicklichkeiten der römischen Heerführer«[79] dem militärischen Genie Hannibal seine Dispositionen beträchtlich erleichtert.

Nach dem Erfolg von Cannae soll dem karthagischen Feldherrn von seinem eigenen Reiterführer Maharbal geraten worden sein, ohne Verzug gegen Rom zu marschieren. Hannibal folgte diesem Rat jedoch nicht – was er später bedauert haben soll.[80] Möglicherweise hätte dieses Ziel die in dem über Jahre sich hinziehenden Italien-Unternehmen angeschlagenen Kräfte der Menschen und der Tiere überfordert.

Auf römischer Seite sollen bei Cannae etwa 55000 Hopliten, 8000 Leichtbewaffnete und 6000 Reiter einsatzbereit gewesen sein. Hannibals Infanterie war mit etwa 32000 Mann bedeutend schwächer als die römische, das karthagische Aufgebot an Leichtbewaffneten ebenso groß wie das römische. Den 6000 römischen Reitern standen allerdings 10000 karthagische gegenüber.[81] Die relative Stärke der karthagischen Reiter spiegelt sich in ihrem Verhältnis zu den Fußtruppen. Auf jeden karthagischen Reiter kamen vier Fußsoldaten, auf jeden römischen zehn Fußkämpfer. Darüber hinaus waren die karthagischen Berittenen

den römischen qualitativ überlegen; die Wendigkeit, mit der sie die Legionen umgingen und ihnen in den Rücken fielen, ist hierfür bezeichnend.

Bei den karthagischen Reitern handelte es sich in erster Linie um »barbarische« Söldner aus Numidien. Im Rahmen des disziplinierten Hannibalschen Berufsheeres waren sie offenbar besonders fest in der Hand ihrer Befehlshaber; wahrscheinlich bedurften sie dieser straffen Führung auch in besonderem Maße. Selbst während der Schlacht ließ die Reiterei sich noch taktisch dirigieren.[82] Nach dem ersten erfolgreichen Anreiten verlor sie sich nicht in regelloser Verfolgung, sondern formierte sich zu neuem Angriff.[83] Die römische Reiterei brachte dagegen nicht das Maß an Disziplinierung auf, das die Karthager demonstrierten – und damit auch von ihrem Gegner forderten. Über die Entfremdung der römischen Bürgerreiterei von der militärischen Leistungsbewährung wurde schon gesprochen. Wahrscheinlich trug der aristokratische Widerwille gegen die Subordination unter die militärische Disziplin einer geschulten Truppe als gewichtiger Faktor zum Niedergang der römischen Reiterei bei. Angesichts des ritterlichen Einzelgefechts erschien die Eingliederung in die Reihe der geordnet Exerzierenden und Kämpfenden als eine mit den Prinzipien adligen Daseins unvereinbare Degradierung. Man darf annehmen, daß der heldische Einzelkampf für die adligen Ritter als Leitbild verpflichtend blieb, obwohl sich für die Fußsoldaten bereits seit dem sechsten Jahrhundert die Schlachtreihe durchgesetzt hatte. Angesichts der disziplinierten Truppen Hannibals hätten die Römer allerdings erkennen müssen, wie wenig die militärische Auseinandersetzung ritterlicher Wettkampf geblieben, und in welchem Maße sie zum »Gewerbe« exerzierter Berufssoldaten geworden war. Die Bürgerkrieger und Bürgerfeldherrn wirkten im Metier geschulter Fachleute wie Dilettanten.

Ein Teil der römischen Berittenen sprang bezeichnenderweise bei Cannae vom Pferd und kämpfte zu Fuß gegen die karthagischen Reiter.[84] Auch wenn die Motive, die die Römer zum Absitzen veranlaßten, im einzelnen nicht bekannt sind, ist dieses Verhalten als Indiz unzureichender kavalleristischer Ausbildung zu werten. Die mittelmäßigen oder schwachen Leistungen im Sattel, die die Reiter aus eigenem Antrieb aufs »primitivere« Stadium berittener Infanterie regredieren ließen, hingen vielfach eng mit der von den Fußsoldaten ausgehenden Forderung zusammen, mit dem Absteigen Prestigedifferenzen aufzuheben und derart die Kampfmoral zu fördern. Reiter, die aus eigenem Entschluß abstiegen, fühlten sich im Sattel offenbar nicht sicher, jedenfalls nicht in der kritischen Situation. Erst reiterliche Schwäche ließ den egalitären Anspruch der Fußsoldaten entstehen, erst sie schuf die Chancen, ihn auch durchsetzen zu können. Eine wirklich kampfkräftige Reiterei hätten die gemeinen Soldaten eher als Hilfe erfahren.

Die Schwäche der eigenen und die Überlegenheit der feindlichen Reiterei forderte von den Römern Umorientierung. Sie mußte sich gerade auf die berittenen Truppenteile konzentrieren, weil die karthagischen Schlachterfolge die generelle Bedeutung der Reiterei fürs Kriegsgeschick so deutlich vor Augen geführt hatten. Die Lösung des Problems fand Rom in der Auxiliarreiterei: Im Jahre 206 gewann Scipio bei Ilipa eine geordnete Feldschlacht gegen die Karthager. Dieser Sieg bewegte verschiedene Verbündete Karthagos, der dominierenden Macht in Afrika die weitere Unterstützung zu versagen. Im Zuge der folgenden Auseinandersetzungen und Verhandlungen gelang es den Römern, auch die Numider auf ihre Seite zu ziehen. Die Römer sicherten sich damit die Unterstützung gerade der Reiterei, die bisher in karthagischen Diensten so erfolgreich gegen sie gekämpft hatte, der außergewöhnliche Verwegenheit nachgesagt, die freilich von den römischen Rittern unter anderem ob ihrer schmächtigen Pferde verachtet wurde.[85] Bei Zama im heutigen Tunesien absolvierte die neue Auxiliarreiterei unter Scipio Africanus dem Älteren im Jahre 202 v. Chr. ihre erste Bewährungsprobe glänzend. Vor allem aufgrund der Aktionen der Reiter Masinissas wurde Hannibal in diesem entscheidenden Treffen vernichtend geschlagen. Scipio hatte sich erst auf die Schlacht eingelassen, nachdem Masinissa ihm neben 6000 Fußkämpfern seine 4000 Berittenen zugeführt hatte.[86]

Das römische Reiteraufgebot soll dem karthagischen bei Zama eindeutig überlegen gewesen sein. Schnell überwanden die römischen Berittenen die karthagischen. Bei ihrer Verfolgung ließen sie sich jedoch – wahrscheinlich nach einem Plan Hannibals – vom Kampfplatz fortlocken. Die römischen Fußtruppen gerieten damit eine Zeitlang in ärgste Bedrängnis. Sie standen kurz vor der Niederlage, als die römische Reiterei von ihrem Verfolgungsritt zurückkehrte, den Karthagern in den Rücken fiel und sie vernichtend schlug. Die Disziplin der Auxiliarreiter war für den glücklichen Verlauf der Verfolgung und des neuen Angriffs ausschlaggebend. Bei den wahrscheinlich subordinationsbereiteren Auxiliarreitern scheint den Römern das Maß an Disziplinierung gelungen zu sein, das ihre Bürgerreiterei – trotz des Vorbildes der eigenen Fußtruppen – nicht aufgebracht hatte. Dieses Phänomen ist gerade deshalb bemerkenswert, weil der unerbittliche und prinzipielle Gehorsam einen zentralen Wert des römischen Militärs darstellte.[87] Die Schlacht von Zama bestätigte die Bedeutung und Effektivität dieses Grundsatzes. Gehorsam und Disziplin der Auxiliarreiter entschieden den zweiten Punischen Krieg und mit ihm die Auseinandersetzung zwischen Rom und Karthago.

Hannibals Konzept, die römische Reiterei in die Verfolgung zu locken und damit vom eigentlichen Kampfplatz abzuziehen, dokumentiert die Größe eines Reiterführers, der um die Stärken und Schwächen der Berittenen wußte. In der analogen Lage bei Cannae hatten die Römer nicht zu solch geschickter Taktik gefunden. Dort stellten sie sich dem karthagischen Reiterheer ohne den Versuch, es durch eine Art von vorgetäuschter Flucht vom offenen Gelände fortzuziehen. Das unterschiedliche Geschick bei der Bewältigung der ähnlichen Situationen bei Cannae und Zama spiegelt die größere Erfahrung im Umgang mit Reiterkriegern auf karthagischer und die geringere auf römischer Seite.

Die Friedensbedingungen, die Karthago akzeptierte, zeigen den einschneidenden Charakter der Niederlage von Zama. Über die gewöhnlichen Forderungen hinaus (Beute, Gefangene, Übergabe der Deserteure, eine Kriegsentschädigung von 10 000 Talenten in Silber, zahlbar in fünfzig Jahren, Geiseln aus den vornehmen Familien) mußte Karthago darauf verzichten, mehr als zehn Kriegsschiffe zu besitzen; es durfte keine Elefanten mehr zähmen, mußte Masinissa seine früheren Gebiete zurückgeben und durfte weder in noch außerhalb Afrikas ohne römische Erlaubnis Krieg führen.[88]

Seit dem Erfolg der numidischen Reiter bei Zama bezeichneten Siege der berittenen Waffe auch die weiteren Stationen der römischen Heeresgeschichte: »Bei Carrhae 53 v. Chr. erlag Crassus' schwere Infanterie dem parthischen Reiterheer, das seitdem als unbesiegbar schien. Munda, Cäsars letzte Schlacht, wurde durch maurische Reiter des Bogud gewonnen. Mauren warfen auch bei Mursa (260) die kriegsgewohnten pannonischen und mösischen Legionen, und in der zweiten Schlacht bei Mursa (351) brachten Constan-

21. Panzerreiter Ottos I. kämpfen in der Schlacht auf dem Lechfeld gegen leichtgerüstete ungarische Reiter. Miniatur Hektor Mülichs aus der Chronik Sigmund Meisterlins

So ich nun auff die zeytt Otto des kaysers pin ko
men so wil ich von den dingen sagen die zu sei
nen zeytten zu auffspruch geschehen sind Do sich d
kayser otto beraytet wider berengarium den kunig bo
lomparden als wider ain wietrich vnd geitigen der
der alle gerechtikait vmb gelt gab Doch so forcht
in der selb wietrich wan er die machtikait des kay
sers wol wisset vnd durch rat des herczogen bo luth
ringen Cam er zu dem kayser vnd begeret frid Do

22. *Der Heilige Boris zieht gegen die Petschenegen. Lithographie nach einer Miniatur des 11. Jhs.*

me führte zu einer Umorganisation des römischen Heeres und stellte mehr als die Akquisition einer Hilfstruppe dar.[108] Für das Ansehen, das die Germanen hinsichtlich ihrer Fähigkeiten im Sattel in den Augen Cäsars genossen, ist es bezeichnend, daß der Feldherr einmal einer Truppe germanischer Reiter, die mit ungenügendem Pferdematerial eintraf, die Rosse römischer Ritter und Tribunen zu Verfügung stellte.[109] Man darf annehmen, daß die römischen Adligen ihre Tiere nicht freiwillig an die »Barbaren« abtraten. Cäsar hätte die für einen Pferdebesitzer blamable Forderung weder stellen noch durchsetzen können, wenn die Germanen sich in ihrer reiterlichen Fähigkeit nicht deutlich von den römischen Pferdeeignern unterschieden oder wenn genügend kampfbereite und ausgebildete römische Reiter zur Verfügung gestanden hätten.

Zu den vielen Unklarheiten über die Schlacht im Teutoburger Wald (9 n. Chr.) gehört auch das mangelnde Wissen über die Stellung der Reiterei in dieser Auseinandersetzung, bei der der Cherusker Arminius die drei Legionen des Varus vernichtete, die Rheingrenze sicherte und die weitere Ausbreitung der antiken Kultur in Germanien verhinderte. Der Verlauf des Gefechts scheint auf keiner der beiden Seiten von den Berittenen diktiert worden zu sein.[110] Germanicus soll bei seinem Zug durch Germanien im Jahre 14 n. Chr. ein Heer von 20 000 Mann geführt haben, unter ihnen 1000 bis 1500 Reiter, über deren Leistungen allerdings keine Informationen vorliegen.[111]

Als Julian im Jahre 357 n. Chr. über die Alemannen siegte und so noch einmal die Rheingrenze sicherte, trug die römische Reiterei zu diesem Erfolg nicht bei; sie flüchtete beim Ansturm der Alemannen. Die vorher bereitgestellte Infanterie fing den Flankenangriff der feindlichen Berittenen ab.[112] Auch von diesem Treffen wird berichtet, daß die germanischen Fußtruppen zu Beginn der Auseinandersetzung von ihren Fürsten verlangten, vom Pferd zu steigen und in der Reihe mitzukämpfen; bei einer Niederlage sollten die Privilegierten den gemeinen Mann nicht im Stich lassen und sich selbst auf schnellem Pferd retten können. Von Chnodomar heißt es, er habe den Wunsch vernommen und sei mit seinen Männern gleich vom Pferd gesprungen. Zugleich sprechen die Quellen von der Flucht des Fürsten und seiner Garde zu Pferd.[113]

Auch diese Berichte dokumentieren mangelnde reiterliche Perfektion. Das Pferd erscheint nicht als effektive Waffe zur Steigerung der Kampfkraft des gesamten Heeres, sondern als opportunes Hilfsmittel der Feigen und Flüchtigen, die mit der Bereitschaft zum Fußkampf möglicherweise gegen das Vorurteil des gemeinen Mannes Mut und Können beweisen wollten, in der kritischen Situation dann aber doch in der Flucht ihr Heil suchten und sich dazu ihrer Pferde bedienten. In der Schlacht bei Taginae besiegten die numerisch überlegenen Römer im Jahre 551 n. Chr. die Goten, die nur mit der Lanze kämpften und in erster Linie ihre Reiter einsetzten. Die Römer bedienten sich je nach der Situation wahlweise des Bogens, der Lanze oder des Schwertes. Hinter dem Reiteraufgebot der Goten stand ihr Fußvolk, das die Berittenen bei der Flucht aufhalten und das sich mit ihnen zu neuem Angriff verbinden sollte. Für das reiterliche Selbstvertrauen der Goten spricht Prokops[114] Bericht, nach dem ihr König Totilas vor dem Treffen sein Können demonstrierte, indem er von hinten, von vorn wie von beiden Seiten aufs Pferd und wieder herabsprang.[115]

Das Hinauf- und Herabspringen war vermutlich für den Reiterkampf der Goten symptomatisch. Es deutet wahrscheinlich nicht auf mangelnde Ausbildung, sondern auf eine bestimmte Art des Reiterkampfs hin, und zwar auf einen Universalkampf, bei dem bald vom Sattel aus und bald zu Fuß gefochten wurde. In diesem Sinne ist wahrscheinlich auch der Bericht zu interpretieren, nach dem die Ostgoten bei ihrer Niederlage am Vesuv im Jahre 552 ihre Pferde laufen ließen und als Fußkämpfer die Schlachtordnung gegen die Römer rangierten, die dem Beispiel der Goten folgten, ebenfalls absaßen und sich in gleicher Formation aufstellten.[116]

Delbrücks[117] Urteil, nach dem die Ostgoten eine vorzügliche Reitertruppe darstellten, ist zu differenzieren. Die angeführten Informationen deuten darauf hin, daß es sich bei ihnen nicht um Reiter handelte, die sich auf Gedeih und Verderb dem Pferd verschrieben, sondern nur dort das Pferd einsetzten, wo es ihnen opportun erschien. Sie kämpften vom Pferderücken nur so lange, wie sie in dieser Methode Gefechtsvorteile sahen; war dies nicht mehr der Fall, saßen sie ab und formierten sich zu Fuß. Bei ihrer Bewährung als Fußkämpfer spielte wahrscheinlich auch der Gesichtspunkt mit, unabhängig vom technischen Hilfsmittel Pferd ihr Können zu demonstrieren und sich damit auch als Helden auszuzeichnen, die selbst etwas leisten konnten und nicht aufs Tier angewiesen waren. Die germanischen Universalkrieger unterschieden sich damit grundsätzlich von den nomadischen Pferdebognern, die sich gerade in kritischer Situation aufs Pferd verließen und mit der Taktik der verstellten Flucht dem Nahkampf systematisch aus dem Wege gingen. Da solch inagonales Manöver dem Ritter als feige erschien und er – anders als die nomadischen Pferdemenschen – im Absteigen keine verächtliche und auf Unvermögen hindeutende Maßnahme sah, lag es für ihn relativ nahe, bei der unmittelbaren Auseinandersetzung Mann gegen Mann zum Fußkampf überzugehen. Der Fußkampf bot sich vor allem dann an, wenn nach dem Aufeinandertreffen der Formationen das Stadium des Einzelgefechts erreicht war. Man darf nämlich annehmen, daß die zum Fußkampf übergegangenen Reiter nicht in der Ordnung verblieben, zu der sie sich zunächst aufstellten; häufig wird das Formationsgefecht relativ schnell in Einzelkämpfe ausgelaufen sein. Die Bewaffnung der Ostgoten mit Lanze und Schwert entspricht diesem Bild ebenso wie der Panzer, den Pferd und Reiter trugen.[118] Die germanischen Reiter schufen somit wichtige Grundlagen für das mittelalterliche Rittertum.

Zum Phänomen des Absteigens ist noch anzumerken, daß es bei der nomadischen Kämpfergemeinschaft auch deshalb nicht in Frage kam, weil in der typischen Kriegerhorde sämtliche Mitglieder beritten waren. Dort gab es nicht die Prestigeprobleme, die sofort auftraten, wenn Reiter einem größeren Heeresverband von Fußkämpfern eingegliedert wurden. Bei den Germanen war die elitäre Position der Berittenen möglicherweise vielfach instabiler, als man in der Regel annimmt. Wahrscheinlich prägten gerade der anhaltende Druck und die ständige Bereitschaft der Reiter, ihre Leistungsfähigkeit unabhängig vom Pferd beweisen zu müssen und demonstrieren zu wollen, den germanischen Universalkämpfer. Die Geschicklichkeitsvorführungen des Gotenkönigs Totilas vor der Schlacht von Taginae könnten ebenfalls in dieser Hinsicht verstanden werden. Der nicht nur als Reiter sondern auch als Fußkämpfer fähige Held stellte sich der kleinen Schar der Reiter wie der größeren des Fußvolks als Vorbild und Führer dar; er war leistungsfähiger Reiter und leistungsfähiger Fußkämpfer zugleich. Der gepanzerte heldische Einzelkämpfer bildete wahrscheinlich nur einen Typus beziehungsweise eine spezielle Entwicklung verschiedener, im Laufe der Zeit gewandelter Formen germanischer Reiterkrieger. Vor allem hat man neben der schweren auch eine leichte Reiterei anzunehmen; wahrscheinlich war diese sogar in der Überzahl. In dieses Bild passen die Berichte von den Goten, die im dritten Jahrhundert n. Chr. plündernd durch Kleinasien zogen und die Bewohner in Angst und Schrecken versetzten. Von den sozialen Unruhen, die durch die gotische Invasion verursacht wurden, zeugt die Kanonische Epistel des Gregorius, des Bischofs von Neocaesarea. Der Gottesmann legte unter anderem fest, wie von den Barbaren vergewaltigte Jungfrauen zu behandeln seien, wie man mit Menschen verfahren solle, die vom Feind ausgeplündert worden waren und daraufhin ihrerseits andere beraubt hatten, oder wie man mit Sklavenhaltern, Gefangenen, Sympathisanten des Feindes und Überläufern umzugehen habe.[119]

Auch Cäsars germanische Auxiliarreiter fochten noch nicht als schwerbewaffnete Einzelkämpfer. Sie bildeten eine bewegliche und manövrierfähige Elitetruppe, die in der Kooperation mit Leichtbewaffneten den Kern des Heeres, nämlich die schwerbewaffnete Infanterie, unterstützten. Die Berittenen stellten hier noch eine spezialisierte Waffengattung dar. Diese Situation änderte sich nach dem vierten Jahrhundert n. Chr., als in den germanisch-romanischen Staaten und Stämmen der Anteil der Reiterei in den Heeresverbänden beträchtlich wuchs. Die neuen Berittenen beschränkten sich nun nicht nur auf den Kampf vom Rücken des Pferdes, sondern führten die Waffe auch zu Fuß und kämpften somit als Universalkrieger, die die verschiedenen Waffengattungen in sich vereinigten und die früheren Spezialisierungen abbauten. Nach Delbrück[120] gab es für die neuen Helden »nur ein Kennzeichen: daß jeder einzelne ein starker, tapferer, waffengewandter Mann sei«. Die Tendenz, die Reiterei zu erweitern und die verschiedenen Waffengattungen im Universalkrieger zusammenzufassen, charakterisierten sowohl das gallisch-germanische wie das römische Heerwesen des endenden Reiches. In den ersten Jahrhunderten n. Chr. bestand eine wichtige Änderung der römischen Heeresorganisation darin, daß die Hilfstruppen in reguläre Einheiten übergingen und ihnen vor allem die Aufgabe zukam, die Grenzen zu bewachen. Mit dieser Entwicklung hing die wachsende Bedeutung der neuen regulären Schwadronen der Auxiliarreiterei aus 500 oder 1000 Mann zusammen. In diesen Abteilungen dienten in erster Linie Gallier, Spanier und Thraker.[121] Generell muß man annehmen, daß die verschiedenen Hilfstruppen, insbesondere die in den einzelnen Provinzen, unterschiedlich zusammengesetzt waren. Durch einen Papyrus aus dem Jahr 150 n. Chr. ist zum Beispiel rianus auf die charakteristischen Übungen der Pferde-bogner ein: »Das sind die traditionellen und vor langer Zeit übernommenen Kampfspiele der römischen Reiter. Der Kasier befahl jedoch darüber hinaus, auch die bei den Barbaren üblichen Manöver zu üben, wie sie die berittenen Bogenschützen der Parther und Armenier, ferner abteilungsweise Attacken und Wendungen zu scheinbarer Flucht, wie sie die Lanzenreiter der Sarmaten oder Kelten ausführen – und dabei verschiedenartige Wurfübungen, die auch im Ernstfall nützlich sind – und die Schlachtrufe, die jeder Stamm in seiner Heimat ertönen läßt: keltische für die keltischen Reiter, getische für die Geten und rätische für die aus Rätien stammenden Krieger.« Schließlich sollten die Reiter Gräben und kleine Mauern überspringen. Die verschiedenen Übungen waren nach Arrian[140] vom Kaiser Hadrian angeordnet worden »teils zur Demonstration von Eleganz und Schnelligkeit, teils um der Sensation willen oder auch zum Nutzen im Ernstfall«.

Flavius Arrianus hatte insofern einen Vorgänger, als bereits Vergil (70 v. Chr. – 19 n. Chr.) in seinem historisch-mythologischen Epos Äneis[141] Reiterspiele beschrieb. Bei diesen ludi trojani sprengte die Reiterschar in einer Reihe los, anschließend teilte sie sich in drei Gruppen, die sich auf ein Zeichen hin umwandten und dann »feindlich die Spieße« schwangen. Die einzelnen Formationen oder Haufen ritten Wendungen und wechselnde Kreise und dabei auch aufeinander zu. Bald flohen sie, bald griffen sie an, bald verbanden die verschiedenen Formationen sich wieder zur Einheit. Das Spiel war nach Vergil »ein lebendes Vorbild der Schlacht«.

Die Funktion der Spiele und Paraden als effektives Training lobte der Schriftsteller Vegetius noch im vierten Jahrhundert n. Chr.: »Es steht nämlich fest, daß auch heute in allen Gefechten die Teilnehmer der Reiterspiele besser kämpfen als die anderen. Daraus muß man die Erkenntnis ziehen, um wieviel ein geübter Soldat besser ist als ein ungeübter, da die in den Reiterspielen ausgebildeten ihre übrigen Stubengenossen in der Kriegskunst übertreffen.«[142]

VI. Das abendländische Rittertum

1. Vorstufen und Grundlagen

Der charakteristische Typus des abendländischen Reiterkriegers ist der schwergepanzerte Ritter. Er bildet das Endglied einer Entwicklungskette, die vom asiatischen Bereich im allgemeinen und dem Iran im besonderen ausging und über Rom in den abendländischen Norden gelangte.[1] Dabei entfaltete sich das Rittertum auf der Grundlage der militärischen Leistungsfähigkeit des gepanzerten Reiters.[2]

Persien gilt als der Entstehungsort des Reiterkriegertypus, der später für das abendländische Rittertum beispielhaft wurde. Selbst bis in manche Einzelheiten nahmen die sassanidischen Ritter die Entwicklungen des Westens vorweg.[3] Die ostiranische Reiterei löste die persische als schlagkräftige Waffe des Ostens ab. Von den gepanzerten sassanidischen Rittern heißt es, eine adlige Herrenschicht, die durch die Leidenschaft für Pferde und Hunde wie für Jagd und Waffengang verbunden gewesen sei, habe sie getragen; Heldenmut und Treue gegenüber den landbesitzenden und auf Burgen residierenden Herren sei für sie kennzeichnend gewesen.[4] Ritterliche und höfische Sitte bestimmte die sassanidische Kultur. Die Reit- und Jagdlust entfaltete sich nicht mehr in roher Ursprünglichkeit; sie wurde – wie das zwischenmenschliche Verhalten generell – in einen Kodex von Normen kanalisiert.[5] Neben der Adelsreiterei bauten die Sassaniden eine stehende Reitertruppe auf, deren Mitglieder durch Landleben entschädigt wurden. Aufgrund ihrer Ansiedlung auf dem gewährten Land sowie aufgrund der Erblichkeit der Belehnung und der militärischen Verpflichtung etablierte sich eine neue Ritterschicht.[6] Bereits das Heer Alexanders des Großen kannte die Reiterkrieger, bei denen Mann und Pferd durch einen Schuppenpanzer geschützt waren.[7] Auch die Römer richteten unter Severus Alexander bei der Auseinandersetzung mit den Persern eine Abteilung schwergepanzerter Reiter ein.[8] Aurelian ordnete dann generell die schwere Rüstung der Berittenen an und seit der Zeit Constantins machte die Reiterei den Hauptbestandteil des römischen Heeres aus.[9] Das relativ kleine Aufgebot von Berufssoldaten, die schwer gepanzert zu Pferd saßen, stellte einen Teil der römischen Gesellschaft dar und spiegelte zugleich die politischen und wirtschaftlichen Verhältnisse der Spätantike. Es gewann exemplarische Bedeutung für das Abendland.[10]

Eine ähnliche Vermittlerrolle gewann Byzanz. Auch dort entwickelte sich ein Rittertum nach sassanidischem Vorbild; auch von dort gelangte das ostiranische Erbe in den Westen. Als eine der bedeutendsten Mächte des frühen Mittelalters bedurfte Byzanz einer schlagkräftigen Armee.[11] Es baute daher im Zuge der kriegerischen Auseinandersetzungen und des Austauschs mit den Sassaniden eine wehrfähige Ritterschaft auf, die erblich zum Kriegsdienst verpflichtet war und als Gegenleistung Lehen erhielt.[12] Unter Justinian bestand die byzantinische Feldarmee fast ausschließlich aus schwerer Reiterei.[13] In ihr entwickelte Ostrom einen gepanzerten Universalkrieger, der ähnlich dem germanischen mit der Fernwaffe wie mit der Nahwaffe, zu Pferd wie zu Fuß kämpfte.[14] Die schwere Lehensreiterei – eine konsequent durchorganisierte Lehenshierarchie lag möglicherweise noch nicht vor[15] – rekrutierte sich aus Bürgern des Landes.[16] Später begleiteten berittene Bogenschützen die Schwergepanzerten; sie wurden als Söldner verpflichtet. Germanen, Slawen, Magyaren und auch Türken standen dabei gleichzeitig in byzantinischen Diensten. Anders als das vorwiegend agrarwirtschaftliche Abendland verfügte das oströmische Reich über die finanziellen Mittel, um eine leichte Söldnerreiterei zu bezahlen.[17]

Westrom und Ostrom berührten sich in Italien. Ein weiterer Austausch kam durch den Dienst fränkischer Söldner im byzantinischen Heer zustande.[18] Ferner vermittelten die Goten das byzantinische Erbe dem Abendland; sie hatten die Ausrüstung und Kriegskunst Ostroms auf dem Balkan kennengelernt.[19]

Im arabischen Heer bildete sich ebenfalls ein ritterlicher oder ritterähnlicher Reiterkrieger aus; auch er dürfte auf die Entwicklung des abendländischen Ritters nicht ohne Einfluß geblieben sein. Der Islam hatte die urwüchsige Kraft der beduinischen Reiterkrieger in disziplinierte Bahnen geführt und derart den militä-

3. Offiziere und Standesprivilegien

Der Verlust militärischer Bedeutung nahm den gesellschaftlichen Ansprüchen und Standesprivilegien der Ritterschaft viel von ihrer Legitimation. Das Versagen der sächsischen Lehnsreiterei bei Breitenfeld (1631) trug zum endgültigen Verzicht der Ritter bei, den Kriegsdienst zu Pferd weiterhin auszuüben. Seit dieser Zeit wurde der Lehnspflicht endgültig nicht mehr durch handfeste Hilfe und persönliche Gefolgschaft entsprochen; die Geldsteuer war an die Stelle des unmittelbaren Einsatzes getreten. Die Appelle der Ritterschaft, die an die ehrwürdige und ruhmreiche Tradition wehrhaften Panzerreitertums erinnerten, hatten diese Entwicklung nicht aufhalten können. Wie zäh sich die Überlieferung in manchen Kreisen des Adels hielt, spricht aus dem Umstand, daß sich noch in den Akten des Dreißigjährigen Krieges ein Aufruf an die bayrische Ritterschaft findet. In ihm wird an die glänzenden Leistungen früherer Rittergenerationen erinnert, verbunden mit dem Appell, diesen Vorbildern nachzueifern.[152]

Restbestände des Rittertums gingen in den Kavalleriedienst über, der dem gemeinen Mann nicht vorbehaltlos offenstand. Die über Jahrhunderte hin eingewurzelten Privilegien der Berittenen ließen sich nicht kurzfristig ausradieren. Mit den militärischen Mißerfolgen lösten sich die Bewertung und Anerkennung der Ritterschaft nicht gleich auf. Zu einem beträchtlichen Teil überdauerten das Ansehen und der normative Lebensstil die kriegerische Leistungsfähigkeit. Zumindest in Grenzen gelang es dem Adel, mit neuen Aufgaben und neuem Können seine Reputation zu rechtfertigen oder zurückzugewinnen. Zu den neuen Funktionen gehörten vor allem die Offiziersstellen, die der ritterliche Adel weitgehend übernahm[153] und bis in die jüngere Geschichte, ja bis in die Gegenwart behauptete. Im soldatischen Bereich sicherte der Adel sich derart seine privilegierte gesellschaftliche Position. Diese Feststellung bedeutet freilich nicht, eine ungebrochene und für alle Familien zutreffende Kontinuität vom mittelalterlichen Reiteradel zu den modernen Kavallerieoffizieren anzunehmen.

Im Jahre 1617 verfaßte Wallenstein ein eigenes Reiterrecht, das sich eng an das kaiserliche Reiterrecht aus dem Jahre 1570 anschloß und eindeutig am Unterschied zwischen Herren und Knechten festhielt. Im Reiterrecht der hessischen Artikelsbriefe von 1632

wurde den Reitern die privilegierte Rechtsstellung vor den Knechten nicht mehr eingeräumt.[154] Nach dem Reiterrecht von 1570 war vor allem der Adel zum Reiterdienst heranzuziehen und bei der Einstellung bevorzugt zu behandeln. Verläßliche Knechte sollen nur vereinzelt zugelassen worden sein. Das Reiterrecht betrachtete den Dienst also vom Standpunkt des Ritters und seiner idealisierten Tradition. In den Artikeln für das Fußvolk fehlten bezeichnenderweise die Appelle an die Ritterlichkeit.[155] Im Gegensatz zur Infanterie behielt die Reitertruppe im 16. Jahrhundert ihren feudalen Charakter weitgehend bei. Der Bestallungsbrief, den ein Kriegsherr einem Obersten oder Rittmeister ausstellte, sprach weiterhin von einem Ritter und seinen Gefolgsleuten.[156]

Standesunterschiede zeigten sich unter anderem in der unterschiedlichen Bestrafung von Berittenen und Fußsoldaten. Noch unter Ludwig XIII. (1610–43) wurde der Stock bei der Infanterie allgemein als Züchtigungsmittel angewandt, während er bei der Kavallerie ausdrücklich verboten war, weil – wie die Reglements formulierten – die Reiterei fast gänzlich aus Edelleuten zusammengesetzt sei. Kavalleristen durften ausschließlich mit dem Säbel bestraft werden.[157]

Peter der Große (1689–1725), der Organisator der modernen russischen Armee, rekrutierte sein Leibgarderegiment 1721 ausschließlich aus Adeligen. Dieses Regiment hatte neben anderen Pflichten die Aufgabe, Offiziere für den Kavalleriedienst auszubilden.[158]

In der peußischen Armee mußte der berittene Offizier sich ebenso wie der gemeine Mann der strengen Disziplin unterordnen. Nach dem Sieg bei Mollwitz (1741) ging Friedrich der Große bei seinen Reformen in der Kavallerie mit solcher Schärfe vor, daß über vierhundert Offiziere den Abschied erbeten haben sollen.[159] Aus der Sicht der Truppenführer respektierte der junge König ihre Privilegien offenbar nicht hinreichend. Der vornehmlich aus dem Adel stammende preußische Offiziersstand gerierte sich nämlich als elitäre Soldatenklasse: Jeder Leutnant verfügte neben seinem Reitpferd noch über ein Packpferd, die höheren Offiziere statteten sich sogar mit drei bis fünf Packpferden aus. So kam es dazu, daß ganze Züge von Wagen und Karren den Truppen noch über das Reglementsmäßige hinaus nachzogen. Aufgrund seiner Privilegien, aufgrund seines Renommees beziehungsweise aufgrund seiner Leistungen hatten die Offiziere den Anspruch auf diesen Aufwand, der zweifellos einen Ballast für die Truppe bildete, durchsetzen können. In der

Gleichstellung mit dem gemeinen Mann hätten die preußischen Offiziere eine unverträgliche Degradierung gesehen.[160]

Einem Teil des ritterlichen Adels gelang es, in den Leistungen des neuen Offiziersstandes sein allgemeines Ansehen zu rechtfertigen, es zurückzugewinnen oder zu stabilisieren. Die Disziplinierung der Söldnerscharen und der späteren Massenheere erforderte einen qualifizierten Führer, der verläßliche Anweisungen gegen die Selbständigkeit und Selbsttätigkeit des einzelnen Soldaten durchzusetzen und der mit ihnen das einheitliche Handeln der geschlossenen Formation zu gewährleisten vermochte. Mit dem vornehmlich aus dem Adel rekrutierten Offiziersstand gelangten Bestandteile der ritterlichen Ideologie inklusive überholter Vorstellungen vom Kampf in die Kavallerie; zugleich wurden ihr aber auch Einstellungen, Haltungen und Fähigkeiten tradiert, die die Disziplinierung der Truppe bemerkenswert förderten. Der wurzellose Söldner wie der ungeschulte Massensoldat waren in der Regel aufgrund mangelnder intellektueller Übersicht und aufgrund mangelnden moralischen Halts zur Führung der Mannschaft nicht geeignet. Die rigorose Disziplinierung von oben beziehungsweise von außen verhinderte freilich auch die Entwicklung der eigenen Urteilsfähigkeit. Mit der Zeit etablierte sich so ein Ordnungssystem, in dem die durch Leistung und Ansehen fundierte Autorität des Offiziers die eigenständige Führung und Entscheidung des einzelnen Soldaten ersetzte.

Auch in der preußischen Armee gab es bei der Kavallerie im allgemeinen und bei ihren Offizieren im besonderen unzuverlässige Leute. Friedrich der Große soll den Truppenführern 1741 kurz nach seiner Amtsübernahme vorgeworfen haben, mehr Pächter und Bauern als Offiziere zu sein.[161] Die mit dieser Kritik angesprochenen Schwächen der Kavallerie änderten jedoch nichts an ihrer generell elitären Position im gesamten Heeresverband.[162] Bezeichnenderweise unterschrieb Friedrich Wilhelm I. sämtliche Offizierspatente selbst.[163] Die bevorzugte Stellung, die den Berittenen unter Friedrich dem Großen eingeräumt wurde, bildete den Hintergrund der Worte, mit denen der König vor der Schlacht bei Leuthen den Kavallerieregimentern drohte, er werde jedes von ihnen, das – gleich vor wem – umkehre und fliehe, absitzen lassen und zum Garnison-Regiment machen.[164] Im Befehl, abzusteigen und sich auf die Ebene der Infanteristen zu begeben, lag demnach eine schmachvolle Degra-

dierung. Auch aus anderen Situation und von anderen Gesellschaften ist eine solche Maßnahme als beleidigende Strafe bekannt.[165] Ihr korrespondieren die Reitverbote, mit denen zum Beispiel die weißen Erorberer den Indianern in Amerika das Pferd über eine beträchtliche Zeit vorenthielten oder mit denen die Mohammedaner sich in der mittelalterlichen islamischen Gesellschaft von den Irrgläubigen, vor allem den Christen und Juden, absetzten.[166]

Die Informationen über die Zusammensetzung der preußischen Kavallerie sind nicht eindeutig. Dieser Umstand beruht wahrscheinlich auf den veränderten Maßstäben bei der Rekrutierung im Laufe der Zeit und angesichts unterschiedlichen Leistungsdrucks. Die Offiziersstellen scheinen freilich vornehmlich vom Adel besetzt worden zu sein und an dieser Praktik scheint man auch bei allem Wandel in der preußischen Geschichte weitgehend festgehalten zu haben. Die Ergänzung des Offiziersstandes durch den Landadel lag unter anderem deshalb nahe, weil bei ihm das reiterliche Können als unentbehrliches Glied in der Erziehung des jungen Kavaliers gewürdigt und gepflegt wurde.[167] Jede adlige Familie, die irgendwie die Mittel dazu besaß, hielt sich einen Bereiter, um die Jungen wie auch die Mädchen in der Hohen Schule des Reitens unterweisen zu lassen.[168] Die Schulreiterei und die mit ihr verbundenen Reiterfeste hatten die erzieherische, sportliche, militärpädagogische und gesellschaftliche Funktion der einstigen Ritterturniere übernommen. Sie verliehen dem fürstlich-höfischen Dasein reiterlichen Ausdruck und bezweckten in diesem Rahmen, das Pferd für den Gebrauch – im Krieg und bei der Jagd, fürs Turnier, für den Zweikampf und fürs Karussell – möglichst geschickt und gehorsam zu machen. Sie spiegelten die höfisch-kultivierte Variante der menschlichen Bemächtigung übers Tier und waren zugleich eine »Schule fürs Leben«. Erst später entwickelte sich aus der Schulreiterei beziehungsweise innerhalb der Schulreiterei unter dem Einfluß der militärischen Notwendigkeit, einer Vielzahl von Reitern eine kavalleristische Grundausbildung zu vermitteln, die Campagne-Schule als Basis der Hohen Schule; erst später verselbständigte sich – ebenfalls unter dem Einfluß kavalleristischer Anforderungen und Ziele – das Dressurreiten als Wettkampfsport.

Neben den privaten Bereitern an den Höfen unterwiesen die Hochschulen und Ritterakademien die jungen Kavaliere und Studenten im Reiten. Im Jahre 1753 veröffentlichte von Zehenter, der »königliche Stall-

43. Das Preußische Dragoner-Regiment. Prinz Albrecht in der Schlacht bei Trautenau am 27. Juni 1866. Farbige Lithographie von
F. Kretzschmer, 1866

44. *Parade der Totenkopfhusaren vor Kaiser Wilhelm II., auf dem Tempelhofer Feld in Berlin, 1908*

stenfalls nach dem Erfolg über das zweite feindliche Treffen zu.[202] Durch systematisches Training erreichten seine Truppen es dann auch, selbst umfangreichere Manöver in schärfster Gangart durchzuführen, ohne dabei die Ordnung zu verlieren.[202]

Die Berittenen, die Friedrich der Große von seinem Vater übernahm, entsprachen den neuen Anforderungen nicht. Friedrich schrieb ihnen ein negatives Zeugnis aus: »Die Kavallerie war wie die Infanterie aus sehr großen Leuten zusammengesetzt, die auf mächtigen Pferden saßen; es waren Kolosse auf Elephanten, die weder manövrierten noch kämpfen konnten. Keine Besichtigung fand statt, ohne daß ein Reiter aus Ungeschicklichkeit auf die Erde fiel; sie waren nicht Herren ihrer Pferde, und ihre Offiziere hatten keine Kenntnis vom Dienst der Reiterei, keine Idee vom Kriege, kein Verständnis für das Gelände, hatten weder Theorie noch Praxis von den Evolutionen, welche die Kavallerie am Tage des Gefechtes ausführen mußte.«[203]

Zu diesem Eindruck war es unter anderem deshalb gekommen, weil Friedrich Wilhelm I. zur Schonung der Pferde auf anstrengendes Exerzieren in schneller Gangart verzichtet hatte. Er wollte den Pferden im Training nicht die Kraft nehmen, die er ihnen nur durch kostspieliges Zusatzfutter zurückgeben konnte. Friedrich Wilhelm I. sah seine Pferde am liebsten rund und fett, er war aber nicht bereit, die finanziellen Mittel für ausreichendes Kraftfutter zur Verfügung zu stellen. Daher wurden die Pferde seiner Truppen relativ wenig bewegt und mit Gras und Heu gemästet; die Reiter beschäftigten sich mit dem Putzen, dem Marschieren und der Ausbildung im Umgang mit der Feuerwaffe. Eine effektive und manövrierfähige Kavallerie konnte sich unter diesem Umständen nicht entwickeln beziehungsweise sie ließ sich mit solchen Trainingsmaßnahmen nicht erhalten.[204]

In der soliden Ausbildung von Pferd und Reiter aber lag eine der wesentlichsten Voraussetzungen für die Manövrierfähigkeit der Kavallerieeinheit. Die mit eindrucksvoller Stoßkraft vorgetragenen Attacken der Knie an Knie reitenden preußischen Kavalleristen, das Beibehalten der Ordnung bei den verschiedenen Schwenkungen und Wendungen im Galopp sowie der Versuch, sich gleich nach der Niederlage des ersten feindlichen Treffens gegen das zweite zu formieren, waren nur auf der Basis intensiven Trainings möglich. Die preußischen Kürassiere und Dragoner hatten im Frühjahr und in der Exerzierzeit fünf Tage in der Woche zu Pferd und einen Tag als Fußsoldaten Dienst zu tun. Die Husaren mußten im Sommer wie im Winter täglich reiten.[205] Attacken von 300 Schritt im Trabe, 400 Schritt im Galopp und 300 Schritt in der Karriere, wie sie der König 1750 forderte, verlangten eine Kondition, die nur mit regelmäßigem Exerzieren zu erreichen war. Im Jahr 1755 postulierte Friedrich der Große sogar Angriffsritte von 1800 Schritt.[206] Die Ausbildung der Formation setzte das reiterliche Können des einzelnen Mannes sowie seine Fähigkeit, mit der Waffe umzugehen, voraus. Er erwarb diese Qualifikationen in den Reithäusern der Garnisonen sowie auf den Reitplätzen der Winterquartiere.[207] Das Offizierscorps beheimatete eine Reihe profunder Kenner der Schulreiterei; in den Offiziersabteilungen gewann die Schulreiterei eine breitere Basis als zuvor. Allein das Regiment des Grafen Henkel konnte sich 1789 rühmen, in seinen Reihen fünfzehn bis achtzehn Offiziere zu haben, die förmliche Stallmeister waren.[208]

In den Augen Friedrichs des Großen bestand die Ausbildung der Kavallerie darin, »den Mann zum Stallmeister, das Pferd gehorsam zu machen«. Diese Schule fordere »unendliche Mühe«. Damit jeder Mann schulgerecht reiten lerne, müsse die Schwadron »Mann für Mann, Pferd für Pferd vorgenommen werden und dies durch die ganze Waffe durch«: »Das ist ganz unerläßlich; wenn das Getriebe glatt laufen soll, muß jedes Rad mit der gleichen Sorgfalt gearbeitet sein. Und ist es denkbar, daß Reiter den Feind schlagen, die zaghaft auf ihren Tieren sitzen?«[209] Um sein Ziel zu erreichen, scheute der König nicht vor Trainingsmethoden und Manövern zurück, die so hart gewesen sein sollen, daß viele seiner Leute stürzten und sich die Glieder brachen. »Was thut das,« soll Friedrich II. kommentiert haben, »wenn dasselbe nur das Mittel darbietet, einen Sieg zu gewinnen.«[210]

Auch Friedrichs Kavalleriegeneral Seydlitz schonte seine Untergebenen nicht in der Ausbildung. Er exerzierte mit seinem Regiment auf unebenem Terrain so hart, daß schwere Verletzungen und auch Todesstürze bei Pferd und Reiter nicht ausgeschlossen waren. Als der König seinen Reiterführer deshalb einmal tadelte, antwortete Seydlitz gelassen: »Wenn Eure Majestät solch ein Wesen um ein paar gebrochene Hälse machen, so werden Sie niemals die kühnen Reiter haben, welche im Felde so nötig sind!«[211] Für den Geist der preußischen Generäle und ihre Führungsmethoden ist es charakteristisch, daß Seydlitz selbst sich von der Disziplinierung nicht ausschloß. Vor seinem Gut stand zum Beispiel ein großer mit Wasser gefüllter Trog, den Seydlitz beim Abritt wie bei der Heimkehr stets übersprang. Ferner durfte das Tor auf dem Weg zum Gehöft weder für ihn noch für die Meldereiter geöffnet werden; es war stets im Sprung zu passieren.[212]

Überhaupt überzeugten die großen preußischen Kavalleriegeneräle durch ihre Einsatz- und Leistungsbereitschaft. Sie wirkten als Vorbild und trugen auch insofern wesentlich zur Disziplin der preußischen Kavallerie bei. Neben Friedrich II. selbst und neben Ziethen, dessen Stärke vornehmlich im raschen Überblick wie in schnellen Plänen und Entschlüssen lag,[213] zeichnete sich vor allem Seydlitz unter den Reiterführern des 18. Jahrhunderts aus. Friedrich der Große würdigte die Bedeutung von Seydlitz für die preußische Kavallerie; nach dem Tod des Generals sprach er Worte, die zu den ehrenvollsten gehören, die ein König je dem Andenken eines untergebenen Offiziers widmete: »Ihn traf das schönste Los: er lebte unübertroffen, er stirbt, ohne ersetzt werden zu können!«[214] Als der König dann im Jahre 1781 das Standbild besichtigte, das er seinem großen Reiterführer in Berlin hatte errichten lassen, soll er angemerkt haben: »Hierher müßten alle Kavalleristen wallfahrten wie zu dem Bilde eines Heiligen!«[225]

Seydlitz war noch nicht ganz fünf Jahre alt, als er neben seinem Vater in dessen neuen Standort Freienwalde einritt. Der Abschied und der Tod des Vaters unterbrachen die reiterliche Entwicklung des Knaben nur kurz. Als 14jähriger Page kam Seydlitz an den Hof des Markgrafen Friedrich von Brandenburg-Schwedt. Unter der Regie des »wilden Markgrafen« soll Seydlitz viele scharfe Jagden geritten und manche waghalsige Aktion im Sattel vollbracht haben. In schnellem Galopp schoß er mit seinem Herrn auf einen in die Luft geworfenen Hut; in vollem Lauf nahm er den Hut mit dem Degen von der Erde auf. Reiterlichen Mut und die Unerschrockenheit seines Pferdes demonstrierte Seydlitz ferner, wenn er zwischen den umlaufenden Flügeln einer Windmühle hindurchritt. Schließlich soll er besonderes Geschick gehabt haben, reiterlich schwierige Pferde zu meistern.[216]

Als Seydlitz mit 23 Jahren Major wurde, hatte er sich bereits in mehreren Schlachten ausgezeichnet. Mit 32 Jahren avancierte er zum Oberst und Kommandeur eines Kürassierregiments, mit 35 Jahren dann zum Generalleutnant. Seine glänzendste Leistung vollbrachte er im Jahre 1757, als er mit seinen Reitern in der Schlacht bei Roßbach den entscheidenden Sieg errang.[217]

Beispielhaft für die Entschlußfreude und die Einsatzbereitschaft des Generals ist die folgende Begebenheit, die von Seydlitz berichtet wird: Der Reiterführer hatte Friedrich dem Großen gegenüber geäußert, ein Kavallerieoffizier dürfe sich nie gefangennehmen lassen, so lange sein Pferd nicht getötet sei. Angesichts dieser kühnen Behauptung wollte der König ihn auf die Probe stellen. Als Friedrich in Seydlitzens Begleitung eine Brücke passierte, ließ er diese vorne und hinten sperren und wandte sich zu Seydlitz: »Sie behaupten, Monsieur Seydlitz, daß ein Cavallerie-Offizier niemals gefangengenommen werden könne; sicherlich ist das der Gedanke eines tapferen Mannes, nichts desto weniger aber giebt es doch Gelegenheiten, wo man sich ohne Unehre ergeben dürfte. Nehmen wir einmal z. B. jetzt an, daß wir Feinde wären, so würden Sie doch wohl nicht den Versuch machen, mit Gewalt durchzubrechen. Was würden Sie denn nun thun?« Seydlitz soll nach diesen Worten des Königs seinem Pferd die Sporen gegeben haben, er soll mit ihm über den Brückenrand in den Strom gesprungen und ohne Schaden zu seinem Herrn zurückgekehrt sein; nach dem Salutieren habe er kurz und knapp festgestellt: »Sire, hier ist meine Antwort!«[218] Der berühmte Brückensprung, den der Kupferstecher Ringck im Jahre 1797 darstellte, kennzeichnet die außergewöhnlichen reiterlichen Fähigkeiten, die dem General bei der Truppe auch dann Anerkennung einbrachten, wenn er mit anomaler Härte vorging.[219]

Die Grenze zwischen Kühnheit und Tollkühnheit soll Seydlitz trotz aller Einsatz- und Wagnisbereitschaft zu wahren gewußt haben. Bei einem Vergleich zwischen Seydlitz und Murat kam Kaehler[220] zu dem Schluß, Seydlitz und Murat seien beide kühn und rücksichtslos in der Führung und Verwendung der Kavallerie gewesen. Sie hätten da, wo es nötig wurde, auch den für einen Reitergeneral wohl schwersten Befehl gegeben, nämlich die Aufforderung zum Rückzug. In dieser notwendigen Entsagung seien Seydlitz wie Ziethen sogar ihrem großen König überlegen gewesen. Vorsicht war es auch, die Seydlitz bei Zorndorf seinem König, der ihn hart zum Angriff mahnte, sagen ließ: »Sagen Sie dem König, nach der Schlacht stehe ihm mein Kopf zu Befehl, in der Schlacht möge er mir noch erlauben, daß ich davon für seinen Dienst Gebrauch mache!«[221] Der Geist der Seydlitzschen Führung spricht schließlich aus den Worten, die er bei

Roßbach 1757 an die älteren Generäle richtete: »Meine Herren, ich gehorche dem Könige, Sie gehorchen mir!«[222]

Rigorose Disziplin blieb für die weitere Entwicklung der preußischen Kavallerie verbindlich. Noch im Jahre 1885 hieß es in den »Instruktionen betreffend die Erziehung, Ausbildung, Verwendung und Führung der Reiterei«: »Unsere Richtschnur sollte der friederizianische Grundsatz sein, der seitdem in aller Beziehung die Grundlage für uns geworden ist: ›Ordnung und Methode verhelfen immer zum Siege und überdauern alles andere!‹ Bemühen wir uns daher auf das Angestrengteste, diesen Grundsatz stets zur Geltung zu bringen, dann kann ein entsprechendes Resultat nicht ausbleiben.«[223]

Dem Kavallerietheoretiker von Schmidt scheint freilich auch bewußt gewesen zu sein, daß Gehorsam und Ordnung allein erfolgreiches Handelns noch nicht gewährleisten. Die disziplinierte Formation bedurfte der Führerpersönlichkeit, die sinnvolle Entscheidungen traf und die der jeweiligen Lage angemessenen Ziele vorgab; erst aufgrund solcher Inhalte und Richtungen konnte die Truppe sich entfalten. In einer Ära, da Führerpersönlichkeiten wie Friedrich der Große, Seydlitz oder Ziethen als Vorbilder des gesamten Offiziersstandes wirkten, waren diese Voraussetzungen offenbar selbstverständlich gegeben, später jedoch nicht mehr. Möglicherweise hatte die über viele Jahrzehnte verfestigte und inzwischen die Gesellschaft generell prägende Disziplinierung einen Menschen geschaffen, der die Sicherheit des Gehorsams den Ungewißheiten der eigenständigen Entscheidung in der Regel vorzog und der die Bereitschaft, den Mut und die Gelegenheit zum selbständigen Handeln zunehmend aus dem Auge verlor.

In der zweiten Hälfte des 19. Jahrhunderts waren die Auswirkungen einseitiger Disziplinierung offenbar deutlich geworden, wahrscheinlich in militärischen Situationen, die sich mit quasi bürokratischer Routine nicht lösen ließen, sondern der innovatorischen Initiative bedurften. von Schmidt hatte bereits in seinen sieben Grundsätzen zur Reorganisation der preußischen Kavallerie das »selbständige Handeln und Eingreifen der Unterführer« betont; seine Kavallerieinstruktionen endeten mit den Worten: »Ein Entschluß, an welchem es selbst vieles auszusetzen gibt, wird meistenteils, fast immer, von dem glänzendsten Erfolge gekrönt sein und reüssieren, wohingegen die zweckmäßigste Maßregel, matt, schlaff und schwankend ausgeführt, gewiß fehlschlägt, nicht zum Ziele führt und keine Erfolge erreicht, vielmehr nur von Unglücksfällen und Niederlagen begleitet ist. – Also nicht nach dem absolut Besten in jedem einzelnen Falle gesonnen, sondern kurz überlegt und das Erfaßte dann mit ganzer Tatkraft, vollster Energie durchgeführt und alles eingesetzt, ohne Nebenerwägungen Gehör zu geben; dies muß die Hauptregel für jeden Kavallerieführer sein.«[224]

Diese Sätze dürfen nicht übersehen lassen, daß der preußische Offizier allein im Rahmen des Spielraums entscheiden konnte, der ihm durch die übergeordneten Befehlshaber gesteckt war, und zwar gemäß der bereits zitierten Devise: »Meine Herren, ich gehorche dem Könige, Sie gehorchen mir!«[225]

Die Disziplinierung beinhaltete den Abbau der Selbständigkeit. Sie wandte sich vor allem gegen die Selbsttätigkeit der Unzuverlässigen, beschnitt freilich notwendigerweise auch manche den militärischen Zielen förderliche Initiative. Die unerwünschte Konsequenz wurde offenbar in Kauf genommen, um der beträchtlichen Einbußen und Störungen der gemeinsamen Operationen durch die eigenwilligen Unternehmungen einzelner Herr zu werden. Zu den eigenwilligen Unternehmungen gehörte auch die Desertion, die man im Fall der Kavalleristen unter anderem dadurch einzuschränken suchte, daß man selbst die Angehörigen des Flüchtigen für Mann und Pferd verantwortlich machte.[226] In diesem Zusammenhang ist es auch bezeichnend, daß die Kavallerie Friedrichs des Großen niemals schwächer und gefährdeter war als bei der Verfolgung nach einer gelungenen Attacke. Um den Erfolg auszunutzen, und um dem Feind keine Gelegenheit zum erneuten Sammeln zu geben, forderte der König zwar nach dem ersten glücklichen Angriff die »energische Verfolgung bis aufs Äußerste«, er billigte in dieser Situation aber keine Einzelunternehmungen, sondern ausschließlich das geordnete Nachsetzen.[227]

Die solide Ausbildung von Pferd und Reiter stellte eine wesentliche Voraussetzung für die Disziplinierung der Truppe dar. Die neuzeitliche Entwicklung der Schulreiterei wirkte sich bis in die Mannschaften aus. Die Schulreiter wurden unter anderem deshalb als überzeugendes Beispiel anerkannt, weil verschiedene von ihnen Mitglieder des Offizierscorps waren und damit auch eine enge personale Verbindung zur Armee bestand. Die Schulreiterei entfaltete sich nicht aus der Kavallerie; sie gewann jedoch insbesondere durch die Militärreitvorschriften Einfluß auf sie. Die sachliche Berührung bestand vor allem darin, daß die aus dem höfisch-ritterlichen Leben hervorgegangene Schulreiterei ihre Figuren und Lektionen weiterhin als militärische Übungen legitimierte, obwohl sie sich praktisch von diesen Zwecken gelöst und verselbständigt hatten. Nach den antiken Schriften Xenophons erschienen die ersten Reitregeln der Neuzeit im Jahre 1550 mit der Arbeit des neapolitanischen Edelmannes Federigo Griso: »ordnini di calvalcare«. Dieses Werk beeinflußte die gesamte hippologische Literatur der Neuzeit. Für die unausgeprägten reiterlichen Fähigkeiten des abendländischen Mittelalters ist es wahrscheinlich bezeichnend, daß aus dieser Zeit keine Reitlehren überliefert sind.

Der künstlerische Akzent, der der Schulreiterei der beginnenden Neuzeit eignete, wird möglicherweise überinterpretiert, wenn man davon spricht, im 16. Jahrhundert habe »mit dem Wiederaufblühen der schönen Künste auch die in Vergessenheit geratene Reiterei ihre Erneuerung« gefunden.[228] Erneuert wurde die Reiterei in erster Linie wohl als repräsentativer Ausdruck höfischen Ritterdaseins, weniger als künstlerischer Gegenstand im heutigen Verständnis des Begriffes »Kunst«, der sich von seiner Wurzel, nämlich dem Wissen und Können, seit der Renaissance beträchtlich in die Richtung von Geist und Emotion verschob. Die in der Renaissance florierenden italienischen Ritterakademien pflegten die Reiterei als eine besondere, die Wehrbereitschaft und den Krieg betreffende Fertigkeit der Edelleute, als Ausdruck höfischer Kultur, als Indiz einer neuen Wendung zur Welt und wohl auch als Symbol absolutistischer Herrschaft des Menschen.

Griso, der Autor des ersten neuzeitlichen Reitlehrbuches, subsumierte die »Reitkunst« durchaus dem Kriegswesen. Kriegspferde abzurichten war sein vornehmliches Anliegen, die Übungen der Hohen Schule dienten ihm in erster Linie zur Vervollkommnung der »disciplina del Cavallo«.[229] In diesem Sinne wirkten auch die Meister Fiaschi, Carracciolo und Pignatelli in der zweiten Hälfte des 16. Jahrhunderts in den italienischen Akademien.[230] Der um 1600 publizierende Löhneysen – er entstammte einem oberpfälzischen Adelsgeschlecht, hatte als Junker seinen Oheim in die Hugenottenkriege begleitet, dann am kursächsischen und braunschweig-lüneburgschen Hof gedient und baute sich schließlich zur Veröffentlichung seiner Werke eine eigene Druckerei[231] –, der 1620 verstorbene Pluvinel, der sein imposantes Werk »l'instruction du roy« König Ludwig XIII. überreichen ließ,[232] und schließlich der 1675 verstorbene Newcastle stellen Schlüsselfiguren für die weitere Entwicklung der Reitkunst dar. Die aufwendige Ausstattung ihrer Bücher mit künstlerischen Darstellungen weist auf den höfischen Bezug des behandelten Gegenstandes hin. Königliche Stallmeister und Hofreitlehrer zeichneten für den weiteren Fortgang der Hohen und der Campagne Schule verantwortlich. Das Schulreiten wurde als eine höfische Kunstfertigkeit mit handwerklichem Akzent verstanden; es genoß zugleich das Ansehen eines akademischen Gegenstandes.

An Stelle der Turniere avancierten im Barock die glanzvollen Reiterfeste zu den markanten Ereignissen im gesellschaftlichen Leben des Adels. Das höfische Wien war ein besonders beliebter Schauplatz für die Selbstdarstellungen der europäischen Führungsschicht. Im »Roßballett« anläßlich der Vermählung Kaiser Leopolds I. fanden die zahlreichen equestrischen Veranstaltungen, zu denen auch weiterhin turnierähnliche Wettkämpfe gehörten, zu einem bemerkenswerten Höhepunkt. Drei Jahre feierte man mit Feuerwerken, Illuminationen, Umzügen, Theateraufführungen und Ritterspielen. Im eigentlichen Roßballett traten 1300 meist berittene Darsteller auf. Auch unter Ludwig XIV. verbanden sich mit den vielfältigen Reiterspielen und Quadrillen prunkvolle Feste.[233]

Als Ausdruck des höfischen Lebens forderte das Reiten auch seinen höfischen Ort. Ihn lieferte der Marstall. Schon im 16. Jahrhundert räumte man dem Marstall in Kassel wie später in Berlin, Salzburg, Würzburg und Potsdam einen bevorzugten Ort im Stadtgrundriß ein. Die Zuordnung des Marstalls zum Schloßkomplex, seine aus praktischen Gründen bedingte unmittelbare Nähe zum Schloß, seine räumliche Ausdehnung sowie sein gewöhnlich sichtbar betonter Anspruch auf repräsentative Gestaltung ließen den Marstall oft zu einem städtebaulichen Faktor ersten Ranges werden.[234] Der deutsche Barockmarstall gewann nach Götz[235] typenbildende Kraft: »Kaum eine Bauaufgabe entspricht ja so völlig barocker Lebenskultur wie der Marstall: die Liebe des Barock zum Pferd schlechthin, die Stellung des Pferdes im Zusammenhang mit fürstlicher Repräsentation und Selbstdarstellung (etwa im Reiterstandbild), die Vielfalt festlicher Reiterspiele und Jagdzüge und aller damit zusammenhängende Aufwand und Prunk konnten von den folgenden Zeiten nur nachgeahmt, aber nie übertroffen werden.«

Über den Marstall des Adels mit Reithaus und Gestüt führte die Entwicklung zur Reitbahn, zur Reithalle und zur Reitschule, in der später die Mannschaften ihre reiterlichen Fähigkeiten für den kavalleristischen Dienst erwarben. Die als Campagne Schule vermittelte Grundausbildung der zahlreichen Pferde und Reiter schuf die Basis für die Disziplin und Führbarkeit der kavalleristischen Körper.

Eine effektive Reiterei bedurfte ferner geeigneter Pferde. Nachdem der Adel nicht mehr auf eigenen Pferden zum Heeresaufgebot erschien, kam dem Kriegsherrn die Aufgabe zu, sich intensiver als bisher darum zu kümmern, daß die Mobilität und Schlagkraft ihrer Heere nicht durch unzureichendes Pferdematerial beeinträchtigt wurde. Aufgrund der zentralen Organisation war es den Kriegsherren freilich auch in stärkerem Maß als zuvor möglich, für eine relativ einheitliche Ausrüstung mit Pferden zu sorgen.

Friedrich Wilhelm I. regelte die Remontierung der Pferde endgültig im Sinne der zentralen Beschaffung. Im Jahre 1717 wandelte er den letzten Rest der Lehnsfolgepflicht in einen jährlichen Kanon von 40 Talern für jedes zu stellende Pferd um und führte an Stelle der von Friedrich I. festgesetzten Pauschalsätze eine regelmäßige Remontierung der gesamten Kavallerie ein. Die jährlichen Beträge von 40 Talern flossen der Generalpferdekasse zu; aus ihr bestritt schon Friedrich I. den Ankauf der Remonten.[236]

Die niedrige Qualität der heimischen Pferdezucht ließ die Lieferanten schwerer ausländischer Pferde leicht ins Geschäft kommen. Die Regimenter kauften selbst ein, jährlich 14 Remonten pro Esdkadron. Im Jahre 1736 wurde der Preis eines Kürassierpferdes auf 75, der eines Dragonerpferdes auf 55 Taler festgesetzt; Husarenpferde waren erheblich billiger. Während die alten Pferde im Sommer nach Schluß der Übungen ausrangiert wurden, kaufte die Armee die Remonten erst im Oktober an. Auf diese Weise ersparte man bei der Unterhaltung der Pferde Geld; zugleich verkürzte sich freilich die Ausbildungszeit. Die Beträge der ersparten Rationen flossen in die Pferdekasse des Regiments, die den erforderlichen Zuschuß für den Neukauf aus der Generalpferdekasse erhielt.[237] Solche Maßnahmen zeigen die ökonomischen Möglichkeiten und Grenzen, die die Unterhaltung der Kavallerien in starkem Maße beeinflußten.

Friedrich I. fütterte im königlichen Marstall noch über 1000 Pferde. Friedrich Wilhelm I. schränkte den Aufwand ein, beließ aber immer noch 300–400 Pferde in seinen Ställen in Potsdam und Berlin. Wahrscheinlich begründete das geringe Interesse an der Reiterei beim König das Bestreben, die Kosten für die Pferdebeschaffung und die Pferdehaltung möglichst weitgehend zu senken. Im Rahmen dieser allgemeinen Absicht reorganisierte Friedrich Wilhelm I. das Gestütswesen als wichtige Grundlage für den Nachwuchs an leistungsfähigen Pferden. Im Jahre 1732 gründete er das Hauptgestüt Trakehnen als »königliches Stutamt«. Gleich den kleinen Amtsgestüten, aus denen es entstanden war, hatte es zunächst keinen anderen Zweck als die Remontierung des königlichen Marstalles und den Verkauf von Pferden, um mit ihnen Gewinn zu erlösen. Natürlich symbolisierten das Gestüt und der Marstall auch das landesfürstliche Leben.[238]

Die Leistungen der königlichen Zucht genügten den Ansprüchen des Hofes allerdings nicht immer; denn wiederholt erwarb Friedrich Wilhelm I. spanische, türkische und tatarische Pferde in größerer Zahl. Die Zukäufe wurden unter dem Sattel und vor dem Wagen verwendet, sie dienten wohl nicht der Blutauffrischung im königlichen Stutamt Trakehnen.[239]

Anders als Friedrich Wilhelm I. förderte Friedrich der Große trotz seiner kavalleristischen Leistungen das preußische Gestütswesen und die preußische Pferdezucht nicht sonderlich, obwohl er das Gestüt nebst allem Zubehör bereits im Jahre 1739 von seinem Vater geschenkt bekommen hatte. Von Friedrich II. sind allein verschiedene Maßnahmen zur Verbesserung der bäuerlichen Zucht und das heißt auch zur Produktion von Pferden minderer Qualität bekannt, nicht aber Richtlinien zur Förderung der edleren Zuchten.[240] Friedrich der Große verstand das Gestüt Trakehnen, mit dem Friedrich Wilhelm I. kulturelle Werte verbunden hatte, vornehmlich als eine Einnahmequelle. Doch reichte der aus dem Unternehmen erwirtschaftete Gewinn dem König offenbar nicht aus, denn mehrfach drohte er damit, das Gestüt zu schließen.[241] Was die Landesproduktion an Pferden nicht lieferte, kaufte Friedrich der Große im Ausland. Im Jahre 1783 wendete er für solche Remontenkäufe 120 000 Taler auf.[242]

Der Nachfolger des großen Kavallerieführers, Friedrich Wilhelm II. (1786–1797), wirkte besonders segensreich für das peußische Gestüts- und Remontenwesen. Er verstand es, die Erfordernisse der Pferdezucht mit den Interessen der Armee zu koordinieren. Schon vor seinem Regierungsantritt hatte er sich mit diesem Bereich eingehend beschäftigt. Wenige Wochen nach dem Tod Friedrichs II. traf er bereits Vorkehrungen für eine umfassende Reorganisation der gesamten Pferdezucht des Landes. Er ging bei seinen weitsichtigen Planungen vornehmlich vom Gestüt Trakehnen aus.[243] Persönlich profitierte Friedrich Wilhelm II. von der Erneuerung und Veredlung der Zucht nicht; für alle leichteren Pferderassen war er nämlich als Reiter zu groß und zu schwer. Er ritt zuweilen Pferde, die bis dahin den Wagen gezogen hatten.[244]

Friedrichs des Großen unzureichende Förderung der Zucht wirkte sich bereits zu seinen Lebzeiten negativ auf die preußische[245] Kavallerie aus, doch erst seine Nachfolger spürten die Konsequenzen deutlich. Während 1755 mit 31 000 Berittenen mehr als ein Viertel der gesamten friderizianischen Feldarmee im Sattel saß, wurde der Pferdebestand 1763 stark reduziert. Die Sparmaßnahmen bei der Kavallerie erstreckten sich weiter darauf, die Haltungskosten der Pferde durch knappe Fütterungen zu senken. Die Rationen für jedes Tier wurden 1763 von drei auf zwei Matzen gesenkt. Darüber hinaus kamen die Pferde drei Monate auf die Weide, um sie mit billigem Gras zu ernähren. Die Garnison exerzierte in der Zwischenzeit zu Fuß.

Solche Maßnahmen verminderten die Leistungsfähigkeit der Reiter wie der Pferde erheblich. Es muß daher als ein bedeutendes Verdienst der ausgezeichneten Reiterführung angesehen werden, daß der Niedergang sich nur allmählich offenbarte.[246] Die ungenügende Ernährung der Pferde zwang dazu, ihr Training generell zu reduzieren und insbesondere die anstrengenden Galoppreprisen zu verkürzen oder den Galopp ganz aus dem Ausbildungsprogramm zu streichen. Selbst beim Einüben der Attacke löste der kurze Paradegalopp den schwungvollen Anritt in der Karriere ab. Mit dieser Maßnahme schwand dann auch die einst die preußische Kavallerie auszeichnende Wucht des Angriffs.[247]

Die Kavallerieinstruktionen der nachfriderizianischen Zeit spiegeln den Abbau der Leistungsansprüche seit der Mitte des 18. Jahrhunderts. Die Instruktionen aus dem Jahre 1812 gestatteten der preußischen Reiterei kaum Selbständigkeit und Beweglichkeit; sie beschnitten den offensiven Charakter der Waffe grundlegend. Für den Einsatz größerer Kavalleriemassen gab es überhaupt keine Vorschriften, obwohl Napoleon sich zu dieser Zeit umfangreicher Reitereinheiten erfolgreich bediente.[248] Auf dem Weg zur Einheitskavallerie bedeutete das Reglement von 1812 allerdings einen Fortschritt; die verschiedenen Reitergattungen wurden nämlich zusammenfassend behandelt, während noch 1796 die schwere und die leichte Reiterei getrennte Reglements erhalten hatten. Im Befreiungskieg von 1813/14 näherten sich die preußischen Reiter auch faktisch von allen beteiligten Truppen am meisten der Einheitskavallerie an.[249]

Bei den Auseinandersetzungen im ersten Jahrzehnt des 19. Jahrhunderts erfüllte die preußische Kavallerie daher, so die allgemeine Überzeugung, trotz mancher bemerkenswerter Leistungen die in sie gesetzten Hoffnungen nur begrenzt. Als Blücher 1816 mit den Kavallerie-Generälen nach den Gründen der beschränkten Effektivität fragte, kam er zu folgenden Antworten: Die Kavallerie war insgesamt nicht stark genug, die Etats der Regimenter und Schwadronen reichten nicht aus. Weiter fehlte die Gliederung, Instruktion, Erziehung und Übung für die Massenverwendung der Kavallerie, ferner mangelte es an der oberen Leitung. Die Landwehr-Kavallerie bedeutete schließlich für die preußische Reiterei keine Verstärkung, sondern ein belastendes und hemmendes Element.[250]

Im Jahre 1823 wurde dann zwar eine »Instruktion für die Verwendung größerer Kavalleriekörper« herausgegeben, die Mittel für eine durchgreifende Reorganisation stellte man aber nicht zur Verfügung. Negativ wirkte sich in dieser Zeit ferner das Ausbildungskonzept mit einseitiger Berücksichtigung der Bahnreiterei aus. Das Reglement von 1822 schrieb diese Schulung vor. Sie entsprang dem Geist des Militär-Reitinstituts zu Berlin, das 1816 unter dem ersten Kommandeur General von Sohr zur Förderung der Reitfertigkeit der Offiziere, Unteroffiziere und auch Mannschaften gegründet worden war. Bei diesem Ausbildungskonzept war die exemplarische Bedeutung der Schulreiterei für die Militärreiterei deshalb so problematisch, weil man die Unterschiede der Verwendung des Pferdes im Reithaus einerseits und bei kriegerischen Operationen im Gelände andererseits ignorierte. Mit dem Reglement von 1822 blieb die an der Bahnreiterei orientierte Ausbildung bis 1882 verpflichtend. In den verschiedenen Gangarten wurden vornehmlich die versammelten Tempi kultiviert; den flüssigen Jagdgalopp und die Geländereiterei vernachlässigte man. An dieser Situation änderte auch die Order vom Oktober

45. *Angriff russischer Kosaken in der Schlacht bei Tannenberg am 26. August 1914*

1840 nichts; sie hatte von der Kavallerie ein kühneres Bewegen im Gelände gefordert.[251] Gegen die einseitige Orientierung an der Bahnreiterei auf Kosten der Ausbildung von Pferd und Reiter im Gelände wandte man sich im Militär-Reitinstitut zu Hannover, das 1867 gegründet wurde, das zügige Reiten in Wald und Feld intensiv pflegte und rasch auf die gesamten Kavallerie Einfluß gewann.[253]

Die organisatorischen Maßnahmen des Jahres 1855, die sich auf den Einsatz der preußischen Kavallerie 1864, 1866 und 1870/71 auswirkten, brachten hinsichtlich der Verwendung größerer Kavallerieeinheiten noch keine Klarheit. Trotz des Beispiels, das Napoleon mit seinen offensiven berittenen Formationen geliefert hatte, neigte man in Deutschland dazu, die Reiterei als Rerve einzusetzen. Diese Zurückhaltung beruhte unter anderem auf dem unzureichenden Ausbildungsstand von Pferd und Reiter; die begrenzten Etatverhältnisse hemmten im Winter das Training, im Sommer das Exerzieren und im Herbst die Teilnahme an den Manövern.[253]

Die Gefechtsbeteiligung der Kavallerie rückte in der zweiten Hälfte des 19. Jahrhunderts mehr und mehr in den Hintergrund; Nah- und Fernaufklärung entwickelten sich zu den eigentlichen Aufgaben der Reiterei. Seit 1875 wurden Kavallerie-Übungsreisen ausgeschrieben, bei denen Rittmeister und Leutnants Aufgaben aus dem Gebiet der Aufklärung und Sicherung einer selbständigen Kavallerie-Division zu lösen hatten. Mit dem Reglement des Jahres 1882 gehörte die allgemeine Überbewertung der Bahnreiterei dann endgültig der Vergangenheit an. Im Zuge der neuen Tendenzen avancierten Gelände- und Distanzritte in der Armee zu einem beliebten Herrensport.[254] Der Kaiser schrieb wertvolle Ehrenpreise für die Sieger dieser Wettkämpfe aus und machte auf diese Weise deutlich, daß es bei diesem Sport nicht nur um eine Freizeitbeschäftigung vornehmlich adliger Herren, sondern auch um eine militärische Ertüchtigung ging.[255]

5. Zusammenfassung

Nach dem asiatischen Pferdebogner und dem mittelalterlichen Panzerreiter entwickelte sich im neuzeitlichen Kavalleristen ein dritter Reiterkriegertypus. Von der zweiten Hälfte des 16. bis zum Ende des 19. Jahrhunderts stellte er einen bedeutenden militärgeschichtlichen Faktor dar. Seine endgültige Entmachtung durch die hochentwickelten Feuerwaffen zu Anfang des 20. Jahrhunderts bedeutete das generelle Ende des Reiterkriegertums, das sich mit unterschiedlicher Intensität über knapp dreitausend Jahre erstreckt hatte. Aus der Sicht der »technischen Welt« ist die kriegerische Verwendung des Pferdes ein Anachronismus; sofern sie vereinzelt noch vorkommt, symbolisiert sie ein zivilisatorisches Stadium, das den Industriegesellschaften als eine Art Vor- und Frühzeit erscheint.

Nach dem Beispiel der Fußtruppen, die die mittelalterlichen Panzerreiter als dominierende Waffe abgelöst hatten, erkannten die Kavalleristen die Disziplin als zentrales Prinzip, das die Führbarkeit des einzelnen Mannes und damit auch die einheitliche Aktion einer umfangreichen Truppe gestattete. Der mittelalterliche Panzerreiter ging demnach nicht direkt durch organisatorische Veränderungen in den Kavalleristen über. Der geordnete Fußtruppenverband ist vielmehr als ein wichtiges Zwischenglied zu verstehen, das nach einer Phase militärischer Bedeutungslosigkeit des Reiterkriegers für den neuen Typus des Kämpfers zu Pferd zum Vorbild wurde.

Die Entwicklung führte von den ersten kavalleristischen Truppen des 16. Jahrhunderts zu den berittenen Formationen des 17. Jahrhunderts, die bereits wieder eine respektable Waffe neben den Fußkämpfern darstellten. Im preußischen Heer, das unter Friedrich dem Großen zeitweise zu einem Viertel aus Reitern bestand und das wesentlich zu den friderizianischen Schlachterfolgen beitrug, und in der französischen Armee unter Napoleon, in der die berittenen Abteilungen aufgrund der Erfahrungen mit mamelukischen und russischen Reitern aufgebaut und eingesetzt wurden, erlebte der dritte Reiterkriegertypus wahrscheinlich den Höhe- und Kulminationspunkt seiner Geschichte.

In der zweiten Hälfte des 19. Jahrhunderts begann die Entmachtung der Kavallerie, die in der ersten Hälfte des 20. Jahrhunderts durch die Feuerkraft der technischen Waffen abgeschlossen wurde. Im Jahre 1859 kamen in Frankreich die gezogenen Kanonen auf. Die Überlegenheit der Hinterlader, die man bereits im amerikanischen Sezessionskrieg (1861–65) einsetzte, stellte sich deutlich bei der innerdeutschen Auseinandersetzung von 1866 heraus. Seit dieser Zeit ent-

46. Soldat und Pferd mit Gasmaske an der Westfront 1918

schlossen sich nahezu alle Staaten zur Bewaffnung ihrer Truppen mit dem Zündnadelgewehr. Die kontinuierliche Weiterentwicklung dieser Waffe bewährte sich im deutsch-französischen Krieg (1870/71). Die extreme Reduzierung der Ladeprozedur beim Maschinengewehr besiegelte die neue Position des Reiterkriegers endgültig: Die körperliche Größe des Pferdes, die dem Berittenen zuvor die Überlegenheit über den Fußgänger verliehen hatte, wurde ihm jetzt zum Verhängnis. Der Reiter stellte ein besonders auffälliges und daher auch besonders leicht erreichbares Ziel für die infanteristische Feuerwaffe dar. Das technische Kriegsgerät ignorierte tradierte Standeshierarchien, reiterliche Privilegien und heldische Leitbilder; es funktionierte nach dem Prinzip nüchterner Effektivität und zwang seinem Träger die gleiche Handlungsmaxime auf. Die in Attackenformation angaloppierende Reiterschar wurde aus der Ferne zusammengeschossen, ehe sie den Feind erreichte. Die Perfektion der technischen Waffen machte die Kühnheit der Reiteroffensive belanglos, sie degradierte sie zu einem vortechnischen Prinzip, zu einer von der Effektivität der Geräte überholten und aufs Innerliche und Private zurückgewiesenen menschlichen Regung.

Besondere Stärke gewann die Kavallerie durch ihre Beweglichkeit. Die Ritter hatten den charakteristischen Vorzug des Reiterkriegers in einseitiger Sorge um ihre Verteidigung und Sicherung eingebüßt. Die Kavallerie fand wieder zu ihm zurück, erreichte mit ihren umfangreichen und in geschlossenen Formationen operierenden Verbänden freilich nicht die Mobilität, die die wahrscheinlich beträchtlich kleineren und meist nicht in geschlossener Reihe agierenden Pferdebognerscharen ausgezeichnet hatte. Die Kavalleristen gewannen ihre Beweglichkeit und Manövrierfähigkeit durch intensives Training von Pferd und Reiter wie durch ihre von Gustav Adolf durchgesetzte Selbständigkeit gegenüber den Fußtruppen. Allein eine ausschließlich aus Berittenen bestehende und ohne Rücksicht auf Fußgänger einsetzbare Formation war in der Lage, kavalleristisches Tempo und kavalleristische Wucht voll auszuspielen.

Die ersten Kavallerieeinheiten trugen die Pistole. Unter Gustav Adolf gingen die Berittenen von der technisch noch nicht zufriedenstellenden Fernwaffe wieder zur blanken Waffe über, die die Bereitschaft zur direkten Auseinandersetzung forderte. Auch wenn der ritterliche Zweikampf durch die Auseinandersetzung der geschlossenen Formationen ersetzt war,

auch wenn es meist nicht zum Zusammenstoß der Einheiten kam, sondern das Ausweichen und der Rückzug der einen Seite der anderen den Erfolg zuspielte, begründete und bestärkte die Nahwaffe agonale Einstellungen, die die Kavallerie weiterhin kultivierte, und zwar auch dann noch, als sie angesichts der Effektivität der Feuerwaffen und der neuen Kriegskonzeption ihrer Träger anachronistisch geworden waren. Das Festhalten an diesen Werten und Ideen verhinderte eine pragmatische Anpassung an die veränderte Situation und es veranlaßte die Reiterei zu Einsätzen, die mehr Opfer kosteten, als erforderlich gewesen wären.

Erst nach der technischen Verbesserung der Feuerwaffen in der zweiten Hälfte des 19. Jahrhunderts bediente sich die Kavallerie ihrer wieder allgemein. Die Reiter übernahmen das technische Gerät allerdings mit Vorbehalten und in Verbindung mit Konflikten, die sich endgültig erst mit der Entmachtung der Kavallerie erledigten. Für die Träger der blanken Waffe blieb die technische Fernwaffe ein Gerät, das der direkten Auseinandersetzung Mann gegen Mann systematisch aus dem Wege ging, das aufgrund seiner nüchternen Effektivität dem Fußkämpfer die Macht verschaffte, die reiterlichen Privilegien nicht länger zu achten und die Herren zu Pferd wie fliehendes Wild abzuschießen. Aus der Sicht des agonalen Reiters symbolisierte die technische Fernwaffe den Sieg der Feigheit über die Tapferkeit. Sofern die Kavalleristen sich des neuen Mittels bedienten, sanktionierten sie diesen Sieg; zugleich unterzeichneten sie damit eine Art von Bankrotterklärung.

Angesichts dieser Zusammenhänge verwundert der Widerstand beziehungsweise die nur halbherzige Beschäftigung der Kavalleristen mit der früheren Feuerwaffe und ihren technischen Weiterentwicklungen nicht. Die Reiterei versuchte zunächst, ihrer schwindenden Effektivität durch organisatorische Maßnahmen innerhalb ihrer Reihen Herr zu werden. Die Mehrzahl ihrer Führer verkannte die Lage der berittenen Truppen im anbrechenden technischen Zeitalter und in einem von Kriegsmaschinen bestimmten Gefecht. Doch wirklich entscheidend hätte auch eine realitätsadäquate Beurteilung der Situation sowie die auf ihr beruhende Ausrüstung der Kavallerie mit spezifischen Feuerwaffen die Situation des Reiterkriegers im ausgehenden 19. und beginnenden 20. Jahrhundert nicht verändern können; sie hätte allerdings vielen Menschen und Tieren das sinnlose Opfer ihres Blutes zugunsten überholter Ideologien ersparen können. Angesichts der konservativen Appelle zahlreicher Kavallerietheoretiker erscheint selbst die weitgehende Bewaffnung der Reiterei mit Hinterladern seit dem ausgehenden 19. Jahrhundert nur als eine vordergründige Reverenz an die Entwicklungen der Zeit. Die »Zeit« war wahrscheinlich noch nicht reif, das Verschwinden des Pferdes aus der technischen Welt im engeren Sinne zu akzeptieren und diese Entmachtung als charakteristisches Symptom einer neuen Epoche anzusehen, in der die organischen Kraftquellen generell durch anorganische, nämlich durch Maschinen ersetzt wurden, deren Leistungsfähigkeit sich in gänzlich anderem Maße als die der organischen Helfer auf besondere Anforderungen hin spezialisieren, maximieren und steuern läßt. Die Situation um die Jahrhundertwende gestattete noch nicht den Abstand zu den technischen Hilfsmitteln, der heute aufgrund der weiteren Ausbreitung des industriellen System sowie aufgrund der Erfahrung seiner Krisen recht problemlos sich einnehmen läßt.

Über diese allgemeine Erkenntnislage hinaus wurde der Blick der Kavalleristen durch Standesprivilegien und die mit ihnen zusammenhängenden traditionellen Bindungen getrübt. Dies traf vor allem auf den Offiziersstand zu, der sich weiterhin aus den Oberschichten rekrutierte, während die Armee sich beim Nachwuchs für die umfangreichen Mannschaften nicht auf eine relativ schmale Kaste beschränken konnte. Die hohen Kosten, die die Reitertruppe im Vergleich zum Fußvolk verursachte, trugen dazu bei, ihr die leistungsfähigeren und zuverlässigeren Soldaten einzugliedern und derart ihr Prestige weiter anzuheben. Mit dem Eingeständnis der aus der neuen Lage resultierenden Entmachtung hätten die Kavalleristen die Legitimation ihrer Privilegien preisgegeben.

Die Disziplinierung der Kavallerie folgte zwar dem Vorbild der Fußtruppen, sie ging aber deshalb über diese hinaus, weil sie unter komplexeren Bedingungen zu erreichen war. Neben dem Menschen bedurfte das Tier der Ein- und Unter-ordnung. Die Bereitschaft zum Gehorsam – beim Pferd ohnehin nicht per Appell und Entschluß zu gewinnen – reichte nicht aus. Die Ordnung ließ sich erst aufgrund spezieller Fertigkeiten bei Mensch und Tier begründen und erhalten. Die seit dem 16. Jahrhundert aufblühenden Reitakademien – ursprünglich als repräsentativer Ausdruck höfischer Kultivierung des Lebens eingerichtet – und vor allem die später nach ihrem Vorbild und mit geringe-

ren Anforderungen sich etablierenden Reitschulen, Tattersalls und Militär-Reitinstitute schufen die Richtlinien für die Ausbildung von Pferd und Reiter; sie leisteten einen Teil der Schulung auch selbst, insbesondere durch die Unterweisung von Lehrern und Offizieren. Beispielhaft demonstrierten sie die Ausbildbarkeit von Pferd und Reiter sowie die Mittel und Wege, in beschränkter Zeit eine Schulung zu erreichen, die die Manövrierfähigkeit des Kavallerieverbandes gewährleistete und bei Mensch und Tier das Verletzungsrisiko weitgehend minderte. Die in den Reitakademien vertretenen Lehren wurden schriftlich fixiert; sie sind in hippologischen Lehrbüchern und militärischen Reitvorschriften überliefert, die sich an der Basisausbildung der Akademien orientierten.

Überblickt man die verschiedenen Formen von Kavalleristen, so läßt sich zusammenfassend wohl sagen, daß ihre Beziehung zum Pferd in der Regel nicht von der quasi familiären Intimität war, die das nomadische Verhältnis zum Tier kennzeichnete. Über eine nüchterne, ja mechanische Relation zu einem zweckdienlichen Hilfsmittel, wie sie von manchen Rittern anzunehmen ist, ging sie meist aber hinaus. Schon in der relativ langen Zeit der Ausbildung werden Mensch und Tier einander nähergekommen sein, vor allem auch dann, wenn die Reiter ihre Pferde selbst zu pflegen und zu versorgen hatten. Die persönliche Beziehung wurde beim Kavalleristen vielfach als Leistungsgemeinschaft aufgebaut und gefestigt; in der Regel ging sie über die »sachliche« Kooperation weit hinaus. Die Rede vom Pferd als dem »Kriegskameraden« des Menschen ist hierfür bezeichnend.

Die Disziplinierung von Pferd und Reiter ließ sich nur in Grenzen stabilisieren; sie blieb ein labiler Erfolg, stets auf neue Festigung und Absicherung angewiesen. Bei jeder Attacke mußte der Reiterführer um die Ordnung des Verbandes fürchten, besonders nach dem erfolgreichen Angriff, der die feindliche Front durchbrochen hatte. Wenn es nicht gelang, nach dem ersten glücklichen Vorstoß die Kräfte wieder zu sammeln und zum erneuten Angriff gegen das zweite Treffen des Feindes zu formieren, dann war mit einem weiteren ausschlaggebenden Einsatz der Reiterei kaum mehr zu rechnen; sie verlor sich dann abseits der großen Entscheidung in Einzelaktionen. Der als taktisches Mittel kalkulierte Rückzug war riskant, weil er eine Situation schuf, in der sich der geschlossene Verband leicht in eine Vielzahl von Flüchtenden auflösen konnte. Ordnung und Disziplin waren bei der Reitertruppe deshalb besonders gefährdet, weil der Mensch auf dem Pferderücken über eine Dynamik verfügte, die weit über die des Fußgängers hinausging. Der Reiter war immer wieder versucht, die durch seinen erweiterten Wirkungskreis sich anbietenden Möglichkeiten nach eigener Regie und eigener Sicht der Lage zu verwirklichen, und zwar in der Offensive ebenso wie dort, wo es darum ging, dem übermächtig erscheinenden Gegner sich zu entziehen. Die den Reitern naheliegende Tendenz zur Einzelaktion wurde möglicherweise durch die Spontaneität des Pferdes unterstützt, die sich durch die jahrelange Schulung weitgehend überformen ließ, in kritischer Lage manchmal aber auch wieder originär sich äußern und den disziplinären Überbau ignorieren konnte. Die Grenze zwischen dem schnellen Galopp und dem Durchgehen des Pferdes war in Situationen, die die Fluchtbereitschaft des Tieres weckten, und bei Reitern, die mit dem forcierten Tempo nicht vertraut waren, nicht selten fließend.

Die angesichts steter Gefährdung gesicherte und erneuerte Disziplin erscheint als eine bemerkenswerte kulturelle Leistung des Menschen an sich selbst wie am Tier. Sie wurde nicht wie die klösterliche Ordnung, die wahrscheinlich als eines der disziplinären Vorbilder diente, in erster Linie durch die freiwillige Selbsteinschränkung erreicht, sondern basierte vornehmlich auf der Einsicht in die Leistungsvorteile des geschlossenen Verbandes und dem auf ihr beruhenden Befehl und Gehorsam. Mit der Zeit habitualisierte sich die Einordnungsbereitschaft des Individuums zu einem generellen Verhaltensmerkmal, das die einzelnen Gesellschaften ihren Kindern schon früh tradierten, nicht zuletzt im Rahmen der schulischen Ordnung. Die militärische Disziplin trug wahrscheinlich als wichtiger Faktor dazu bei, den Menschen für die Anforderungen der technischen Welt und des industriellen Betriebs vorzubereiten.

Die militärische Disziplinierung verlangte vom Individuum Gehorsam und erstrebte das uniforme Handeln der verschiedenen Soldaten. Sie intendierte nicht den Konsens per Diskussion, intendierte eigentlich auch nicht die Anpassung der eigenen Meinung an die des Kollektivs, sondern die unbedingte Unterordnung unter die Anweisungen des Vorgesetzten und insofern den Verzicht auf Meinung. Als Begeisterung für bestimmte vorgegebene Ziele war Meinung so lange erwünscht, wie sie nicht zu eigenständiger Verwirklichung führte und mit dem Befehl nicht kollidierte.

Solche Begeisterung und Identifizierung läßt sich als Persönlichkeitsgewinn interpretieren. Als Einschränkung der »Persönlichkeit« ist die militärische Disziplin insofern zu verstehen, als allein das übereinstimmende Verhalten gefordert und geduldet wird, wobei die Persönlichkeitsdifferenzen nicht eigentlich egalisiert, sondern ignoriert werden. Als Einschränkung der Persönlichkeit stellt sich die kavalleristische Disziplin auch insofern dar, als der einzelne seine Handlungen weder an seinem spontanen Antrieb noch an der sinnsuchenden Vernunft orientiert, als er auch nicht in dem Maße wie der Ritter nach ethischen Prinzipien entscheidet, sondern sein Handeln ohne Rücksicht auf seine Innerlichkeit nach den von außen kommenden Anweisungen ausrichtet. Da der Sinn und Zweck des Handelns vorgegeben ist, stört die eigene Erwägung nicht nur; sie wird darüber hinaus überflüssig. Der »Persönlichkeits«verlust läßt sich generell also darin sehen, daß die Innerlichkeit mit ihren Motiven und Sinngebungen vom äußeren Handeln getrennt, daß die eine Seite gefordert, die andere aber ignoriert wurde.

Die eindeutige Division des inneren und des äußeren Bereichs verzeichnet die Situation insofern, als im Idealfall das per Befehl erwirkte gemeinsame Handeln der Begeisterung für die gemeinsamen Ziele entsprach. Zudem stellte die Tendenz, die Innerlichkeit zu ignorieren, keinen Selbstzweck dar; sie bildete vielmehr eine unvermeidbare Konsequenz der Koordination des Handelns als des Weges, das gesamte Potential der Reiterschar optimal einzusetzen. Die Disziplinierung erschien als die einzige Möglichkeit, die aus divergenten Aktionsrichtungen resultierenden Kraftverluste zu vermeiden. Mit der Vergrößerung der Armeen wuchs die Gefahr der Desintegration und damit dann auch das Anliegen der Disziplinierung, die sich aufgrund sachgesetzlicher Überlegungen als Weg zur Lösung des vorgegebenen Problem anbot. Die Offiziere und Führer unterlagen der Disziplinierung insofern, als sie einmal ihren Vorgesetzten zu gehorchen, aber darüber hinaus auch in ihren Überlegungen und Entscheidungen den realen Gegebenheiten und Möglichkeiten zu entsprechen hatten.

Die charakteristische Stärke der Kavallerie lag in der Offensive. Die in schwungvollem Galopp vorgetragene Attacke dokumentierte die Bereitschaft, ohne Deckung und Absicherung auf den Feind loszugehen und ihn zu überwinden. Der Eindruck, den eine solche Bereitschaft beim Gegner vermittelte, läßt sich an dem

Umstand ermessen, daß die Mehrzahl der Kavallerie-attacken nicht in der direkten Auseinandersetzung, sondern mit dem Aus- oder Zurückweichen einer der Fronten entschieden wurde. Die Erfolge selbstbewußt-forschen Auftretens bestätigen und verfestigen den offensiven Geist der Kavalleristen im militärischen wie im außermilitärischen Bereich. Das initiative, auf Auseinandersetzung und Erfolg gerichtete Handeln kennzeichnete solche Offensive, nicht das abwartende Beharren, die Konzentration auf die Verteidigung und die Sorge um die eigene Sicherheit. Der offensive Geist der Kavalleristen, die, das ist einschränkend zu berücksichtigen, nur einen Teil des Gesamtheeres ausmachten und deren Operationen im Rahmen der Tätigkeiten der gesamten Armee zu würdigen sind, brachte eindrucksvolle Siege; er führte später aber auch dazu, daß Berittene ungedeckt gegen das Feuergefecht der Infanterie anstürmten und Pferde wie Reiter zerschossen wurden. Die mit den hergebrachten Mitteln vorgetragene Offensive entsprach den veränderten militärtechnischen Verhältnissen nicht mehr. Die Kavalleristen verkannten dies in ihrer verfestigten Einstellung.

Auch die rigorose Disziplinierung brachte nicht nur Vorteile; sie wurde mit der Einschränkung der Selbständigkeit und Unternehmensbereitschaft erkauft. Der eigenständigen Planung und Entscheidung, die man in einem langwierigen Ausbildungsprozeß gegen hartnäckige Widerstände ausgeklammert hatte, bedurfte die Kavallerie vor allem bei den Aufklärungs- und Verteidigungsaufgaben, die seit der Mitte des 19. Jahrhunderts in vermehrtem Maße an die Stelle der direkten Beteiligung an der Schlacht rückten. Die in der Disziplinierung systematisch unterdrückten Fähigkeiten ließen sich bei situativem Bedarf nicht ohne weiteres wieder aktivieren. In diesem Sinne ist es bezeichnend, daß die preußische Kavallerie bereits zu Friedrich des Großen Zeiten mit der Aufklärung und Verschleierung Schwierigkeiten hatte, während die weniger streng disziplinierten Napoleonischen Reiter in diesem Bereich Beachtliches leisteten.

Die Disziplinierung allein führte noch nicht zur Handlung; sie bedurfte eines Ziels, auf das der durch sie erreichte Konsens der Aktion sich richtete. Die Einbuße des eigenständigen Denkens und Entscheidens in der Mannschaft setzte im Offiziersstand Führungspersönlichkeiten voraus, die – unabhängig von Einzelentscheidungen – generell doch »vernünftige«, erfolgversprechende und akzeptable Richtungen wiesen. Ohne die von den Führungskräften vorgegebenen Inhalte blieb die Disziplin reine Form. Die Bereitschaft zur Führung und Entscheidung scheint sich im Zuge eines allgemeinen, die Armee wie die übrigen Bereiche der Gesellschaft umfassenden und über Generationen sich hinziehenden Disziplinierungsprozesses vermindert zu haben. Daher forderten Kavallerietheoretiker am Ende des 19. Jahrhunderts vom Offizier mit Nachdruck den Mut zur Entscheidung und zum konsequenten Beibehalten des eingeschlagenen Weges als besten Garanten des Erfolgs; sie forderten dies gegen die Gefahr, auf der Suche nach der besten Entscheidung zu verweilen und nicht mehr zum Handeln zu kommen. Das starre Festhalten an einst bewährten Lösungen stand freilich ebenso wie die einseitige Disziplinierung den Innovationen im Weg, die die Wandlungen der Militärtechnik verlangten, zu denen die Kavallerie aber nicht in der Lage war.

VIII. Resümierender Rückblick

Der Versuch, einen Überblick über die Geschichte des Reiterkriegertums zu liefern und dabei auch kultur- und universalhistorische sowie soziologische Aspekte zu berücksichtigen, führte dazu, drei ausgeprägte Typen von Reiterkriegern zu unterscheiden, nämlich den Bogenreiter, den Ritter und den Kavalleristen. Die Höhepunkte der Entwicklung der verschiedenen Typen folgten aufeinander. Die Pferdebogner wirkten vornehmlich im Altertum und im Mittelalter, die Ritter im Mittelalter, die Kavalleristen in der Neuzeit. Auch hinsichtlich ihrer lokalen Herkunft lassen die Typen sich unterscheiden. Die Pferdebogner waren in erster Linie eine asiatische Erscheinung, die Ritter und die Kavalleristen eine europäische. Eindeutig ist das gesamte Reiterkriegertum den Typen jedoch nicht zuzuordnen; es gibt Zwischen- und Übergangsformen, zum Beispiel die Reitertruppen der Griechen, der Makedonen, der Römer, der Karthager oder der Germanen. Ferner beschränken die drei Typen sich nicht auf bestimmte Epochen und Entstehungsorte beziehungsweise Gesellschaften. Im Afrika der Römerzeit und im neuzeitlichen Amerika entwickelte sich zum Beispiel eine nomadisch orientierte Reiterei, die den asiatischen Bognern sehr ähnlich war. Schließlich beschränkten sich zahlreiche Gesellschaften nicht auf einen Reiterkriegertypus; neben einer dominierenden Form bedienten sie sich häufig einer weiteren. In den gleichen Heeren kämpften vielfach leichte und schwergepanzerte Reiter. Die fließenden Übergänge zwischen den Typen unterstützten die parallele Existenz.

Ebenso wirklich wie die angedeuteten Einschränkungen waren die relativ reinen Typen, die keine Konstrukte des menschlichen Geistes darstellen. Dennoch werden die Typen hier nicht in erster Linie als historisch und lokal gebundene Formen, sondern als generelle Wege des Reiterkriegertums geschildert. Sie lassen sich auch als allgemeine Akzente verstehen, an denen die verschiedenen Reitertruppen in unterschiedlicher Weise partizipierten und die von einzelnen Aufgeboten einseitig, das heißt in der Konzentration auf einen der verschiedenen Akzente, verwirklicht wurden.

Der Pferdebogner ging von der nomadischen Beziehung des Menschen zum Tier aus. Das Pferd war relativ eng in den Lebenskreis der Nomadengruppe einbezogen, es lebte mit Anschluß an die Familie oder war Mitglied des familiären Verbandes, und zwar im Stil der sozialen Einheit des »ganzen Hauses«.[1] Mensch und Tier standen sich dabei zwar emotional nahe, die Enge ihrer Beziehung resultierte jedoch nicht vornehmlich aus besonderen Kräften und Richtungen des Gemüts. Die Basis der »biologischen« Symbiose war nüchterner. In der Kooperation mit dem Tier, in seiner Nutzung und Ausnutzung gestaltete der Mensch sein Leben. Unter anderem dienten das Fleisch und die Milch der Tiere der Ernährung des Menschen, ihr Fell seiner Bekleidung. Die hirtennomadische Verbindung zum Pferd prägte das asiatische Reiterkriegertum; sie spiegelte sich vor allem in der direkten und selbstverständlichen, quasi kentaurenhaften Beziehung des Reiters zum Pferd.

Das durch die technischen Hilfen von Sattel, Zaumzeug und Rüstung vermittelte Verhältnis des abendländischen Panzerreiters zum Tier unterschied sich vom nomadischen beträchtlich. Der typische Ritter verstand das Pferd selbst weniger als Partner und mehr als technisches Gerät. Die Mittelbarkeit seiner Beziehung zum Tier beruhte auf der in seiner Bedeutung beschränkten und wenig »ursprünglichen« Position des Pferdes bei den fränkischen Stämmen; nur ein Teil ihrer Angehörigen wußte mit Pferden umzugehen, und sie nutzten die Tiere vornehmlich als Kriegs- und Transporthilfe. Der gesamtgesellschaftlichen Einbeziehung des Pferdes in den Lebenskreis der Menschen bei den Nomaden läßt sich die teilgesellschaftliche bei den abendländischen Bauern gegenüberstellen.

Bei den Kavalleristen ist ebenfalls von einer teilgesellschaftlichen Einbeziehung des Tieres in den Lebenskreis des Menschen zu sprechen. Einerseits war das Pferd im Laufe des Mittelalters in der europäischen Land- und Transportwirtschaft allgemein bekannt geworden, andererseits nahm im Laufe der Neuzeit die Zahl der Menschen zu, die in ihrem Elternhaus oder in ihrem Beruf den Umgang mit dem Pferd nicht mehr lernten. So verfügten viele Kavalleristen nicht über ein unmittelbares und selbstverständliches Verhältnis zum Tier. Stattdessen mußte die Beziehung in einem langwierigen und intensiven Ausbildungsprozeß aufgebaut und gefestigt werden; sie gewann zwar in der Regel wohl nicht die Selbstverständlichkeit des nomadischen Verhältnisses, ging aber über die Nutzung des Tieres als Hilfsmittel hinaus, und zwar mit dem Ziel einer differenzierten partnerschaftlichen Kooperation.

Als quasi technisches Gerät oder Hilfsmittel scheint das Pferd vor allem von den berittenen Hopliten aufgefaßt worden zu sein. Sie entwickelten sich als Übergangstypus bei den Griechen und Römern ebenso wie im Anfangs- und Endstadium des abendländischen Rittertums. Das bedeutete natürlich nicht, daß Hopliten dem Pferd emotional völlig indifferent gegenüberstanden, aber den engen Tierkontakt der Nomaden erreichten sie nicht.

Die Weite des Landes, die Bereitschaft zur Offensive und die Fernwaffe, die den Nahkampf systematisch umging, korrespondierten beim nomadischen Reiterkrieger einander. Auch wenn der Pferdebogner einen leichten Schild trug, konzentrierte er sich nicht auf die Verteidigung. Sein Metier war der präventive Angriff, die einzige Alternative dazu lag in der Flucht. Das unmittelbare Verwachsensein mit dem Pferd erlaubte dem Nomaden schnelles und gewandtes Manövrieren inklusive der Täuschung. Das taktische Mittel der verstellten Flucht trug wesentlich zu Effektivität der Bogenwaffe bei. Nach abendländisch-ritterlichen Vorstellungen kämpften die Nomaden hinterlistig und feige. Die Bogner ließen sich aus ritterlicher Sicht ausschließlich vom Erfolg ihrer Taktik bestimmen; für sie stellte reiterliches Geschick einen zentralen Wert dar. Die abendländischen Panzerreiter waren ihnen in dieser Hinsicht deutlich unterlegen. Der nomadische Einsatz der Fernwaffe konnte freilich sogar mit religiös-ideologischen Zielen legitimiert werden; besonders ausgeprägt geschah dies später in der Verbindung des Zen-Buddhismus mit der Kunst des Bogenschießens im ritterlichen Yabusame Japans.[2] Die Annahme, die Taktik der Bogner sei ausschließlich von der militärischen Effektivität und nicht von darüber hinausgehenden Werten und Ideen bestimmt worden, entspringt wahrscheinlich der abendländischen Perspektive und ihrer Fixierung auf die agonalen Prinzipien. Die abendländischen Panzerreiter verstanden den Krieg als ritterliche Auseinandersetzung und Wett-

kampf der Helden. Im Prinzip identifizierten sie sich mit den Normen des Agon, auch wenn sie in Einzelfällen von ihnen abwichen. Diese Einstellung kollidierte mit taktischen Manipulationen, die den Feind täuschten, das Aufgebot nicht in seiner gesamten Stärke oder verdeckt gegen ihn führten und ungleiche Bedingungen zu seinem Nachteil ausnutzten. Das von germanischen Vorstellungen geprägte und von der Idee des Kampfverlaufs als eines Gottesurteils beeinflußte Leitbild des ritterlichen Helden entsprach den defensiven Aufgaben des nordwestlichen Europas; es fand im schweren Panzerreiter die ihm angemessene Waffe. Jedes Ausweichen erschien als Rückzug und feige Flucht, niemals jedoch als taktische Maßnahme. Neben den ideologischen waren den Rittern beim Manövrieren durch die schwere Rüstung von Mann und Pferd praktische Grenzen gezogen.

Das derart eingeschränkte Aktionsfeld der Ritter erforderte in reiterlicher Hinsicht in erster Linie den festen Sitz beim Zusammenprall mit dem Gegner. Besondere Wendigkeit und Geschmeidigkeit sowie ursprüngliches oder reittechnisch perfektioniertes Verwachsensein mit dem Pferd wurden nicht verlangt und konnten sich auch kaum entfalten. Dem Ritter war das taktische Manövrieren wie die flinke Verfolgung des Gegners auch aufgrund seiner reiterlichen Möglichkeiten und Grenzen fremd. Über den Antritt in mäßigem Tempo gelangte seine Offensive nicht hinaus. Aus der Sicht des wendigen Bogners verband sich das relativ niedrige reittechnische Niveau des Ritters mit seiner als Feigheit interpretierbaren Tendenz, in der schweren Rüstung Schutz zu suchen und den Gegner ohne taktischen Einsatz auf sich zukommen zu lassen. Die Nahwaffe, nicht die Lanze, sondern der Degen, verband den Kavalleristen mit dem Ritter. Allein am Anfang und am Ende ihrer Epoche kämpften die disziplinierten Reiterkrieger mit der Feuer-, das heißt mit der Fernwaffe, zunächst mit der Pistole, dann mit dem Karabiner, Die Auseinandersetzungen um die Nah- und die Fernwaffe führten innerhalb der Kavallerie zu beträchtlichen Konflikten, die das Selbstverständnis dieser Reiterkrieger zentral betrafen. Zumindest zur Zeit der Blüte dieser Waffengattung scheint der »echte« kavalleristische Geist die Aversion gegen die Fernwaffe eingeschlossen zu haben. Wahrscheinlich wirkte bei dieser Einstellung die traditionelle ritterliche Ideologie nach. Die Kavalleristen kannten zwar eine Kriegstechnik, die sich mit den Prinzipien der mutigen Auseinandersetzung und des Durchhaltens an der ritterlichen orientierte, mit den Forderungen der Disziplin und der Offensive aber über diese hinausging. Für den einzelnen Soldaten gewannen die ethischen Normen wahrscheinlich nicht die Bedeutung, wie sie der ritterlichen Ideologie vom Agon zugekommen war. Dies lag daran, daß der kavalleristische Kampf in erster Linie von Verbänden und nicht von einzelnen Reitern getragen wurde. Es beruhte ferner auf dem großen Umfang des kavalleristischen Aufgebots einerseits und der relativ kleinen, vergleichsweise elitären Schar der Panzerreiter andererseits. Der einzelne Soldat trat bei der Kavallerie hinter die taktische Einheit zurück, seine Motive und Einstellungen zum Krieg blieben angesichts der primären Forderung nach Gehorsam zweitrangig. Die Eingliederung des einzelnen in den Heeresverband war für die Kavallerie charakteristisch; sie stellte eine ausschlaggebende Voraussetzung für den großen Erfolg dar, der vielfach des direkten Kampfes Mann gegen Mann gar nicht bedurfte, sondern sich schon als Konsequenz der geschlossenen Offensive und derart demonstrierter Kampfbereitschaft einstellte. Fiel die Formation auseinander – wie es leicht nach dem ersten glücklichen Anritt geschah – dann verlor die Kavallerie die sie kennzeichnende Schlagkraft; in ihrer eigentlichen Effektivität bestand sie dann nicht mehr.

Im Gegensatz zum Ritter verwandte der Kavallerist die Nahwaffe offensiv, nicht minder offensiv als der Pferdebogner seine Fernwaffe. Der einzelne Kavallerist kämpfte dabei allerdings – anders als der Bogenreiter – im Rahmen der Möglichkeiten, die ihm als Glied innerhalb des disziplinierten Verbandes blieben. Die kavalleristische Truppe insgesamt trug als Teil des umfassenden Heeresverbandes mehr oder minder ausschlaggebend zum Erfolg bei. Der offensive Einsatz der Kavallerie korrespondierte einer auf Expansion gerichteten politischen Situation, z. B. beim Schwedenkönig Gustav Adolf, im Preußen Friedrich II. oder im Frankreich Napoleons.

Die kavalleristische Offensive ermöglichte außer der Umgehung und dem Flankenangriff kaum taktische Manöver. Zu einer Maßnahme wie der verstellten Flucht, die an die Disziplin wie ans reiterliche Können außergewöhnliche Anforderungen stellte und die geordnete Verbände mit durchschnittlichen Kräften wohl nur in der Theorie zu leisten vermochten, war sie nicht in der Lage. Ihre Stärke lag in der geschlossenen Attacke. Der Angriff ohne Rückversicherung trug im

17., 18. und in der ersten Hälfte des 19. Jahrhunderts zur moralischen Überwindung des Feindes entscheidend bei; im ausgehenden 19. und beginnenden 20. Jahrhunderts lieferte er die Kavallerie dann aber schutzlos dem Feuergefecht der Infanterie aus.

Die Offensive im Verband beruhte auf einer reittechnischen Ausbildung und Fähigkeit, die die des mittelalterlichen Ritters überstieg, die ursprüngliche und selbstverständliche Verbindung des nomadischen Bogners zum Pferd jedoch nicht erreichte.

Der Nomade wuchs im problemlosen Kontakt mit dem Tier auf, der Kavallerist hatte ihn erst in der Ausbildung zu lernen. Die verschiedenen Methoden der Aneignung führten zu unterschiedlichen Akzenten in der reittechnischen Fähigkeit – beim Nomaden dominierte das auf dem Verwachsensein mit dem Tier aufbauende Geschick, beim Kavalleristen die auf Ausbildung und Disziplin basierende Beherrschung des Tieres in bestimmten Lektionen und gemäß kodifizierter Reitvorschrift.

Zwischen den ausgeprägten Typen des nomadischen Bogners, des schweren Panzerreiters und des disziplinierten Kavalleristen standen aufschlußreiche Übergangserscheinungen. Unter ihnen ist die Panzerreiterei des iranischen Raums besonders bemerkenswert. Ausgerechnet im Bereich des offensiven Pferdebogners entwickelte sich nämlich der defensive Reiterkrieger in Gestalt des Klibanariers und des Kataphrakten. Die Reiter schufen den Panzer allerdings nicht als originäres Gut; sie übernahmen ihn von den Streitwagenkämpfern. Die Pferfektionierung des Panzers durch die offensiven parthischen Pferdebogner ist wohl dahingehend zu interpretieren, daß selbst weitreichende Aggressionswaffen auf Dauer die defensiven Kräfte nicht ersetzen konnten, wenn sich nach der erfolgreichen Offensive die Tendenz einstellte, das Risiko des Angriffs zu meiden und sich auf die Verteidigung des Erreichten zu beschränken. Das Eroberte wurde als Besitz beansprucht, verwaltet und gesichert. Die erfolgreiche Offensive scheint im Zusammenhang mit dem Nutzen und Pflegen des Erworbenen, auch im Zusammenhang mit der Kultivierung, Stilisierung und »Verhofung« des Lebens im Laufe der Zeit zumindest tendenziell in defensive Einstellungen überzuleiten. Von der Defensive läßt sich vice versa nicht in gleicher Weise sagen, ihr sei die Entwicklung zur Offensive immanent. Auch in diesem Zusammenhang bleibt es fraglich, ob die christlichen Ordensritter sich im Osten wirklich als eine offensive

47. *Deutsche Kavallerie auf dem Vormarsch (Deutsche Offensive an der Westfront-Schlacht um Frankreich 1918)*

48. »*Der Vormarsch unserer Truppen in Polen geht unaufhaltsam vorwärts*«, 1939

Truppe verstanden. Möglicherweise interpretierten sie ihren Einsatz mehr als Abwehr des Antichristen.

Der abendländische Panzerreiter entwickelte bezeichnenderweise neben seiner Verteidigungskraft keine Angriffswaffe; ursprünglich duldete er nicht einmal offensive Hilfstruppen an seiner Seite. Diese Einstellung entsprach der Aufgabe der Landesverteidigung. Sofern offensive oder quasi offensive Ziele später hinzukamen, verfolgten die Ritter sie nicht selber; sie taten dies zumindest nicht ohne Hilfsmittel, verpflichteten hierfür vielmehr eine neben ihnen operierende leichte Reiterei.

Im griechischen Raum verliefen die Entwicklungen ähnlich: Zur Zeit der Perserkriege leistete das griechische Heer vorwiegend defensive Aufgaben. Die ideologische Aversion gegen die Fernwaffe war zu dieser Zeit so tief verwurzelt, daß die Hellenen den Bogen trotz seiner augenscheinlichen Effizienz nicht übernahmen. Im peloponnesischen Krieg wurde die Frage der Anpassung nicht akut, da in ihm Griechen gegen Griechen mit agonalen Waffen kämpften. Erst als die Makedonen mit ihren agonalen Waffen den Rahmen der engeren und weiteren Landesverteidigung überschritten und in selbstbewußter Offensive ein Weltreich errichteten, tauchte auch in ihren Reihen der offensive Pferdebogner auf. Dies geschah allerdings erst in Nordindien und nicht durch die Umrüstung der makedonischen Truppen, sondern durch die Verpflichtung von Söldnern. Zwei Gründe scheinen für die relativ späte Verstärkung durch Bogenreiter bestimmend gewesen zu sein. Einmal war die Reitertruppe Alexanders zwar schwerbewaffnet, dies jedoch nicht in dem Maße und der Einseitigkeit wie die abendländischen Ritter; ihre Beweglichkeit war daher in beträchtlich geringerem Maße eingeschränkt. Zum andern wurde das Heer Alexanders aufgrund seiner Überlegenheit lange nicht zur Anpassung und Umrüstung veranlaßt; der Vorzug der makedonischen Truppen lag vor allem in der monarchischen Führung und der aus ihr resultierenden Disziplin.

Die einseitige Entwicklung des abendländischen Panzerreiters hing eng mit seinen defensiven Aufgaben zusammen. Eine ähnliche Abhängigkeit liegt bei den schweren griechischen Reitern vor; sie waren von berittenen Hopliten als einer Art von Universalkriegern ausgegangen. Die Veränderung der Bedürfnisse und Orientierungen schlug sich auch bei ihnen nicht direkt in einem Wandel der eigenen Bewaffnung und Ausrüstung nieder; die Verpflichtung von Hilfstruppen leistete eine Vermittlerfunktion, die den Prozeß der Anpassung und der Übernahme schrittweise sich vollziehen ließ. Wie die Makedonen verfolgten die Römer und später die Ordensritter ihre neuen offensiven Ziele durch das Engagement fremder Bogenreiter. Die direkte Rezeption des Bogens durch die chinesischen Reiter widerspricht dem Vermittlungsvorgang nur bedingt; die Chinesen nutzten den Bogen nämlich schon vom Streitwagen aus.

Die Umrüstung auf die Fernwaffe verlief wahrscheinlich krisenhaft. Manches spricht für die Annahme, daß Pferdebogner sich problemloser mit den Defensivwaffen vertraut machten. Die der erfolgreichen Offensive implizite Tendenz zur Sicherung des Erworbenen weist in diese Richtung. Ferner ist in diesem Zusammenhang bemerkenswert, daß die Panzerung fast unbemerkbar beginnen und in kleinen Schritten weitergeführt werden konnte. In dicker Kleidung lag schon ein erste Ansatz in dieser Richtung. Den für sein späteres Bild ausschlaggebenden Anfang nahm der Panzer wahrscheinlich von Blechstücken, die der Schamane sich aus religiösen wie wehrtechnischen Motiven umhing und die im Laufe der Zeit zu einem Gewand verbunden und vervollständigt wurden. Ähnlich fließend ließ sich nicht von der Lanze oder dem Schwert auf den Bogen umrüsten. In diesem Zusammenhang ist freilich auch zu berücksichtigen, daß nicht eigentlich die Reiter den Panzer erfanden; dieses Hilfsmittel kannten bereits die Streitwagenfahrer, es bedurfte nur einer spezifischen Adaption.

Wegen ihres militärischen Leistungsvorsprungs beanspruchten die Reiterkrieger erfolgreich gesellschaftliche Privilegien. Innerhalb der nomadischen Reitervölker wurde der Jungmannschaft der zu Pferde sitzenden Krieger eine elitäre Position eingeräumt. Als ganze überlagerten die Reitergesellschaften die nichtreitende Vorbevölkerung; sie gerierten sich als eine Klasse von »Übermenschen« und fristeten mit den Tributen und Arbeitserträgen der Unterworfenen ein herrenmäßiges Dasein. Schon nach relativ kurzer Dauer eines solchen Lebens minderte sich die Bereitschaft zur Offensive und die Fähigkeit zur handfesten Leistung. Mit weiterem Fortschreiten verunsicherte diese Entwicklung die Position der Herren zunehmend; darüber hinaus verloren sie das Vermögen, sich gegen Reiterscharen zu wehren, die mit ursprünglicher Offensivkraft kämpften. Beim Aufstieg und Niedergang der Herrenschichten verbanden sich demnach endogene Prozesse mit exogenen. Zu den endogenen Wandlungen gehört die Tendenz der beherrschten Grundbevölkerung, die Sitten und Lebensgewohnheiten der Elite zu übernehmen, den Arbeitseinsatz oder die Tribute zu mindern und der Oberschicht dadurch die wirtschaftliche Basis ihres höfischen Stils zu entziehen. Mit all ihren Folgen setzten diese Prozesse erst ein, wenn die Herrenschicht nicht mehr stark genug war, ihre Privilegien konkurrierenden Gruppen zu versagen. Die Verschiebungen wurden zum Teil durch Sozialrevolten forciert.

Beim griechischen und beim römischen Adel, bei den europäischen Rittern und auch noch bei den Kavalleristen scheint die Überlegenheit des Reiters gegenüber dem Fußgänger den Ausgangspunkt, zumindest aber das kennzeichnende Symptom seiner im weiteren auch politischen und kulturellen Privilegierung gebildet zu haben. Die Expansion der Vorrechte vom militärischen auf den gesamten gesellschaftlichen Bereich scheint generell – einzelne Ausnahmen heben die allgemeine Tendenz nicht auf – die Bereitschaft und Fähigkeit zur handfesten Kriegsleistung reduziert zu haben. Diese Entwicklung zwang dazu, die Aufgaben vor dem Feind neuen Kräften anzuvertrauen und ihnen die riskante Chance zum militärischen Leistungsvorsprung einzuräumen.

Der zunehmende politische Einfluß des römischen Reiteradels sowie seine schwindende militärische Effektivität sind relativ gut erforscht: Bezeichnenderweise bedienten die Römer sich numidischer und dann auch germanischer Reiter, denen später das Bürgerrecht eingeräumt wurde und die dann auch die Möglichkeit hatten, zu den höchsten Staatsämtern aufzusteigen. Im Abendland kristallisierte sich aus der Gruppe der Panzerreiterkrieger der ritterliche Stand als eine privilegierte Gesellschaftsschicht, neben der der Ritter als standesindifferenter Reiterkrieger vor allem wahrscheinlich deshalb erhalten blieb, weil die der handfesten Leistung entwöhnten Herren die kriegerischen Aufgaben nicht mehr zu erledigen vermochten; sie bedurften hierzu der Knechte, die dadurch eine mit dem Wandel der Epochen sich verändernde Chance gewannen, die in ihrer Höhe wechselnden Standesschranken zu überspringen und aufzusteigen. Die Verbindung mit dem Pferd brachte dem Menschen einen Machtzuwachs, der im Zusammenhang mit dem ihm vom Fußgänger gezollten Respekt sein Selbstbewußtsein prägte. Möglicherweise führte dieser Umstand zu den Schwierigkeiten, die die verschiedenen Typen von Reiterkriegern mit der Disziplinie-

rung ihres Aufgebots hatten. Die unstet lebenden Nomaden waren sich der Bedeutung des Gehorsams bewußt; ihr militärischer Erfolg hing entscheidend davon ab, ob es den Führern gelang, die ungestüme und daher auch ungeregelte Angriffslust der Scharen in einheitlichen Aktionen zu kanalisieren. Obwohl es bei den Reiternomaden nicht an Versuchen fehlte, die Disziplin in eine systematische Ordnung und Organisation der Mannschaft zu überführen, scheint sie sich vornehmlich auf den Gehorsam gegenüber dem Führer zu Beginn der Auseinandersetzung beschränkt zu haben. Er ermöglichte die riskante Taktik der verstellten Flucht, die über die Disziplin hinaus den Einsatzwillen des einzelnen Mannes voraussetzte, wenn sie nicht Gefahr laufen wollte, in eine wirkliche Flucht überzugehen; allein durch äußeren Druck funktionierte dieses Manöver im Ernstfall nicht. Die militärischen Erfolge der Hunnen, der Araber und der Mongolen scheinen deshalb vor allem auf der Verbindung von Engagement und Disziplin beruht zu haben. Der von verschiedenen Führern als blindes Prinzip und mit rücksichtsloser Härte durchgesetzte Gehorsam blieb auf das Verhältnis des einzelnen Mannes zu einem bestimmten Herren beschränkt. Die begrenzte Institutionalisierung der Disziplin bildete wohl einen der Gründe dafür, daß die Pferdebogner ihre Erfolge mehrfach nicht voll zu nutzen verstanden und daß die Reiche, die sie aufbauten, meist nicht stabil waren und nicht lange bestanden.

Der Disziplinierung der Ritterschaft stand der Wert entgegen, der persönlicher Leistung und persönlicher Ehre zugemessen wurde. Die Ritter gewannen auch im Kampf keinen Abstand von ihrer Ideologie, sie verstanden ihn vielmehr als den genuinen Verwirklichungsort ihrer Prinzipien. Die Ideologie bestimmte den Krieg der Ritter möglicherweise stärker als der übliche Lebensstil der Nomaden das Gefecht der Pferdebogner, bei denen man darüber hinaus berücksichtigen muß, daß sie vielleicht Kooperationsformen der Jagd und der übrigen Lebensfristung auf den Kampf übertrugen.

Die als Gehorsam gegenüber dem Befehl des Vorgesetzten wie als personindifferente Institutionalisierung von Ordnungs- und Machtverhältnissen verstandene Disziplinierung kennzeichnete das Reiterkriegertum der Kavalleristen. Die von bestimmten Führern weitgehend unabhängige Organisation des Verbandes implizierte den Verzicht auf persönliche Motive und Argumente. Sie bedingte nach der Epoche ritterlicher Kultivierung der Persönlichekeit eine Art von Persönlichkeitsverlust. Er wurde als Preis für die Uniformität des äußeren Handelns in Kauf genommen. Nur mit dem Verzicht auf die »Innerlichkeit« des einzelnen Soldaten war der effektvolle Einsatz aller Kräfte in eine Richtung zu bewerkstelligen.

Die verschiedenen Aspekte, hinsichtlich derer die drei ausgeprägten Reiterkriegertypen beschrieben wurden, machen unter anderem deutlich, daß sich die Folge von nomadischen Pferdebognern, abendländischen Rittern und disziplinierten Kavalleristen nicht in ein einliniges axiologisches Evolutionsschema mit dekadierender oder aszendierender Richtung bringen läßt. Allein auf der Basis bestimmter Werte und Perspektiven kann man solche Entwicklungen »konstruieren«. Generell sind die verschiedenen Typen als besonders ausgeprägte historische Formen und Epochen zu verstehen, die komplex miteinander verbunden waren. Sie korrespondierten sozio-ökonomischen Verhältnissen wie ideologischem »Überbau«. Innerhalb der Typen existierten verschiedene Entwicklungslinien, und die einzelnen Formen des Reiterkriegertums reagierten auch untereinander auf ihre unterschiedliche Akzentuierungen im Verlauf der Geschichte, dies unter anderem in dem Sinne, daß die generell im Reiterkriegertum liegenden Möglichkeiten durchgespielt beziehungsweise ausprobiert wurden.

Die Analyse der verschiedenen Formen und Prozesse des Reiterkriegertums geht über den Bereich geschichtlicher Detailprobleme hinaus; sie liefert empirische Ansätze zu einer historischen Anthropologie und Soziologie: Die Wandlungen des Reiterkriegertums stellten Veränderungen des menschlichen Verhaltens, Veränderungen der Normen und Ideale und auch Veränderungen der Affekte, des Empfindens und des Bewußtseins dar. In ihnen ereigneten sich die »langfristigen Wandlungen der Affekt- und Kontrollstrukturen«, die Elias[3] vom abendländischen Mittelalter und von der abendländischen Neuzeit beschrieb.

Die verschiedenen Entwicklungslinien des Reiterkriegertums zeugen derart von der Geschichtlichkeit des Menschen, von seiner Modifikabilität und von seiner Bereitschaft, sich in der Auseinandersetzung mit der ideellen wie der materiellen Welt prägen zu lassen. Die Bildung des Menschen geschah im Zusammenhang mit der von Elias[4] besonders betonten »fortschreitenden Verflechtung« und »zunehmenden Differenzierung«; sie verlief aber auch unabhängig von diesen gesellschaftlichen Prozessen als Auswirkung der mit den verschiedenen Formen des Reiterkriegertums verknüpften Ideen sowie als Konsequenz von verschiedenen Weisen handfester Weltbegegnung. Für die handlungsbestimmende Kraft von Ideen hält das mittelalterliche Ritterum Beispiele bereit, die wahrscheinlich nicht einzigartig, aber aufgrund der durch die Quellen vermittelten Informationen besonders einleuchtend sind; zentral waren dort der Wert der agonalen Auseinandersetzung und die Normen, die in den verschiedenen Ritteridealen lagen.

Für die Veränderung des Menschen aufgrund der Auseinandersetzung mit handfester Welt liefern seine Reaktionen auf das dynamische »Objekt« Pferd bezeichnende Hinweise. Die Beschäftigung mit diesem Tier verschaffte dem Menschen Möglichkeiten, die er als neue Handlungsbereitschaften und neue Handlungsspielräume in sein Selbstbewußtsein aufnahm, die sich in neuen Einstellungen und Empfindungen verfestigten. Der aus der reiterkriegerischen Nutzung des Pferdes resultierende »offensive Geist« ist als eine »Veränderung des psychischen Habitus«[5] zu verstehen.

Die Wandlungen des Verhaltens und der Einstellungen zeigen, im Überblick betrachtet, eine allgemeine Tendenz in die Richtung der von Elias[6] beschriebenen »Zivilisation«, das heißt in die Richtung der Verfeinerung, des Verzichts auf handfeste Gewalt und der Steuerung der Affekte. Die detaillierte Betrachtung offenbart dann freilich, daß die Wandlungen in verschiedene Richtungen verliefen, daß verschiedenartige Handlungsmöglichkeiten in ihnen sich verfestigten und der »Prozeß der Zivilisation« immer wieder unterbrochen, verschoben und ins Gegenteil verkehrt wurde. Elias würdigte die der Zivilisation widerstreitenden Tendenzen anscheinend nicht hinreichend, obwohl er[7] sah, »wie schnell diese relativ langsichtige, triebbeherrschte und differenzierte Steuerung unseres Verhaltens abbröckeln oder zusammenbrechen würde, wenn sich die Angstspannung in uns und um uns veränderte«.

Die Entwicklungen innerhalb der verschiedenen Reiterkriegergesellschaften legen die Vermutung nahe, dem Menschen inhäriere generell die Tendenz von der direkten handfesten Weltbegegnung zur indirekten, das heißt zur Domestizierung, Zivilisierung, Kultivierung und auch Vergeistigung der ursprünglichen materiellen Auseinandersetzung mit der Welt und den Mitmenschen. Die Zivilisierung und Kultivierung der Daseinsgestaltung scheint den Menschen stets zu reizen, vor allem den durch aufreibenden körperlichen Einsatz sein Leben fristenden Menschen. Die Zivilisierung stellt aus dieser Sicht eine Entlastung dar; sie fasziniert in dieser Funktion, und zwar auch unabhängig von der von Elias[8] beschriebenen »Monopolisierung physischer Gewalt«. Zivilisierung scheint insofern von den Gewalthabern auszugehen, als Kriegsmannschaften dazu tendieren, nach dem Einsatz und dem Risiko der Offensive sich als eine Herrenschicht zu etablieren, die die Früchte der Eroberung nutzt, ein Hofleben aufbaut, sich dies von den Unterworfenen finanzieren läßt und sich in dieser Existenz dem handfesten Kriegseinsatz entfremdet.

Das Risiko und der körperliche Einsatz mag manchen faszinieren, der in einer abgesicherten und von den Gefechten der basalen Lebensfristung und Existenzsicherung entlasteten Welt lebt. Wer demgegenüber darauf angewiesen ist, in riskantem Einsatz sein Dasein zu gestalten, der wünscht ohne jede weitere Begründung die Befreiung vom körperlichen Einsatz und von der Gefahr. Die »Verhöflichung«[9] oder »Verhofung«[10] der Krieger ist daher ein Prozeß, der sich nicht nur im Abendland zwischen dem 11. oder 12. und dem 18. Jahrhundert verfolgen läßt. Er erscheint als eine generelle Bereitschaft, die sich bei den verschiedenen Pferdebognergesellschaften der Antike ebenso wie bei den griechischen und römischen Reiterkriegern oder bei den mittelalterlichen Rittern finden läßt. Die einzelnen Typen von Reiterkriegern stimmten unter anderem darin überein, daß sie Stadien der handfesten Bewährung im Kampf, der Entwicklung zum reiterlichen oder ritterlichen Adel und der Ausbildung einer höfischen Aristokratie aufweisen. Die Neigung, sich im höfischen Leben von der unmittelbaren und ernsten Kriegsbewährung zurückzuziehen, einen elitären Lebensstil mit besonderen Manieren, kurzweiligen Unterhaltungen, amourösen Reizen, geistigen Beschäftigungen, Jagd und Kriegsspiel zu entwickeln und anderen die Landesverteidigung wie den offensiven Kampf zu überlassen, scheint sich bei Kriegern aller Zeiten und unabhängig von besonderen historischen Umständen relativ schnell eingestellt und verstärkt zu haben, sobald sich ihnen die Gelegenheit zur Entlastung bot. Die Helden der Eroberergeneration hielten zwar vielfach an den alten Kampfidealen fest und sie warnten vor der »Verweichlichung«. Die zweite Generation richtete sich aber häufig schon so weitgehend im höfischen Dasein ein, daß sie zur handfesten Kriegsbewährung weder

bereit noch in der Lage war. Dieser Umstand ermöglichte den Aufstieg neuer Leistungsklassen im Dienste der Herren und auch als Überwinder eines verhoften Kriegeradels.

Möglicherweise hatte Elias[11] solch allgemeine Entwicklungsrichtungen im Auge, als er feststellte, die Unterschiede in der Rationalität und im Affektschema wie im Selbstbewußtsein und Triebaufbau der Engländer, der Franzosen, der Italiener und der Deutschen seien deswegen verstehbar, »weil ihnen die gleiche, menschlich-gesellschaftliche Gesetzmäßigkeit zugrunde liegt«. Die Distanzierung vom handfesten Kriegsgeschäft als einer Form von Arbeit verlief in den ersten Stadien in der Regel wahrscheinlich mit den Schwierigkeiten, gegen die Innovationen meist durchgesetzt werden müssen. Mit fortschreitender Verhöflichung oder Verhofung etablierten sich dann Einstellungen, die Veblen[12] hinsichtlich des Erwerbsfleißes dahingehend beschrieb, daß die Enthaltung von der Arbeit als ehrenwert und verdienstvoll angesehen wurde und bald als Voraussetzung der Vornehmheit galt. Es ist freilich einseitig, diese Entwicklung mit Veblen ausschließlich im Sinne des ostentativen Müßiggangs und des demonstrativen Konsums zu verstehen. Die Distanzierung von der handfesten Auseinandersetzung mit der Welt bildete eine Voraussetzung für den geistigen Abstand. Die Höfe, auch die der Reiternomaden, waren die kulturellen Zentren ihrer Zeit. In ihnen wurde das Sprechen kultiviert und das Schreiben geübt, wurden fremde Sprachen gelernt und literarische Werke verfaßt; dort förderte man das Handwerk, pflegte man die bildende Kunst und beschäftigte man sich auch mit technischen Fragen. Die höfische Entlastung vom Überlebensdruck und auch von den Mühen körperlicher Arbeit bildete die Voraussetzung des kulturellen Engagements, das vom ostentativen Müßiggang zu unterscheiden und als eine Leistung besonderer Art zu verstehen ist.

Die Verlagerung des Zugriffs vom Materiellen auf den Bereich des Geistes bewirkte eine andere Sicht der Welt; sie wandelte ferner den Menschen selbst, indem die von der Wahrnehmung ausgehenden Affekte nicht in Handlung umgesetzt, sondern im Inneren des Menschen verarbeitet wurden. Das Innen-leben gewann derart eine bis dahin nicht gekannte Bedeutung für die menschliche Existenz. Die Abkoppelung der Affekte und ihrer Energien von den Handlungen zugunsten der Innenverarbeitung stellt sich als die Basis der kulturellen Tätigkeit des Menschen dar.

In diesem Sinne hat Elias[13] von »befriedeten Menschen« gesprochen, denen »die entsprechend befriedete Natur in einer neuen Weise sichtbar« werde. Die von Handlungsabsichten befreite Natur wurde »in hohem Maße zu einem Gegenstand der Augenlust«, und zwar vor allem für die städtischen Menschen, denen Feld und Wald nicht mehr Alltag, sondern Erholungsraum war. Solche Menschen wurden und werden empfindlicher, sie sahen und sehen »das offene Land differnzierter und in einer Schicht, die zuvor den Menschen durch Gefahren und das Spiel ungedämpfter Leidenschaften verdeckt war; sie erfreuen sich am Zusammenklang der Farben und Linien; sie werden offen für das, was man die Schönheit der Natur nennt; ihr Empfinden wird angesprochen durch den Wechsel der Töne und Figuren am Wolkenhimmel und durch das Spiel des Lichts in den Blättern eines Baumes«. Was Elias hier für den Bereich des Ästhetischen konstatierte, trifft nach seiner Ansicht allgemein für die Entwicklung von Zivilisation und Kultur auf der Basis der Entlastung von handfester Lebensbewältigung zu: »Schichten, die dauernd in der Gefahr des Verhungerns oder auch nur in äußerster Beschränkung, in Not und Elend leben, können sich nicht zivilisiert verhalten. Zur Züchtung und zur Instandhaltung einer stabileren Über-Ich-Apparatur bedurfte und bedarf es eines relativ gehobenen Lebensstandards und eines ziemlich hohen Maßes an Sekurität.«[14]

Das höfische Leben beruhte auf der Absicherung durch eine Klasse oder durch mehrere Schichten, die dem Hof sowohl die basalen wirtschaftlichen wie die militärischen Aufgaben abnahmen. Mit zunehmender Entwöhnung von diesen Leistungen wuchs die Abhängigkeit des Adels und die Unsicherheit seiner Lebensbedingungen. Abhängigkeit und Unsicherheit mehrten sich vor allem bei instabilen Verhältnissen innerhalb der Gesellschaften, in denen der Adel die führende Klasse darstellte, und ferner bei äußeren Bedrohungen durch Feinde, die nicht von bestimmten Formen der Normierung und Zivilisierung des Krieges ausgingen, sondern sich anderen Richtlinien oder ausschließlich dem Prinzip der Effektivität verschrieben. Die zivilisierten Menschen setzten und setzen im Umgang mit anderen die gleiche Domestizierung und Stilisierung des Verhaltens in der Regel stillschweigend auch bei ihren Partnern oder Kontrahenten voraus. Trifft diese Voraussetzung nicht zu, dann befinden sie sich meist in der Position des Schwächeren, das heißt, die Bereitschaft zur handfesten Auseinandersetzung

läßt die zivilisierten Umgangsformen als relativ schwach und als eine Art von Überbau erscheinen. Bei instabilen inneren wie äußeren Verhältnissen drohte und droht der höfischen Klasse demnach stets die Entmachtung.

In die Gefahr der Entmachtung gerieten die zivilisierten Lebensweisen freilich nicht nur durch äußeren Druck. Die überformten Verhaltensmöglichkeiten und Antriebe im Menschen selbst brachen in ihrer ursprünglichen Handfestigkeit wieder durch, wenn der Überbau nicht hinreichend stabilisiert, das Über-Ich nicht hinreichend gefestigt beziehungsweise die Selbstüberwindung fordernden Normen und Ideen noch nicht hinreichend introjiziert waren. Dazu kam es vor allem, wenn die äußere Kontrolle schwächer wurde oder wenn sie gänzlich fehlte. Mit anderen Worten: Die Geschichte des Reitergkriegertums liefert auch aufschlußreiches Belegmaterial für die Barbarisierungsbereitschaft des Menschen. Der erfolgreiche wie der glücklose kriegerische Umgang mit dem Pferd prägten den psychischen Habitus und das äußere Verhalten des Menschen unter anderem in einer Weise, die man kurz mit dem Begriff der Verrohung oder Barbarisierung umreißen kann.

Die Barbarisierungsbereitschaft stellt wie die Tendenz zur Zivilisierung eine allgemeine Verhaltensdisposition dar, die unter bestimmten Umständen akut wird und sich gegen die konfligierende Disposition zur Zivilisierung durchsetzt. Bei den nomadischen Reiterkriegern, deren Zivilisierung generell wohl noch nicht so weit fortgeschritten war wie die der mittelalterlichen Ritter, scheint ein solch »barbarischer« Handlungsstil innerhalb der eigenen Gesellschaft wie vor allem gegenüber unterworfenen Feinden in bestimmten Situationen ziemlich regelmäßig vorgekommen zu sein. Wahrscheinlich ist es nicht nur eine Konsequenz ethnozentrischer Geschichtsschreibung, daß derartige Barbarisierung von den Rittern seltener berichtet wird, wahrscheinlich existierte sie weniger häufig. Bezeichnenderweise ist sie von den Kämpfen der Ritter im Osten überliefert, das heißt von dort, wo die normstabilisierenden äußeren Kontrollen schwächer waren oder gänzlich an verhaltensbestimmender Bedeutung verloren, ferner auch von dort, wo das Empfinden der Sicherheit in existentieller, militärischer und wirtschaftlicher Hinsicht schwächer war als in der Heimat.

Die Beschäftigung mit dem Pferd behielt und behält trotz aller in ihrem Rahmen möglichen Zivilisierung ein Stück des ursprünglichen handfesten Einsatzes. Sie blieb vor allem unter den Bedingungen kriegerischer Nutzung – trotz aller Stilisierung und Verfeinerung – ein Stück Arbeit und Handwerk. Dies lag daran, daß das Pferd geistigen Appellen nicht zugänglich und nicht ausschließlich aufgrund von Überlegung und Geschick den menschlichen Absichten unterzuordnen ist; sein Gehorsam und seine Lenkbarkeit erfordern zeitweise den handfesten und auch kräftigen Zugriff. Derart der Welt zu begegnen, kollidierte mit der fortgeschrittenen Höfigkeit, die die Enthaltung von der Arbeit als Grundlage der Vornehmheit verstand. Diese Situation führte wahrscheinlich mit dazu, daß die Reiter und Ritter in Gesellschaften, in denen die Zivilisation grundsätzlich, das heißt bei einer kleinen Schicht, die Befreiung vom unmittelbaren Arbeitseinsatz erreicht hatte, nicht mehr die oberste Klasse bildeten, die sie zuvor aufgrund des Pferdebesitzes und des mit dem Pferd verbundenen militärischen Leistungsvorsprungs dargestellt hatten. Unter den durch die Entlastung von handfester Arbeit erreichten Zivilisationsbedingungen wurde das durch seinen unverzichtbaren handwerklichen Aspekt belastete Reiten nicht mehr als absolut fein und adlig angesehen. Der wirklich feine Herr zeichnete sich zwar weiterhin durch den Pferdebesitz aus, er delegierte aber die mit ihm verbundene, zeitweise auch schmutzige und auf Muskelkraft angewiesene Arbeit an Helfer und Diener. Die eindeutig über den Rittern rangierenden römischen Senatoren waren zum Beispiel nicht mehr darauf angewiesen, ihre Macht und ihre Privilegien durch Leistungen im Sattel zu legitimieren. In ähnlicher Weise standen die mittelalterlichen Ritter als zweite Klasse unter der staatstragenden Schicht und innerhalb der Ritterschaft setzte sich der ritterliche Stand von den durchs Handwerk im Sattel gekennzeichneten Reiterkriegern ab. Im heutigen Rennsport sind die Pferdebesitzer die eigentlichen, vielfach adligen Herren, die Jockeys im Sattel die ob ihres beruflichen Könnens geachteten Diener. Die aktive Ausübung des Reitsports, vor allem in der Form des Leistungssports und insbesondere beim professionellen Bereiter, zeichnet zwar gegenüber der Masse aus, sie verschafft auch relativen Aufstieg; aus der Sicht der absoluten Führungsschicht wie aus der Sicht der Aristokratie des Geistes haftet ihr aber viel Handwerkliches an.

Die kritische Bewertung des Reitens aus der Perspektive extremer oder einseitiger Kultivierung des Geistes kennt unterschiedliche Akzente. Zunächst geht es einfach um den kraftvollen Zugriff, der mit dem mittelbaren, vornehmlich in der Erkenntnis sich entfaltenden Bezug des Geistes zu den Sachen kollidiert. Hinzu kommt der beträchtliche Zeitaufwand, den das kriegerische wie das sportliche Reittraining erfordern und der auf Kosten geistiger Kultivierung geht. Dieses Argument wird heute vielfach von Eltern gegen die Reitbegeisterung ihrer Kinder genannt. Man bringt es aber auch gegenüber Erwachsenen vor, die sich derart aufs Reiten und sein facettenreiches Umfeld konzentrieren, daß sich darin ihr Verhältnis zur »Kultur« erschöpft. In diesem Zusammenhang ist an eine Anmerkung Keiters[15] zu erinnern, der davon ausging, daß die amerikanischen Jagdkulturen mit dem Erwerb des Pferdes und der daraus folgenden schnellen Fortbewegung ihren Kulturbesitz reduzierten; der Einsatz des Pferdes führte nach Keiter zu einer Kulturverarmung.

Schließlich fand der im Umgang mit dem Pferd geweckte »offensive Geist« des Menschen nicht nur Zustimmung. Nach Lao-tse verwildert das Reiten dem Menschen die Sinne. Eine ähnliche Einstellung bestimmte die Diskussion jüdischer Theologen, die sich mit der Frage beschäftigte, ob es möglich sei, zu Pferde sitzend, das heißt in einer nicht demütigen Körperstellung, andächtig zu beten.[16]

Den Phänomenen und Argumenten, die für eine Behinderung der vornehmlich als Vergeistigung des Verhaltens verstandenen Zivilisation durch das Pferd sprechen, ist die Bedeutung des Pferdes als Förderer des technischen Fortschritts entgegenzustellen.[17] Aus distanzierter Sicht gelangt man zu dem Urteil, daß die Benutzung des Pferdes dem Menschen in verschiedenen Epochen ausschlaggebend half, seine Kultur aufzubauen und mit der Entlastung von körperlicher Arbeit die Voraussetzung für den »Prozeß der Zivilisation« zu schaffen. Hinderlich wurde das Pferd erst für eine in bestimmter Weise verstandene Zivilisation angesichts eines weitgehend mit seiner Unterstützung erreichten Zivilisationsstandes.

Bezieht man in die »Zivilisation« auch die zwischenmenschlichen Bindungen ein, dann gewinnt das Pferd – wie das Tier generell – in den technischen Gesellschaften für die Zivilisation eine neue Funktion. Es stellt eine »Welt« dar, die sich von der der Maschine prinzipiell unterscheidet. Bei ihm suchen und finden Menschen ein »Medium« der Handlung und Begegnung, dessen sie als Alternative zur Maschine und zum oft problembelasteten und unter Reflexionsdruck stehenden zwischenmenschlichen Verhalten zu bedürfen scheinen. Insofern kann die Beschäftigung mit dem Tier auch eine Alternative zu dem einseitig als Vergeistigung verstandenen Zivilisationsprozeß darstellen und die Richtung des Zivilisationsprozesses beeinflussen.

Die Geschichte des Reiterkriegertums zeugt von verschiedenen Formen und Intensitäten der Bindung zwischen Mensch und Pferd. Unabhängig von den Unterschieden im einzelnen ging das Verhältnis zwischen den beiden Lebewesen mit der Zeit stets über eine rein technische Zweck-Mittel-Beziehung hinaus zu einer mehr oder minder engen Partnerschaft, die auf Seiten des Menschen die bewußte Nutzung und Ausnutzung des Tieres durchaus einschloß. Diese Partnerschaft prägte den psychischen Habitus des Menschen auf Dauer ebenso wie die übrigen geistigen und materiellen Akzente der durch veränderte wie durch überdauernde Inhalte gekennzeichneten Welt des Reiterkriegertums.

Anmerkungen

Einleitung

1 Rüstow 1950, 6
2 Weber 1950, 45
3 Hancar 1955, 555
4 Friederici 1905, 90
5 Mirgeler 1965
6 Jettmar 1964
7 Wiesner 1968
8 Diem 1941, 17
9 Diem 1941, 177
10 de Beaulieu 1942, 239
11 Seunig 1949, 45
12 Chevenix Trench 1970, 76
13 HDP – Informationen vom
   29. 4. 1967

Kapitel I

1 Nobis 1971, 72
2 Hancar 1956, 4 ss.; Lundholm
   1949, 143; Meyer 1975 a, 14
3 Herre 1958, 44
4 Meyer 1975 a, 18
5 Jettmar 1951, 70
6 Hancar 1956, 542; Röhrs
   1961/62, 11; Nobis 1971, 72
7 Jettmar 1953, 6
8 Hancar 1956, 544 ss.; Jettmar
   1957, 37; Herre 1961, 75; Röhrs
   1961/62, 11
9 Hancar 1956, 488
10 Hancar 1956, 536 ss.
11 Rüstow 1950, 71
12 Rüstow 1950, 71
13 Schachermeyr 1950
14 Kammenhuber 1961
15 Hancar 1956, 528
16 Hancar 1956, 562
17 Hancar 1956, 280 ss.
18 Jettmar 1957, 159
19 Hancar 1956, 551
20 Wert! 1940; Flor 1930
21 Hafner 1969, 41
22 Hafner 1969, 182
23 Meyer 1979, 745
24 Meyer 1971, 878 ss.
25 Ueberhorst 1972 c, 131
26 Jettmar 1966, 6
27 Jettmar 1966, 2
28 Jettmar 1966, 6

29 Kussmaul 1953 b, 347 ss.
30 Jettmar 1951, 74
31 Roe 1955, 340 ss.
32 Ewers 1949, 360
33 Jettmar 1966, 7
34 Jettmar 1966, 8
35 Wiesner 1968, 26/27
36 Wiesner 1939, 79; Wiesner 1941
37 Schmidt 1946, 155
38 Altheim 1943, 60 ss.
39 Rüstow 1950; 1957; 1963
40 Kammler 1967
41 Jettmar 1964, 219
42 Hancar 1956, 554
43 Roe 1955, 230
44 Wiesner 1968, 23
45 Rüstow 1950, 71
46 Altheim 1943, 21

Kapitel II

1 Wiesner 1968, 21 ss.; Jettmar
   1964, 16
2 Houwink ten Cute 1967, 130
3 Houwink ten Cute 1967, 130
4 Jettmar 1964
5 Wiesner 1968
6 Wiesner 1968, 28
7 Jettmar 1964, 17
8 Wiesner 1968, 29
9 Hancar 1956, 554
10 Herodot V, 9
11 Wiesner 1968, 31
12 Wiesner 1968, 32
13 Wiesner 1968, 33 ss.
14 Wiesner 1968, 34
15 Wiesner 1968, 35/36
16 Wiesner 1968, 51 s.
17 Jettmar 1964, 18/19
18 Altheim 1947, 187
19 Herodot IV, 46
20 Platon, Laches 191 a
21 Denison 1879, 12
22 Wiesner 1968, 40; Rolle 1980,
   73 ss.
23 Rolle 1980, 82
24 Rolle 1980, 75
25 Diodor, 2. Buch Kap. 6
26 Wiesner 1968, 39/40
27 Wiesner 1968, 23/24
28 Potratz 1963, 27 ss.

29 Rolle 1980, 29 ss.
30 Potratz 1963, 30
31 Rolle 1980, 39
32 Potratz 1963, 39
33 Wiesner 1968
34 Potratz 1963
35 Jettmar 1964
36 Wiesner 1968
37 Wiesner 1968, 64/65
38 Jettmar 1964, 237/38
39 Altheim 1955 b, 71
40 Hancar 1956, 552
41 Altheim 1955 b, 71
42 Wiesner 1968, 111
43 Wiesner 1968
44 Herodot IV, 22
45 Branski 1911, 35; Rolle 1980,
   109
46 Wiesner 1968, 34
47 Rolle 1980, 109
48 Wiesner 1968, 34
49 Herodot IV, 64
50 Herodot IV, 66
51 Herodot IV, 70
52 Rolle 1980, 71
53 Jettmar 1964
54 Herodot IV, 81
55 Wiesner 1968, 36
56 Wiesner 1968, 52
57 Wiesner 1968, 61; Rolle 1980, 95
58 Jettmar 1964, 15
59 Herodot IV, 46
60 Wiesner 1968, 62
61 Rolle 1980, 54 ss.
62 Wiesner 1968, 58
63 Herodot I, 106
64 Wiesner 1968, 58 et 91
65 Herodot IV, 23
66 Herodot IV, 26
67 Herodot I, 215
68 Herodot IX, 71
69 Herodot IV, 27
70 Wiesner 1968, 80
71 Wiesner 1939, 79
72 Altheim 1947, 128
73 Labat 1967, 24
74 Labat 1967, 32/33
75 Hancar 1956, 555
76 Altheim 1947, 128
77 Hancar 1956, 555
78 Altheim 1947, 128
79 Altheim 1960 a, 12

80 Bengtson 1965 b, 14
81 Hancar 1956, 555
82 Altheim 1947, 129
83 Delbrück 1920, 46
84 Delbrück 1920, 52
85 Bengtson 1965 c, 49
86 Delbrück 1920, 52 ss.
87 Delbrück 1920, 74 ss.
88 Delbrück 1920, 100
89 Bengtson 1965 d, 63
90 Altheim 1947, 172
91 Jettmar 1964, 221
92 Jettmar 1964, 221
93 Jettmar 1964, 222
94 Herodot IV, 110
95 Jettmar 1964, 221
96 Herodot I, 136; Volkmann 1953, 68
97 Herrigel 1948
98 Sasajima 1972
99 Xenophon, Kyropaidia VII, 8, 15
100 Altheim 1947, 129
101 Justin 41, 3
102 Altheim 1947, 21
103 Wiesner 1968, 131
104 Herodot I, 135
105 Frye 1966 a, 303
106 Wiesner 1968, 118
107 Jettmar 1964, 221
108 Altheim 1947, 172
109 Grimal 1956 b, 26;
110 Frye 1966 b, 257
111 Frye 1966, 316/17
112 Strabo XI, 515
113 Frye 1966 a, 301
114 Wiesner 1968, 119
115 Frye 1966 a, 305/06
116 Frye 1966 b, 259
117 Meuleau 1965, 278
118 Frye 1966 a, 306/07
119 Wiesner 1968, 122 s.
120 Wiesner 1968, 124
121 Frye 1966 a, 309
122 Frye 1966 b, 258
123 Frye 1966 b, 263/64
124 Wiesner 1968, 126
125 Frye 1966 b, 256
126 Wiesner 1968, 127
127 Wiesner 1968, 124
128 Wiesener 1968, 124 ss.
129 Wiesner 1968, 128 s.
130 Altheim 1947, 174
131 Altheim 1948, 28
132 Wiesner 1968, 131
133 Altheim 1960 a, 126
134 Justinus 41, 3, 4
135 Wiesner 1968, 136
136 Wiesner 1968, 127
137 Altheim 1947, 174
138 Frye 1966 b, 257
139 Altheim 1947, 174
140 Diem 1941, 108
141 Frye 1966 a, 316
142 Frye 1966 b, 266
143 Diem 1941, 104 ss.
144 Altheim 1955 a, 35
145 Altheim 1955 a, 88
146 Altheim 1955 a, 108 ss.
147 Altheim 1955 a, 108 ss.
148 Rice 1966, 279
149 Wiesner 1968, 108
150 Wiesner 1968, 114 ss.
151 Rice 1966, 279/80
152 Rice 1966, 286 ss.
153 Rice 1966, 289/90
154 Millar 1966 b, 120
155 Herodot IV, 110 ss.
156 Herodot IV, 117
157 Rice 1966, 279
158 Rice 1966, 282
159 Wiesner 1968, 111
160 Wiesner 1968, 112
161 Potratz 1963, 25 s.
162 Wiesner 1968, 111
163 Altheim 1955 b, 71
164 Rice 1966, 281/82
165 Wiesner 1968, 114
166 Wiesner 1968, 116
167 Rice 1966, 283
168 Rice 1966, 281
169 Jettmar 1964, 52
170 Jettmar 1964, 55
171 Altheim 1955 d, 71
172 Rice 1966, 284
173 Altheim 1943, 107
174 Altheim 1943, 93
175 Altheim 1943, 107
176 Altheim 1955 b, 71
177 Millar 1966 c, 219/20
178 Millar 1966 c, 220
179 Millar 1966 c, 223
180 Altheim 1955 b, 71
181 Prokop IV, 29–32
182 Altheim 1955 b, 71; Diem 1941, 90 s.
183 Wiesner 1941, 61
184 Altheim 1943, 108
185 Wiesner 1968, 113
186 Wiesner 1968, 147; Jettmar 1964, 145; Goepper 1980 a, 137
187 Jettmar 1964, 145
188 Altheim 1943, 61
189 Franke/Trauzettel 1968, 84
190 Franke/Trauzettel 1968, 124
191 Jettmar 1964, 146 ss.
192 Wiesner 1968, 145 ss.
193 Rice 1966, 241
194 Wiesner 1968, 143
195 Wiesner 1968, 144
196 Bivar 1966, 50
197 Wiesner 1968, 143
198 Rice 1966, 281
199 Bivar 1966, 50; Franke/Trauzettel 1968, 75
200 Franke/Trauzettel 1968, 84/85
201 Franke/Trauzettel 1968, 85
202 Franke/Trauzettel 1968, 94
203 Franke/Trauzettel 1968, 86
204 Goepper 1980 c, 187
205 Yetts 1934; Franke/Trauzettel 1968, 86; Goepper 1980 b, 170
206 Wiesner 1968, 151
207 Wiesner 1968, 152
208 Maier 1968, 130
209 Maier 1968, 132
210 Wiesner 1968, 152 s.; Maier 1968, 130 ss. et 198
211 Altheim 1943, 65 s.
212 Wiesner 1968, 144 ss.
213 Rice 1966, 288
214 Wiesner 1968, 150
215 Zosimos IV, 20, 4
216 Wiesner 1968, 153
217 Altheim 1943, 62
218 Wiesner 1968, 146 et 154
219 Wiesner 1968, 146
220 Bivar 1966, 49
221 Altheim 1959, 102
222 de Groot 1921, 63
223 Altheim 1962, 280
224 Wiesner 1939, 90
225 de Groot 1921
226 Wiesner 1968, 145
227 Herodot I, 216
228 Jettmar 1964, 175
229 Altheim 1943, 75
230 Jettmar 1964, 146; Wiesner 1968, 156 et 163
231 Wiesner 1968, 154 ss.
232 Wiesner 1968, 161
233 Rice 1966, 285
234 Mirgeler 1953, 32 ss.,; Wiesner 1968, 164
235 Mirgeler 1953, 32 ss.; Wiesner 1968, 165
236 Maier 1968, 308
237 Maier 1968, 237
238 Mirgeler 1953, 32 ss.; Wiesner 1968, 165
239 Maier 1968, 239
240 Maier 1968, 252
241 Maier 1968, 252 ss.
242 Dhondt 1968, 14
243 Maier 1968, 294
244 Wiesner 1968, 165 s.
245 Wiesner 1968, 168
246 Wiesner 1968, 166 s.
247 Wiesner 1968, 168
248 Wiesner 1968, 168 s.

249 Wiesner 1968, 172 s.
250 Dhondt 1968, 131
251 Dhondt 1968, 131
252 Wiesner 1968, 175 s.
253 Herodot IV, 76; IV, 78
254 Wiesner 1968, 178; Dhondt
    1968, 130; Maier 1968, 294
255 Wiesner 1968, 177 ss.
256 Wiesner 1968, 177 ss.
257 Mirgeler 1953, 43 et 57
258 Dhondt 1968, 26
259 Dhondt 1968, 26
260 Denison 1879, 124
261 Denison 1879, 125
262 Dhondt 1968, 26
263 Dhondt 1968, 187
264 Dhondt 1968, 189
265 Ullrich 1940, 60
266 Delbrück 1923, 222
267 Weber 1920, 239
268 Cahen 1968, 23
269 Cahen 1968, 23
270 Mensching 1966, 293 et 301
271 Denison 1879, 117
272 Delbrück 1923, 223
273 Ullrich 1940, 62
274 Frauenholz 1935, 119
275 Diem 1941, 172 ss.
276 Cahen 1968, 197/98
277 Cahen 1968, 23
278 Altheim/Stiehl 1957, 123 ss.
279 Altheim/Stiehl 1957, 131
280 Altheim/Stiehl 1957, 123
281 Altheim/Stiehl 1957, 123 ss.
282 Altheim/Stiehl 1957, 126/127
283 Schiele 1972, 72
284 Rodinson 1961, 174 s.
285 Altheim/Stiehl 1957, 132
286 Altheim/Stiehl 1957, 162
287 Rodinson 1961, 176
288 Denison 1879, 113
289 Verbruggen 1954, 161
290 Cahen 1968, 35
291 Schiele 1972, 72
292 Paret 1962, 148
293 Paret 1962, 216
294 Paret 1962, 377; 1971, 421
295 Speyers o.J., 399
296 Ullmann 1840, 392
297 1. Könige, 5, 6, et 10
298 Deuteronomium 17, 6
299 Psalmen 147, 10
300 Koran 9, 24
301 Koran 89, 20
302 Paret 1962, 516
303 Koran 100, 1–5
304 Hambly 1966 c, 110
305 Cahen 1968, 318
306 Cahen 1968, 318
307 Le Goff 1965, 250

308 Cahen 1968, 307
309 Hambly 1966 c, 123
310 Hambly 1966 c, 119 et 123
311 Hambly 1966 c, 99 ss.
312 Hambly 1966 c, 101
313 Hambly 1966 c, 102
314 Hambly 1966 c, 104
315 Hambly 1966 c, 105
316 Hambly 1966 c, 124
317 Hambly 1966 c, 133
318 Hambly 1966 c, 137
319 Hajianpur 1966, 164
320 Hajianpur 1966, 165
321 Köhler 1889, 429; Hambly
    1966 c, 104
322 Denison 1879, 167
323 Hambly 1966 c, 108
324 Denison 1879, 169
325 Köhler 1889, 425
326 Denison 1879, 169
327 Jankovich o.J., 88
328 Denison 1879, 168; Hambly
    1966 c, 108
329 Diem 1941, 38
330 Jankovich o.J., 87 s.
331 Diem 1941, 49 s.
332 Franke/Trauzettel 1968, 224
333 Hambly 1966 c, 126
334 Cahen 1968, 307
335 Hambly 1966 c, 123
336 Fairservis 1964, 73
337 Hambly 1966 c, 109
338 Jettmar 1964, 217
339 Rössler 1979, 89
340 R.-Alföldi 1979, 45/46
341 R.-Alföldi 1979, 46
342 Altheim 1955 b, 176;
    Horn/Rüger 1979, 648
343 R.-Alföldi 1979, 53
344 Polybios 36, 16
345 R.-Alföldi 1979, 55/56
346 R.-Alföldi 1979, 61 ss.
347 R.-Alföldi 1979, 66 ss.
348 R.-Alföldi 1979, 74
349 Millar 1966 d, 185
350 Millar 1966 b, 127
351 Altheim 1955 b, 162
352 Horn/Rüger 1979, 648
353 Baldus 1979, 188
354 Kadra 1979, 275
355 Horn/Rüger 1979, 640
356 Horn/Rüger 1979, 580
357 Altheim/Stiehl 1964, 514
358 Altheim 1955 b, 89
359 Altheim 1955 b, 89
360 Jettmar 1964
361 Ewers 1949; Roe 1955
362 Anton/Dockstader 1967, 8
363 Roe 1955, 56
364 Roe 1955, 50

365 Wissler 1914
366 Roe 1055, 93
367 Denhardt 1948, 86 et 150
368 Roe 1955, 63 ss.
369 Keiter 1956, 656
370 Konetzke 1965, 26
371 Konetzke 1965, 160
372 Séjourné 1971, 74 ss.
373 Séjourné 1971, 76/77
374 Séjourné 1971, 76
375 Pawlikowski-Cholewa 1943,
    214 ss.
376 Pawlikowski-Cholewa 1943,
    214 ss.
377 Séjourné 1971, 79
378 Cortés 1524, 9
379 Séjourné 1971, 78
380 Hambly 1966 b, 22
381 Meyer 1971
382 Hambly 1966 b, 20/21
383 Hambly 1966 b, 21
384 Hambly 1966 b, 20
385 Diem 1941, 46
386 Diem 1941, 22
387 Frauenholz 1935, 44
388 Jankovich o.J., 145
389 Brentjes 1968, 69
390 Homer Ilias XI, 385
391 Volkmann 1953, 74
392 Hambly 1966 b, 22
393 Hambly 1966 b, 23
394 Hambly 1966 b, 23
395 Hambly 1966 b, 26/27
396 Diem 1960, 550
397 Ueberhorst 1972 d, 123
398 Kussmaul 1953 a, 77
399 Jettmar 1964, 221
400 Campbell 1966, 207 ss.
401 Kamphausen 1972, 90
402 Jettmar 1964, 217
403 Delbrück 1920, 216 ss.; Wiesner
    1943, 45; Alföldi 1952
404 Wiesner 1968, 129
405 Parzival 163, 22–24
406 Wiesner 1968, 126
407 Diem 1941; Mörmann 1978
408 Altheim 1955 a, 108 ss.; Diem
    1941, 104 ss.
409 Borst 1959; Bumke 1964
410 Herrigel 1948; Ueberhorst
    1972 d, 115
411 Hambly 1966 b, 25
412 Hambly 1966 b, 22
413 Hambly 1966 b, 25
414 Hambly 1966 b, 23
415 Hambly 1966 b, 24
416 Denison 1879, 124
417 Diem 1941, 118
418 Hambly 1966 b, 24
419 Hambly 1966 b, 23

Kapitel III

1 Adcock 1957, 48
2 Schachermeyr 1960, 133
3 Branski 1911, 20
4 Diem 1942, 20 ss.
5 Charalambopulas 1916, 13;
  Yalouris 1950, 18
6 Rüstow 1950, 71
7 Schachermeyr 1950
8 Bengtson 1950, 108/09
9 Hesselmayer 1911, 11
10 Schachermeyr 1960, 83, 118 et
  133
11 Bengtson 1950, 108/09
12 Alföldi 1952; 1967
13 Drees 1967; Bengtson 1971
14 Diem 1967, 225
15 Hönle 1972, 54
16 Charalambopulos 1966, 28
17 Eschmann 1965, 14 s.
18 Altheim 1948 b, 8
19 Altheim 1948 c, 10
20 Wenedikow 1979
21 Marasow 1979, 21
22 Marasow 1979, 26
23 Marasow 1979, 30
24 N.N. 1979, passim
25 Widdra 1965, 8/9
26 Wätjen 1962
27 Diem 1942, 24
28 Kromeyer/Veith 1928 a, 53
29 Schachermeyr 1960, 118 et 133
30 Friederici 1905, 90
31 Delbrück 1920, 36; Ullrich 1940,
  9
32 Denison 1879, 11
33 Schachermeyr 1960, 134
34 Bengtson 1950, 275
35 Friederici 1905, 89
36 Meyer 1923, 44
37 Delbrück 1920, 39
38 Alföldi 1967, 33 ss.
39 Bengtson 1950, 108
40 Bengtson 1965 e, 136
41 Schachermeyr 1960, 133
42 Bengtson 1950, 110
43 Schachermeyr 1960, 145
44 Bengtson 1950, 110
45 Bengtson 1950, 110/11 et 124;
  Delbrück 1920, 42; Meyer 1923,
  45
46 Meyer 1923, 44; Rüstow 1963,
  103
47 Ullrich 1940, 9/10; Delbrück
  1920, 52
48 Volkmann 1953, 74
49 Kromayer/Veith 1928 a, 91
50 Xenophon VIII, 10 ss.
51 Delbrück 1920, 53

52 Schachermeyr 1960, 144
53 Delbrück 1920, 60 ss.
54 Delbrück 1920, 64
55 Bengtson 1965 c, 49
56 Bengtson 1965 c, 48/49
57 Bengtson 1950, 164
58 Delbrück 1920, 52
59 Bengtson 1950, 172 ss.; Bengtson
  1965 d, 55 ss.
60 Bengtson 1950, 178 ss.; Bengtson
  1965 d, 61 ss.
61 Bengtson 1965 d, 63
62 Bengtson 1950, 181
63 Volkmann 1953, 74
64 Ullrich 1920, 11/12
65 Bengtson 1950, 23 a
66 Kromayer/Veith 1928 a, 53
67 Kromayer/Veith 1928 a, 64 ss.;
  Delbrück 1920, 43
68 Ullrich 1920, 14 ss.
69 Delbrück 1920, 161;
  Kromayer/Veith 1928 a, 39;
  Bengtson 1965 g, 214 ss.
70 Schachermeyr 1960, 211
71 Schachermeyr 1960, 211
72 Bengtson 1965 g, 223

Kapitel IV

1 Ullrich 1920, 16
2 Ullrich 1920, 16
3 Hesselmeyer 1911, 11
4 Granier 1931, 17
5 Kromayer/Veith 1928 a, 96
6 Delbrück 1920, 167
7 Bengtson 1950, 310; 1965 h, 267
8 Altheim 1947, 187
9 Charalambopulos 1916, 8; Rolle
  1980, 111
10 Widdra 1965, 108
11 Delbrück 1920, 173 ss.
12 Kromayer/Veith 1928 a, 137
13 Kromayer/Veith 1928 a, 110
14 Kromayer/Veith 1928 a, 104
15 Kromayer/Veith 1928 a, 109
16 Kromayer/Veith 1928 a, 111
17 Ullrich 1920, 19
18 Begtson 1950, 324/25
19 Schachermeyr 1960, 251
20 Bengtson 1950, 325
21 Delbrück 1920, 175; Ullrich 1920,
  19
22 Bengtson 1965 i, 288
23 Schachermeyr 1960, 255
24 Bengtson 1950, 341/42; 1965 i,
  290 ss.
25 Bengtson 1950, 345/46; 1965,
  29495
26 Bengtson 1965 i, 296

27 Bengtson 1950, 348
28 Bengtson 1950, 348
29 Bengtson 1965 i, 300/01
30 Delbrück 1920, 210 ss.
31 Bengtson 1950, 352
32 Bengtson 1950, 363
33 Delbrück 1920, 169; Ullrich 1920, 20
34 Bengtson 1950, 336
35 Bengtson 1950, 360
36 Altheim 1947, 187
37 Volkmann 1953, 74
38 Bengtson 1965 , 275
39 Altheim 1947, 187
40 Altheim 1947, 188
41 Altheim 1947, 189
42 Altheim 1947, 193
43 Bengtson 1950, 355
44 Altheim 1947, 194; Bengtson
  1950, 363, 4
45 Bengtson 1950, 469
46 Bengtson 1950, 381
47 Delbrück 1920, 287 s.
48 Delbrück 1920, 239
49 Kromayer/Veith 1928 a, 139
50 Altheim 1943, 61
51 Wiesner 1968, 143
52 Franke/Trauzettel 1968, 94
53 Altheim 1955 b, 56
54 Jettmar 1964; Wiesner 1968;
  Franke/Trauzettel 1968
55 Altheim 1943, 61; Wiesener 1968,
  143/44
56 Brinker 1980 a, 130
57 Goepper 1980 a, 136
58 Goepper 1980 a, 137
59 Goepper 1980 a, 137
60 Goepper 1980 b, 152
61 Altheim 1955 b, 51
62 Altheim 1955 b, 51
63 Yetts 1934, 232 ss.;
  Franke/Trauzettel 1968, 86
64 Bauer 1959, 28
65 Goepper 1980 a, 137
66 Brinker 1980 a, 101 ss.
67 Brinker 1980 a, 105
68 Brinker 1980 a, 105
69 Brinker 1980 a, 105
70 Brinker 1980 a, 109
71 Brinker 1980 a, 107 ss.
72 Brinker 1980 a, 111 ss.
73 Brinker 1980 a, 127
74 Goepper 1980 a, 131 ss., Goepper
  1980 b, Goepper 1980 d
75 Goepper 1980 b, 155
76 Goepper 1980 b, 170
77 Goepper 1980 b, 170
78 Goepper 1980 d, 258 ss.
79. Brinker 1980 d, 341 ss.
80 Altheim 1943, 107
81 Altheim 1943, 75

Kapitel V

1 Altheim 1948 b, 8
2 Wiesner 1943, 69
3 Wiesner 1943, 69
4 Wiesner 1943, 83
5 Delbrück 1920, 216 ss.
6 Kromayer/Veith 1928, 256 ss.
7 Hesselmayer 1911, 8
8 Wiesner 1943
9 Alföldi 1952
10 Alföldi 1952, 78/79
11 Alföldi 1952, 73
12 Alföldi 1952, 80
13 Delbrück 1920, 261/62
14 Alföldi 1952, 87
15 Alföldi 1952, 90
16 Wiesner 1943, 94
17 Alföldi 1952, 78
18 Alföldi 1952, 91/92
19 Alföldi 1952, 93 ss.
20 Alföldi 1952, 102
21 Alföldi 1952, 95
22 Alföldi 1952, 102
23 Helbig 1905, 267
24 Friederici 1905, 91
25 Delbrück 1920, 276 ss.
26 Meyer 1923, 44
27 Wiesner 1943, 60
28 Alföldi 1952, 107
29 Wiesner 1943, 56
30 Wiesner 1943, 59
31 Wiesner 1953, 57
32 Wiesner 1943, 59
33 Alföldi 1952, 50
34 Heuss 1960, 376
35 Bleicken 1975, 154
36 Bleicken 1975, 152
37 Bleicken 1975, 168 ss.
38 Bleicken 1975, 156
39 Bleicken 1975, 157
40 Heuss 1960, 298
41 Bleicken 1975, 157/58
42 Heuss 1960, 382
43 Delbrück 1920, 266
44 Wiesner 1943, 58
45 Alföldi 1952, 117/18
46 Wilkinson 1974, 336
47 Alföldi 1952, 119/20
48 Alföldi 1952, 121
49 Alföldi 1952, 122
50 Alföldi 1952, 123
51 Alföldi 1952, 116
52 Alföldi 1952, 109
53 Bleicken 1975, 61 ss. et 98
54 Wiesner 1943
55 Alföldi 1952
56 Bleicken 1975, 63
57 Bleicken 1975, 60/61
58 Bleicken 1975, 63 ss.

59 Heuss 1960, 277
60 Bleicken 1975, 68
61 Bleicken 1975, 69 ss.; Heuss 1960, 152/53
62 Heuss 1960, 281
63 Heuss 1960, 376
64 Heuss 1960, 384
65 Heuss 1960, 431
66 Millar 1966 f, 225/26
67 Grimal 1966 c, 141
68 Bleicken 1975, 158
69 Bleicken 1975, 164
70 Bleicken 1975, 164 ss.
71 Delbrück 1920, 315
72 Alföldi 1952, 50
73 Heuss 1960, 86
74 Grimal 1965 d, 341/42
75 Delbrück 1920, 350; Grimal 1965 d, 342
76 Delbrück 1920, 351; Grimal 1965 d, 343
77 Fröhlich 1886, 58
78 Grimal 1965 d, 345; Sander 1955, 225 ss.
79 Grimal 1965 d, 343
80 Grimal 1965 d, 345
81 Delbrück 1920, 326 ss.
82 Delbrück 1920, 335
83 Denison 1879, 60
84 Delbrück 1920, 345
85 Denison 1879, 554
86 Wiesner 1943, 57; Grimal 1965 d, 353
87 Bleicken 1975, 160/61
88 Grimal 1965 d, 353
89 Altheim 1955 b, 176
90 Grimal 1966 b, 32
91 Grimal 1966 b, 42/43
92 Altheim 1948 c, 16; Heuss 1960, 412
93 Delbrück 1920, 477
94 Grimal 1966 c, 185
95 Delbrück 1920, 478
96 Delbrück 1920, 518
97 Delbrück 1923, 283
98 Delbrück 1920, 518
99 Stader 1960, 86; Grimal 1966 c, 184
100 Delbrück 1920, 546
101 Stader 1960, 86
102 Delbrück 1920, 551; Grimal 1966 d, 194
103 Delbrück 1920, 557
104 Denison 1879, 554
105 Jähns 1872, 19
106 Sander 1955, 227
107 Duval 1952, 192
108 Sander 1955, 229 et 251
109 Frauenholz 1935, 44
110 Delbrück 1902, 75

111 Delbrück 1902, 102
112 Delbrück 1902, 271 ss.
113 Delbrück 1902, 279
114 Prokop IV, 29–32
115 Delbrück 1902, 367 ss.
116 Delbrück 1902, 380 ss.
117 Delbrück 1902, 425
118 Delbrück 1902, 425 ss.
119 Millar 1966 c, 219/20 et 223
120 Delbrück 1902, 431
121 Millar 1966 b, 119/20
122 Millar 1966 b, 125
123 Millar 1966 b, 120
124 Volkmann 1953, 112
125 Altheim 1955 b, 159
126 Berciu 1966, 287
127 Berciu 1966, 284
128 Berciu 1966, 287
129 Altheim 1955 b, 159
130 Volkmann 1953, 113
131 Garbsch 1978, 29
132 Garbsch 1978, 33
133 Garbsch 1978, 35
134 Garbsch 1978, 36
135 Garbsch 1978, 37
136 Arrianus 136, 38
137 Arrianus 136, 39
138 Arrianus 136, 40
139 Arrianus 136, 41
140 Arrianus 136, 42
141 Vergil V, 556–602
142 Garbsch 1978, 37

Kapitel VI

1 Sproemberg, 1959, 35
2 Bumke 1964, 35
3 Altheim 1955 a, 35
4 Altheim 1947, 174
5 Altheim 1955 a, 36
6 Altheim 1955 a, 108/09
7 Altheim 1955 b, 100
8 Altheim 1955 b, 159
9 Denison 1879, 103
10 Sproemberg 1959, 43
11 Sproemberg 1959, 44
12 Altheim 1955 a, 108/09
13 Denison 1879, 103
14 Delbrück 1902, 426
15 Delbrück 1923, 200
16 Altheim 1955 a, 108/09; Köhler 1889 b, 488
17 Köhler 1889 b, 488
18 Köhler 1889 b, 489
19 Sproemberg 1959, 45
20 Ullrich 1940, 60/61
21 Frauenholz 1935, 67
22 Ullrich 1940, 63
23 Frauenholz 1935, 67

24 Sproemberg 1959, 45/46
25 Frauenholz 1935, 9
26 Frauenholz 1935, 45
27 Hesselmeyer 1911, 8
28 Bumke 1964, 136
29 Delbrück 1902, 431
30 Ullrich 1940, 53
31 Delbrück 1923, 474
32 Borst 1973, 426
33 Altheim 1943, 108
34 Streubel 1954
35 Frauenholz 1935, 60
36 Bühler 1928, 13/14
37 Dhondt 1968, 61/62
38 Jähns 1872, 37
39 Delbrück 1902, 425
40 Frauenholz 1935, 76
41 Jähns 1872, 38/39
42 Dhondt 1968, 157
43 Jähns 1872, 44
44 Jähns 1872, 43
45 Dhondt 1968, 62/63
46 Dhondt 1968, 64
47 Carnat 1953
48 Dhondt 1968, 27273
49 Le Goff 1965, 34
50 Le Goff 1965, 40
51 Mangoldt-Gaudlitz 1922, 82
52 Frauenholz 1935, 60
53 Mangoldt-Gaudlitz 1922, 82
54 Sproemberg 1959, 48
55 Sproemberg 1959, 48
56 Delbrück 1923, 4
57 Sproemberg 1959, 49
58 Delbrück 1923, 16 s.
59 Delbrück 1923, 26 s.
60 Le Goff 1965, 62
61 Le Goff 1965, 62
62 Mangoldt-Gaudlitz 1922, 48
63 Erben 1908, 333
64 Delbrück 1923, 3
65 lex Ripuaria XXXVI, 11
66 Erben 1908, 325
67 Dhondt 1968, 37
68 Dhondt 1968, 230
69 Dhondt 1968, 231
70 Dhondt 1968, 232/33
71 Dhondt 1968, 233
72 Dhondt 1968, 58
73 Sproemberg 1959, 38
74 Sproemberg 1959, 36
75 Mirgeler 1953, 44
76 Ullrich 1940, 53
77 Kern 1965, 36
78 Le Goff 1965, 66/67
79 Ganshof 1963, 413
80 Delbrück 1923, 258 s.
81 Delbrück 1923, 98
82 Delbrück 1923, 13 s.
83 Delbrück 1923, 262

84 Denison 1879, 129 ss.; Ullrich
   1940, 66 ss.
85 Mirgeler 1953, 97
86 Borst 1963, 526
87 Le Goff 1965, 67
88 Le Goff 1965, 63/64
89 Bumke 1964, 35
90 Delbrück 1923, 234
91 Jähns 1872, 53 ss.
92 Jähns 1872, 54
93 Le Goff 1965, 64
94 Le Goff 1965, 64
95 Funcken 1977, 88
96 Delbrück 1923, 264
97 Meyer 1975b, 104 ss.
98 Jähns 1872, 47
99 Rassem 1960, 20
100 Bumke 1964, 21
101 Bumke 1964, 37 ss.
102 Bumke 1964, 52
103 Bumke 1964, 68
104 Ullrich 1940, 64
105 Bumke 1964, 42
106 Le Goff 1965, 62
107 Le Goff 1965, 63
108 Le Goff 1965, 64
109 Le Goff 1965, 64
110 Le Goff 1965, 203; Ganshof
    1963, 411
111 Dhondt 1968, 232
112 Dhondt 1968, 232
113 Bumke 1964, 94
114 Bumke 1964, 88
115 Bumke 1964, 141
116 Le Goff 1965, 211/12
117 Ullrich 1940, 65/66
118 Bumke 1964, 141
119 Bumke 1964, 94
120 Bumke 1964, 136
121 Köhler 1889a, 50
122 Bumke 1964, 94
123 Bumke 1964, 53
124 Bühler 1928, 40
125 Ganshof 1963, 411/12
126 Kluckhohn 1930, 140/41
127 Borst 1959, 216
128 Denison 1879, 137
129 Delbrück 1923, 291
130 Köhler 1889b, 368
131 Frauenholz 1935, 96
132 Mirgeler 1953, 89
133 Nitschke 1963, 359
134 Nitschke 1963, 359
135 Ullrich 1940, 71
136 Ullrich 1940, 72
137 Borst 1963, 523
138 Borst 1963, 523
139 Borst 1963, 523
140 Nitschke 1963, 368
141 Ullrich 1940, 72 ss.

142 Ullrich 1940, 73
143 Bumke 1964, 88
144 Jähns 1872, 61
145 Ganshof 1963, 413
146 Borst 1959, 217
147 Borst 1959, 224
148 Borst 1963, 523 ss.
149 Kuhn 1949, 11
150 Mirgeler 1953, 95 ss.; 1971, 81 ss.
151 Borst 1963, 526
152 Nitschke 1963, 385
153 Beckendorf 1973, 315
154 Romano 1967 a, 46
155 Myers 1963, 593
156 Bumke 1964, 42 ss.
157 Bumke 1964, 54
158 Köhler 1889b, 496
159 Köhler 1889b, 497
160 Bühler 1928, 40
161 Denison 1879, 13637
162 Denison 1879, 137
163 Frauenholz 1935, 97
164 Jähns 1889, 213
165 Denison 1879, 138
166 Jähns 1872, 137 s.; Köhler 1887,
    33; Ullrich 1940, 67
167 Jähns 1872, 137 s.
168 Jähns 1872, 192
169 Jähns 1872, 97
170 Jähns 1872, 140
171 Delbrück 1923, 253
172 Verbruggen 1954, 164
173 Sproemberg 1959, 35
174 Denison 1879, 150
175 Köhler 1887, 91; 1889a, 103
176 Delbrück 1923, 312
177 Köhler 1889a, 448
178 Köhler 1886a, 448
179 Jähns 1872, 105
180 Jähns 1872, 106
181 Le Goff 1965, 63
182 Delbrück 1923, 344
183 Verbruggen 1954
184 Sproemberg 1959, 53
185 Dhondt 1968, 91/92
186 Dhondt 1968, 92
187 Denison 1879, 124/25
188 Sproemberg 1959, 53
189 Denison 1879, 125
190 Delbrück 1923, 115 ss.
191 Mirgeler 1953, 43
192 Delbrück 1923, 133 ss.
193 Sproemberg 1959, 36/37
194 Dhondt 1968, 211
195 Romano 1967b, 304
196 Verbruggen 1954, 399 ss.
197 Sproemberg 1959, 36/37
198 Sproemberg 1959, 39 ss.
199 Ullrich 1940, 68 ss.
200 Borst 1973, 426

201 Borst 1963, 526
202 Denison 1879, 138
203 Delbrück 1923, passim, bes. 311
204 Delbrück 1923, 262
205 Delbrück 1923, 293
206 Borst 1959, 218
207 Delbrück 1923, 382
208 Frauenholz 1935, 63
209 Le Goff 1965, 63/64
210 Frauenholz 1935, 110
211 Lougnon 1949, 238
212 Borst 1973, 433
213 Frauenholz 1935, 132
214 Frauenholz 1935, 133/34
215 Frauenholz 1935, 134/35
216 Delbrück 1923, 293
217 Verbruggen 1954, 181
218 Verbruggen 1954, 189
219 Verbruggen 1954, 194
220 Verbruggen 1954, 187
221 Cram 1964, IX/X
222 Delbrück 1923, 322
223 Frauenholz 1935, 112/13
224 Denison 1879, 139
225 Ullrich 1940, 86
226 Denison 1879, 139
227 Köhler 1889a, 230ss.
228 Delbrück 1923, 306
229 Köhler 1889b, 489
230 Köhler 1889b, 98
231 Köhler 1887, 522
232 Delbrück 1923, 269
233 Frauenholz 1921, 23
234 Frauenholz 1935, 116
235 Holzmann 1955, 28
236 Borst 1973, 433
237 Borst 1973, 433
238 Frauenholz 1935, 67
239 Köhler 1889b, 503
240 Delbrück 1923, 284
241 Delbrück 1923, 284
242 Borst 1973, 433
243 Delbrück 1923, 216/17
244 Köhler 1889a, 100
245 Köhler 1889a, 321
246 Delbrück 1923, 347ss.
247 Beckendorf 1973, 304ss.
248 Holzmann 1955, 28
249 Frauenholz 1939, 1
250 Delbrück 1923, 14
251 Frauenholz 1935, 95
252 Köhler 1889a, 5
253 Köhler 1887, 92
254 Köhler 1889a, 93
255 Frauenholz 1935, 117ss.
256 Delbrück 1923, 224
257 Delbrück 1923, 306
258 Köhler 1889b, 308
259 Jähns 1872, 54
260 Xenophon I, 21

261 Xenophon VIII, 10
262 Vergil V, 556–602
263 Diem 1941, 86ss.; 1942
264 Delbrück 1923, 264ss.
265 Ginzrot 1817, 26/27
266 Jähns 1872, 74
267 Mirgeler 1953, 98
268 Mirgeler 1953, 102
269 Mirgeler 1953, 226ss.
270 Kluckhohn 1930, 143
271 Köhler 1889a, 229
272 Jähns 1872, 41
273 Verbruggen 1954, 84
274 Verbruggen 1954, 84
275 Sproemberg 1959, 37
276 Köhler 1889a, 101
277 Jähns 1872, 65
278 Bühler 1928, 422
279 Jähns 1872, 68
280 Borst 1973, 483
281 Borst 1973, 483/84
282 Borst 1963, 526
283 Jähns 1872, 66
284 Bühler 1928, 298ss.
285 Delbrück 1923, 224
286 Jähns 1872, 65
287 Bühler 1928, 286
288 Mayer o.J., 61
289 Jähns 1872, 79
290 Bühler 1928, 423
291 Bentmann 1978, 75
292 Delbrück 1923, 278
293 Delbrück 1923, 413ss.
294 Delbrück 1923, 280
295 Le Goff 1965, 237
296 Delbrück 1923, 445
297 Le Goff 1965, 233
298 Myers 1963, 570
299 Frauenholz 1936, 10
300 Delbrück 1923, 470ss.; Denison 1879, 190ss.
301 Myers 1963, 573
302 Frauenholz 1936, 10; Delbrück 1923, 484ss.
303 Frauenholz 1936, 20
304 Frauenholz 1936, 43
305 Delbrück 1920b, 154
306 Denison 1879, 212
307 Terlinden 1965, 190
308 Dhondt 1968, 234
309 Elias 1969, 383
310 Köhler 1886b, 379
311 Dension 1879, 197
312 Köhler 1889b, 373
313 Pieri 1960a, 104
314 Guicciardini 1483–1540, 77
315 Delbrück 1920b, 55
316 Deuchler 1963, passim
317 Ullrich 1940, 94
318 Delbrück 1923, 582

319 Delbrück 1923, 516
320 Delbrück 1923, 623
321 Delbrück 1923, 690
322 Ullrich 1940, 95ss.
323 Le Goff 1965, 209
324 Le Goff 1965, 211
325 Ullrich 1940, 77
326 Delbrück 1923, 334
327 Delbrück 1923, 388
328 Grundmann 1942, 423ss.
329 Ullrich 1940, 83ss.
330 Romano 1967a, 47
331 Romano 1967a, 46
332 Sproemberg 1959, 30
333 Le Goff 1965, 206
334 Mirgeler 1953, 127ss.
335 Veblen 1899
336 Bentmann 1978, 75
337 Elias 1969, 383
338 Borst 1973, 684/75

Kapitel VII

 1 Delbrück 1920b, 328
 2 Delbrück 1920b, 138
 3 Ullrich 1940, 113
 4 Ullrich 1940, 114
 5 Ullrich 1940, 115
 6 Ullrich 1940, 115
 7 Delbrück 1920b, 167; Ullrich 1940, 117/18
 8 Ullrich 1940, 115/16
 9 Delbrück 1920b, 205
10 Mirgeler 1971, 196
11 Pierie 1960b, 136
12 Osten-Sacken 1911, 70
13 Denison 1879, 238/39
14 Ullrich 1940, 126
15 Mirgeler 1971, 197
16 Mirgeler 1971, 196
17 Mirgeler 1971, 194
18 Delbrück 1920b, 223ss.
19 Delbrück 1920b, 234ss.
20 Delbrück 1920b, 241ss.
21 Delbrück 1920b, 388
22 Delbrück 1920b, 216
23 Ullrich 1940, 133
24 Ullrich 1940, 216
25 Delbrück 1920b, 262
26 Delbrück 1920b, 151/52
27 Delbrück 1920, 276
28 Jähns 1872, 198ss.
29 Delbrück 1920b, 153
30 Jähns 1872, 271
13 Delbrück 1920b, 328
32 Osten-Sacken 1911, 71
33 Jähns 1872, 271
34 Osten-Sacken 1911, 164/65
35 Jähns 1872, 271

36 Delbrück 1920b, 328
37 Delbrück 1920b, 325 et 373
38 Unger 1906, 5
39 Unger 1906, 5
40 Denison 1879, 321 ss.
41 Delbrück 1920b, 428
42 Manché 1899, 51
43 Delbrück 1920b, 325
44 Delbrück 1920b, 328
45 Delbrück 1920b, 327 ss.
46 Delbrück 1920b, 328
47 Jähns 1801, 2652/53
48 Denison 1879, 322
49 Denison 1879, 322/23
50 Denison 1879, 323
51 Denison 1879, 353
52 Denison 1879, 352
53 Denison 1879, 366
54 Ullrich 1940, 231
55 Ullrich 1940, 231
56 Jähns 1872, 432
57 Ullrich 1940, 221
58 Denison 1879, 397
59 Denison 1879, 396
60 Denison 1879, 397
61 Denison 1879, 398
62 Denison 1879, 452
63 Delbrück 1936, 20 ss. et 239
64 Denison 1879, 453
65 Delbrück 1929, 22
66 Delbrück 1929, 105
67 Delbrück 1931, 318/19
68 Bernhardi 1907, 59 s.
69 Delbrück 1936, 505
70 Ullrich 1940, 249
71 Blau 1934, V/VI
72 Piekalkiewicz 1976, 4
73 Piekalkiewicz 1976, 4 et 71
74 Piekalkiewicz 1976, 10
75 Piekalkiewicz 1976, 18
76 Piekalkiewicz 1976, 249
77 Piekalkiewicz 1976, 252
78 Piekalkiewicz 1976, 253
79 Piekalkiewicz 1976, 46 ss.
80 Piekalkiewicz 1976, 63
81 Piekalkiewicz 1976, 72
82 Piekalkiewicz 1976, 252
83 Piekalkiewicz 1976, 241
84 Piekalkiewicz 1976, 33
85 Parker 1967, 333
86 Piekalkiewicz 1976, 46 et 51
87 Piekalkiewicz 1976, 62 ss.
88 Piekalkiewicz 1976, 65 ss.
89 Piekalkiewicz 1976, 234 ss.
90 Parker 1967, 333
91 Piekalkiewicz 1976, 55 ss.
92 Piekalkiewicz 1976, 72
93 Zieger 1973, 414
94 Zieger 1973, 415
95 Parker 1967, 350

96 Zieger 1973, 414/15
97 Zieger 1973, 416
98 Zieger 1973, 419
99 Zieger 1973, 420
100 Zieger 1973, 421
101 Zieger 1973, 420/21
102 Denison 1879, 319/20
103 Jähns 1872, 270/71
104 Delbrück 1920b, 146/47
105 Delbrück 1920b, 159
106 Wallhausen 1610
107 Frauenholz 1938, 59
108 Frauenholz 1938, 61
109 Delbrück 1920b, 325
110 Delbrück 1920– ab, 329
111 Rotenhahn 1891, 1; Denison
    1879, 448
112 Denison 1879, 474
113 NN 1902, 28
114 Denison 1879, 485
115 Rotenhahn 1891, 471/72
116 Ullrich 1940, 245
117 Denison 1879, 397
118 Schmidt 1885
119 Schmidt 1885, 366
120 Schmidt 1885, 234/35
121 Meckel 1877, 15
122 Meckel 1877, 91
123 Brix 1879, 880 ss.
124 Denison 1879, 494
125 Brix 1879, 825
126 Kaehler 1879, 425 s.
127 Tettau 1897, 41 et 111
128 Kaehler 1898b, 140
129 Kaehler 1898b, 140
130 Manché 1889, 230
131 Unger 1906, 8
132 Pelet-Narbonne 1905, 251
133 Pelet-Narbonne 1905, 448
134 Pelet-Narbonne 1905, 448
135 Bernhardi 1907, 61
136 Bernhardi 1907, 66
137 Bernhardi 1908, 28
138 Tzschirner 1914, 66
139 Osten-Sacken 1914, 352
140 Brix 1879, 866
141 Brix 1879, 888
142 Brix 1879, 855
143 Rotenhahn 1891
144 NN 1902, 42
145 NN 1902, 28
146 Pelet-Narbonne 1905 a, III
147 Pelet-Narbonne 1905 b, 448
148 Herzfeld 1960, 89
149 Mirgeler 1971, 258
150 Piekalkiewicz 1976, 252/53
151 Piekalkiewicz 1976, 241
152 Frauenholz 1938, 24
153 Frauenholz 1937, 13
154 Frauenholz 1938, 23

155 Frauenholz 1937, 25
156 Ullrich 1940, 116
157 Denison 1879, 209
158 Denison 1879, 278
159 Delbrück 1920b, 293
160 Delbrück 1920b, 460 ss.
161 Jähns 1891, 2909
162 Ullrich 1940, 159
163 Manché 1889, 42
164 Manché 1889, 65
165 Kretschmar 1980, 435
166 Kretschmar 1980, 446
167 Unger 1906, 132
168 Unger 1906, 13
169 Osten-Sacken 1914, 353
170 Unger 1906, 31
171 Jähns 1891, 2615
172 Wohlfeil 1966
173 Wohlfeil 1966, 53
174 Wohlfeil 1966, 58 ss.
175 Wohlfeil 1966, 66/67
176 Mirgeler 1971, 193
177 Wohlfeil 1966, 61 ss.
178 Wohlfeil 1966, 70
179 Mirgeler 1971, 195
180 Mirgeler 1971, 197
181 Mirgeler 1971, 197/98 et 258
182 Mirgeler 1971, 211
183 Demeter 1962, 125
184 Choltitz 1951, 29 s.
185 Wohlfeil 1966, 66
186 Delbrück 1920b, 156/57
187 Delbrück 1920b, 177
188 Delbrück 1923, 314
189 Meckel 1877, 89
190 Delbrück 1920b, 326
191 Pusyrewski 1893
192 Wenninger 1908, 908
193 Pusyrewski 1893
194 Frauenholz 1937, 26
195 Frauenholz 1938, 7
196 Frauenholz 1938, 2
197 Mirgeler 1962, 78
198 Ullrich 1940, 133
199 Verbruggen 1954, 187
200 Delbrück 1902, 427
201 Delbrück 1920b, 325
202 Denison 1879, 285
203 Osten-Sacken 1911, 165/66
204 Jähns 1872, 271
205 Osten-Sacken 1911, 186
206 Osten-Sacken 1911, 211
207 Unger 1906, 7
208 Unger 1906, 76
209 Unger 1906, 7
210 Denison 1879, 290
211 Denison 1879, 39
212 Unger 1906, 95
213 Denison 1879, 293
214 Mayer o.J., 160

215 Unger 1960, 6
216 Unger 1906, 9
217 Denison 1879, 292
218 Denison 1879, 292
219 Pelet-Narbonne 1905 a, 198
220 Kaehler 1898 a, 134 ss.
221 Kaehler 1898 a, 188
222 Manché 1889, 60
223 Schmidt 1885, 325
224 Schmidt 1885, 367
225 Manché 1889, 60
226 Denison 1879, 289
227 Kaehler 1898 a, 91
228 Podhajsky 1965, 11
229 Unger 1926, 19 s.
230 Seunig 1960, 14
231 Unger 1926, 33
232 Unger 1926, 48
233 Scherl 1964, 101 ss.
234 Götz 1964, 53
235 Götz 1964, 83

236 Osten-Sacken 1911, 157/58
237 Osten-Sacken 1911, 158
238 Jähns 1872, 251 ss.
239 Jähns 1872, 253
240 Jähns 1872, 253
241 Jähns 1872, 255
242 Osten-Sacken 1911, 305
243 Jähns 1872, 256
244 Jähns 1872, 261
245 Osten-Sacken 1911, 278
246 Osten-Sacken 1911, 278/79
247 Osten-Sacken 1911, 355
248 Osten-Sacken 1911, 194
249 Osten-Sacken 1912, 55
250 Osten-Sacken 1912, 274
251 Osten-Sacken 1912, 377
252 Osten-Sacken 1914, 132 ss.
253 Osten-Sacken 1912, 379 ss.
254 Osten-Sacken 1914, 352/53
255 Osten-Sacken 1914, 521

Kapitel VIII

 1 Brunner 1968
 2 Herrigel 1948
 3 Elias 1936 I, IX
 4 Elias 1936 II, 119
 5 Elais 1936 II, 316
 6 Elias 1936 I. II
 7 Elias 1936 II, 444/45
 8 Elais 1936 II, 321 ss.
 9 Elais 1936 II, 354
10 Elias 1969, 320 ss.
11 Elias 1936 II, 380
12 Veblen 1899
13 Elias 1936 II, 406
14 Elias 1936 II, 422
15 Keiter 1956, 656
16 Glasenapp 1957, 205
17 Meyer 1975 a

Literatur

Adcock, F. E., 1957: The Greek and Macedonian Art of War. Berkeley-Los Angeles

Alföldi, A., 1952: Der frührömische Reiteradel und seine Ehrenabzeichen. Baden-Baden

Alföldi, A., 1967: Die Herrschaft der Reiterei in Griechenland und Rom nach dem Sturz der Könige. In: Gestalt und Geschichte. Festschrift für K. Schefold. 4. Beiheft zu »Antike Kunst«

Altheim, F., 1943 a: Die Krise der Alten Welt I. Berlin

Altheim, F., 1943 b: Die Krise der Alten Welt III. Berlin

Altheim, F., 1947: Weltgeschichte Asiens I. Halle

Altheim, F., 1948 a: Weltgeschichte Asiens II. Halle

Altheim, F., 1948 b: Römische Geschichte I. Berlin

Altheim, F., 1948 c: Römische Geschichte II. Berlin

Altheim, F., 1955 a: Reich gegen Mitternacht. Hamburg

Altheim, F., 1955 b: Gesicht von Abend und Morgen. Frankfurt-Hamburg

Altheim, F., 1959: Geschichte der Hunnen I. Berlin

Altheim, F., 1960 a: Geschichte der Hunnen II. Berlin

Altheim, F., 1960 b: Zarathustra und Alexander. Frankfurt-Hamburg

Altheim, F., 1961: Untersuchung zur römischen Geschichte I. Frankfurt

Altheim, F., 1962: Geschichte der Hunnen IV. Berlin

Altheim, F., Stiehl, R., 1957: Finanzgeschichte der Spätantike. Frankfurt

Altheim, F., Stiehl, R., 1964: Die Araber in der Alten Welt I. Berlin

Anton, F., Dockstader, F. J., 1967: Das alte Amerika. Baden-Baden

Arrianus, F., 136: Reitertraktat. Dt. Übers. Abdruck in: Garbsch 1978

Baldus, H. R., 1979: Die Münzprägung der numidischen Königreiche. In: Horn/Rüger 1979

Bauer 1959: Über Erbforschung in der Vollblutzucht. In: Wissenschaftliche Vorträge 1958/59 des Direktoriums für Vollblutzucht und Rennen. Köln

Beaulieu, Ch. de, 1942: Der klassische Sport. Berlin

Beckendorf, H., 1973: Der vierte Kreuzzug und seine Folgen. In: Maier 1973

Bengtson, H., 1950: Griechische Geschichte. 4. Aufl. München 1969

Bengtson, H., Hrsg., 1965 a: Griechen und Perser. Die Mittelmeerwelt im Altertum I. Fischer-Weltgeschichte Bd. 5. Frankfurt

Bengtson, H., 1965 b: Das Perserreich und die Griechen um 520 v. Chr. In: Bengtson 1965 a

Bengtson, H., 1965 c: Der ionische Aufstand und die Perserkriege bis Marathon. In: Bengtson 1965 a

Bengtson, H., 1965 d: Die Rüstungen und der Zug des Xerxes. In: Bengtson 1965 a

Bengtson, H., 1965 e: Die Zivilisation und das geistige Leben im Zeitalter des Perikles In: Bengtson 1965 a

Bengtson, H., 1965 f: Der peloponnesische Krieg. In: Bengtson 1965 a

Bengtson, H., 1965 g: Die Auflösung des Griechentums und die Friedensidee. In: Bengtson 1965 a

Bengtson, H., 1965 h: Der Aufstieg Makedoniens unter König Philipp II. In: Bengtson 1965 a

Bengtson, H., 1965 i: Alexander und die Eroberung des Perserreiches. In: Bengtson 1965 a

Bengtson, H., 1971: Die Olympischen Spiele in der Antike. 2. Aufl. Zürich-Stuttgart 1972

Bentmann, R., 1978: Nachwort. In: Burgmair, H.: Turnier-Buch. Neuausgabe Dortmund 1978

Berciu, D., 1966: Geten und Daker. In: Grimal 1966 a

Bernhardi, von, 1907: Organisation und Ausbildung der Kavallerie für den modernen Krieg. Berlin

Bernhardi, von, 1908: Gedanken zur Neugestaltung des Kavallerie-Reglements. Berlin

Bivar, D., 1966: Die Nomadenreiche und die Ausbreitung des Buddhismus. In: Hambly 1966

Blau, E. G., 1934: Die operative Verwendung der deutschen Kavallerie im Weltkrieg 1914–1918. I. Teil. München

Bleicken, J., 1975: Die Verfassung der römischen Republik. Paderborn

Borcke, H. von, 1898: Zwei Jahre im Sattel und am Feinde. 2 Bde. Berlin

Borst, A., 1959: Das Rittertum im Hochmittelater. In: Saeculum X/1959

Borst, A., 1963: Religiöse und geistige Bewegungen im Hochmittelalter. In: Mann 1963 b

Borst, A., 1973: Lebensformen im Mittelalter. Frankfurt-Berlin

Branski, A., 1911: Das nordische Pferd. Wien

Brentjes, B., 1968/69: Großpferde und Ponies im Alten Orient. In: Z. f. Tierz. u. Züchtungsbiologie 85/ 1968/69

Brinker, H., Goepper, R., Hrsg., 1980: Kunstschätze aus China. Ausstellungskatalog. Zürich

Brinker, H., 1980 a: Monumentale Grabplastik im Auftrag des »Ersten Kaisers von China«. In: Brinker/Goepper 1980

Brinker, H., 1980 b: Kostbarkeiten aus dem Grab der kleinen Li Jingxun (600–608). In: Brinker/Goepper 1980

Brinker, H., 1980 c: Die Pracht der Grabausstattung zur Tang-Zeit. In: Brinker/Goepper 1980

Brinker, H., 1980 d: Gold und Silber aus der alten Tang-Metropole Changan: der Hort von Hejiacun. In: Brinker/Goepper 1980

Brix 1879: Anmerkung und Zusätze zu Denisons Geschichte der Cavallerie: In: Denison 1879

Brunner, O., 1968: Das »ganze Haus« und die alteuropäische »Ökonomik«. In: Brunner, O., 1968: Neue Wege der Verfassungs- und Sozialgeschichte. 2. Aufl. Göttingen

Bühler, J., 1928: Fürsten und Ritter. Leipzig

Bumke, J., 1964: Studien zum Ritterbegriff im 12. und 13. Jahrhundert. Heidelberg

Cahen, C., 1968: Der Islam I. Vom Ursprung bis zu den Anfängen des Osmanenreiches. Fischer-Weltgeschichte Bd. 14. Frankfurt

Campbell, B. G., 1966: Die Entwicklung zum Menschen. Dt. Übers. Stuttgart 1972

Canitz, von, 1824: Nachrichten und Betrachtungen über die Taten und Schicksale der Reiterei, II. Teil. Berlin-Posen

Carnat, C., 1953: Das Hufeisen in seiner Bedeutung für die Kultur und Zivilisation. Zürich

Cassin, E., Bottéro, J., Vercoutter, J., Hrsg., 1967: Die Altorientalischen Reiche III. Fischer-Weltgeschichte Bd. 4. Frankfurt

Charalambopulos, A., 1916: Ein kritischer Beitrag zur Geschichte des griechischen Pferdes und Rindes. Diss. Bern

Chevenix Trench, Ch., 1970: Geschichte der Reitkunst. Dt. Übers. München

Choltitz, D. von, 1951: Soldat unter Soldaten. Konstanz-Zürich-Wien

Christ, K., 1964: Einleitung zum Neudruck von: Delbrück, Kriegskunst I. Berlin 1964

Cortés, H., 1524: Ordenanzas de buen gobierno dadas por Hernando Corteés para los becinos y moradores de la Nueva España. Neudruck Madrid 1960. Zitiert nach Séjourné 1971, 329

Cram, K. G., 1955: Iudicium belli. Zum Rechtscharakter des Krieges im deutschen Mittelalter. Münster-Köln

Cram, K. G., 1964: Einleitung zu: Delbrück, Geschichte der Kriegskunst III. Neudruck 1964

Delbrück, H., 1886: Historische und politische Aufsätze. Berlin

Delbrück, H., 1902: Geschichte der Kriegskunst im Rahmen der politischen Geschichte II. Berlin

Delbrück, H., 1920a: Geschichte der Kriegskunst im Rahmen der politischen Geschichte I. Neudruck der 3. Aufl. (1920) Berlin 1964

Delbrück, H., 1920b: Geschichte der Kriegskunst im Rahmen der politischen Geschichte IV. Neudruck der 1. Aufl. (1920) Berlin 1962

Delbrück, H., 1923: Geschichte der Kriegskunst im Rahmen der politischen Geschichte III. Neudruck der 2. Aufl. (1923) Berlin 1964

Delbrück, H., 1928: Geschichte der Kriegskunst im Rahmen der politischen Geschichte V. Fortgesetzt von E. Daniels. Berlin

Delbrück, H., 1929: Geschichte der Kriegskunst im Rahmen der politischen Geschichte VI, erstes Buch. Fortgesetzt von E. Daniels. Berlin

Delbrück, H., 1931: Geschichte der Kriegskunst im Rahmen der politischen Geschichte VI, zweites Buch. Fortgesetzt von E. Daniels. Berlin

Delbrück, H., 1936: Geschichte der Kriegskunst im Rahmen der politischen Geschichte VII. Fortgesetzt von E. Daniels und O. Haintz. Berlin

Demeter, K., 1962: Das deutsche Offizierscorps in Gesellschaft und Staat 1650–1945. Frankfurt

Denhardt, R. M., 1949: The Horse of America. Norman University of Oklahoma Press

Denison, G. T., 1879: Geschichte der Cavallerie. Aus dem Engl. übersetzt von Brix. Berlin

Deuchler, F., 1963: Die Burgunderbeute, Bern

Dhondt, J., 1968: Das frühe Mittelalter. Fischer-Weltgeschichte Bd. 10. Frankfurt

Diem, C., 1941: Asiatische Reiterspiele. Berlin

Diem, C., 1942: Das Trojanische Reiterspiel. Berlin

Diem, C., 1960: Weltgeschichte des Sports. 2. Aufl. Stuttgart 1967

Dittmer, K., 1954: Allgemeine Völkerkunde. Braunschweig

Drees, L., 1967: Olympia, Götter, Künstler und Athleten. Stuttgart

Duval, P. M. 1952: Gallien. Leben und Kultur in römischer Zeit. Dt. Übers. Stuttgart 1979

Elias, N., 1936: Über den Prozeß der Zivilisation, 2 Bde. Neudruck Frankfurt 1977

Elias, N., 1969: Die Höfische Gesellschaft. Neuwied-Berlin

Erben, W., 1908: Zur Geschichte des karolingischen Kriegswesens. In: Historische Zeitschrift, 101. Bd 1908

Eschmann, E. W., 1965: Von Herakles bis Coubertin. In: Schultz, U. , Hrsg., 1965: Das Große Spiel. Frankfurt-Hamburg

Ewers, J. C., 1949: The last Bison Drives of the Blackfoot Indians. In: Journal of the Washington Academy of Sciences XXXIX/1949

Fairservis, W. A., 1964: Reitervölker der Steppe. Aus dem Engl. übersetzt von F. Gottwald. Würzburg

Flor, F., 1930: Haustiere und Hirtenkulturen. Wiener Beiträge zur Kulturgeschichte und Linguistik I. Wien

Franke, H., Trauzettel, R., 1968: Das chinesische Kaiserreich. Fischer-Weltgeschichte Bd. 19. Frankfurt

Frauenholz, E. von, 1935: Das Heerwesen der germanischen Frühzeit, des Frankenreiches und des ritterlichen Zeitalters. München

Frauenholz, E. von, 1936: Das Heerwesen in der Schweizer Eidgenossenschaft in der Zeit des freien Söldnertums. München

Frauenholz, E. von, 1937: Das Heerwesen des Reiches in der Landsknechtzeit. München

Frauenholz, E. von, 1938: Das Heerwesen in der Zeit des Dreißigjährigen Krieges. München

Frauenholz, E. von, 1939: Die Landesdefension in der Zeit des Dreißigjährigen Krieges. München

Friederici, G., 1905: Berittene Infanterie im Alterum. In: Neue Militärische Blätter, Bd. 67, Nr. 11/12, 1905

Fröhlich, F., 1886: Kriegführung und Kriegskunst der Römer. Berlin

Frye, R. N., 1966a: Die Welt der Parther. In: Grimal 1966a

Frye, R. N., 1966b: Iran in parthischer und sassanidischer Zeit. In: Millar 1966a

Funcken, L. u. F., 1977: Rüstungen und Kriegsgerät im Mittelalter. Dt. Übers. München 1979

Ganshof, F.-L., 1963: Das Hochmittelalter. In: Mann 1963b

Garbsch, J., 1978: Römische Paraderüstungen. Bd. 30 der Reihe »Münchner Beiträge zur Vor- und Frühgeschichte«. München

Gehlen, A., 1940: Der Mensch, seine Natur und seine Stellung in der Welt. 4. Aufl. Bonn 1950

Gehlen, A., 1956: Urmensch und Spätkultur. 2. Aufl. Frankfurt-Bonn 1964

Gehlen, A., 1957: Die Seele im technischen Zeitalter. Hamburg

Gehlen, A., 1963: Studien zur Anthropologie und Soziologie. Neuwied

Ginzrot, J. C., 1817: Die Wagen und Fahrwerke der Griechen und Römer. 2 Bde. Reprint Hildesheim-New York 1975

Glasenapp, H. von, 1957: Die nichtchristlichen Religionen. Fischer-Lexikon. Frankfurt

Goepper, R., 1980a: Krieger und Reiter der Westlichen Han-Dynastie aus bemaltem Ton. In: Brinker/Goepper 1980

Goepper, R., 1980b: Kunst und Handwerk unter der Han-Dynastie. In: Brinker/Goepper 1980

Goepper, R., 1980c: Im Zeichen des Buddhismus: Kultplastik des 5. bis 8. Jahrhunderts. In: Brinker/Goepper 1980

Goepper, R., 1980d: Das Grab des Kronprinzen Zhanghuai. In: Briner/Goepper 1980

Götz, W., 1964: Deutsche Marställe des Barock. München-Berlin

Granier, F., 1932: Die makedonische Heeresversammlung. München

Grimal, P., Hrsg., 1965 a: Der Hellenismus und der Aufstieg Roms. Fischer-Weltgeschichte Bd. 6. Frankfurt

Grimal, P., 1965 b: Einleitung. In: Grimal 1965 a

Grimal, P., 1965 c: Der hellenische Osten im 3. Jh. v. Chr. In: Grimal 1965 a

Grimal, P., 1965 d: Der römische Westen vom Krieg des Pyrrhos bis zum Sieg über Hannibal. In: Grimal 1965 a

Grimal, P., Hrsg., 1966 a: Der Aufbau des römischen Reiches. Fischer-Weltgeschichte Bd. 7. Frankfurt

Grimal, P., 1966 b: Die Zeit der großen Erobergungen Roms. In: Grimal 1966 a

Grimal, P., 1966 c: Die Agonie der Republik. In: Grimal 1966 a

Grimal, P., 1966 d: Von der Diktatur zum Prinzipat. In: Grimal 1966 a

Grjaznov, M. P., 1927: Broncezeitliche Gräber im westlichen Kazakstan. In: Sbornik Kazakj II/1927. Zitiert nach Schmidt 1946

Groot, J. J. M. de, 1921: Die Hunnen der vorchristlichen Zeit I.

Grundmann, H., 1942: Rotten und Brabanzonen. In: Deutsches Archiv für Geschichte des Mittelalters 5/1942

Guicciardini, F. (1483–1540): Vom politischen und bürgerlichen Leben. Dt. Übers. 1942

HDP-Informationen 1967: Informationen des Hauptverbandes für Zucht und Prüfung Deutscher Pferde, 18 vom 29. 4. 1967. Warendorf

Härtel, H. J., 1973: Byzanz und die Slawen. In: Maier 1973

Hafner, G., 1969: Athen und Rom. Reihe Kunst im Bild. Baden-Baden

Hahlweg, W., 1960: Klassiker der Kriegskunst. Darmstadt

Hajianpur, M., 1966: Das Timuridenreich und die Eroberung von Mawarannahr durch die Usbeken. In: Hambly 1966 a

Hambly, G., Hrsg., 1966 a: Zentralasien. Fischer-Weltgeschichte Bd. 16. Frankfurt

Hambly, G., 1966 b: Einleitung. In: Hambly 1966 a

Hambly, G., 1966 c: Das Leben Tschingis Khans. Das Mongolenreich auf dem Gipfel seiner Macht. Die Goldene Horde. Das Reich Tschaghatei. In: Hambly: 1966 a

Hancar, F., 1956: Das Pferd in prähistorischer und früher historischer Zeit. Wiener Beiträge zur Kulturgeschichte und Linguistik XI. Wien

Helbig, W., 1905: Zur Geschichte des römischen Equitatus. In: Abhandlungen der Bayrischen Akademie der Wissenschaften, I. Klasse, XXIII, 2. Abtl.

Herodot (490–ca. 420): Historien. Griechisch-Deutsch. 2 Bde. München 1963

Herre, W., 1958: Abstammung und Domestikation der Haustiere. In: Hammond, Johansson, Haring, Hrsg., 1958: Handbuch der Tierzüchtung Bd. 1. Berlin

Herre, W., 1961: Grundsätzliches zur Systematik des Pferdes. In: Z. f. Tierz. u. Zb. 75/1961

Herrigel, E., 1948: Zen in der Kunst des Bogenschießens. Konstanz

Herzfeld, H., 1960: Erster Weltkrieg und Friede von Versailles. In: Mann, G., Heuss, A., Hrsg., 1960: Propyläen-Weltgeschichte Bd. IX, 1. Das zwanzigste Jahrhundert. Neudruck Frankfurt-Berlin 1976

Hesselmeyer, E., 1911: Vermischte Beiträge zur Geschichte des Reiteradels bei den Römern und Deutschen. Tübingen

Heuss, A., 1960: Römische Geschichte. 4. Aufl. Braunschweig 1976

Hönle, A., 1972: Olympia in der Politik der griechischen Staatenwelt. Bebenhausen

Hofstätter, P. R., 1959: Einführung in die Sozialpsychologie. 2. Aufl. Stuttgart

Holzmann, R., 1955: Geschichte der sächsischen Kaiserzeit. München

Homer (um 700 v. d. Zr.): Ilias. Dt. Übers. von H. Voss. Stuttgart 1957

Homer (um 700 v. d. Zr.): Odyssee. Dt. Übers. von H. Voss. Stuttgart 1970

Horn, H. G., Rüger, C. B., Hrsg., 1979: Die Numider. Reiter und Könige nördlich der Sahara. Bonn

Houwink ten Cate, P., 1967: Kleinasien zwischen Hethitern und Persern. In: Cassin u. a. 1967

Huizinga, J., 1924: Herbst des Mittelalters. Dt. Übers. 8. Aufl. Stuttgart 1961

Huizinga, J., 1939: Homo ludens. Vom Ursprung der Kultur im Spiel. Dt. Übers. Neuausgabe Hamburg

Jähns, M., 1872: Roß und Reiter in Leben und Sprache, Glauben und Geschichte der Deutschen, 2. Bd. Leipzig

Jähns, M., 1889: Geschichte der Kriegswissenschaften I. München-Leipzig

Jähns, M., 1890: Geschichte der Kriegswissenschaften II. München-Leipzig

Jähns, M., 1891: Geschichte der Kriegswissenschaften III. München-Leipzig

Jankovich, M., o.J.: Pferde, Reiter, Völkerstämme. München

Jettmar, K., 1951: Die frühen Nomaden der eurasiatischen Steppen. In: Saeculum 2/1951

Jettmar, K., 1953: Neue Beiträge zur Entwicklungsgeschichte der Viehzucht. In: Wiener Völkerkundl. Mitt. 2, 1953/1

Jettmar, K., 1957: Rezension von Hancar 1956: In: Central Asiatic Journal, The Hague II 1957/2

Jettmar, K., 1964: Die frühen Steppenvölker. Baden-Baden

Jettmar, K., 1966: Die Entstehung der Reiternomaden. In: Saeculum Bd. 17/1966, Heft 1–2

Kadra, F., 1979: Der Djedar A von Djebel Lakhdar, ein spätes Berbermonument. In: Horn/Rüger 1979

Kaehler, von, 1879: Die Preußische Reiterei von 1806–1876 in ihrer Entwicklung. Berlin

Kaehler, von, 1998 a: Anmerkungen zu ›von Borcke, Zwei Jahre im Sattel und am Feinde I‹. Berlin

Kaehler, von, 1898 b: Anmerkungen zu ›von Borcke, Zwei Jahre im Sattel und am Feinde II‹. Berlin

Kammenhuber, A., 1961: Hippologia Hethitica. Wiesbaden

Kammler, H., 1967: Der Ursprung des Staates. Eine Kritik der Überlagerungslehre. Köln

Kamphausen, H., 1972: Traditionelle Leibesübungen bei autochthonen Völkern. In: Ueberhorst 1977 a

Keiter, F., 1956: Naturvölker. In: Ziegenfuß, W., Hrsg., 1956: Handbuch der Soziologie. Stuttgart

Keller, R., 1962: Einleitung zu ›Xenophon, Reitkunst‹. Heidenheim

Kern, F., 1965: Recht und Verfassung im Mittelalter. Darmstadt

Kluckhohn, P., 1930: Die ritterliche Kultur in Deutschland. Das Mittelalter in Einzeldarstellungen. Leipzig-Wien

Köhler, G., 1886 a: Die Entwicklung des Kriegswesens und der Kriegsführung in der Ritterzeit I. Breslau

Köhler, G., 1886 b: Die Entwicklung des Kriegswesens und der Kriegsführung in der Ritterzeit II. Breslau

Köhler, G., 1887: Die Entwicklung des Kriegswesens und der Kriegführung in der Ritterzeit III, erste Abt. Breslau

Köhler, G., 1889 a: Die Entwicklung des Kriegswesens und der Kriegführung in der Ritterzeit III, zweite Abt. Breslau

Köhler, G., 1889 b: Die Entwicklung des Kriegswesens und der Kriegführung in der Ritterzeit III, dritte Abt. Breslau

Konetzke, R., 1965: Süd- und Mittelamerika I. Die Indianerkulturen Altamerikas und die spanisch-portugiesische Kolonialherrschaft. Fischer-Weltgeschichte Bd. 22. Frankfurt

Kretschmar, M., 1980: Pferd und Reiter im Orient. Hildesheim-New York

Kretzenbach, L., 1966: Ringreiten, Rolandspiel und Kufenstechen. XX. Band der Buchreihe des Landesmuseums Kärnten. Klagenfurt

Kromayer, J., Veith, G., 1928 a: Heerwesen und Kriegführung der Griechen und Römer. München

Kromayer, J., Veith, G., 1928 b: Heerwesen und Kriegführung der Römer. In: Handbuch der Altertumswissenschaft IV 3,2/1928

Kuhn, H., 1949: Zur Deutung der künstlerischen Form des Mittelalters. In: Kuhn 1959

Kuhn, H., 1959: Dichtung und Welt im Mittelalter. 2. Aufl. Stuttgart 1969

Kussmaul, F., 1953 a: Zur Frühgeschichte des innerasiatischen Reiternomadismus. Phil. Diss. Tübingen

Kussmaul, F., 1953 b: Die frühen Nomadenkulturen in Innerasien. In: tribus, Jahrbuch des Lindenmuseums Stuttgart Bd. 2/3. Stuttgart

Labat, R., 1967: Assyrien und seine Nachbarländer. In: Cassin u. a. 1967

Le Goff, J., 1965: Das Hochmittelalter. Fischer-Weltgeschichte Bd. 11. Frankfurt

Lougnon, J., 1949: L'Empire Latin de Constantinople. Paris

Lundholm, B., 1949: Abstammung und Domestikation des Hauspferdes. In: Zoologiska Bidrag Bd. XXVII. Uppsala

Maier, F. G., 1968: Die Verwandlung der Mittelmeerwelt. Fischer-Weltgeschichte Bd. 9. Frankfurt

Maier, F. G., Hrsg., 1973: Byzanz. Fischer-Weltgeschichte Bd. 13. Frankfurt

Manché 1889: Die brandenburgisch-preußische Reiterei seit der Zeit des großen Kurfürsten. Rathenow

Mangoldt-Gaudlitz, H. von, 1922: Die Reiterei in den germanischen und fränkischen Heeren bis zum Ausgang der deutschen Karolinger. Arbeiten zur deutschen Rechts- und Verfassungsgeschichte. IV. Heft/1922. Berlin

Mann, G., 1963 a: Propyläen-Weltgeschichte Bd. V1 »Islam. Die Entstehung Europas«. Frankfurt-Berlin

Mann, G., 1963 b: Propyläen-Weltgeschichte Bd. V2 »Islam. Die Entstehung Europas«. Frankfurt-Berlin

Marasow, I., 1979: Die Thraker. Kunst, Religion und Selbstverständnis. In: NN 1979

Martin, P., 1963: Der bunte Rock. Uniformen im Wandel der Zeit. Stuttgart

Mayer, A., o.J.: Das Reiterbuch. Wiesbaden (Neudruck ca. 1964 einer Ausgabe von ca. 1935)

Meckel 1877: Elemente der Taktik. Berlin

Mensching, G., 1966: Soziologie der großen Religion. Bonn

Meuleau, M., 1965: Mesopotamien unter der Herrschaft der Seleukiden. In: Grimal 1965 a

Meyer, E., 1923: Das römische Manipularheer, seine Entwicklung und seine Vorstufen. In: Abhl. der Preuß. Akademie der Wisse. 3/1923

Meyer, H., 1971: Horsemanship mit rauhen Zügen. In: Reiter Revue Sept 1971. Mönchengladbach

Meyer, H., 1975 a: Mensch und Pferd. Hildesheim

Meyer, H., 1975 b: Der Mensch und das Tier. München

Meyer, H., 1979: Pferd und Kunst. In: Reiter Revue Juni/1979. Mönchengladbach

Meyer, H., 1980: Frau-Sein. Genetische Disposition und gesellschaftliche Prägung. Opladen

Millar, F., Hrsg., 1966 a: Das römische Reich und seine Nachbarn. Fischer-Weltgeschichte Bd. 8. Frankfurt

Millar, F., 1966 b: Die Armee und die Grenzen. In: Millar 1966 a

Millar, F., 1966 c: Die griechischen Provinzen. In: Millar 1966 a

Millar, F., 1966 d: Afrika. In: Millar 1966 a

Millar, F., 1966 e: Das Reich und die Krise des 3. Jahrhunderts. In: Millar 1966 a

Millar, F., 1966 f: Der Balkan und die Donauprovinzen. In: Millar 1966 a

Mirgeler, A., 1953: Geschichte Europas. 4. Aufl. Freiburg 1964

Mirgeler, A., 1962: Vielfalt und Einheit der deutschen Lande. In: Mirgeler 1965

Mirgeler, A., 1965: Geschichte und Gegenwart. Freiburg-München

Mirgeler, A., 1971: Revision der europäischen Geschichte. Freiburg

Mörmann, H., Plöger, E., 1978: Buskaschi. Luzern-Frankfurt

Mühlmann, W. E., 1953: Primitive Waffentechnik und soziale Organisation. In: Wiese, L. von: Die Entwicklung der Kriegswaffe und ihr Zusammenhang mit der Sozialordnung. Köln 1953

Myers, A. R., 1963: Europa im 14. Jahrhundert. In: Mann 1963 b

Nicol, D. M., 1973: Der Niedergang von Byzanz. In: Maier 1973

Nitschke, A., 1963: Frühe christliche Reiche. In: Mann 1963 a

N.N. 1902: Leitfaden für den Unterricht der Taktik auf den königlichen Kriegsschulen auf Veranlassung der Generalinspektion des Militär-, Erziehungs- und Bildungswesens ausgearbeitet. 12. Auflage Berlin

N. N. 1979: Gold der Thraker. Katalog der Ausstellung in Köln, München und Hildesheim. Mainz

Nobis, G., 1971: Vom Wildpferd zum Hauspferd. Studien zur Phylogenie pleistozäner Equiden Eurasiens und das Domestikationsproblem unserer Hauspferde. Köln

Osten-Sacken, Frh. von der, 1911: Preußens Heer von seinen Anfängen bis zur Gegenwart I. Berlin

Osten-Sacken, Frh. von der, 1912: Preußens Heer von seinen Anfängen bis zur Gegenwart II. Berlin

Osten-Sacken, Frh. von der, 1914: Preußens Heer von seinen Anfängen bis zur Gegenwart III. Berlin

Paret, R., 1962: Der Koran. Dt. Übers. Stuttgart

Paret, R., 1971: Der Koran. Kommentar und Konkordanz. Stuttgart

Parker, R. A. C., 1967: Das Zwanzigste Jahrhundert I, 1918–1945. Fischer-Weltgeschichte Bd. 34. Frankfurt

Pascha, P., 1965: Mongolische Miszellen XI. Einiges über das Pferd in der mongolischen Literatur und in der heutigen Mongolei. In: Central Asiatic Journ. X, 3–4, 1965. Wiesbaden

Pascha, P., 1969: Über mongolische Hippologie. In: Zeitschr. d. Dt. Morgenländ. Ges., Supl.2, 1969. Wiesbaden

Pawlikowski-Cholewa, A. von, 1943: Heeresgeschichte der Völker Afrikas und Amerikas. Berlin

Pelet-Narbonne, G. von, 1905 a: Geschichte der Brandenburg-Preußischen Reiterei I. Berlin

Pelet-Narbonne, G. von, 1905 b: Geschichte der Brandenburg-Peußischen Reiterei II. Berlin

Piekalkiewicz, J., 1976: Pferd und Reiter im II. Weltkrieg. München

Pieri, P., 1960 a: Niccolo Machiavelli. In: Hahlweg 1960

Pieri, P., 1960 b: Raimondo Montecuccoli. In: Hahlweg 1960

Platon (427–347): Laches. Dt. Übers. In: Platon, Sämtl. Werke Bd 1. Hamburg 1957

Podhajsky, A., 1965: Die klassische Reitkunst. München

Potratz, J. A., 1963: Die Skythen in Südrußland. Basel

Prokop, 553: Gothenkrieg. Dt. Übers. Leipzig 1922

Pusyrewski, 1893: Untersuchung über den Kampf. Warschau

R.-Alföldi, M., 1979: Die Geschichte des numidischen Königreiches und seiner Nachfolger. In: Horn/Rüeger 1979

Rassem, M., 1960: Gesellschaft und bildende Kunst. Berlin

Rice, T. T., 1966: Die skytisch-sarmatischen Stämme Südosteuropas. In: Millar 1966

Rodinson, M., 1961: Mohammed. Dt. Übers. Luzern-Frankfurt 1975

Roe, F. G., 1955: The Indian an the Horse. Norman University of Oklahoma Press

Röhrs, M., 1961/62: Biologische Anschauungen über Begriff und Wesen der Domestikation. In: Zeitschr. f. Tierzüchtung und Züchtungsbiologie. 76, 1961/62. Hamburg

Rolle, R., 1980: Die Welt der Skythen. Luzern-Frankfurt

Romano, R., Tenenti, A., Hrsg., 1967: Die Grundlegung der modernen Welt. Fischer-Weltteschichte Bd. 12. Frankfurt

Romano, R., 1967 a: Die Krise des 14. Jahrhunderts. In: Romano/Tenenti 1967

Romano, R., 1967 b: Imperien und erste Einheit der Welt. In: Romano/Tenenti 1967

Rotenhahn, Frh. von, 1891: Die neuere Kriegsgeschichte der Cavallerie vom Jahre 1859 bis heute I. München

Rüstow, A., 1950: Orstbestimmung der Gegenwart I. Zürich-Stuttgart

Rüstow, A., 1957: Orstbestimmung der Gegenwart III. Zürich

Rüstow, A., 1963: Orstbestimmung der Gegenwart II. 2. Aufl. Zürich

Sassajima, K., 1972: History of Physical Exercises and Sport in Japan. In: Ueberhorst, H. Hrsg., 1972: Geschichte der Leibesübungen Bd. 4. Berlin

Sander, E., 1955: Reform des römischen Heerwesens durch Julius Cäsar. In: Hisotr. Zschr. Bd. 179/1955

Schachermeyr, F., 1950: Poseidon. Bern

Schachermeyr, F., 1960: Griechische Geschichte. 2. Aufl. Stuttgart 1969

Scherl, G., 1964: Reiterspiele, Roßballetts, Karussells und Quadrillen. In: N. N. 1964: Sankt Georg Almanach 1964. Düsseldorf

Schiele, E., 1972: Arabiens Pferde. Allahs liebste Kinder. München-Bern-Wien

Schlieben, A., 1867: Die Pferde des Altertums. Neuwied-Leipzig

Schmidt, C. von, 1885: Instruktionen betreffend die Erziehung, Ausbildung, Verwendung und Führung der Reiterei. Zusammengestellt von Vollard-Bockelberg. 2. Aufl. Berlin

Schmidt, W., 1946: Rassen und Völker in Vorgeschichte und Geschichte des Abendlandes I. Luzern

Séjourné, L., 1971: Altamerikanische Kulturen. Fischer-Weltgeschichte Bd. 21. Frankfurt

Seunig, W., 1960: Meister der Reitkunst und ihre Wege. Heidenheim

Simon: Aussehen und Auswahl der Pferde. Dt. Übers. In: Widdra 1965

Speyer, H., o. J.: Die biblischen Erzählungen im Koran. Neudruck Hildesheim 1961

Sproemberg, H., 1959: Die feudale Kriegskunst. In: Sproemberg, Beiträge zur belgisch-niederländischen Geschichte. Berlin

Stader, K., 1960: Julius Cäsar. In: Hahlweg 1960

Stein, E., 1928: Geschichte des spätrömischen Reiches I. Wien

Stotten, P., 1953: Wandlungen des Gebrauchs der Kriegswaffe im Mittelalter. In: von Wiese 1953

Streubel, F., 1954: Fahren und Reiten im Übergang vom Altertum zum Mittelalter. Phil. Diss. Hamburg

Terlinden, Ch. von, 1965: Carolus Quintus. Brüssel

Tettau, Frh. von, 1897: Die russische Kavallerie im Krieg und Frieden. Leipzig

Tschirner, 1914: Kavallerie, ihre Ausbildung und Verwendung. Oldenburg

Ueberhorst, H., Hrsg., 1972 a: Geschichte der Leibesübungen Bd. 1. Berlin

Ueberhorst, H., 1972 b: Ursprungstheorien. In: Ueberhorst 1972 a

Ueberhorst, H., 1972 c: Leibesübungen in Altindien. In: Ueberhorst 1972 a

Ueberhorst, H., 1972 d: Leibesübungen in Altchina. In: Ueberhorst 1972 a

Ueberhorst, H., 1972 e: Geschichte der Leibesübungen Bd. 4. Berlin

Ullmann, L., 1840: Der Koran. Dt. Übers. Crefeld

Ullrich, J., 1940: Das Kriegswesen im Wandel der Zeiten. Leipzig

Unger, W. von, 1906: Wie ritt Seydlitz? Berlin

Unger, W. von, 1926: Meister der Reitkunst. Bielefeld und Leipzig

Veblen, T., 1899: Theorie der feinen Leute. Dt. Übers. Neuausgabe 1957

Verbruggen, J. F., 1954: De Krijgskunst in West-Europa in de Middeleeuwen. Brüssel

Vergil (70–19 v. d. Zr.): Aeneis. Dt. Übers. hrsg. von A. Vezin. Münster 1952

Volkmann, J., 1953: Die Waffentechnik in ihrem Einfluß auf das soziale Leben der Antike. In: von Wiese 1953

Wätjen, R., 1962: Das Dressurreiten. 5. Aufl. Berlin

Weber, A., 1950: Kulturgeschichte als Kultursoziologie. 2. Aufl. München

Weber, M., 1920: Gesammelte Aufsätze zur Religionssoziologie Bd. 1. 5. Aufl. Tübingen 1963

Wenedikow, J., 1979: Thrakien. In: N. N. 1979

Wenniger, 1908: Über Verlauf und Ergebnis von Reiterzusammenstößen. In: Kavalleristische Monatshefte 1908, p. 908

Werth, E., 1940: Zur Verbreitung und Geschichte der Transporttiere. In: Zschr. der Ges. f. Erdkunde. Berlin 1940

Widdra, K., 1965: Xenophon, Reitkunst. Griechisch-Deutsch. Berlin

Wiese, L. von, 1953: Die Entwicklung der Kriegswaffe und ihr Zusammenhang mit der Sozialordnung. Köln

Wiesner, J., 1939: Fahren und Reiten in Alteuropa und im Alten Orient. In: Der Alte Orient, Heft 2–4, Bd. 38. Leipzig 1939

Wiesner, J., 1941: Fahrende und reitende Götter. In: Archiv für Religionswissenschaft XXXVII/1941

Wiesner, J., 1943: Reiter und Ritter im ältesten Rom. In: Klio XXXVI, 1–2 1943

Wiesner, J., 1968: Die Kulturen der frühen Reitervölker. In: Handbuch der Kulturgeschichte Abt. 2: Die Kulturen der eurasischen Völker. Frankfurt 1968

Wilkinson, L. P., 1974: Rom und die Römer. Dt. Übers. Bergisch-Gladbach 1979

Wissler, C., 1914: The influence of the horse in the development of the plains culture In: American Anthropologist Vol. XVI

Wohlfeil, R., 1966: Ritter-Söldnerführer-Offizier. Versuch eines Vergleichs. In: Geschichtliche Landeskunde Bd. III, Teil 1. Festschrift Johannes Bärmann Bd. 1. Wiesbaden 1966

Xenophon (430–354): Über die Reitkunst. Dt. Übers. Heidenheim 1962

Xenophon (430–354): Reitkunst. Dt. Übers. Berlin 1965

Yalouris, N., 1950: Athena als Herrin der Pferde. In: Museum Helveticum 7. Jg./1950

Yetts, W. P., 1934: The horse: a factor in early chinese history. In: Eurasia Septentrionalis Antiqua IX. Helsinki

Ziegler, W., 1973: Das deutsche Heeresveterinärwesen im Zweiten Weltkrieg. Freiburg

Bildnachweis

1. Original: Louvre, Paris. Foto: Marburg.
2. Original: British Museum, London. Foto: Bildarchiv Preußischer Kulturbesitz.
3. Original: Museum für Islamische Kunst. Foto: Bildarchiv Preußischer Kulturbesitz.
4. Foto: Bildarchiv Preußischer Kulturbesitz.
5. Original: British Museum, London. Foto: Bildarchiv Preußischer Kulturbesitz.
6. Original: Musé Guimet, Paris. Foto: Holle Bildarchiv.
7. Original: Biblioteca Vaticana. Foto: Archiv für Kunst und Geschichte, Berlin.
8. Foto: Archiv für Kunst und Geschichte, Berlin.
9. Foto: Archiv für Kunst und Geschichte, Berlin.
10. Original: Orientabteilung der Staatsbibliothek Preußischer Kulturbesitz Berlin. Foto: Bildarchiv Preußischer Kulturbesitz.
11. Foto: Archiv für Kunst und Geschichte, Berlin.
12. Original: Bayerische Staabsbibliothek, München. Foto: Marburg.
13. Foto: Archiv für Kunst und Geschichte.
14. Foto: Bildarchiv Preußischer Kulturbesitz.
15. Original: Antikensammlung München. Foto: C. H. Krüger-Moessner.
16. Original: Antikensammlung München. Foto: C. H. Krüger-Moessner
17. Original: Archäologisches Museum Istanbul. Foto: Hirmer Fotoarchiv.
18. Foto: Archiv für Kunst und Geschichte, Berlin.
19. Foto: Bildarchiv Preußischer Kulturbesitz.
20. Original: Landesanstalt für Vorgeschichte in Halle/Saale. Foto: Bildarchiv Preußischer Kulturbesitz.
21. Foto: Stadtarchiv Augsburg.
22. Original: Staatsbibliothek Preußischer Kulturbesitz, Berlin. Foto: Bildarchiv Preußischer Kulturbesitz.
23. Foto: Bildarchiv Preußischer Kulturbesitz.
24. Foto: Archiv für Kunst und Geschichte, Berlin.
25. Foto: Universitäts-Bibliothek Heidelberg.
26. Foto: Archiv für Kunst und Geschichte, Berlin.
27. Foto: Bildarchiv Preußischer Kulturbesitz.
28. Original: Uffizien, Florenz. Foto: Holle Bildarchiv.
29. Kaiserliche Waffensammlung in Zarskol-Zelo. Foto: Bildarchiv Preußischer Kulturbesitz.
30. Foto: Bildarchiv Preußischer Kulturbesitz.
31. Foto: Archiv für Kunst und Geschichte, Berlin.
32. Foto: Bildarchiv Preußischer Kulturbesitz.
33. Foto: Archiv für Kunst und Geschichte, Berlin.
34. Foto: Bildarchiv Preußischer Kulturbesitz.
35. Foto: Bildarchiv Preußischer Kulturbesitz.
36. Original: Handschriftenabteilung der Staatsbibliothek Berlin. Foto: Bildarchiv Preußischer Kulturbesitz.
37. Foto: Archiv für Kunst und Geschichte, Berlin.
38. Foto: Bildarchiv Preußischer Kulturbesitz.
39. Foto: Archiv für Kunst und Geschichte, Berlin.
40. Foto: Bildarchiv Preußischer Kulturbesitz.
41. Foto: Archiv für Kunst und Geschichte, Berlin.
42. Original: Staatliche Museen zu Berlin (Ost), Nationalgalerie. Foto: Bildarchiv Preußischer Kulturbesitz.
43. Foto: Archiv für Kunst und Geschichte, Berlin.
44. Foto: Bildarchiv Preußischer Kulturbesitz.
45. Foto: Bildarchiv Preußischer Kulturbesitz.
46. Foto: Ullstein Bilderdienst.
47. Foto: Ullstein Bilderdienst.
48. Foto: Ullstein Bilderdienst.

wurden.[289] Generell ist zur Schlacht bei Tours und Poitiers noch anzumerken, daß nur wenige sichere Informationen über sie vorliegen und der militärische Erfolg Karl Martells wohl nicht so eindeutig und nachhaltig war, wie er angesichts seiner weltgeschichtlichen Konsequenzen vielfach erscheint; die arabischen Einfälle gingen nämlich nach 732 noch einige Zeit weiter.[290]

Freunde des arabischen Pferdes neigen dazu, die Bedeutung der Reiterei im mohammedanischen Aufgebot der Eroberungszeit zu überschätzen und dem Propheten ein Maß an einseitiger Hochschätzung des Pferdes in den Mund zu legen, das bei kritischer Sichtung der Quellen nicht abzusichern ist. Mohammed selbst lieferte den Anlaß zu dieser Interpretation. Der Meister saß als reifer Mann zu Pferd – 25 Namen von Pferden, die er geritten haben soll, sind bekannt[291] – und er äußerte sich übers Pferd. Die heutigen Anhänger des arabischen Pferdes scheinen in den Worten des Gottesmannes beziehungsweise in den ihm zugeschriebenen Worten eine übernatürliche Bestätigung ihrer Einstellungen und Vorlieben zu sehen. Bezeichnenderweise wird vielfach zwischen Aussagen des Korans und der Hadith nicht unterschieden, das heißt, Formulierungen, die sich in den Berichten über die fürs Denken und Handeln der Moslems vorbildlichen Worte und Taten des Propheten und seiner ersten Anhänger finden, werden als Feststellungen des Korans ausgegeben, der nach moslemischer Überzeugung die dem Propheten von Gott – direkt oder durch Vermittlung des Engels Gabriel – erteilten Offenbarungen enthält.

Wahrscheinlich war das Verhältnis Mohammeds zum Pferd problematischer, zwiespältiger oder mehrschichtiger als es in der Regel dargestellt wird: Selbst wenn Mohammed als Kamelhirte oder Karawanenführer keinen Kontakt zum Pferd hatte, konnte er es doch als Attribut adligen Daseins schätzen; der arrivierte Kaufmann konnte in ihm ein Symbol eines besseren Lebens sehen. Der Kriegsherr verstand das Pferd als eine schlagkräftige Waffe, die in der Hand des Gegners am Ohod den religiösen Anspruch des Propheten in Frage gestellt hatte, die in seinen eigenen Reihen die Erfüllung des übernatürlichen Auftrags aber entscheidend unterstützte. Als homo religiosus sah der der Welt grundsätzlich durchaus zugewandte Mohammed im Pferd ein Geschöpf Allahs, als Gottesmann erkannte er es aber auch als Symptom der den Menschen verblendenden und von seinen religiösen

Pflichten entfremdenden Weltlichkeit. Die verschiedenen Wertungen entstammen nicht der theoretischen Reflexion; sie lassen sich durch Aussagen und Zeugnisse belegen oder zumindest als wahrscheinlich vertreten.

Selbst das Bild des Pferdes, das die Formulierungen des Koran vermitteln, ist nicht eindeutig: In der Sure 8, 60 (»Und rüstet für sie, soviel ihr an Kriegsmacht und Schlachtrossen vermögt, um damit Gottes und eure Feinde einzuschüchtern, und andere außer ihnen, von denen ihr keine Kenntnis habt, aber Gott!« Übers. nach Paret[292]) wird das Pferd als effektives Kriegsmittel gegen die Feinde Allahs angesprochen. In der Sure 16, 8 (»Und die Pferde – hat er geschaffen – und die Maultiere und Esel, damit ihr sie besteigt, sowie als Schmuck.« Übers. nach Paret[293]) erscheint das Pferd als Geschöpf Gottes im Dienst des Menschen. Der Sinn der Sure 38, 30 ss. ist nicht eindeutig: »Und wir schenkten dem David den Salomo. Welch trefflicher Diener! Er war bußfertig. Als ihm abends die leichtfüßigen, schnell laufenden Pferde vorgeführt wurden. Da sagte er: ›Ich habe mich der Liebe zu den Gütern ergeben und darüber versäumt, meines Herrn zu gedenken bis zu dem Zeitpunkt, da die Sonne sich hinter dem Vorhang verbarg. Bringt sie mir nochmals her!‹ Und er begann, – ihnen bewundert – über Schenkel und Hals zu streichen.« Diese Übersetzung nach Paret[294] ist zumindest problematisch; die Aussagen bleiben widersprüchlich, weil einerseits die übertriebene Liebe zu den irdischen Dingen kritisiert wird, Salomo andererseits die Beschäftigung mit dem Irdischen bestärkt, wenn er den Tieren bewundernd über Schenkel und Hals streicht. Sinnvoller ist wahrscheinlich Speyers[295] Übersetzung: »Siehe, ich habe das Gute geliebt mehr als das Denken an meinen Herrn, bis die Sonne sich unter dem Schleier der Nacht verbarg. Bringt sie zurück zu mir! Und er begann, die Schenkel und Hälse zu zerschlagen.« Ullmann[296] übertrug den Schlußsatz mit den Worten: »... da ließ er ihnen die Schenkel und Hälse durchschneiden.« Ullmann wie Speyer wiesen auf den kritisierten Pferdeluxus Salomos hin. Der Aufwand, den Salomo mit den Pferden trieb, ist allgemein bekannt.[297] Zu viele Pferde zu halten, also den Pferden eine zu große Bedeutung im Leben einzuräumen, war nicht im Sinne des Herrn.[298] Des Rosses Stärke sagte dem Herrn ebensowenig zu wie die Schenkel der Männer.[299] Angesichts dieses Zusammenhangs läßt sich die Koranstelle gegen die Paretsche und mit der Ullmanschen wie mit der Speyerschen Übersetzung dahingehend verstehen, daß Salomo durch die Beschäftigung mit den Pferden seine religiöse Pflicht vernachlässigte und in der Buße für die Abwendung von Gott – beziehungsweise direkt als Buße – die Pferde untauglich machte, das heißt dem Weltlichen seinen Glanz nahm. Mit anderen Worten: Das Pferd erscheint hier als Teil der von den religiösen Pflichten entfremdenden Weltlichkeit. Der generell durchaus weltzugewandte Koran geißelt auch in anderen Suren den Einsatz fürs Weltliche an Stelle des Kampfs für Allah[300] wie die zu leidenschaftliche Liebe zum Reichtum[301].

Bei den Schwurformeln der Suren 51, 1–4 (»Bei denen, die Staub aufwirbeln, eine Last tragen, leicht dahinziehen und eine Verteilung vornehmen!«), 77, 1–6 (»Bei denen, die einer nach dem anderen gesandt werden, dahinstürmen, alles offenlegen und auseinandertreiben und den Menschen eine Mahnung zustellen, zur Entschuldigung oder Warnung!«) sowie 79, 1–5 (»Bei denen, die beim Schießen die Bogensehne voll ausziehen, äußerst lebhaft sind und in Windeseile dahinstürmen, die allen anderen zuvorkommen und eine Sache zu dirigieren wissen!«) kann nur vermutet werden, daß das Pferd angesprochen ist. Direkt erwähnt wird es jedenfalls nicht, nach Paret[302] auch nicht in der vielzitierten 100. Sure[303], in der es allerdings besonders nahe liegt, daß bei den Pferden geschworen wird: »Bei denen, die keuchend laufen, mit ihren Hufen stieben lassen und am frühen Morgen einen Überfall machen, dabei Staub aufwirbeln und sich plötzlich mitten in einem Haufen von Feinden befinden!« Das Pferd wird hier als ein Tier angesprochen, das durch Tempo und Kraft ausgezeichnet ist und mit diesen Eigenschaften in den kriegerischen Dienst des Menschen tritt. Nimmt man an, Mohammed habe ein vielschichtiges und auch konfliktträchtiges Verhältnis zum Pferd gehabt, dann scheinen weniger Probleme ungelöst zu bleiben, als bei einer Interpretation, die ausschließlich das als Schöpfung und Geschenk Allahs verstandene Tier vor Augen hat.

8. Die Mongolen

Der bedeutendste asiatische Reiterführer war wohl Tschingis-Khan, der »als nomadischer Kriegsherr an Intelligenz und Staatskunst in der Geschichte nicht seines gleichen« fand.[304] Zu Anfang des 13. Jhs. einte Tschingis-Khan die mongolischen und türkischen Steppenvölker zu einer geschichtsbestimmenden Macht, die im ausgehenden Mittelalter das Bild Zentralasiens ebenso bestimmte, wie sie das gesamte Gefüge des Nahen und Mittleren Orients erschütterte. Cahen[305] charakterisierte die mongolische Invasion als eine historische Zäsur. Vor der Einigung durch Tschingis-Khan waren die Mongolen kaum bekannt; gleich nach der Zusammenfassung ihrer Machtpotentiale gestalteten sie die Weltgeschichte. Sie unterwarfen die ihnen benachbarten asiatischen Reiche, überwältigten China, überfluteten den Iran, erreichten den Kaukasus und Georgien, durchquerten Rußland und Polen und gelangten für kurze Zeit bis nach Deutschland und Ungarn. Fast hätten sie den Islam samt seiner Kultur ausgelöscht, eine Entwicklung, die die Christen mit Genugtuung verfolgten.[306] In diesem Sinne ist es bezeichnend, daß verschiedene Christen die Mongolen unterstützten, daß manche sich auch Hoffnungen machten, sie zu ihrer Religion bekehren zu können. Vergeblich versuchte sich eine franziskanische Mission an den Mongolen der Goldenen Horde und eine Dominikanermission im mongolischen Khanat von Persien; in der ersten Hälfte des 14. Jhs. waren in verschiedenen asiatischen Ländern katholische Bistümer und Erzbistümer eingerichtet worden.[307]

Politische Klugheit und taktisches Geschick ihrer Führer bildeten die Grundlage für die mongolischen Erfolge. Die nomadische Beweglichkeit der Krieger verband sich mit einer außergewöhnlichen Organisation des Aufgebots und einem ausgedehnten Spionagenetz, mit dessen Hilfe optimale Bedingungen für die Expansion geschaffen wurden. Das Entsetzen und die Angst, die die Mongolen verbreiteten und schürten, standen im Dienste einer psychologischen Kriegführung.[308] Barbarische Grausamkeit bestimmte das von der Geschichtsschreibung gezeichnete Bild der Mongolen so nachhaltig, daß kulturelle Auswirkungen ihres Großreichs vielfach übersehen wurden: Konsequent und rigoros schützten die Mongolen die Handelswege. Anders als die kurzsichtige Beraubung der Kaufmannskarawanen sicherte ihnen diese Maßnahme auf Dauer den langfristigen Profit von Tributen und Zöllen. So entstand eine »Pax Mongolica ...«, die es erlaubte, in verhältnismäßiger Sicherheit von der Krim bis nach Korea zu reisen und die es möglich machte, daß sowohl Ideen und Erfindungen als auch Handelsgüter von einem Ende der bekannten Welt bis

9. *Mohammed (ca. 570–632 n. Chr.) während der Belagerung einer Burg. Nach einer arabischen Miniatur aus der »Weltgeschichte« des Raschid Tabib. Um 1314/15*

10. *Mongolische Reiterverfolgung. Miniatur aus Diez A Fol. 71, 14. Jh., Saray – Alben*

zum anderen gelangten. Venezianische Kaufleute in Peking, mongolische Gesandte in Bordeaux und Northampton, genuesische Konsuln in Täbris, französische Handwerker in Karakorum, uigurische und chinesische Motive in der iranischen Malerei, arabische Steuerbeamte in China und mongolisches Recht in Ägypten: all das zeigt, daß die Welt im 13. Jahrhundert kleiner und bekannter geworden war.«[309] Die Ost-West-Kontakte des 13. Jhs. gehörten dann auch zu den frühesten geistigen Anregungen, die schließlich zur Rennaisance des 14. und 15. Jhs. führten. Die Kenntnis des Fernen Ostens, die Europa von Marco Polo und anderen Reisenden der Mongolenzeit erhielt, regten die Portugiesen und Spanier im 15. Jh. zu den Seereisen an, die die Entdeckung Amerikas nach sich zogen. Im Jahre 1262 reisten die venezianischen Kaufleute Maffio und Niccolo Polo erstmals nach China; in der Zeit zwischen 1275 und 1292 diente Niccolos Neffe Marco in der Verwaltung des Mongolenherrschers Khubilai.[310]

Im frühen 12. Jh. lösten sich die großen Clans der mongolischen Hirtennomaden in kleinere Einheiten auf; dabei wurde die herrschende Schicht zahlenmäßig vergrößert.[311] Möglicherweise hing diese Entwicklung mit einer verstärkten Aufgabenteilung zwischen Schaf- und Rinderzüchtern einerseits und Pferdezüchtern andererseits zusammen; die Pferdezucht galt dabei als die aristokratische Beschäftigungsart, da der Besitz von Pferden zu militärischer Überlegenheit führte. Aus diesen Veränderungen resultierte eine Art von nomadischem Feudalismus, der die soziale und militärische Basis für die Eroberungen Tschingis-Khans darstellte. Die Nomadenaristokratie konstituierte sich aufgrund des Reichtums an Vieh; sie hob sich von den mittellosen Leibeigenen und Sklaven ab, ihre einzelnen Mitglieder waren durch Geburt und Heirat wie durch das Kriegerleben und den Ritterkodex verbunden. Um den Herrscher scharte sich eine Leibgarde, die mit dem Khan meist verwandtschaftlich verbunden war und eine Art Elitecorps darstellte, das in Kriegszeiten zur militärischen Führung und in Friedenszeiten zur lokalen Verwaltung herangezogen wurde. Aufgrund von Lehen wie aufgrund gemeinsamer Ideale und Treueauffassungen waren die Gefolgsleute dem Herrn verpflichtet. Die Parallelen dieser Feudalordnung zur gleichzeitigen abendländischen sind offenbar; es gab freilich auch bemerkenswerte Unterschiede: Im Mittelpunkt der nomadischen Wirtschaft stand das Weiderecht, nicht der Landbe-

sitz mit seinen verschiedenen Nutzungsmöglichkeiten. Ferner existieren im nomadischen Bereich keine politischen Einheiten, die mit den europäischen Baronien oder Grafschaften des Mittelalteers vergleichbar wären und zu ähnlichen Souveränitätsproblemen geführt hätten. Das Clanbewußtsein einte die Steppenbewohner unter der strengen Führung des Khans, dessen Regiment keine Grenzen gesetzt waren, der sich freilich schon aus der eigennützigen Furcht vor Revolten an bestimmte Normen und Sitten gebunden haben dürfte. Tschingis-Khan schuf mit der Yassa ein Gesetzbuch, das nicht Rechte und Pflichten wechselseitig festlegte, sondern verbindliche Gebote kodifizierte, die nach Hambly[312] die Untertanen wie die Nachfolger des Herrschers gleichermaßen zu befolgen hatten. Tschingis-Khan – sein ursprünglicher Name war Temüdschin – wurde um 1155/56 in eine Gesellschaft geboren, die von feudalen Werten geprägt war. Sein Vater gehörte der Nomadenaristokratie an, er selbst blieb den Interessen und Traditionen des Nomadenfeudalismus verbunden. Nach dem Tod des Vaters und nach der Auflösung des väterlichen Haushalts sollen Tschingis-Khan und seine Brüder allerdings gegen bittere Not und die Feindschaft ihrer Nachbarclans zu kämpfen gehabt haben. Diese Situation soll die »kriegerischen Instinkte« wie die Durchsetzungsbereitschaft Temüdschins wachgerufen, soll den als ebenso intelligent wie vorsichtig und auch kühn geschilderten Mann dazu animiert haben, sich eine persönliche Gefolgschaft aufzubauen, die die Basis der späteren Machtentfaltung bildete.[313]

Nach für ihn erfolgreich verlaufenen Stammesrivalitäten gelang es Temüdschin, die einzelnen Stämme zu einer Konföderation zusammenzuschließen und im Jahre 1206 als ihr Khagan anerkannt zu werden. Seit dieser Zeit verstand Temüdschin sich als Tschingis-Khan. Bei dieser Interpretation soll die von einem einflußreichen Schamanen verbreitete Vorstellung mitgespielt haben, in Tschingis-Khans Eroberungen erfülle sich ein vorherbestimmtes Schicksal.[314] Der zu dieser Zeit etwa fünfzigjährige Tschingis-Khan betrachtete sich selbst wahrscheinlich nicht als den Führer des mongolischen Volkes, sondern als das Oberhaupt des mongolischen Adels, dessen Mitglieder die bedeutenden Ämter inklusive großzügiger Apanagen erhielten und die derart dann auch mit der militärischen Führung und Verwaltung betraut waren. Die Loyalität seiner Anhänger sicherte sich Tschingis-Khan unter anderem dadurch, daß er ihnen die Möglichkeit verschaffte, zu plündern und Reichtum zu erwerben, schwächere Nachbarn zu erpressen und an den Karawanenwegen Zölle zu erheben. Hinzu kam das Versprechen, China zu erobern, das China des unermeßlichen Reichtums, der zahllosen Luxusgegenstände und der für die Versklavung so wichtigen Menschenreserven.[315]

In den Jahren zwischen 1206 und 1209 besiegte Tschingis-Khan die Oiraten und Kirgisen. Die Uiguren südwestlich des Altai unterwarfen sich kampflos. In weiteren Aktionen überwand Tschingis-Khan die seßhaften Nachbarn. Im Jahre 1214 stand der Khagan vor den Mauern von Peking. Da er jedoch wertvolle Beute mit sich führte und diese ungefährdet in die Mongolei bringen wollte, versuchte er nicht, die stark befestigte Hauptstadt des Kin-Reiches zu erstürmen; er schloß stattdessen einen Frieden, bei dem er eine kaiserliche Prinzessin nebst reicher Mitgift von Sklaven, Pferden und Edelsteinen zur Frau erhielt. Im folgenden Jahr kam es dann doch zum Krieg und die Mongolen nahmen 1215 die Stadt Peking ein, freilich ohne die Herrschaft der Dschürtschit in China brechen zu können. Die Kämpfe gegen die Dschürtschit sollen die härtesten in der Karriere des Khans gewesen sein. Ehe Tschingis-Khan sich der Eroberung Chinas zuwandte, sicherte er seine Westgrenze unter anderem dadurch, daß er das Reich des Chwaresm-Schah Ala al-din Muhammad unterwarf. Mit dieser taktischen Maßnahme entging er der Gefahr, bei der Beschäftigung mit dem schwierigen Gegner China im Rücken angegriffen zu werden. Erst die Nachfolger Tschingis-Khans ernteten die Früchte dieser strategischen Konzeption; der Gründer des Reiches starb im Jahre 1227.

Gemäß mongolischer Sitte teilte Tschingis-Khan die eroberten Gebiete unter seine vier Söhne auf, und zwar mit dem Ziel, das Reich durch familiäre Zusammenarbeit zu erhalten und es gerade nicht zu zerstükkeln. Mit der Herrschaft des Tschingis-Khan-Sohnes Ögödeis begann die zweite Phase des Mongolenreiches, die durch weitere Expansion und Konsolidierung gekennzeichnet war. Im Jahre 1231 fielen die Mongolen in Korea ein, 1234 vernichteten sie die Kin-Dynastie und besetzten damit China nördlich des Yang-tse. Mongolische Truppen brachten weiter Rußland, Polen und Ungarn sowie Nord-Iran, Aserbeidschan, Armenien und Georgien unter ihre Herrschaft. Die Siege der Mongolen in Anatolien und ihr Vorstoß nach Ungarn sowie nach Deutschland ließen

Europa die Bedeutung der neuen Großmacht im Osten immer klarer erkennen. Die überwältigenden mongolischen Erfolge bei Mohi in Ungarn und beim schlesischen Liegnitz – gegen das Ritterheer der Deutschen, Polen und Schlesier – enthüllten die Überlegenheit der beweglicheren und disziplinierteren Asiaten gegenüber den europäischen Heeren des 13. Jhs. Europa kam insofern glücklich davon, als die Barbaren, von denen man annahm, sie seien zum Teil Christen oder ließen sich zumindest zum Christentum bekehren, die Siege des Jahres 1241 nicht ausnutzten. Batu, der Führer der mongolischen Front in Westeuropa, erfuhr nämlich, daß der Khagan Ögödei verstorben war. Diese Nachricht veranlaßte ihn, in den eroberten Gebieten Garnisonen zurückzulassen und den Rückmarsch nach Osten anzutreten, um auf die Wahl des neuen Khagans Einfluß zu nehmen. Durch dieses Ereignis blieb den westeuropäischen Christen viel von dem erspart, das die Mohammedaner erleiden mußten, denn vor den europäischen Kolonialreichen des 18. und 19. Jhs. war die mongolische Invasion die einzige nennenswerte Kraft, die Allahs Jünger samt ihrer Kultur unter das Joch von Ungläubigen zwang.[316]

In der zweiten Hälfte des 13. Jhs. erstreckte sich das Reich der Mongolen vom ostchinesischen Meer bis nach Polen und vom Himalaja bis nach Sibirien. Im Jahre 1265 begann dann die dritte Phase des mongolischen Reiches, die im frühen 14. Jh. mit der Aufsplitterung und dem Zerfall endete. Familiäre Auseinandersetzungen führten dazu, die Konzeption des Gesamtreiches hinter lokale Sonderinteressen zurücktreten zu lassen. Mit dem Familienzwist verbanden sich weitere Probleme: Das Reich war so groß, daß es sich von dem zahlenmäßig relativ kleinen mongolischen Adel kaum regieren ließ. Als die Verwaltung in die Hände von Beamten aus den Reihen der unterworfenen und seßhaften Völker überging, verlor sie ihr spezifisch mongolisches Erbe zugunsten der verführerischen Errungenschaften der höheren Kulturen. China und der Iran zeigten sich als besonders widerstandsfähig; ihnen gelang es, dem Leben der Eroberer neue Inhalte und Ziele zu geben und sie weitgehend zu assimilieren. Diese Tendenz wurde vor allem bei der zweiten und dritten Generation der Herrscher deutlich; sie entfaltete sich auf Kosten der militärischen Leistungsfähigkeit und Leistungsbereitschaft. Hinzu kam ein wachsender Widerstand gegen die von einzelnen Persönlichkeiten ausgehende Führung, auf die das mongolische Herrschaftssystem ohne weitergehende institutionelle Verankerung aufgebaut war.

Das Mongolenreich, das sich Mitte des 13. Jhs. an der Wolga gebildet hatte und unter dem Begriff der »Goldenen Horde« in der Geschichtsschreibung bekannt ist, blieb dem Steppenerbe länger treu. Mit der Zeit assimilierte sich freilich auch diese Herrscherschicht inklusive ihrer türkischen Truppen an die einheimischen Bewohner. In der ersten Hälfte des 14. Jhs. entwickelte sich die Goldene Horde zu einem islamischen Staat. Ihre Bekehrung zur Religion Allahs beziehungsweise Mohammeds gewann für sie selbst – die Mohammedaner der Goldenen Horde wurden seit dieser Zeit Tataren genannt – wie für die Geschichte der Russen entscheidende Bedeutung; der sich verfestigende Unterschied von Religion und Kultur schmälerte die Aussichten auf Angleichung. Das Land der Goldenen Horde war durch riesige Weideplätze gekennzeichnet, die großen Pferde-, Rinder- und Kamelherden ausreichend Futter boten, und die die Grundlage für eine Pferdezucht bildeten, deren Prdoukte in jährlichen Lieferungen bis nach Indien exportiert wurden.[317] Moskau zahlte zeitweise an die Herrscher der Goldenen Horde Tribute. Während des 15. Jhs. löste sich dieses Mongolenreich allmählich auf; seine militärische Leistungsfähigkeit hatte nachgelassen, seine Städte waren durch die Einflüsse Timurs zerstört worden, Littauen und das Moskowiter Reich gewannen an Bedeutung, Entwicklungen, denen ein in Stammesauseinandersetzungen verstrickter Adel nicht mehr gewachsen war.[318]

Ein weiteres Mongolenreich zerfiel bald nach dem Tod seines Gründers Timur, der dem tschaghataischen Adel rücksichtslos seine Macht aufgezwungen und alle potentiellen Rivalen aus dem Weg geräumt hatte. Timur hatte Mawarannahr zum Zentrum, Samarkand zur Hauptstadt seines weitausgedehnten Reiches gemacht. Timurs Kriegserfolge zeugen von seiner außergewöhnlichen Energie wie von seinen organisatorischen Fähigkeiten. Ab 1369/70 begann Timur mit dem Aufbau des Reiches, das zeitweise ganz Mittelasien, Vorderasien, Persien und einen Teil Kleinasiens umfaßte. Im Jahre 1405 starb der Herrscher, der möglicherweise das Reich Tschingis Khans wiederherstellen wollte und dazu seine Macht noch grausamer als sein Vorbild einsetzte. Timurs Feldzügen scheint allerdings kein eindeutiges strategisches Konzept zugrunde gelegen zu haben. Bezeichnenderweise heiratete der Eroberer eine Verwandte Tschin-

gis-Khans; sie gestattete ihm, den Titel »Schwiegersohn« zu führen. Das Leben Timurs war unter anderem durch das folgende Paradoxon gekennzeichnet: Einerseits erreichte er seine Siege als Führer nomadischer oder halbnomadischer Truppen, die stets die treibende Kraft zur Bildung der zentralasiatischen Reiche waren und die er für seine Ziele geschickt auszunutzen verstand; andererseits förderte er den Einfluß der iranisch-islamischen Kultur auf die türkisch-mongolischen Völker, ein Anliegen, das sich mit wachsendem Alter verstärkte.[319] Den Vertretern städtischer Zivilisation erschien Timur bald als Barbar, bald als Frommer sunnitischer Moslem, als großzügiger Förderer der Sufis, Scheiche und Derwische wie als ein Patron der iranischen Kunst und Literatur, der die Freuden des iranischen Stadtlebens voll auszukosten wußte. Timurs Hof in Samarkand soll beispielhaft gewesen sein für das Tempo, mit dem es dem Iran gelang, selbst »diesen Wildesten seiner Eroberer zu zähmen«.[320]

Im Vergleich zu Timur hatte einer der Vorzüge Tschingis-Khans darin bestanden, daß er sich in seinem Lebensstil von den höheren Kulturen Chinas und Irans kaum beeinflussen ließ, sehr viel weniger als später seine Enkel und deren Söhne. Tschingis-Khan soll Analphabet gewesen sein, soll sich mit seinen chinesischen, türkischen und iranischen Untertanen und Helfern durch Dolmetscher verständigt haben. Tschingis-Khan ging es wohl um handfestere Ziele, vor allem um die Ansammlung von Macht und materiellen Gütern. Die Auseinandersetzungen in den Dynastien der gegnerischen Reiche kamen ihm zur Hilfe; die Gunst der Umstände wußte er in außergewöhnlicher Weise zu nutzen. Eine ausschlaggebende Leistung Tschingis-Khans bestand darin, seine leichtbewaffnete Reiterschar in rigoroser Disziplin zu formieren. Das Aufgebot soll nach dem Dezimalsystem in Zehnschaften, Hundertschaften, Tausendschaften und Zehntausendschaften eingeteilt gewesen sein, mit einer direkten Befehlsübermittlung von oben nach unten.[321] Starke Zweifel sind allerdings gegenüber der Information angebracht, unter Tschingis-Khan beziehungsweise seinen Söhnen hätten 700 000 Mongolen gegen ein 400 000 Mann starkes Heer des Sultans Mohammed von Charismien gekämpft, dessen Reich sich vom Persischen Golf bis zu den Grenzen Indiens und Turkestans erstreckte.[322] Nach anderen Angaben zählte die mongolische Armee zwischen 150 000 und 200 000 Mann. Die Truppen des Chwaresm-Schah sollen beträchtlich zahlreicher gewesen sein; ihnen habe es jedoch an Disziplin, Zusammenhalt und guter Führung gefehlt.[323]

Trotz der Angaben über die Ordnung des Heeres nach dem Dezimalsystem darf man sich fragen, ob eine disziplinierte Organisation aller Glieder der Truppe inklusive entsprechender Aufgabenzuteilung wirklich erreicht wurde, inwieweit sie Plan und inwieweit sie Realität war, ob sie nur beim Anmarsch gegen den Gegner eingehalten wurde oder ob sie auch das Gefecht bestimmte. Möglicherweise beruhte die Formierung der leichten Reiter in erster Linie auf der unerbittlichen Forderung nach Gehorsam gegenüber dem Anführer.[324] Bezeichnenderweise liegen Berichte darüber vor, daß die Ordnung der mongolischen Reiter zerfiel, wenn der vor der Abteilung reitende Anführer den Tod fand.[325] Die nicht nur angedrohte, sondern auch praktizierte Todesstrafe für jeden, der die riskante Taktik der verstellten Flucht dazu mißbrauchte, sich vom Schlachtfeld zu entfernen und die Gefährten im Stich zu lassen, trug im gleichen Sinne dazu bei, die Mannschaft zusammenzuhalten.[326] In diesem Zusammenhang ist auch das Verbot Tschingis-Khans zu sehen, während des Marsches nach Lust und Laune Treibjagden zu veranstalten.[327]

In friedlicheren Zeiten und auf den Märschen zwischen den einzelnen Gefechten beschäftigten die Mongolen sich ausgiebig mit der Jagd, nach den Zeugnissen in kriegsähnlicher Weise.[328] Die Jagd wurde für sie dann »nicht nur Befriedigung der Notdurft, sondern Leistungssport«; sie erfüllte die Funktion »eine(r) hervorragende(n) Reit- und Kriegsschule«.[329] Selbstverständlich beteiligten sich die militärischen Führer bevorzugt an den verschiedenen Formen des Jagens. Das sportliche Training bei der Jagd dürfte eine wichtige Voraussetzung für die außergewöhnlichen reiterlichen Leistungen der Mongolen gewesen sein. Ein bezeichnendes Beispiel dieses Könnens lieferte eine Heeresabteilung, die, unterstützt durch mitlaufende Reservepferde, eine Strecke von 480 km in drei Tagen bewältigt haben soll.[330] Von Tschingis-Khans Kurieren – sie waren bandagiert, um das Dauerreiten auszuhalten – ist bekannt, daß sie bei mehrfachem Pferdewechsel 400 bis 480 Km pro Tag schafften. Der Khagan hatte Poststellen quer durch den asiatischen Erdteil angelegt.[331]

Die Bedeutung, die dem Pferd von den mongolischen Reiterkriegern eingeräumt wurde, geht aus der Feststellung hervor, einige der mongolischen Großen hät-

ten am liebsten ganz Nordchina nach der Eroberung in eine Pferdeweide verwandelt.[332] Ende des 13. Jhs. lag der Mittelpunkt der mongolischen Macht in Aserbeidschan, »teilweise aus strategischen Gründen, hauptsächlich aber, weil die Mongolen dort ihren Lebensgewohnheiten angemessene klimatische Bedingungen sowie Weiden für ihre Pferde vorfanden«.[333] Von den mongolischen Nomaden wird auch berichtet, daß sie im Sattel nicht nur kämpften, sondern auf dem Pferderücken zeitweise auch aßen und dort oft sogar schliefen.

Die Versorgung der Armee mit Lebensmitteln und die Beteiligung des einzelnen Kämpfers an der Beute trug wahrscheinlich beträchtlich zum europäischen Bild von den Mongolen bei. Nach Cahen[334] machten die Barbaren sich gegenüber den Mohammedanern »des schlimmsten Mordens und der furchtbarsten Verwüstungen seit Menschengedenken schuldig«. Die Verluste an Menschen, die Zerstörung von Städten und die völlige Mißachtung zivilisatorischer Werte waren, wie Hambly[335] feststellte, selbst nach den Vorstellungen des 13. Jhs. »zweifellos entsetzlich«. Für solche Grausamkeit, die die zuvor geschilderten kulturellen Auswirkungen des mongolischen Reiches nicht übersehen lassen sollte, ist der Tschingis-Khan zugeschriebene Satz bezeichnend: »Die größte Freude des Mannes ist der Sieg: die Feinde niederzuwerfen, sie zu verfolgen, ihnen ihren Besitz zu rauben, ihre Liebenden weinen zu lassen …«.[336] Hambly[337] vertrat die Auffassung, Tschingis-Khan sei zwar grausamer als seine Zeitgenossen gewesen, habe seinen Namen jedoch »niemals durch sinnlosen Sadismus« beschmutzt. Tschingis-Khan, dessen Hauptvergnügen der Krieg, die Jagd und die Reitkunst waren, den Machthunger und Streben nach materiellem Besitz bestimmten und der, wie die meisten Mitglieder seiner Familie, dem Alkohol sich ergeben hatte, sei der Terror eine psychologische Waffe gewesen, eine Form der Propaganda, die ständige Unterwerfung und strikten Gehorsam gewährleisten sollte.

9. Numidische und maurische Reiterei

Die Numider und Mauren sowie die Araukaner gehören als afrikanische beziehungsweise amerikanische Völker nicht zum Bereich der asiatischen Pferdebog-

23. *Kampf zwischen Kreuzfahrern und Sarazenen. Holzschnitt nach einem früher in der Kirche von St. Denis befindlichen Fenster aus dem 11. Jh.*

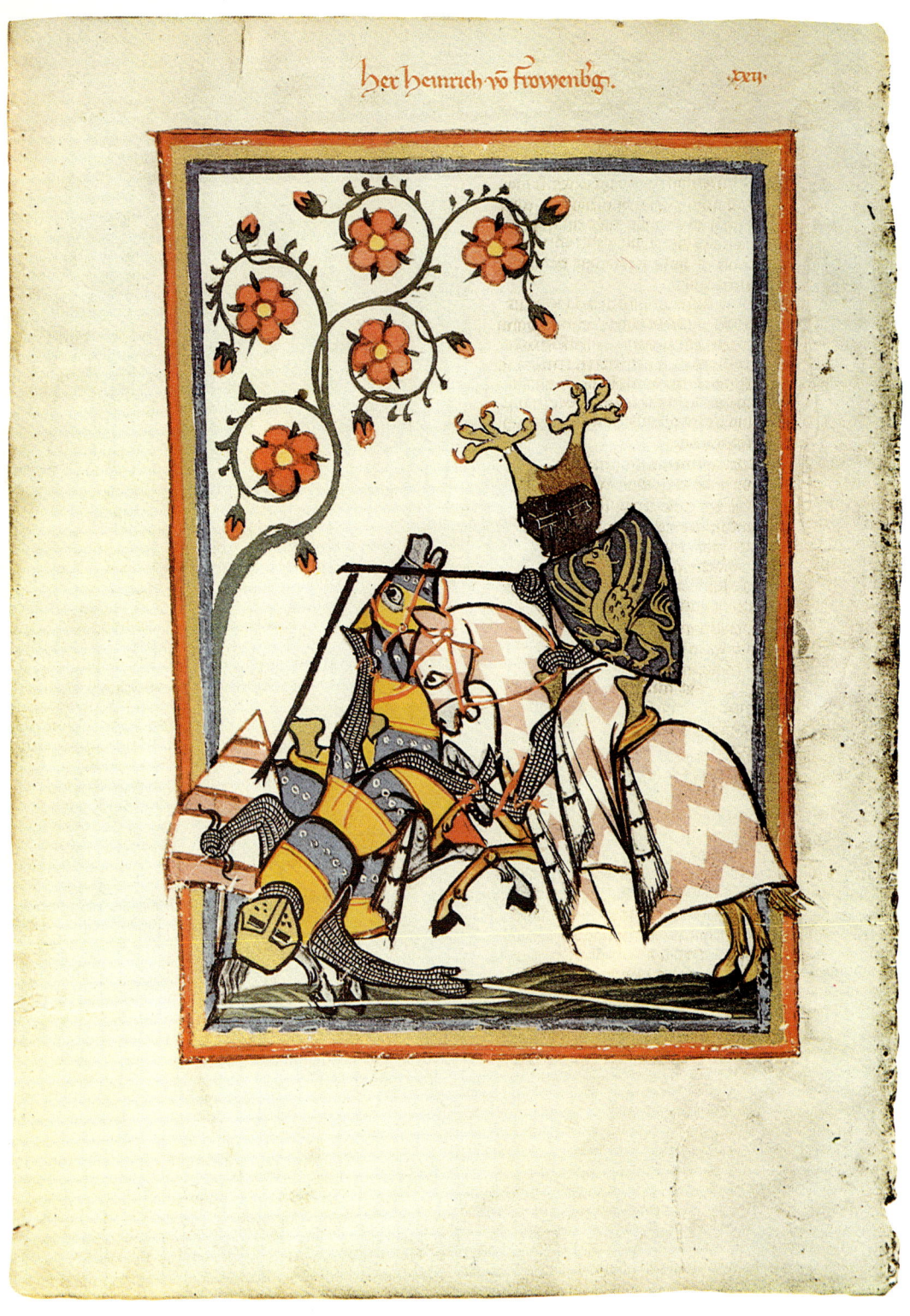

24. Kampf zweier Ritter um die Gunst einer Dame. Aus dem Codex Manesse

128

25. *Ulrich von Liechtenstein. Aus dem Codex Manesse*

rischen Wert der Truppe bedeutend gesteigert.[20] Neben anderen Merkmalen[21] unterschied jedoch der häufigere Gebrauch von Pfeil und Bogen den arabischen Ritter deutlich vom abendländischen. Zu den bemerkenswerten Parallelen zwischen den beiden Kriegern gehört hingegen die Dominanz des Einzelkämpfers beziehungsweise des Einzelkampfs.[22]

Die Geburt des Rittertums auf germanisch-fränkischem Boden läßt sich nicht genau datieren, vor allem nicht in dem Sinne, daß eine gesetzgeberische Maßnahme den ersten Ritter zielbewußt installiert hätte. Man hat vielmehr eine vielschichtige Verschiebung anzunehmen, in der die Bedeutung des Fußvolks schwand und die kriegerischen Leistungen der Berittenen die Schlachten entschieden. Die neue Position der Reiterkrieger und die aus ihr resultierenden militärischen und gesellschaftlichen Erfordernisse schufen den Ritterstand als einigermaßen fest umrissene und institutionalisierte Kaste.[23] Das germanische Heer stellte – neben den geschilderten Einflüssen – den Ausgangspunkt dieser Entwicklung dar. Wahrscheinlich bildeten sich im germanischen Machtbereich aus den wandernden Stämmen wandernde Heere; sie stabilisierten sich dann zu stehenden Formationen. An der Geschichte der Ostgoten in Italien läßt sich dieser Prozeß besonders deutlich verfolgen. Die Ostgoten wurden zu den gefürchtetsten Gegnern der Byzantiner wie der Franken.[24]

Die germanischen Volksheere bestanden zunächst aus dem Fußvolk und der Reiterei, die den kleineren Teil des Aufgebots bildete.[25] Freilich war die germanische Reiterei – vor allem im weiteren Verlauf ihrer Entwicklung – kein kavalleristisch gedrilltes Corps, sondern, wie bereits den Römern auffiel, schnell dazu bereit, abzusitzen und zu Fuß zu kämpfen.[26] Die Germanen verbanden sich also nicht auf Gedeih und Verderb mit dem Pferd, sie waren kein Reitervolk im Sinne der asiatischen Pferdebogner. Diese Feststellung sagt jedoch nichts über die militärischen Qualitäten der germanischen Reiterkrieger aus; sie schränkt allein ihre spezifisch reiterlichen und kavalleristischen Leistungen ein.

Als wichtiger Faktor ist in diesem Zusammenhang zu berücksichtigen, daß die Germanen sich noch nicht des Steigbügels bedienten. Der Steigbügel stellte zwar keine unbedingte Voraussetzung für den Einsatz von Schwert und Lanze dar, aber mit seiner Hilfe waren die Nahwaffen doch sehr viel effektiver und sicherer vom Pferderücken aus zu führen. Wollten die Reiter ihre Nahwaffen mit voller Kraft und ohne die Gefahr nutzen, auf dem Pferd das Gleichgewicht zu verlieren und herunterzufallen, dann lag es nahe, sich nach dem Zusammentreffen mit dem Gegner von den Tieren zu trennen. Der Kampf mit den Nahwaffen einerseits und das Fehlen des Steigbügels andererseits sind demnach wichtige Umstände für das Verständnis des germanischen Universalkriegers. Für den Bogenreiter, der dem Nahkampf systematisch aus dem Wege ging, veränderte der Steigbügel die Voraussetzungen für die Handhabung der Waffe nicht so weitgehend; denn der Bogen bedarf nicht wie das Schwert der Wucht des Körpers, er bedarf auch nicht in dem Maße wie die Lanze des reiterlichen Gegendrucks aus der festen Position im Sattel. Die Bogenreiterei konnte sich ohne den Steigbügel, der wohl von den Skythen erfunden wurde, sehr viel konsequenter als eine Schwert- oder Lanzenreiterei entfalten. Der Universalkrieger, der das Pferd vornehmlich zum Transport nutzte, war in diesem Sinne aufgrund der gegebenen Bewaffnung wie der reittechnischen Ausstattung eine opportune Lösung, die sich freilich von der nomadischen Verbindung zum Pferd beträchtlich unterschied.

Die Feststellung, die Germanen seien keine eigentlichen Reiterkrieger gewesen, wird durch den Hinweis bestärkt, der germanische Uradel sei nicht vom Besitz oder der Nutzung von Pferden ausgegangen, der Reiteradel sei erst aus späterer Zeit bekannt.[27] An diese Position der Reiter schließt sich ihr späterer gesellschaftlicher Rang an. In der mittelalterlichen Gesellschaftsordnung blieben die Ritter nämlich vom höchsten Adel geschieden; sie bildeten eine Art zweiter Adelsklasse.[28]

In der Übergangszeit vom Altertum zum Mittelalter wurden die Spezialisierungen der einzelnen Waffengattungen weitgehend reduziert. Der Universalkämpfer war Reiter und Fußsoldat, führte verschiedene Waffen und bediente sich in Grenzen auch des Panzers. Solche Universalisten waren die fränkischen und gotischen Reiter.[29] Sie bildeten ein berittenes Fußvolk,[30] das sehr viel beweglicher als die Schar der reinen Fußkämpfer war. Die gesteigerte Mobilität begründete militärische Vorteile, sie ermöglichte aber auch die schnelle Flucht. Die Fußsoldaten, die nicht über ein Pferd verfügten, und deren Prestige deutlich unter dem ihrer berittenen Kollegen rangierte, sahen im Pferd vornehmlich ein Standeszeichen und das technische Hilfsmittel zur Flucht,[31] weniger die För-

26. *Die Schlacht bei Hastings. Auf dem Teppich von Bayeux, Leinenstickerei 11. Jh.*

131

derung militärischer Möglichkeiten. Manchmal wurden die Pferde auch vom Schlachtfeld fortgeführt, damit die Helden sich auf die Mann-zu-Mann-Auseinandersetzung konzentrieren mußten und das Pferd ihnen nicht mehr als Fluchthilfe zur Verfügung stand.[32] Das Absitzen der Universalkämpfer vom Pferd ging freilich nur zu einem Teil auf die Forderung der reinen Fußsoldaten nach sozialer Nivellierung und Ausgleich der Gefahren beziehungsweise Fluchtmöglichkeiten zurück. Der Universalkämpfer neigte auch von sich aus zum Absteigen, und zwar mit dem Ziel, sich unabhängig vom Pferd als einem technischen Ballast direkt der agonalen Auseinandersetzung mit dem Gegner widmen zu können; er suchte das hautnahe Gefecht Mann gegen Mann, weil es ihm als die eigentliche Form des Krieges erschien und er sich allein in ihr auszeichnen konnte.

Die fränkische Heeresmacht wurde im sechsten Jahrhundert vornehmlich von Fußkämpfern gebildet; nur wenige Reiter scharten sich um den Führer.[33] In der fränkischen Oberschicht jedoch gewann das Pferd beim Übergang vom Altertum zum Mittelalter weitreichende Bedeutung.[34] Vor den Araberkämpfen Karl Martells verfügten die Franken dann über ein Reiterheer.[35] Die Abwehrkämpfe gegen die Sarazenen, Normannen und Slawen forderten seine beschleunigte Ausbildung.[36] Nach Dhondt[37] verwandelte sich das fränkische Heer seit der Mitte des 8. Jahrhunderts in eine Armee von Reitern; noch am Anfang des 8. Jahrhunderts und auch noch in der Schlacht bei Poitiers, in der Karl Martell 732 die Araber besiegte, habe das fränkische Heer im wesentlichen aus Fußsoldaten bestanden. Die große Masse des Heeres setzte sich seit der Mitte des 8. Jahrhunderts unter den Karolingern wahrscheinlich aus einzelnen Männern zusammen, die als leichte Reiter operierten. Die Kosten ihrer Ausrüstung trug eine kleine Gruppe von Freien. Die leichten Reiter verfügten neben dem Pferd über einen Schild, eine Lanze, ein Schwert und über eine Art von Dolch. Manchmal führten sie auch einen Bogen und Pfeile mit sich. Die kleine Zahl schwerbewaffneter Reiter trug zum Schutz einen Panzer, das heißt eine Kleidung, auf der kleine Metallplättchen schuppenförmig angeordnet waren, ferner den kegelförmigen Helm ohne Visier und Beinschienen. Die Ausrüstung der Schwerbewaffneten kostete etwa dreimal so viel wie die der Leichtbewaffneten. Karl der Große, der seine Heere zwar selbst anführte, aber wohl meist nicht selbst mitkämpfte, war bei der Belagerung von Pavia in den Jahren 773/74 – nach der Beschreibung in den von Notker Balbulus unter dem Namen »Der Mönch von St. Gallen« verfaßten Gesta Karoli – vom Helm bis zu den Beinschienen in Eisen gekleidet und von einer Schar ähnlich Gerüsteter umgeben.

Zu dieser Zeit gewannen die Pferdezucht[38] und die Reiterei[39] bei den Franken wahrscheinlich noch keinen bedeutenden Umfang; sie existierten jedoch und ließen sich auch ausbauen. Die Kriegsreiterei hing zwar nicht unbedingt von einer leistungsfähigen landeseigenen Pferdezucht ab; diese bildete allerdings eine wichtige Voraussetzung, die die ebenso umständlichen wie kostspieligen Pferdeimporte ersetzte. Um das Jahr 800 wurden im Frankenreich auf den königlichen Höfen bemerkenswerte Gestüte unterhalten, die durch Maßnahmen Karls des Großen bedeutende Fortschritte erzielten.[40] Mit Harun-al-Raschid tauschte Karl Pferde als Geschenke aus.[41] Pferde gehörten generell zu den Gütern des Handels, der selbst im frühmittelalterlichen Westen nicht völlig erloschen war.[42] Kaiser Karl rief auch die altrömische Einrichtung des cursus publicus, der regelmäßigen Relaisritte auf Kurierstraßen, wieder ins Leben.[43] Die Wertschätzung des Pferdes bei den Franken sowie deren persönliches Verhältnis zu diesem Tier spiegeln sich möglicherweise in den hohen Strafen, mit denen das unerlaubte Besteigen eines fremden Pferdes wie auch sein Diebstahl belegt wurden.[44]

Die militärischen Erfolge der Franken beruhten auf der strategischen Leistung ihrer Führer und auf der hervorragenden Bewaffnung der Kämpfer.[45] Mit dem Panzer und dem Schwert war die fränkische Ausrüstung der der Gegner eindeutig überlegen. Der Panzer stellte ein Monopol der Franken dar. Viele Kapitularien enthalten bezeichnenderweise das Verbot, das Panzerhemd ins Ausland, insbesondere in die skandinavischen, slawischen und von Moslems bewohnten Länder, auszuführen. Zu ihrer Zeit waren die mit dem fränkischen Koller ausgerüsteten Krieger fast unverwundbar. Bei der Herstellung ihrer Schwerter, in die oft Gold und Silber eingelegt wurden, sollen die Franken ebenfalls außergewöhnliche Fertigkeit erreicht haben. Die Schwerter wurden nach Skandinavien, England und in die arabischen Länder exportiert.

Der wichtige reittechnische Fortschritt des Sattels und des Steigbügels war spätestens in der zweiten Hälfte des 9. Jahrhunderts erreicht. Dhondt[46] führte auf ihn verschiedene, für die Epoche kennzeichnende Phänomene zurück: »die Veränderung der fränkischen Ar-

mee um die Mitte des 8. Jahrhunderts, die Expansion des fränkischen Staates und die zugleich für die militärische Institution wie für die sozialwirtschaftlichen Verhältnisse bedeutsame Wandlung, bei der die reichen Vasallen als Kämpfer zu Pferde der Hauptfaktor einer neuen gesellschaftlichen Ordnung wurden.«

Zu den technischen Fortschritten dieser Zeit gehört auch die Erfindung des genagelten Hufeisens im ausgehenden 9. Jahrhundert.[47] Mit Hilfe des Hufeisens ließ das Pferd sich bedeutend intensiver als zuvor nutzen; vor allem konnten sehr viel längere Märsche als zu der Zeit durchgeführt werden, in der man auf die starke Abnutzung der Hufe Rücksicht nehmen und Pausen einlegen mußte. Allgemein üblich wurde der Hufbeschlag für die Pferde und auch für die Ochsen jedoch erst seit dem 11. Jahrhundert. In dieser Zeit kam auch das Stirnjoch für die Ochsen auf und das Kummet ersetzte bei den Pferden den zuvor um ihren Hals geschlungenen Riemen. Im 11. Jahrhundert spannte man das Pferd noch selten vor die Egge und den Pflug. Der berühmte Wandteppich von Bayeux, der in den Jahren zwischen 1077 und 1082 in Kent gewebt wurde und der die Einnahme Englands durch Wilhelm den Eroberer verherrlicht, zeigt unter anderem ein Pferd, das eine Egge, eine der großen landwirtschaflichten Errungenschaften des 11. Jahrhunderts, zieht. Die Fortschritte in der Landwirtschaft betrafen die Nutzung des Pferdes direkt; mittelbar hingen sie mit ihr auch deshalb zusammen, weil das damalige Westeuropa ständig am Rande der Hungersnot lebte, die Neuerungen diese Gefahr zu bannen begannen und sich damit die gesellschaftlichen Verhältnisse generell änderten.[48] Le Goff[49] sprach von einer »Agrarrevolution«, in der das Zusammenwirken verschiedener landwirtschaftlicher Verbesserungen – die Verbesserung der Geräte (Räderpflug und Egge) und der Anbaumethoden (Dreifelderwirtschaft), die Zunahme der Anbauflächen (Rodungen) und die Vermehrung der tierischen Arbeitskraft mit dem Ersatz der Ochsen durch Pferde sowie mit den neuen Anspannungstechniken – die Grundlage für den Aufschwung im Westeuropa des 11. Jahrhunderts bildete. Le Goff[50] nahm an, die Leistungsfähigkeit der Tiere sei durch das Kummet des Pferdes und durch das Stirnjoch der Ochsen um das Vier- bis Fünffache gewachsen, und zwar in Verbindung mit der größeren Trittsicherheit, die das Hufeisen gewährte. Das Pferd soll die gleiche Arbeit etwa doppelt so schnell wie der Ochse leisten, darüber hinaus soll es täglich ein bis zwei Stunden länger einsatzfähig sein.

Die generelle Zunahme der Pferdehaltung in Westeuropa kam der heeresorganisatorischen Tendenz entgegen, das umfangreiche Volksaufgebot durch eine Schar berittener Berufskrieger zu ersetzen.[51] Die Vorteile des neuen Heeres lagen möglicherweise nicht einmal in erster Linie im Berittensein;[52] wichtiger für die Verwaltung und Sicherung des umfangreichen fränkischen Gebietes war wahrscheinlich noch die ständige Präsenz und die berufsmäßige Spezialisierung der Krieger. Die spezielle Ausbildung und das regelmäßige Training führten zu einem Leistungsvorsprung des einzelnen Kämpfers wie des Verbandes; ferner waren die Berufssoldaten – anders als das Volksaufgebot – sofort einsatzbereit.

Das Fortbewegungstempo des frühen Reiterheeres dürfte auf üblichen Märschen kaum größer gewesen sein als das einer disziplinierten und trainierten Fußtruppe. Die Berittenen nahmen nämlich auf die stets mitziehenden Fußkämpfer Rücksicht, der Troß bremste den gesamten Zug nicht minder. Noch in den frühen Karolingerzeiten waren die Bagagewagen mit Zugochsen bespannt, die die Marschgeschwindigkeiten wie die täglichen Marschleistungen drastisch eingrenzten. Erst aus dem Jahre 876 wird von Packpferden im Troß berichtet.[53]

Die kleine Schar schwerbewaffneter Reiter, die als Berufskrieger an die Stelle des unzuverlässigen und nur begrenzt einsatzbereiten Volksaufgebots trat, wurde in der Form der Vasallität an ihre Herrn gebunden.[54] Diese fränkischen Panzerreitergefolge sind als der direkte Ausgangspunkt des abendländischen Rittertums anzusehen, obwohl es sich bei ihnen wahrscheinlich noch nicht um eingehend geschulte und streng disziplinierte Verbände handelte.[55] Die kriegerische Tüchtigkeit des einzelnen Reiters wird das ausschlaggebende Kriterium für die Belehnung gewesen sein. Im Lehnssystem suchte der Herr den Vorteil militärischer Leistungsfähigkeit und überdauernder Verläßlichkeit, der Lehnsmann den Vorzug wirtschaftlicher Sicherheit. Erst später wurde die gegenseitige Bindung von der Bewährung und Verpflichtung des einzelnen abgelöst und in einem erblichen System institutionalisiert.

Die Schar der Lehnskrieger stellte nur einen kleinen Kreis der Gesamtbevölkerung dar. Nach Delbrück,[56] der möglicherweise auch hier zu geringe Heeresstärken annahm,[57] umfaßte die karolingische Kriegermannschaft nicht mehr als 5000 bis 6000 Kämpfer. Sie

bildeten das Qualitätsheer, das bei Bedarf durch das Volksaufgebot der Bauern ergänzt wurde und dann beträchtlich anwuchs.[58] Die elitäre Kriegerschar war beritten und in der Mehrzahl mit einem mäßig schweren Panzerhemd, einem konischen Helm, Schwert und Lanze sowie Schild ausgerüstet. Der Bogen wurde ebenfalls als Hilfswaffe verwandt.[59]

Auf dem Teppich von Bayeux tragen die Ritter den Panzer oder das lange aus Eisenmaschen gewebte Kettenhemd, den kegel- oder pyramidenförmigen Helm und den großen spitzzulaufenden Schild. »Solcherart im Kampf durch Kettenhemd, Helm und Schild geschützt, scheint der Ritter am Ende des 11. Jahrhunderts die Stärke zu entdecken, die das feste, durch Steigbügel und Schlatroß gesicherte im-Sattel-Sitzen ihm gewährt.«[60] Auf dem Teppich von Bayeux ziehen die Ritter noch mit Schwert und Speer in den Kampf. Der Speer wurde später durch die schwere und kräftige Lanze als die den Ritter kennzeichnende Angriffswaffe ersetzt; das »Lanzenstechen« löste dann den »Schwertkampf« ab.[61]

Die Reiterei bestimmte trotz ihrer erheblichen Erweiterung zur Zeit der Karolinger nicht ausschließlich das Bild des fränkischen Heerzuges. Es ist einwandfrei bezeugt, daß das Fußvolk weiterhin beteiligt blieb. Die Quellen berichten mehrfach von reinen Reiterunternehmen wie andererseits von Schlachten, in denen eine erhebliche Zahl von Infanteristen einflußreich neben der Kavallerie focht.[62] Auch die allgemeine Heerespflicht bestand zur Karolingerzeit fort, aber sie hatte sich noch nicht zu jener theoretischen Forderung formalisiert, der mit Kriegssteuern entsprochen werden konnte, sondern blieb in Geltung als das handfeste Verlangen, jeder soundsovielte Mann müsse sich ausrüsten und in den Krieg ziehen.[63]

Die geringe Stärke der frühen Ritterheere hing unter anderem von dem beträchtlichen finanziellen Aufwand ab, den das Pferd und die Rüstung erforderten. Nach einem altfränkischen Volksrecht kostete die Ausstattung eines einzigen Kriegers den stolzen Preis von 45 Kühen. Im einzelnen wurde der Wert des Helms auf 6, der der Brünne auf 12, der des Schwertes mit der Scheide auf 7, der der Beinschienen auf 6, der von Lanze und Schild auf 2 und schließlich der des Streitrosses auf 12 Kühe beziffert.[64] Nach der lex Ripuaria[65] betrug der Wert einer gesunden Kuh einen solidus, der eines Ochsen zwei, der einer Stute drei, der eines Hengstes zwölf und der eines Schwertes mit Scheide sieben solidi. In einem Zusatz zur lex Salica

wurde der Wert eines Knechtes auf 25–35, der einer Magd auf 15–25 und an anderer Stelle der Wert eines »gewöhnlichen« Sklaven auf zwölf solidi geschätzt. Eine Stute war also dreimal so teuer wie eine Kuh, aber nur knapp die Hälfte eines Schwertes mit Scheide wert. Der Hengst war viermal so teuer wie eine Stute; er kostete halb so viel wie ein Knecht und ähnlich viel wie ein Sklave oder eine billige Magd.

Angesichts des Preises von 45 Kühen für eine komplette Ausstattung darf man vermuten, daß nicht das gesamte karolingische Aufgebot vollständig ausgerüstet zum Aufgebot des Herrn erschien.[66] Ein im Jahre 805 zu Thionville erlassenes Kapitulare schrieb vor, daß jeder Mann, der zwölf mansi besaß, für den Dienst im Heer ein »Panzerkleid mit Schuppen« (broigne) besitzen müsse. Nach Dhondt[67] waren die Reiter in solchen Panzern niemand anderes als die voll ausgerüsteten Krieger im Heer. Die schwere Bewaffnung kennzeichnete damals nur die Mitglieder der höchsten Gesellschaftsschicht. Zur Karolingerzeit bildete das Eigentum von zwölf mansi, wie Dhondt folgerte, das Minimum an Vermögen, das einen in die oberste Gesellschaftsschicht brachte. Da ein mansus minimum zehn Hektar betrug, sei man mit etwas mehr als einhundert Hektar Besitz in die höchste Gesellschaftsschicht gelangt. Die Eigentümer von mehreren hundert oder mehreren tausend Hektar Land hätten als höchste Schicht innerhalb der gesellschaftlichen Rangordnung der Karolingerzeit unmittelbar hinter der Dynastie gestanden.

Der Freie von hohem sozialen Rang wurde in der Karolingerzeit als »nobilis« (adelig) bezeichnet. In der zweiten Hälfte des 10. Jahrhunderts begriff man den Adeligen als »miles«. Gebietsweise verstand man unter dem »miles« den »Berittenen« oder »Ritter« im Sinne des berufsmäßigen gepanzerten Kämpfers zu Pferd, und zwar unabhängig davon, ob der Betreffende als Vasall diente. Nach Dhondt[68] waren die Adeligen im allgemeinen berittene und mit einem Panzer ausgerüstete Krieger und zugleich Vasallen. Neben ihnen habe es noch viele kleine Vasallen gegeben, die nicht zu den Berittenen gehört hätten. Die Milites verstanden sich, wie Dhondt weiter schilderte, bald als eine abgeschlossene Gruppe, die sich der Gewalt eines Herrn unterstellte und nur diesem Herrn gegenüber aufgrund eines individuellen Vasallenverhältnisses verpflichtet war. Bei der Schicht der berittenen und gepanzerten Krieger handelte es sich um eine Elite, die sich durch Reichtum von anderen Freien abhob.

Allein für den Berufskrieger hatte es nach Dhondt Sinn, sich eine Ausrüstung anzuschaffen, die dem Wert eines Bauernhofes entsprach. Und nur die reichen Grundbesitzer konnten es sich leisten, ihren Wohnsitz für die meist fern der Heimat stattfindenden Kämpfe zu verlassen. Grundsätzlich stand die Schicht der milites jedem, das heißt den reich gewordenen Freien, offen. Vor allem nach der Jahrtausendwende war es allerdings schwierig, großen Reichtum anzusammeln. Häufiger hört man von der entgegengesetzten Entwicklung, nämlich von der Verarmung. Die Pauperisierung veranlaßte die berittenen und gepanzerten Krieger dazu, sich enger zusammenzuschließen, eine erbliche Schicht zu etablieren und Außenstehenden den Zugang zu verweigern. Die Verfestigungen verliefen gebietsweise unterschiedlich. In der Region um Macon hatte sich die militia um das Jahr 1050 in einen erblichen Adel verwandelt.[69]

Gegen die Auffassung, der Adel sei auch schon im Frühmittelalter eine geschlossene Gesellschaft gewesen, betonte Dhondt,[70] in Deutschland wie in Frankreich habe es unfreie Ritter gegeben; diese Ministerialen hätten sich als »mit Land belehnte und von ihrem Herrn mit ausreichendem Vermögen versehene Krieger« den freien Rittern annähern und mit ihnen gelegentlich zu einer Schicht verschmelzen können. In Deutschland trat die Ministerialität stärker hervor als in Frankreich, wo sie älteren Ursprungs war und wo die Assimilierung ihrer Mitglieder an die Gruppe der freien Ritter früher beendet wurde als in Deutschland. In Frankreich dagegen waren die Ritter nach Dhondt[71] um das Jahr 1100 ein »geschlossener einheitlicher Stand«. Dhondt sah demnach in den Rittern des 11. Jahrhunderts, die zum Adel des 12. Jahrhunderts wurden, noch keine Gesellschaftsschicht, die hauptsächlich aufgrund vornehmer Abstammung eine besondere Einheit gebildet hätten.

Dem Aufstieg der unfreien Ritter ging die Ausbreitung des Vasallentums als wichtige Basis voran. Anfänglich war die Vasallität wohl nur auf einen kleinen Kreis beschränkt. Nach Dhondt[72] verfolgten die Herrscher mit ihr das Ziel, die Großen an sich zu binden. Im Verlauf des 9. Jahrhunderts nahm dann die Zahl der Vasallen beträchtlich zu. Manche Freie suchten in dem mit der Vasallität verbundenen beneficium materielle Vorteile, sie suchten Schutz gegen die Willkür der Beamten und die Macht der Großen, und suchten schließlich die Verbindung zu den Großen in der Einheit des Standes.

Die Belehnung der bewährten Krieger etablierte sich als institutionalisiertes Phänomen wahrscheinlich erst mit der Verbreitung des Vasallentums. Möglicherweise existierte sie in kleinem Rahmen auch schon früher, das heißt parallel zur Belehnung der Großen. In der vorwiegend agrarwirtschaftlichen Situation[73] stellte das Lehnsystem die naheliegende Methode dar, Hilfen und Verdienste dauerhaft zu honorieren. Neben den Römern hatten sich bereits verschiedene andere Gesellschaften dieser Methode bedient, um andauernden Kriegseinsatz zu entgelten; der Zeitpunkt der Schenkung oder Belehnung war unterschiedlich, er lag bald nach dem Dienst, bald vor, bald während der Verpflichtung. Das Lehnssystem bildete vor allem dort eine Alternative zum Söldnertum, wo die finanziellen Mittel fehlten, wo der im Krieg gesehene Sinn mit der Söldnermentalität kollidierte und wo es schließlich darum ging, den Krieger und den Herrn persönlich zu verbinden und beide auf bestimmte Ideen und Ziele als Sinn der Krieges zu verpflichten. Unter den gegebenen Umständen bot sich den Franken das Lehnssystem als geeigneter Weg an, ein Heer berufsmäßiger Panzerreiter aufzubauen.[74] Der als Lehnsmann gesicherte Ritter war für die lange währenden und fern seiner Heimat ausgetragenen Kriege abkömmlich; persönlich verpflichtete er sich als Vasall seinem Herrn. Das Lehnswesen war nämlich seinem Ursprung nach kein öffentliches Recht.[75] Es beinhaltete die personalrechtliche Vasallität und das sachrechtliche Benefizialwesen.[76] Eindeutig läßt sich das private und das öffentliche Recht hier allerdings nicht trennen; die heute klar unterschiedenen Bereiche waren in der mittelalterlichen Verfassung noch verbunden.[77] Unabhängig von solchen juristischen Problemen beinhaltete die Vasallität das persönliche Dienst- und Treueverhältnis zwischen dem Lehnsherrn und dem Lehnsträger; sie war auf die Beziehung dieser beiden Persönlichkeiten abgestellt, schuf also keine Verbindung zwischen den verschiedenen Lehnsträgern, das heißt, sie stiftete kein Gemeinschaftsverhältnis zwischen den Vasallen. Die persönliche Beziehung wurde mit dem Sachwert des Lehens verknüpft.

Der persönliche Charakter des Lehnsverhältnisses dokumentiert sich unter anderem in der Huldigung, bei der der Vasall seine gefalteten Hände in die des Herrn legte. Mündliche Versicherungen, manchmal auch ein Kuß, bestärkten die Huldigung. Im Lehnseid verpflichtete sich der Lehnsmann zur Treue, das heißt zu verläßlicher Hilfe und verläßlichem Rat. Die Hilfe be-

stand meist in handfester militärischer Unterstützung, aber sie konnte auch in Form finanzieller Abgaben geleistet werden, wie dies die Könige von England seit dem 12. Jahrhundert anstelle des persönlichen Dienstes verlangten. Der Herr verpflichtete sich gegenüber dem Vasallen zum Schutz und Unterhalt, wobei dieser Unterhalt bald die feste Form der Lehnsverleihung annahm. Manchmal bestätigte ein Schriftstück die Belehnung, die in der »klassischen« Form der Feudalität erblich wurde. Der Anspruch des Vasallen auf sein Lehen entwickelte sich später sogar zu einem eigentumsähnlichen Recht; der Lehnsmann konnte frei über sein Lehen verfügen, konnte es sogar veräußern während der Herr kaum eine Möglichkeit hatte, untreue und verräterische Diener durch den Einzug des Lehens zu strafen.[78] So wurde das attraktive Lehen mehr und mehr zum ausschlaggebenden Motiv , die Vasallität überhaupt zu suchen.[79] Das reale Element gewann gegenüber dem persönlichen die Oberhand, die Subordination und der Dienst als Lehnsmann traten zurück, das Lehen gehörte ohne nennenswerte Einschränkung immer mehr zum väterlichen Erbe.

Die ursprüngliche Orientierung der Belehnung an die militärische Bewährung des einzelnen gestattete es, auch gemeine Krieger, Inhaber von Knechtslehen wie Freigewordene, als Ritter auszustatten.[80] Die persönliche Leistung war bei den kleinen Panzerreitergefolgen der Landesherrn unumgänglich, wenn auf Schlagkraft nicht verzichtet werden sollte. Hinzu kam, daß die Anzahl der zur Verfügung stehenden Lehen begrenzt war. Der Effizienz des fürstlichen Panzerreitergefolges wurde auch deshalb besondere Aufmerksamkeit geschenkt, weil das Gewicht der Stimme des Fürsten im Rat des Königs nicht zuletzt von seinem Beitrag zum königlichen Heeresaufgebot abhing.[81] Dem König kam es beim Aufgebot im Ernstfall vermutlich weniger auf klangvolle Namen als auf waffengewandte Krieger an; ein schlagkräftiger Bursche wurde daher als Vertreter eines Adeligen wahrscheinlich lieber gesehen als ein kriegsuntüchtiger Herr. Die vielfach unzureichende Wehrtauglichkeit und Wehrbereitschaft der Eingezogenen bestärkte die Tendenz, den persönlichen Dienst durch finanzielle Abgaben zu ersetzen.[82] In diesem Zusammenhang gehört auch die besonders im späten Mittelalter praktizierte Flucht vor der ebenso anstrengenden wie kostspieligen Wehrpflicht in die Hörigkeit, ein Ausweg, der besonders von den kleinen Freien gesucht wurde. Die persönliche Leistung, Bindung und Verpflichtung

dokumentiert sich in der Ausbildung der Ritter, die nicht in speziellen Gemeinschaften stattfand, sondern individuell betrieben wurde, zunächst innerhalb der Familie, später im Dienst eines Herrn.[83] Die Uneinheitlichkeit des Ritterstandes wie des Ritterbegriffs führte wohl dazu, daß ein bestimmter Katalog allgemein verbindlicher Ausbildungsrichtlinien oder ein obligater Ausbildungsgang zum Rittertum nicht entwickelt werden konnte. In der Zeit, als der Ritterstand bereits abgeschlossen war und der Nachwuchs sich aus den eigenen Reihen rekrutierte, blieb der Knabe bis zu seinem siebten Lebensjahr der Sorge der weiblichen Mitglieder seiner Familie überlassen. Anschließend kam er zu einem befreundeten Ritter, dem er als Page diente. Manchmal blieb er in dieser Funktion auch am elterlichen Hof. Bis zum 14. Lebensjahr dauerte diese Pagenzeit, in welcher der Ritteraspirant nur wenig besser gestellt war als die Dienerschaft des Hauses. Mit 14 Jahren erreichte der junge Mann den Rang eines Knappen, mit etwa 20 Jahren wurde er zum Ritter geschlagen. Die körperliche Ertüchtigung und das körperliche Training setzten mit der Pagenzeit ein; sie wurden in der Knappenzeit fortgeführt.[84] Die Fürstenhöfe und Herrenhäuser waren die Bildungszentren des ritterlichen Nachwuchses; hier lernte er den höfischen Umgang, die Höflichkeit,[85] hier mußte er sich neben der Bedienung des Herrn und der Gäste aber auch im Krieg und auf der Jagd bewähren.[86] Nach Le Goff[87] lebten die Söhne der Vasallen auf den Burgen der Herrn auch als eine Art von »Geiseln«. Erst nach einer Probezeit empfing er das Schwert, das Lehen und auch die Frau. Die freie Zeit auf der Burg füllte er mit Jagd, Tanz und Spiel, wobei dieses Spiel allerdings »nicht nur Zeitvertreib, sondern fast ein zweites Leben über dem wirklichen, eingefriedet durch Regeln und Haltungen« darstellte. Die Burgen bildeten die sozialen und kulturellen Zentren, sie waren »Festung und Festraum zugleich, der Ort für die Geselligkeit einer Elite«. Auf der Burg blieb Zeit für kulturelle Bildung und für Anregung durch Geselligkeit. Die adeligen Herren und ihre Damen lernten dort lesen und schreiben; sie stellten neben die internationale lateinische Kultur der Kirche eine ebenso internationale Laienkultur in den Volkssprachen, auf der die europäischen Nationalliteraturen sich aufbauten.

Die kriegerische Ausbildung der jungen Ritter war, wie Le Goff[88] darstellte, zeitraubend. Ihr Ziel habe eigentlich nicht, wie oft fälschlich behauptet wurde, in

der Befähigung fürs Duell bestanden (obwohl die Neigung zum Zweikampf unübersehbar ist), sondern in dem Vermögen, den Kampf in kleinen Gruppen und Einheiten zu führen. Das gemeinsame Kämpfen habe die Neigung des Adels verstärkt, sich eng in großen Familiengruppen um einen Anführer zu scharen, die Vasallen um ihren Herrn, die Ritter um einen mächtigeren Adeligen. Auch die Sippen kämpften zusammen.

Der kriegerisch-militärische Ausgangspunkt des Rittertums[89] dokumentierte sich im Aufnahmezeremoniell: Der Ritterschlag knüpfte an die urgermanische Sitte der Wehrhaftmachung oder Schwertleite an. In der germanischen Frühzeit waren die Knaben wahrscheinlich schon mit dem zwölften oder vierzehnten Lebensjahr in den militärischen Dienst getreten. Die Panzerreiter wurden hingegen nicht vor dem zwanzigsten Lebensjahr zum Ritter geschlagen, oft sogar später. Die zeitliche Verschiebung resultierte aus der Lehr-, Übungs- und Probezeit des institutionalisierten und auf Ideen verpflichteten Standes, sie wurde später aber auch durch die physische Unfähigkeit des Jugendlichen und Heranwachsenden bedingt, die schwere Rüstung zu tragen und die mächtigen Pferde zu meistern. Das Wehrgehänge, der Rittergürtel und die goldenen Sporen repräsentierten bedeutungsträchtige Statussymbole; sie zeichneten den jungen Ritter öffentlich aus.[90] In der Zeit der ethischen Stilisierung des Rittertums wurde dem Kämpfer der linke Sporn von zarter Frauenhand mit der Weisung an den Fuß geschnallt, mit ihm nicht nur das Pferd anzutreiben, sondern ihn vornehmlich im Bewußtsein dessen zu tragen, daß Adel und Ehre Ansporn zu großen Taten sein sollten. In diesem Sinne wurde der Sporn als Symbol der ritterlichen, die spontanen Neigungen zugunsten der allgemeinen Ideen überformenden Lebensauffassung verehrt. Der verstorbene Ritter nahm das Zeichen der Bereitschaft zur Auseinandersetzung mit sich selbst charakteristischerweise mit ins Grab.[91]

Durch Fasten und Beichten hatten sich die Kandidaten auf die feierliche Aufnahme in den Ritterstand vorzubereiten. Sie erschienen in dunkler oder weißer einfacher Kleidung und waffenlos vor dem Spender der Ritterwürde; selbst ihre Pferde waren von jedem Prunk entblößt. Der Ritterschlag weihte die neuen Mitglieder im Namen St. Michaels oder St. Georgs. Erst zum Schluß der von Zeit zu Zeit und von Ort zu Ort unterschiedlichen Feiern schwang der Ritter sich in voller Rüstung aufs Pferd und demonstrierte seinen Kollegen wie dem anwesenden Volk seine Fähigkeit als Lanzenreiter. Von seiner Standeserhöhung nahm man allgemein Kenntnis.[92] Es liegt nahe, den Ritterschlag als einen Initiationsritus zu verstehen, der nach Le Goff[93] ursprünglich weltlich und militärisch begründet war, dem die Kirche dann aber einen religiösen Sinn verlieh; das Ziel der Kirche bestand darin, den Ritter in ihren Dienst zu stellen und ihn zu einem Mitglied der militia Christi zu machen. Der Ritterschlag trug zwar dazu bei, den Ritterstand als exklusive Klasse enger zusammenzufügen; es gelang ihm jedoch nicht, den Stand gegen Neuzugänge völlig abzuschließen. Nicht alle Ritter empfingen die Schwertleite und nicht alle zum Ritter Geschlagenen waren ritterbürtig.[94]

Neben der feierlichen Aufnahme in den Ritterstand gab es aber auch den zeremoniellen Ausschluß: Der Ritter, der des Verrats, der Verleugnung des Glaubens oder einer anderen kapitalen Verfehlung überführt worden war, wurde zum Beispiel in voller Rüstung auf ein Schafott gehißt. Dabei pflanzte man seinen Wappenschild verkehrt auf die Spitze eines Mastes. Zwölf Priester sangen die Totenvigilien und legten nach jedem Psalm eine Pause ein, in der man dem Eidbrüchigen Stück für Stück Harnisch, Helm und Sporen nahm. Die Priester stimmten den 109. Psalm Davids mit einer Folge schrecklicher Verwünschungen an, und man gab dem Geächteten symbolisch das Wasser des Reinigungsbades zurück, das ihn vor dem Ritterschlag reingewaschen hatte. Nach der Verlesung des Urteils wurde der Ausgeschlossene vom Schafott heruntergeholt, auf einer Leiter zur Kirche geschleift und dann dem Gerichtsverwalter oder dem Henker überstellt, je nachdem, ob die königliche Justiz ihn zur Verbannung oder zum Tode verurteilt hatte.[95]

Im Zusammenhang mit der ritterlichen Schulung und Ausbildung ist noch auf die »disciplina clericalis« hinzuweisen, die der Spanier Petrus Alfonsi zu Ende des elften Jahrhunderts verfaßte. In ihr wurden den septem artes der Gelehrten sieben ritterliche Künste gegenübergestellt, und zwar das Reiten, das Schwimmen, das Bogenschießen, der Faustkampf, das Vogelstellen, das Schachspiel und das Versemachen. Die wichtigste ritterliche Fertigkeit, nämlich das Fechten, fehlte allerdings in diesem Katalog.[96] Zum Verständnis des Bogenschießens als einer ritterlichen Kunst ist festzustellen, daß der Autor wahrscheinlich die Jagd mit Pfeil und Bogen und nicht den Bogen als Kriegswaffe vor Augen hatte. Abendländische Fußkämpfer

kannten den Bogen. Der Teppich von Bayeux zeigt sie klein unter den Reitern, wohl als deren Hilfstruppe. Generell stellte der Bogen aus der Sicht des abendländischen Ritters eine inagonale Fernwaffe dar, mit der man der direkten heldischen Auseinandersetzung aus dem Wege ging. Den Bogen ohne Vorbehalte zur Jagd zu nutzen, bedeutete, dem Tier den Rang des agonalen Gegners oder Partners abzusprechen und es in erster Linie als »Wild« zu verstehen, für das der Abschuß vielfach die einzig mögliche, grundsätzlich aber auch die zutreffende Art der »menschlichen« Behandlung bildete. Diese Einstellung kennzeichnet das weitgehend utilitaristische Verhältnis des abendländischen Menschen zum Tier.[97]

Die Tatsache, daß im Katalog der ritterlichen Künste das Reiten an erster Stelle genannt wurde, sollte nicht zu der Überzeugung führen, der mittelalterliche Ritter sei ein besonders perfekter Reiter gewesen. Aus der Sicht schulreiterlicher wie aus der Sicht nomadischer Perfektion im Sattel bleiben die Übungen und Kampfformen des schweren Panzerreiters auf schwerem Pferd ziemlich undifferenziert; sie fordern in erster Linie den festen Sitz bei den Wendungen und beim Gegeneinanderreiten. Außergewöhnliche reiterliche Fähigkeiten wurden vom Ritter nicht verlangt; in seiner Rüstung wie bei den wahrscheinlich in relativ geringem Tempo absolvierten Aufgaben hatte er auch keine Möglichkeit, sie zu entfalten. Bezeichnenderweise ist unter den vielfältigen schriftlichen Zeugnissen aus dem abendländischen Mittelalter keine Instruktion zur reiterlichen Ausbildung, das heißt keine spezifische Reitlehre, überliefert.[98]

Der Verzicht auf die theoretische Beschäftigung mit dem Reiten könnte ferner damit zusammenhängen, daß vor allem die Ausbildung der Pferde als Handwerk, das heißt als eine dem Adel nicht standesgemäße Beschäftigung, angesehen wurde. Die unterschiedliche Reputation von ethisch wie ästhetisch akzentuiertem körperlichem Geschick einerseits und manueller Arbeit sowie ihren Erzeugnissen andererseits machte Rassem[99] deutlich: »Mittelalterliche wie neuzeitliche Kavaliere sind Artisten des Kampfes zu Pferde und Artisten des Zeremoniells. Das aristokratische Prinzip bringt die Hochwertung einer bestimmten körperlichen Geschicklichkeit mit sich, ja ästhetische Wertungen (Kalokagathie) – aber gerade die Abwertung manueller Produkte, also des Handwerks.«

2. Allgemeine Entwicklung

Der Begriff »Ritter« taucht erst in den Handschriften des zwölften Jahrhunderts auf.[100] Das Erscheinungsbild dieses Ritters bestimmte vornehmlich das Pferd. Als Ritter verstand man den gepanzerten Reiterkrieger, gleich ob in der Rüstung ein Kaiser oder ein Kriegsknecht steckte.[101] Ebenso wie der lateinische Begriff »miles« bezeichnete der Ritterbegriff im frühen Mittelalter weder eine Standesqualität noch eine soziale Rangordnung. Unter den »miles-Rittern« gab es Freie und Unfreie, Belehnte und Unbelehnte, Hoch- und auch Niedriggeborene.[102] Gemeinsam war den verschiedenen Rittern die Zugehörigkeit zu einer Herrschaft, das heißt die Bindung an einen Herrn in einem Dienstverhältnis.[103] Diese Beziehung nobilitierte den Dienenden in erster Linie, sie charakterisierte ihn weniger als abhängig und unselbständig. Gemeinsam war den verschiedenen Rittern die Zugehörigkeit zur militärisch dominierenden Waffengattung des Panzerreiters; diese Partizipation machte sie zu einer Art von Herrenmenschen. Das schon im Frankenreich ausgebildete Lehnsheer der Vasallen und Ritter blieb trotz verschiedener Veränderungen im einzelnen auch im Hochmittelalter erhalten.[104] Neben dem sozialen Typ des Vasallenritters kam allerdings schon früh der des Soldritters auf.[105]

Die oberste Schicht der Militär- und Grundaristokratie wurde durch den Geburtsadel gebildet, der wohl meist aus dem karolingischen Adel hervorging und eine »hohe« Herrschaft inklusive der Hochgerichtsbarkeit innehatte.[106] Dieser Hochadel war Emporkömmlingen unzugänglich. Unter dem Hochadel entstand die Klasse der milites, der Ritter, die aus wirtschaftlich wohlhabenden Familien stammten und dem Kriegsgeschäft nachgingen. Im Raum um Mâcon waren die milites im 11. Jahrhundert die Erben der reichsten Grundbesitzer. Damals kam dort nämlich die Bildung einer kleinen Kriegerelite aus vermögenden Männern zum Abschluß. Die neue Ritterschaft versuchte zwar, sich mit dem Adel gleichzusetzen, blieb aber juristisch wie sozial von ihm verschieden.[107] Vermögen führte in die neue Ritterschaft, die als Klasse mehr oder minder offen war. Erfolgreiche Abenteurer, welche sich die erforderlichen Mittel zu verschaffen wußten und sich während der Ausbildung oder im Kampf auszeichneten, konnten in den Ritterstand eindringen.[108] Zu den Emporkömmlingen gehörten

46.

27. *Lanzenstechen zwischen zwei Rittern. Wappen: HMZE und WHD. Kolorierter Kupferstich nach einem bayerischen Turnierbuch aus dem 15. Jh.*

28. *Paolo Uccello, Die Schlacht bei San Romano, Ausschnitt*

vielfach die Ministerialen, das heißt der Dienstadel. Neben der grundsätzlichen Offenheit bestand bei der neuen Ritterschaft freilich auch die Tendenz, sich in Rangunterschieden zu stufen. In der Chronik des elsässischen Klosters Ebersheim wurden im 12. Jahrhundert zum Beispiel die reichsten Ritter als maiores milites von den ärmsten als minores milites abgehoben. Die Ritterschaft neigte generell dazu, sich abzuschließen und in eine Erbklasse umzuwandeln. Konsequent gelangte sie jedoch nie dorthin. Der Grad der Abgeschlossenheit war in den einzelnen Gegenden unterschiedlich und veränderte sich im Laufe der Zeit immer wieder.[109] Auch wenn im 13. Jahrhundert sämtliche Edelleute zum Adel zusammengefaßt wurden, unterschied man innerhalb des Adels doch deutlich zwischen der Hocharistokratie mit den Königen, Herzögen und Grafen einerseits und der unter ihr stehenden Klasse der Ritter andererseits.[110]

Die widersprüchlichen Aussagen, die sich zum Komplex der mehr oder minder konsequenten Abgeschlossenheit der verschiedenen Schichten finden,[111] gehen wahrscheinlich zum größten Teil auf lokale Unterschiede und zeitliche Verschiebungen zurück. Im Überblick scheint die Entwicklung so verlaufen zu sein, daß die Leistungsbewährung des einzelnen generell am Anfang stand und in besonderen Fällen auch später noch zum Aufstieg führen konnte; Karl der Große ernannte in manchen Fällen sogar Sklaven zu Grafen.[112] Diesem Stadium folgte das der weitgehenden Geschlossenheit des Standes. In der Verfallszeit des Rittertums wurde es den Knechten dann wieder eher möglich, die Funktionen eines Ritters zu übernehmen und wahrscheinlich auch in den wieder durchlässigeren Ritterstand aufzusteigen.

Zwischen dem Ritter als einer militärischen Erscheinung und dem ritterlichen Stand ist deutlich zu unterscheiden, denn im frühen Mittelalter existierte ja der ritterliche Stand als abgeschlossene Gesellschaft noch nicht. Nach Bumke[113] wurde der Ritterbegriff erst seit dem 12. Jahrhundert zwiegesichtig und schillernd, nämlich erst seit der Zeit, da neben das militärische Phänomen des Ritters als eines gepanzerten Reiterkriegers der neue Ritteradel als Gesellschaftsschicht trat. Zum hergebrachten Begriff »Ritter« kam ein neuer Inhalt hinzu beziehungsweise der Begriff wurde neu gefaßt; er kennzeichnete als zentraler Inhalt die gesamte Kultur und wurde zum »Schlüsselwort einer neuen Ethik und Ästhetik«.[114]

Der neue Ritterstand war nach Bumke[115] in Deutschland um die Mitte des 13. Jahrhunderts abgeschlossen. Die Phase, in der ausschließlich Ritterbürtige zum Ritter geschlagen wurden, währte jedoch nur eine beschränkte Zeit, außerdem wurde die Norm wahrscheinlich auch nicht mit letzter Konsequenz verfolgt. Le Goff[116] meinte deshalb sogar, der Adel habe sich im 13. Jahrhundert noch nicht so fest geschlossen oder er habe sich schon wieder geöffnet. »Reich gewordene Bürger steigen auf, der Ritterschlag wird immer seltener ausgeführt und ist nicht mehr – oder war es vielleicht nie – eine unumgängliche Aufnahmezeremonie. Kaiser und Könige bemächtigen sich des Rechts, zu adeln.« Philip der Schöne erhob im Jahre 1304 auf dem Schlachtfeld von Mons-en-Pévile einen Metzger, der sich im Kampf ausgezeichnet hatte, in den Adelsstand.

Der Abschluß des Standes bedeutete, daß sein Nachwuchs sich aus den Kindern der Standesangehörigen rekrutierte und Nicht-Mitglieder sich die Aufnahme in die Ritterschaft weder erdienen noch erkaufen konnten. Der ritterliche Stand etablierte sich wahrscheinlich dadurch, daß ein bestimmter Typus von Rittern sich aus dem Gesamt der vielschichtigen Ritterschar herauskristallisierte; vermutlich waren es die freien Ritter, die im Laufe des 11. Jahrhunderts zu feudalen Partialgewalten emporstiegen. Nach dem Lehnsgesetz Konrads II. vom Jahre 1037 wurde den freien Rittern die Erblichkeit ihrer Lehen zugesprochen. Im 12. Jahrhundert war auch der freie Ritter voll lehnsfähig, das heißt mit einem erblichen Lehen ausgestattet.[117] Möglicherweise erlaubte das erbliche Lehen noch die Aufnahme in den Stand, die mit der Abschließung des Standes seit der Mitte des 13. Jahrhunderts in der Regel nicht mehr möglich war.[118]

Der ritterliche Stand stellt demnach nicht einfach den Statuszusammenschluß der militärisch eingesetzten Reiterkrieger dar.[119] Dem Stand gehörte nur ein Teil der Reiterkrieger an. Die Ritter außerhalb des ritterlichen Standes rekrutierten sich aus Personen verschiedener Herkunft, die als Panzerreiter dienten. Ursprünglich bezeichnete der Begriff Ritter die Funktion des Kriegers zu Pferd. In dieser Bedeutung hielt der Begriff sich weiterhin, neben ihn trat jedoch die Standesbezeichnung im Sinne der etablierten ritterlichen Schicht, die in der mittelalterlichen Gesellschaftsordnung hinter dem höchsten Adel rangierte.[120]

Tendenziell ähnliche Verhältnisse lagen bei den römischen Rittern und Senatoren vor. Es liegt ferner nahe, auf die englische gentry im 13. Jahrhundert zu verwei-

sen. Zur gentry gehörten der Ritter wie der Knecht, weiter der gentleman, der ebenfalls militärischen Ursprungs zu sein scheint. Im 14. Jahrhundert wurden wahrscheinlich die nicht-erstgeborenen Söhne der Ritter, die als leichte Reiter dienten, als gentlemen bezeichnet.[121] Der französische Begriff »chevalier« scheint dem Ritter als Standesbegriff stets näher gestanden zu haben als der ursprüngliche deutsche Begriff »Ritter« und auch der englische Begriff »gentry«; es finden sich auch Stellen, nach denen die chevaliers mit den serjanz zur menue gent gerechnet werden.[122] Der Übergang von der leistungsbestimmten zur geburtsbestimmten Ritterwürdigkeit beinhaltete einerseits eine Konsolidierung und traditionelle Verfestigung, andererseits aber auch den Verzicht auf den individuellen Nachweis handfester Leistung und insofern eine Entfremdung von der militärischen Bestimmung des Ritters. Die Erblichkeit des Lehens, die wahrscheinlich die elitäre Absetzung des ritterlichen Standes vom Gros der Ritter konstituierte, sicherte die Nachwuchsfolge und insofern auch die Zukunft der Ritterschaft. Zugunsten der Kontinuität des Aufgebots verzichtete der Herr auf die Möglichkeit, die einzelnen Krieger je nach Bewährung zu belehnen. Die Lehnsträger stabilisierten mit der Erblichkeit der Benefizien ihre eigene ökonomische Situation wie die Erwerbsaussichten eines Teils ihres Nachwuchses. Die traditionelle Verfestigung sowie die Gewährleistung von Kontinuität wurden für den ritterlichen Stand besonders deshalb wichtig, weil er sich übers militärische Geschäft hinaus auf ethische und religiöse Ziele verpflichtete und das Ritterdasein den Charakter einer von Gesinnungen, Haltungen wie Einsichten getragenen Berufung gewann. Die Vorteile traditioneller Stabilisierung verbanden sich mit der Gefahr der Erstarrung, die sich besonders dann im späten Mittelalter zum Nachteil der Leistungsfähigkeit der Ritterschaft auswirkte.

Die Erblichkeit der Lehen intensivierte das Dienst- und Treueverhältnis zwischen Lehnsherrn und Lehnsträgern; sie band den Lehnsmann aber auch enger an sein Lehen. Die Pflege des Landes und der aus ihm zu ziehende Nutzen rückten in den Vordergrund des Interesses, die Begeisterung für den abenteuerlichen Feldzug und die Verpflichtungen fern der Heimat schwanden. Aufgrund dieser Entwicklung urteilten die Kriegshistoriker in der Regel negativ über den militärischen Nutzen des Lehnswesens. Aus ihrer Sicht führte vor allem die erbliche Belehnung zur wachsen-

den Selbständigkeit der Vasallen, das heißt zur Lockerung des Abhängigkeitsverhältnisses und damit zur Minderung der Verläßlichkeit und Einsatzbereitschaft der Panzerreiter.[123] Die eingeschränkte kriegerische Leistungsfähigkeit der durch die Erblichkeit ihres Lehens arrivierten und als adelige Sicht vom handfesten Einsatz sich entfremdenden Ritterschaft führte aber vermutlich dazu, daß weiterhin Personen unterschiedlicher Herkunft als Panzerreiterkrieger eingesetzt werden mußten; die Ritterschaft bedurfte nämlich immer wieder des Zuwachses an leistungsfähigen Kriegern und sie ließ sich daher so schwer in einem exklusiven Stand abschließen.

Der etablierte ritterliche Stand genoß bedeutendes Prestige. Soweit die männlichen Mitglieder des Adels nicht als Mönche oder Priester wirkten, fühlten sie sich zum ethisch überhöhten Kriegsdienst zu Pferd verpflichtet. Mit dem Adel zogen die von ihren Herrn zum Ritter bestimmten Ministerialen gegen den profanen wie gegen den religiösen Feind.[124] Im Hochmittelalter erhielten die Söhne des Adels, die in der Heimat nur eine einfache Existenz erwartete, als Berufskrieger die Chance zum Abenteuer in der Fremde. Im 11. Jahrhundert stellten sie die Streitkräfte für die normannische Eroberung Süditaliens, Siziliens und Englands, für die spanische reconquista und besonders für den ersten Kreuzzug. Noch in der ersten Hälfte des 12. Jahrhunderts zogen Normannen aus Frankreich und England – freilich in geringerer Zahl – nach Süditalien und Sizilien. Französische Ritter kämpften in Spanien gegen die Mauren und setzten sich dort fest, namentlich bis gegen 1130. Im 12. Jahrhundert führten die Kreuzzüge zahlreiche Ritter in den Orient, viele von ihnen ließen sich in Syrien oder in Palästina nieder. Unter anderem aufgrund der Beschäftigung der Ritter in den englisch-französichen Konflikten verloren diese Umsiedlungen aber allmählich den Charakter von Massenbewegungen. Im zweiten Viertel des 12. Jahrhunderts begann die deutsche Ritterschaft auch, die slawischen Länder jenseits der Elbe zu erobern und sich dort auf dem neu gewonnen Boden anzusiedeln. Im 13. Jahrhundert kam es dann mit dem vierten Kreuzzug zum Angriff auf das Byzantinische Reich, der der französichen Ritterschaft erheblichen Grundbesitz verschaffte.[125] Die gemeinsamen kriegerischen Aktionen der freigeborenen Lehnsleute (vassi), der ursprünglich unfreien Dienstmannen (ministeriales) und wohl auch mancher Knechte schufen engen Kontakt und reduzierten im

militärischen Bereich die durch die Standesdifferenzen gezogenen Grenzen.[126] Die Waffenbrüderschaft der Herren und Knechte eliminierte die sozialen Unterschiede jedoch nicht; trotz ihres gemeinsamen Einsatzes als milites blieb ihr Status als Adliger, Edler, Edelfreier, nobilis, senior, seigneur oder lord auf der einen und Dienstmann, serviens, ministerialis oder sergeant auf der anderen Seite erhalten.[127] Der gemeinsame Reiterdienst schuf zwar Verbindungslinien, ließ sie in der Regel aber nicht über den militärischen Bereich hinausgelangen; nur im Einzelfall glückte der Aufstieg durch die exzeptionelle Leistung. Die Herren, die auf eigene Kosten eine größere Kriegerschar zusammenführten, hießen Banner führende Ritter oder Bannerherren, während die übrigen Krieger als einfache oder Baccalaureatsritter bezeichnet wurden. Die Bannerherren trugen einen kleinen Wimpel oder ein viereckiges Banner an ihren Lanzen, die Baccalaureatsritter nur eine kleine, ausgezackte, in ein oder zwei Spitzen endende Flagge.[128] Eine Schar schwergerüsteter Reiterkrieger aufzubringen, erforderte beträchtliche finanzielle Möglichkeiten. Man hat wohl davon auszugehen, daß manche Herren Ritter und Fußkämpfer um sich scharten, die nicht so vollständig ausgerüstet waren, wie es die Norm vorsah.[129]

Die gepanzerten Reiter kämpften zunächst in der Art der Universalkrieger. Noch im elften und zwölften Jahrhundert saßen die Ritter häufig ab, um die Auseinandersetzung mit dem Feind zu Fuß zu führen.[130] Die schwere Rüstung, die dem Ritter zu Fuß zu einem unentrinnbaren Gefängnis wurde und ihm aufgrund mangelnder Wendigkeit die Kampftüchtigkeit nahm, verbot dies aber später.

Das Rittertum ging zwar von militärischen Aufgaben aus, es blieb aber weder in seinen Zielen noch in seinen Auswirkungen auf sie beschränkt. Ethische und religiöse Ideale überformten den militärischen Bereich; sie ließen das Rittertum insgesamt zu einer integralen Komponente der abendländischen Kultur avancieren. Mit dem Beginn der Kreuzzüge wurden diese Akzente besonders deutlich profiliert. Die außermilitärischen Anliegen begründeten die Internationalität des Rittertums. Mit einer elementaren Gewalt, wie sie von anderen religiösen Bewegungen bekannt ist, ergriffen die neuen ritterlichen Ziele in ganz Europa »bei allen Völkern die Besten und Tatkräftigsten, die zur Führerschaft Berufenen«.[131] Ein erster wichtiger Bereich des außermilitärischen Einsatzes der Ritter war ihr Engagement in der Gottesfriedensbewegung, die kurz vor dem Jahr 1000 als der Versuch begann, »den allgemeinen Fehdezustand der feudalen Welt durch Einsatz des religiösen Motivs in einen prinzipiellen Friedenszustand umzuwandeln«. Als pax Dei erstreckte sich die Bewegung zunächst auf die Kleriker, das Kirchengut und die Landleute. In dem zur Markgrafschaft Barcelona gehörenden südfranzösischen Landstrich Roussilon wurde im Jahre 1027 mit der treuga Dei, dem Waffenstillstand Gottes, erstmals ein allgemeiner, aber zeitlich beschränkter Gottesfrieden erreicht. Er erstreckte sich auf die »christlichen« Tage der Woche, nämlich von Freitag bis Sonntag. In dieser Form verbreitete der Gottesfrieden sich bis 1042 in den maßgebenden französischen Lehnsherrschaften. Anfang der achtziger Jahre ergriff er die westlichen Diözesen Deutschlands und 1103 wurde er durch Kaiser Heinrich IV. zum Reichsgesetz erhoben. Auch die Kreuzzugsproklamation des Paptes Urban II. zu Clermont im Jahre 1096 war mit einem allgemeinen Gottesfrieden verbunden. Die geschichtlich entscheidende Weiterentwicklung des Gottesfriedens zum allgemeinen Landfrieden war später als Werk der weltlichen Landesherren ein wesentliches Moment der modernen Staatswerdung.[132] Bis zur Herstellung des Gottesfriedens und des auf ihn aufbauenden prinzipiellen und zeitlich unbeschränkten Landfriedens fielen Bluttaten nur unter die sippenrechtliche Sühne durch Blutrache oder Wergeld; erst durch die Friedensbewegung entstand die bis dahin unbekannte Blutsgerichtsbarkeit in der Hand der Landesherren beziehungsweise Landesfürsten.

Die Ritter kämpften für die Durchsetzung und Erhaltung des Gottesfriedens.[133] Mit dieser Aufgabe gewann ihr Handeln insofern einen neuen Sinn, als sie sich gemeinsam mit anderen für einen Rechtszustand einsetzten und nicht nur einem Herrn treu zur Seite standen. An Stelle der ausschließlichen Bindung an eine Person beziehungsweise neben der ausschließlichen personalen Beziehung bestimmte seit dieser Zeit ein sachliches Ziel das Handeln des Ritters. Im Einsatz für den Gottes- und Landfrieden gewannen die Ritter besonderes Ansehen. In liturgischen Texten wurde Gottes Segen für den einzelnen Ritter erbeten, für sein Schwert wie für seine Lanze. Man verwandte dazu Formeln aus Krönungsliturgien, die einst den Königen vorbehalten waren. »Kriegerische Kraft und Stärke, die Gott dem Herrscher hatte verleihen sollen, wurde jetzt für den Ritter erbeten. Auch die soziale

Stellung des Mannes, der mit Waffen umzugehen verstand, veränderte sich.«[134]

Im Sinne der Konzentration auf die christlichen Aufgaben, speziell auf den christlichen Auftrag des Kampfes gegen die Ungläubigen, verbanden vor allem die Templer, die Johanniter und die Deutschritter den kriegerischen Geist der Ritterschaft mit der mönchischen Askese. Feierlich verpflichtete der christliche Ordensritter sich zu diesem Einsatz. Er legte auch die mönchischen Gelübde der Armut, der Keuschheit und des Gehorsams ab.[135] Das asketische Ordensrittertum umfaßte weite Kreise der ansonsten weltzugewandten, im christlichen Sinne sogar an die Welt sich verlierenden Ritterschaft; sie tat dies vielfach in direkter Aversion gegen das übliche Rittergehabe, das in der späteren Zeit der Kreuzzüge wieder die Oberhand gewann.[136] Der christliche Ritter war ein reitender Herrenmensch, der Attacken gegen sich selbst focht, gegen seine »niederen« und »weltlichen« Antriebe, zugunsten der »höheren« christlichen Ziele.

Die »veredelte Gesinnung« des neuen Ritters tat sich schon im ersten Kreuzzug besonders beim niederen Adel kund. Das Idealbild des christlichen Ritters faszinierte zur Zeit der Gregorianischen Reform die Adligen im gesamten Abendland. Die Streiter Gottes schützten die Kirche und ihre Güter, sie hielten ihre Hand über die Schwachen, Witwen und Waisen, bekämpften die Ungläubigen und errichteten selbstlos Gottes Ordnung auf Erden.[137] Bernhard von Clairvaux, Johann von Salisbury und andere predigten das Ideal, das dem höfischen Treiben, den Würfelspielen der Adligen wie ihren Jagdvergnügen entgegensteuern sollte. Die fromme Forderung der Gottesmänner erreichte freilich nicht alle Herren, bewirkte aber im frühen 12. Jahrhundert mit den geistlichen Orden im Heiligen Land und in Spanien die reinste Verkörperung des christlichen Rittertums. Die Johanniter waren zunächst ein charitativer Verband, der in Jerusalem Kranke und Pilger pflegte; erst um 1155 formierten sie sich zum Orden. Die Templer, die sich nach der Benediktinerregel richteten, schützten ursprünglich Jerusalempilger mit der Waffe. Die militärische Aufgabe sollte nicht ihr einziges Ziel bleiben, sie wollten auch nicht ihrem eigenen Willen folgen; daher gelobten sie dem Patriarchen von Jerusalem, die mönchischen Pflichten der Armut, der Keuschheit und des Gehorsams zu respektieren. Der Ritter sollte nur im Dienst Gottes Blut vergießen, er sollte die heldische Zucht üben, die das hiesige Leben erhöhte und das

ewige verhieß. Die Ritterorden verkörperten die christlichen Ideen jedoch nicht in jeder Hinsicht. Schon ihr Programm beziehungsweise Eingeständnis, um Gottes willen sei das Töten geboten, war problematisch. Den Templerorden reizten später Macht und Besitz, er ließ sich von der internationalen Geldwirtschaft faszinieren und verschaffte sich schließlich auch ein eigenes Territorium.[138] Auf einem Pferd, dem Indiz eines besseren Lebens, zu sitzen, kollidierte eigentlich schon mit der Vorstellung von der Armut und dem Gelöbnis, ihr entsprechend zu leben. Die frühen Templer spürten dies noch und ritten daher zur Demonstration ihrer Armut wie ihrer Gemeinschaft zu zweit auf einem Pferd.[139]

Als Papst Leo IX. in der Mitte des 11. Jahrhunderts für seinen Normannenfeldzug warb, versprach er den Rittern, die ihm folgten, Erlaß von Bußstrafen und Absolution von den Sünden. Er verkündete das, was man später einen Kreuzzugsablaß nannte. Der Papst propagierte, ein Krieg sei statthaft und von der Kirche zu fördern, wenn durch ihn Christen, die unter heidnischer Herrschaft litten, befreit werden könnten. Mit dieser Feststellung war den Herren wie den einfachen Rittern eine neue Aufgabe gestellt. Hinsichtlich des Spezialfalls der Normannen machte Papst Leo klar, sie seien im Grunde keine Christen, die heidnische Gottlosigkeit, mit der sie gegen die Kirche gewütet hätten, belege dies. Nach dem Kampf erkannte der Papst den Tod der gefallenen Deutschen als christliches Martyrium an und ließ die erschlagenen Ritter als Heilige verehren.[140]

Der deutsche Orden soll die besten Heere im gesamten Reichsgebiet aufgestellt haben. Für die kriegerischen Unternehmungen in den schwierigen Sumpf- und Waldgebieten Preußens stellte er eine aus nichtrittermäßigen Brüdern rekrutierte leichte Reiterei auf. Ihre Mitglieder trugen nicht den weißen, sondern einen grauen Mantel mit dem Ordenskreuz; sie unterschieden sich derart augenfällig von den »eigentlichen« Rittern. Der 1199 vor Akkon als Spitalorden gegründete und 1208 zum Ritterorden erhobene deutsche Orden beschränkte sich nicht auf den Adel; in seinen Reihen dienten Ritter, nichtritterliche Geistliche und helfende Brüder gemeinsam, wiewohl das Schwergewicht des Ordens beim Ritterstand lag und dieser sich innerhalb des Ordens als eine elitäre Schicht gerierte.[141] Der Widerspruch zwischen den Pflichten des mönchischen Auftrags wie Gelübdes einerseits und kriegerisch-weltlichen Implikationen wie

staatspolitischen Zwängen andererseits belastete das Wirken der Ordensritter auf Dauer entscheidend.[142] Seit dem Ende des 12. Jahrhunderts wurde der Ritterbegriff – als Standes- und nicht als Funktionsbegriff – zum Schlüsselwort einer neuen Kultur.[143] In verschiedenen Akzentuierungen entwickelte der »Ritter« sich zum Ideal der adligen und herrenmäßigen Männerwelt. Die normative Geltung des Ritters dokumentiert sich in der Verleihung der Ritterwürde als Auszeichnung des gelehrten Standes an Personen, die weder milites noch Reiter waren. In Italien scheint das Ritterideal schon vor dem Ende des 12. Jahrhunderts allgemein gegolten zu haben. Kaiser Lothar von Supplinburg ehrte 1136 die gesamte Juristen-Fakultät in Bologna mit der Erhebung in den Ritterstand. Unter den Staufern kamen solche Auszeichnungen häufiger vor.[144] Ganshof[145] sprach deshalb von den Rittern als einer »internationalen Brüderschaft all derer, die sich ›Ritter‹ nennen durften, unabhängig von ihrem Rang, eine Brüderschaft ohne materielle Existenz, aber mit ausgesprochenen Zulassungsriten, Lebensregeln und einem allgemein anerkannten Ideal«. Die ideale Ausprägung des Rittertums mußte die handfeste Basis des Haudegens überwinden; sie konnte ihren Ausgangspunkt freilich nicht gänzlich eskamotieren. Borst[146] schilderte den französischen Ritter des 10. Jahrhunderts mit den folgenden Sätzen: »Wer als Vasall von einem anderen, seinem Lehnsherrn, Land geliehen bekam, schuldete ihm Treue und Mannschaft und stand im Schutz des Mächtigeren. So lernten die Herrn Treue, freilich mühsam genug. Denn der niedere Adel Frankreichs war eine Horde von Draufgängern, die nur Erfolg und Faustrecht anerkannten. Sie paktierten mit Tod und Teufel und überfielen jeden Schwachen. Rücksichtnahme war Feigheit, der tapferste Gegner wurde ohne jede Ritterlichkeit doppelt rabiat niedergehauen. Neben dem Raubkrieg war der Lieblingssport dieser Frischluftfanatiker die Hetzjagd auf Großwild. Von einem meldet die Grabinschrift: ›Er war ein Edelmann; seine Hunde liebten ihn sehr.‹ Das Geraubte und Erjagte gab man mit vollen Händen wieder aus; knausern mochten die Schwächlinge, die selber arbeiteten. Keuschheit und Zucht galten gleichfalls als Geiz; die engen Holztürme wimmelten von unehelichen Kindern und niemand schämte sich ihrer.« Diese Skizze eines »ritterlichen« Reiterkriegers deckt sich weitgehend mit dem Bild, das von den nomadischen Räubern überliefert ist.

Der unwirsche Haudegen bildete wohl nicht nur das barbarische Vorstadium des edlen Ritters; man hat in ihm die stets lebendige Alternative zum ethisch-religiös überhöhten Reiterkrieger zu sehen. Selbst die höfische Literatur des hochmittelalterlichen Abendlandes präsentiert bezeichnenderweise kein einliniges Bild des Ritters, das heißt nicht einen, allgemein verpflichtenden Rittertypus. Neben dem Haudegen wird dem galanten Ritter das Loblied gesungen, neben dem höfischen der christliche hochgepriesen.[147]

Borst[148] unterschied die einzelnen Ideale der ritterlichen Literatur: Im altfranzösischen Rolandslied, für das die Geschichte um Karl den Großen den Stoff lieferte, liebt der Ritter des Karlskreises den Kampf als blutiges Gemetzel wie als Schauplatz für Ruhm und Beute. Für seine Waffentaten kommt er in den Himmel, und zwar ohne sich für übersinnliche Ziele aufzuzehren und ohne groß mit Gott zu ringen. In der wohl um 1170 erfolgten deutschen Übertragung des Rolandsliedes werden der religiöse Opfermut, der Glaubenseifer und die Gesinnung der Kreuzzüge dringlicher empfohlen. Die ritterliche Lyrik pries die Liebe des Panzerreiters zu einer mit einem anderen Herren verheirateten Frau. Die hohe Minne wurde religiös interpretiert als Analogon zur Liebe zu Gott, die sich im Dienen vollziehe, aber nicht zum Besitzen gelange.[149] Der Ritter ließ sich von der Dame seiner Wahl willenlos gefangennehmen, er reifte im Ausharren und wurde im Minnedienst ohne Erhörung zur Zucht und Haltung gezwungen. Dieser Ritter lebte für, mit und auch gegen seine Leidenschaften, nicht für politische Ziele oder geistliche Werte. Mirgeler[150] verband die ritterliche Minne mit dem Marienkult, mit der Regelung des außerehelichen Verhältnissis und mit einer Bewegung gegen die asketische Faszination, die »besonders auch die Frauen in ihren Bann zog und sie massenweise ihrer erotischen Bestimmung und sogar der vollzogenen Ehe entfremdete«.

Der Alemanne Hartmann von Aue schätzte, wie Borst in seiner Typologie der verschiedenen Ritterideale weiter ausführte, weder das unbedachte Dreinschlagen noch die verliebte Schwärmerei. Erst der Kreuzzug genügte seinem Ritter, der sich vom Frauendienst zum Gottesdienst, vom Vergänglichen zum Ewigen wandte. Beim höfischen Ritter dominierte der Kodex kluger und maßvoller Konventionen. Die unwirklichen Helden der Artus-Epen präsentieren sich in zierlicher Anmut, prächtig umrahmt von kostbaren Waffen, rassigen Pferden und erlesenen Gewändern. Der geläuterte Ritter Wolfram von Eschenbachs empfin-

det die Welt als Unordnung, nicht als leuchtendes oder drückendes Gesetz. Als Helfer Gottes, als Freund der Schwachen und der Tiere, der Bauern und sogar der Heiden stellt er nach Kräften die rechte Ordnung der Gnade her.

Die Idealtypen ritterlichen Daseins standen nicht widerspruchslos nebeneinander; sie enthielten prinzipielle Wertkonflikte, die aufgrund der Parallelität der verschiedenen Leitbilder auch auszutragen waren. Lokale Grenzen und zeitliche Verschiebungen entschärften die Probleme freilich. Die Komplexität der Normen läßt sich jedoch nicht in ein Entwicklungsschema pressen, das den ethisch überhöhten Ritter in geradliniger Evolution durch die Zugabe christlicher Prinzipien aus dem barbarischen Haudegen entstehen und das räuberische Dasein generell überwinden läßt. Die Uneinheitlichkeit des Ritterideals spiegelt die zuvor erörterte Vielschichtigkeit des Ritterbegriffs wie der Ritterwirklichkeit, die zwischen dem adligen Ritterstand und den zu Pferde sitzenden Kriegern unterschiedlicher Herkunft vielfältig schillert.

Alle Ritterideale waren nach Borst[151] utopisch übersteigert; niemand konnte konsequent nach ihnen leben, niemand konnte Gott, dem König, dem Ruhm und den Frauen gleichzeitig dienen. »Dennoch waren sie keine bloßen Gedankenexperimente; sie machten die Freiheit als Selbstbindung, den Dienst als Ausweis des Adels zur Forderung und Ansporn für die historische Schicht der adligen Dienstmannen. Die ritterliche Grundtugend der Ausgeglichenheit – Produkt und Symptom einer Übergangssituation zwischen Adelswillkür und Staatsmacht, zwischen Brutalität und Spiritualität – war indes ein formales Ideal, das sich ... an keinen Inhalt völlig band. Es ließ sich nur realisieren als spielerische, hochstilisierte Lebensform, und sie war es, die das Rittertum unsterblich machte und den europäischen Adel zu einer geistigen Gemeinschaft von Maß und Zucht erhob.«

Die ritterliche Wirklichkeit wich zum Teil beträchtlich von ihren Idealen ab, vor allem in der Spätzeit. Nitschke[152] berichtete von adligen Herrn im Heiligen Land, die meist nach persönlichem Ruhm und Gewinn strebten, die sogar auf eigene Faust Krieg führten und sich eigene Herrschaften aufbauten: »Bei der Eroberung Jerusalems schonten die Christen niemanden; der Tempel Salomos war rot vom Blut der Erschlagenen.« Solche Barbarisierung kam bei den ritterlichen Herrn offenbar häufiger vor, als das Bild des edlen Gottesstreiters Glauben macht: Bevor die Ritter im

Jahre 1204 zu Pferd nach Konstantinopel eindrangen, hatten die Kleriker die Kampfmoral gehoben, indem sie die Dirnen aus dem Lager jagten und das Heer beichten und kommunizieren ließen. Diese moralische Aufrüstung hinderte die Herren jedoch nicht, die Stadt später anzuzünden und nach den Anspannungen des langen Kampfes »in blinder Zerstörungswut ihrem Haß auf die Griechen freien Lauf« zu lassen. 2000 Byzantiner sollen dabei ihr Leben gelassen haben; die wertvollen Kulturschätze, die Ostrom in seiner fast tausendjährigen Geschichte gesammelt hatte, wurden ebenso vernichtet wie die Bibliotheken und das kostbare Kirchengerät. »Religiöse Ehrfurcht kannten die Krieger, die als Kreuzfahrer ihren Weg begonnen hatten, nicht. Nonnen wurden in ihren Klöstern geschändet; in der Hagia Sophia rissen betrunkene Soldaten die Seidenvorhänge herunter und zerhackten mit Hämmern und Äxten die kostbare Altarplatte und die silberne Ikonostasis; eine Prostituierte saß auf dem Stuhl des Patriarchen und sang schmutzige französische Lieder, während heilige Meßgeräte als Trinkbecher mißbraucht wurden.«[153]

Im 14. Jahrhundert wurde »ganz Europa ... von aristokratischem Banditentum heimgesucht, welches in Deutschland im Raubrittertum seine charakteristische Ausprägung fand und dem in England, Frankreich, Skandinavien und Polen heftig nachgeeifert wurde. Dieses Banditentum war in den verschiedenen Ländern jedoch nur scheinbar gleichartig: in Frankreich und England rekrutierte es sich unter jenen Adligen, die sich gegen die allmählich wachsende Macht des Herrschers auflehnten, es sollte sich daher nach langen Wirren in sich selbst erschöpfen. Anderswo wurde es zum Selbstzweck und wuchs sich schließlich zu richtigen privaten Kriegszügen aus. Die Ritter des Deutschen Ordens z. B. veranstalteten lange Menschenjagden auf den vereisten litauischen Sümpfen, die zum Verfall des Ordensgeistes führten; einem direkten Angriff der Polen in Tannenberg (1410) sollten sie nicht mehr standhalten. Die polnischen Edlen kämpften auf eigen Faust und sogar gegen den Willen ihres Herrschers gegen die Türken, aber sie wurden in Nikopolis geschlagen (1396)«.[154]

Die hemmungslose Verwüstung von Menschen und Sachen richtete sich in Einzelfällen auch gegen die christlichen Eroberer. Die Litauer rächten sich zum Beispiel an den Ordensrittern, die sie gefangennehmen konnten; sie verbrannten sie in voller Rüstung. Der Deutsche Orden hatte sich nämlich zum Ziel ge-

setzt, die Litauer, deren herrschende Klasse – anders als die meist griechisch-orthodoxen Bauern – im 14. Jahrhundert überwiegend noch heidnisch war, auszurotten.[155]

Die Barbarisierung des Rittertums läßt sich nicht ausschließlich, wahrscheinlich nicht einmal vornehmlich, auf die Soldritter schieben, die neben den Lehnsrittern eine wichtige Komponente im militärischen Bild der Ritterschaft darstellten. Die Soldritter sind nicht erst aus dem ausgehenden Mittelalter bekannt; das belegen bereits Texte des 12. und 13. Jahrhunderts mehrfach.[156] Der breitere Einsatz von Söldnertruppen steht in enger Beziehung zum Aufblühen der mittelalterlichen Städte, zur Ausweitung der Handelsbeziehungen und zur Wiederbelebung der Geldwirtschaft. Der Bedarf an solchen Truppen bestand seit der Zeit, da die kriegerischen Unternehmungen fern der Heimat über längere Zeit sich erstreckten und die Lehnskrieger nicht mehr die erforderliche Zuverlässigkeit aufbrachten. Umfangreichere Kriegsvorhaben beeinträchtigte auch die zeitliche Beschränkung der offiziellen Heerespflicht; zur Zeit Barbarossas betrug sie zum Beispiel nicht mehr als vierzig Tage.[157] Die Kreuzzüge wurden daher in erster Linie mit Ordensrittern und Söldnerscharen durchgeführt.

Die Züge ins Heilige Land trugen wesentlich dazu bei, daß das Abendland sich mit dem Söldnertum vertraut machte, das später ganz an die Stelle des adligen Panzerreitergefolges trat. Die Könige Philipp August von Frankreich und Richard Löwenherz von England führten bereits größere Söldnertruppen in den Orient. Kaiser Heinrich IV. verpflichtete sich, eine Anzahl von Söldnern auf ein Jahr in den Osten zu senden. Kaiser Friedrich II. und Ludwig der Heilige unterstützten bei ihren Kreuzzügen das Vasallenheer mit Söldnerscharen. Die für Geld – wahrscheinlich auch für einen Anteil an der Beute – Kämpfenden scheinen sich im Heiligen Land bewährt zu haben; jedenfalls bekriegten sich Philipp August und Richard Löwenherz nach ihrer Rückkehr aus Palästina vornehmlich mit Söldnern.[158]

Aus den Söldnern rekrutierten sich die gleichen Reiter wie aus den Lehnskriegern, nämlich in erster Linie schwergepanzerte und vereinzelt leichter gepanzerte. Selbst als Bogenschützen sollen Söldner zu Pferd gekämpft haben, zunächst in England und dann auch in Frankreich.[159]

3. Bewaffnung und Ausrüstung

Die blanke Stahlrüstung kennzeichnet das äußere Erscheinungsbild wie die defensive Einstellung des Ritters, dem es in erster Linie darauf ankam, nicht verwundet zu werden. Solche Vorsicht entspricht dem adligen Herrn, der das Erworbene oder Ererbte, vor allem seine privilegierte Existenz, nicht verlieren möchte, und der auch über die finanziellen Möglichkeiten verfügt, sich kostbarer technischer Hilfsmittel zur Sicherung von Leib und Leben zu bedienen. Die Rüstungen zeugen vom handwerklichen Können und von den Möglichkeiten der Stahlverarbeitung im Mittelalter. Einzelne Werkstätten überragten andere in der Perfektion, die sowohl die Gebrauchseigenschaften wie das äußere Bild der Wappnung betraf. Man darf annehmen, daß die einzelnen Ritter mit der Qualität, der Funktionsfähigkeit und dem Aussehen ihrer Panzer auch rivalisierten, daß sie mit ihrer Rüstung Prestige zu erwerben und zu demonstrieren suchten. Die Paraderüstungen, die noch bis in die Neuzeit hergestellt wurden und die in verschiedenen Museen zu studieren sind, belegen diesen Zweck, der möglicherweise eine größere Bedeutung hatte, als heute allgemein angenommen wird. Vielleicht stellten das Pferd und die Rüstung für den Ritter das dar, das vielen derzeitigen Menschen das Auto ausmacht, dessen Position man auch nicht gerecht wird, wenn man es nur nach seinen Leistungen und Fahreigenschaften beurteilt.

Die ästhetischen Gesichtspunkte der Rüstung hängen eng mit magisch-religiösen zusammen. Manche Helme waren in der Form von Tierköpfen, zum Beispiel Löwenköpfen, gestaltet, manche Panzer reich verziert. Wie auf den Waffen unterschiedlicher Gesellschaften im allgemeinen und auf den römischen Rüstungen im besonderen hatten die dargestellten Personen, Tiere, Fabelwesen oder magischen Zeichen den Sinn, den Feind apotropäisch zu ängstigen und die Kraft des Trägers zu mehren. Die ästhetische Beurteilung solcher »Bilder« stellt wohl ein Spätphänomen dar, das sich erst nach dem Abbau der magisch-religiösen Geltungen entfaltete beziehungsweise aus seiner bis dahin untergeordneten Bedeutung hervortrat. Die komplette Rüstung von Pferd und Reiter stand erst am Ende eines Entwicklungsprozesses, der sowohl von den technisch-handwerklichen Möglichkeiten wie von dem Verlangen der finanzkräftigen Ritter

bestimmt wurde, einen sicheren Schutz gegen die stärker werdenden Offensivwaffen der Feinde zu gewinnen. Im 11. Jahrhundert hatte das Gewicht der Rüstung bereits so weit zugenommen, daß der Ritter mit nur einem Pferd und ohne die Hilfe von Knechten nicht mehr kriegstüchtig war.[160] Mit der sinnvoll angeordneten Stahlmasse wuchs die Defensivkraft des Panzerreiters, doch er wurde dadurch schwerfälliger und seine Manövrierfähigkeit nahm weiter ab. Schnelle Richtungs- und Tempowechsel sowie taktische Geplänkel kamen gar nicht mehr in Frage.

Die komplette Rüstung, die über dem Gambeson, dem Untergewand getragen wurde, setzte sich nach Denison aus den folgenden Teilen zusammen:[161]

1. Der Haubart, die Hauberge, das Panzerhemd oder die Brünne
2. Der Brust- und Rückenharnisch, Cuiraß genannt
3. Der Helm oder das Kopfstück, das je nach Größe und Gestalt unterschiedlich benannt wurde
4. Der Ringkragen oder die Halsberge zum Schutz des Halses und des Nackens
5. Die Schulterstücke mit den Achselschildern zur Sicherung der Schultern
6. Die Armschienen mit den Ellbogenschildern oder Kacheln zur Bedeckung der Ober- und Unterarme
7. Die Blechhandschuhe mit voller Faust oder einzelnen Fingern zum Schutz der Hände und Handgelenke
8. Die Schenkelschienen oder Dielinge zum Schutz der Lenden
9. Die Tasseten zum Schutz der Hüften
10. Die Beinstücke, Beinschienen oder Greven zum Schutz der Beine
11. Die Knieschilder oder Kniestücke zum Schutz der Knie
12. Die Eisenschuhe zum Schutz der Füße

Über die Rüstung wurde der Waffenrock getragen, der mit Hilfe seiner Farben den Ritter besonders kennzeichnete und darüber hinaus religiös-symbolische wie ästhetisch-ornamentale Bedeutung hatte. Aus feinem Tuch oder gar aus Seide war der Rock gefertigt: er trug die Farben und das Wappen des Ritters.[162] Der Katalog der einzelnen Rüstungsteile galt zwar als verbindlich, aber er differierte doch von Ort zu Ort, verschob sich im Laufe der Zeit mit fortschrei-

tenden technischen Möglichkeiten und wurde überdies wahrscheinlich auch nur partiell erfüllt.

Die Ausrüstung der Templer setzte sich nach den Ordensregeln aus folgenden Teilen zusammen: Als Waffen trug der Ritter das Schwert, die Lanze, die türkische Keule und das Dolchmesser, zur Wappnung das Panzerhemd, die Eisenhose, den Helm oder die Eisenkappe und den Schulterschutz. Darüber hinaus erhielt der Templer den Waffenrock, zwei Hemden, zwei Beinkleider, zwei Paar Strümpfe, eine Leibbinde und den Ordensmantel. Ein Leibrock, ein rauhhaariger Pelz und ein zweiter, gefütterter Ordensmantel, der allerdings im Sommer abgeliefert werden mußte, gehörten ebenfalls zur vollständigen Ausrüstung des Templers,[163] die von praktischen Gesichtspunkten bestimmt wurde und den von anderen Rittern zum Teil beträchtlich entfalteten Prunk ausdrücklich ausschloß. Die Templersatzungen forderten zum Beispiel von den Rittern, die einen goldenen Harnisch trugen, diesen zu übermalen oder das Gold abzukratzen.[164]

An Stelle des früher gebräuchlicheren Schwertes setzte sich die Lanze als Hauptangriffswaffe der Ritter unter anderem deshalb durch, weil sie von dem in seiner Bewegungsfähigkeit eingeschränkten Panzerreiter effektiver als das Schwert und auch effektiver als der Speer zu führen war. Das Prestige der Lanze als ritterliches Attribut wuchs so stark, daß es den Unfreien verboten wurde, sie zu tragen. Aus dem Holz von Espen, Tannen, Sykomoren oder Eschen fertigte man diese langen Lanzen, die mit einer schweren, stumpfen und breiten eisernen Spitze versehen waren. Kleine Wimpel, Banner oder Flaggen, kurz vor der Spitze an die Lanze geheftet, wiesen Rang und Funktion des Ritters deutlich sichtbar aus. Wo die Hand die Lanze faßte, war ein kleiner Schild oder eine Schutzplatte angebracht. Neben der Lanze gehörten weiter das Schwert und der Dolch zur Ritterbewaffnung.[165]

Die Wappnung des Streitrosses, zunächst mit »Schindeln und Rauten«, ist seit dem 11. Jahrhundert bekannt.[166] Im 13. Jahrhundert kamen leichte, geflochtene Kettenpanzer auf, orientalischen, speziell iranischen Ursprungs. In der Endphase der Entwicklung schützte die Rüstung das gesamte Tier mit Ausnahme der Beine und des Unterleibs. Die Roßstirn, die Halsrüstung, der Brustharnisch und das Hinterteilstück bildeten die hauptsächlichen Bestandteile der Pferderüstung, bei der die zahlreichen Gelenke und Scharniere den Zweck hatten, die Bewegungsfreiheit zu erhalten. Seit dem Ende des 13. Jahrhunderts wurde es

29. Vollständige Prunkausrüstung für Roß und Ritter. Deutsche Arbeit vom Ende des 15. Jhs.

30. Reiterübungen um 1600. Zeitgenössischer Kupferstich

gebräuchlich, über die Rüstung des Pferdes eine Dekke zu breiten; sie wurde schließlich so groß, daß sie dem Pferd bis zu den Hufen reichte. Selbst kostbare Tuche und Seidenzeug waren den Herrn für diesen Zweck nicht zu wertvoll. Oft wurden die Decken mit Wappen bestickt.[167]

Mit der Verstärkung der Rüstung suchten die Ritter der wachsenden Reichweite und Durchschlagkraft der feindlichen Waffen entgegenzutreten. Sie taten dies besonders beim Aufkommen der Schußwaffen zu Ende des Mittelalters. Roß und Reiter wurden vom blanken Stahl völlig umschlossen, zurecht hat man die Rüstung einen »Triumpf der deutschen Schmiedearbeit« genannt.[168] Mit der Verstärkung des Panzers vermehrte sich natürlich die Last, die die Pferde auf dem Marsch wie im Gefecht zu schleppen hatten. Im 12. Jahrhundert trug das Streitroß etwa 340, im 16. Jahrhundert sogar 440 Pfund. Dieses Gewicht kam durch den Reiter, durch die Rüstung von Pferd und Reiter, sowie durch den Sattel und das Zaumzeug zusammen.[169]

Seit dem 15. Jahrhundert umschloß den Ritter im Sattel am vorderen wie am hinteren Rand, also am Vorder- wie am Hinterzwiesel, sowie zum Teil an den Pauschen ein hoher Wulst, der einen festen Sitz verlieh und beim Zusammenprall mit dem Gegner den Sturz verhindern sollte. Der Sattel gewann dadurch den Charakter einer Miniaturfestung.[170]

Die mittelalterlichen Ritter waren also bedeutend schwerer gewappnet als die ihnen entsprechenden Kämpfer der Antike.[171] Verbruggen[172] und nach ihm Sproemberg[173] haben diesen Sachverhalt einseitig interpretiert, indem sie den technischen Vorsprung der mittelalterlichen Rüstung vor der antiken betonten, den mittelalterlichen Ritter dann auch hinsichtlich der reiterlichen Schulung dem antiken vorzogen und daraus auf die generelle Überlegenheit des mittelalterlichen Panzerreiters gegenüber dem antiken schlossen. Sie orientierten ihr Urteil also ausschließlich oder zumindest vornehmlich an der technischen Überlegenheit der Rüstung, ließen angesichts der Widerstandskraft des Panzers die Wendigkeit des Reiters außer Acht und berücksichtigten seine mangelnde Selbständigkeit, das heißt das Angewiesensein auf Helfer, Knechte oder Knappen, zu wenig. Denn wahrscheinlich waren die antiken Panzerreiter, vor allem die iranischen, den mittelalterlichen an Wendigkeit überlegen. Eine solche Wertung bleibt freilich ziemlich unsicher, weil sie sich nur auf die wenigen bekannten

Komponenten stützen kann, die für die Beurteilung einer Waffengattung in verschiedenen Epochen belangvoll sind. Gegen eine einseitig positive Bewertung der mittelalterlich-abendländischen Ritter spricht auch der Umstand, daß sie zwar der Helfer bedurften, aufgrund ihrer Vorstellungen vom autarken Helden anscheinend aber nicht zu einer so effektiven Kooperation gelangten, wie sie zum Beispiel vom Mischkampf der Sueben bekannt ist. Dieser taktische Gesichtspunkt hängt freilich mit der in den verschiedenen Gesellschaften unterschiedlichen Bestimmung des Wesens von Kampf und Krieg zusammen.

Neben den Vorteil des vermehrten Schutzes, den die eindrucksvolle handwerklich-technische Arbeit ermöglichte, trat also der gewichtige Nachteil der mangelnden Wendigkeit, ein Nachteil, den der Ritter nicht in den Griff zu bekommen und zu kompensieren vermochte, und der schließlich zu den Niederlagen der ritterlichen Heere am Ende des Mittelalters wesentlich beitrug. Den spätmittelalterlichen Panzerreitern sagte man bezeichnenderweise nach, die Rüstungen schützten zwar ihre Träger, verhinderten zugleich aber auch, daß diese anderen etwas zu Leide tun könnten.[174]

Die Rüstung war ursprünglich ein Privileg der Ritter gewesen. Doch mit der mehr oder minder weitgehenden Eingliederung der Knechte in die Kampftätigkeit gewannen auch sie den Schutz durch das Eisenkleid. Um die Mitte des 14. Jahrhunderts trugen Ritter und Knechte gleiche Waffen.[175] Die Ritter waren auf ihre Knechte angewiesen, wenn sie mit drei oder zeitweise auch mit vier Pferden durchs Land zogen.[176] Drei Pferde standen dem Ritter persönlich zur Verfügung, nämlich das Reiseroß (Palefroi), das eigentliche Streitroß (Kastellan) und schließlich das Packpferd (Klepper). Auf dem vierten ritt der Diener, der sich offiziell und in der Regel nicht am Kampf beteiligte. Bei einer Reduzierung auf drei Pferde fiel das Packpferd fort, der berittene Diener wurde meist beibehalten.[177]

Die berittenen Knechte haben viel dazu beigetragen, die militärischen Ritterprivilegien zu durchbrechen. Zog der Knecht nämlich beritten mit dem Herrn durchs Land, dann hatte er ausreichend Gelegenheit, reiterliche Fähigkeiten zu erwerben und zu demonstrieren. Die Pferde achteten bei ihrem Gehorsam und der Fügsamkeit gegenüber dem Reiter natürlich nicht auf Standesprivilegien, sondern reagierten allein auf die Fähigkeiten des Reiters, das heißt auf seine mehr oder minder zweckmäßigen Hilfen. Die reittech-

nischen Fertigkeiten ließen sich nicht standesmäßig institutionalisieren und durch eine überindividuelle Tradition leisten; sie waren vom einzelnen zu erbringen und boten dem einzelnen daher auch die Chance, sich unabhängig von Rang und Stand auszuzeichnen.

In der Regel gehörten die Knechte nicht den Kombattanten an; ihre Beteiligung hätte der Ritterlichkeit des Kampfes widersprochen. Man darf jedoch annehmen, daß die Not der Situation den ideologischen Überbau des Ritterethos selbst im hohen Mittelalter zeitweise einstürzen ließ und den Herrn jede Unterstützung recht wurde, auch die ihrer Knechte. Überliefert ist der Befehl Karls von Anjou an seine Ritter vor der Schlacht von Benevent: Sie sollten ihre Fußknechte mit in die Schlacht nehmen, um die vom Pferd gestürzten feindlichen Ritter zu töten.[178] Diese Praktik war durchaus unritterlich und inagonal, aber eben auch von überzeugender Effektivität.

Auch die beträchtlichen Werte, die bei jedem Ritterkampf auf dem Spiel standen, sind in diesem Zusammenhang zu berücksichtigen, und zwar als Faktoren, die die Herren bereit machten, in der kritischen Situation auch die unritterliche Hilfe zu akzeptieren. Bei solchen Überlegungen ging es um die Sicherung des eigenen »Betriebskapitals«; zugleich stand stets die Ausrüstung des Gegners als möglicher Gewinn zur Disposition. Auf die Preise der Rüstung und der Pferde wurde bereits hingewiesen. Ergänzend ist hier nachzutragen, daß zwischen dem Wert des gewöhnlichen Pferdes und dem eines geübten Streitrosses beträchtliche Spannen lagen. Zu Anfang des 10. Jahrhunderts wurde ein Streitroß mit 30 Joch Land und einer Hofstelle bezahlt. In Westfalen kostete einhundert Jahre später ein gutes Pferd 30 Schillinge, wofür man Hunderte Scheffeln Getreide kaufen konnte. Derselbe Preis ist auch für das 12. Jahrhundert überliefert, das heißt für eine Zeit, in der 30 Schillinge 1000 Vierteln Weizen entsprachen. Walther von der Vogelweide gab den Wert eines Pferdes mit drei Mark an; dies war bereits ein stolzer Preis, er verschwindet aber geradezu hinter den 380 Mark Silber, für die Graf Eberhard von Württemberg im Jahre 1312 ein Roß verkaufte und mit denen er damals vier große Dörfer hätte erstehen können.[179] Der Bischof von Soissons soll im Jahre 1155 sogar drei Männer und zwei Frauen für ein außergewöhnlich schönes Pferd gezahlt haben, mit dem der würdige Geistliche besonders feierlich in seine Metropole einzog.[180]

In Mittelfrankreich wurde im 11. Jahrhundert das Reitpferd mit 25 bis 50 Sous gehandelt; ein Ochse kostete 6 bis 10 Sous. Für einen Panzer waren etwa 100 Sous aufzubringen; diese Summe entsprach dem Wert einer Hufe, das heißt eines mittleren Bauernpachthofes. Eine Herrschaft mußte nach Le Goff[181] mindestens 150 Hektar groß sein, um den Bedürfnissen eines Ritters genügen zu können. Dieser unumgängliche Aufwand schränkte den Umfang der feudalen Kriegsheere spürbar ein. Eine mittelgroße Grafschaft mit 200 bis 250 Gemeinden stellte weniger als einen Ritter pro Landgemeinde, nämlich 150 bis 200 Mann.

4. Kriegführung und Taktik

Man bekriegte sich im Mittelalter nahezu unausgesetzt; es kam jedoch nur zu wenigen klassischen Schlachten.[182] Nach Delbrück beruht diese Tatsache darauf, daß die mittelalterlichen Kriegsherren nur selten von ihrer Überlegenheit überzeugt waren und damit eine wichtige Voraussetzung für die Annahme einer Schlacht gefehlt habe. Diese Interpretation Delbrücks reiht sich in dessen generell recht negative Zeichnung der mittelalterlichen Kriegskunst ein und ist daher mit Vorsicht zu behandeln. Wahrscheinlich respektierte Delbrück die im Grunde defensive Einstellung des Ritters zu wenig; er berücksichtigte nicht hinreichend, daß zur klassischen Schlacht meist die geeigneten Gegner fehlten. Die gegen das christliche Abendland drängenden Reitervölker suchten den Erfolg nämlich nicht in der Entscheidungsschlacht, sondern in der Folge kleiner Scharmützel. Darüber hinaus bleibt auch fraglich, inwieweit die meist aus der Ferne vorgestoßenen Feinde überhaupt noch mit einem einigermaßen geschlossenen Heer gegen die abendländische Streitmacht antraten; vielfach bestand ihr Aufgebot wahrscheinlich nur noch aus räuberischen Scharen und Schwärmen. Die Ungewißheit über die wirkliche Schlagkraft der Feinde läßt die Frage nach der kriegerischen Leistungsfähigkeit der abendländischen Panzerreiterei weitgehend offen. Die Ritter hatten sich weder der griechischen Hoplitenphalanx zu erwehren, noch hatten sie gegen die makedonische Reiterei, gegen römische Legionäre, germanische Mischkämpfer, disziplinierte Infanteristen oder in geordneter Formation agierende Kavalleristen anzutreten. Von den Mongolen wurde das

abendländische Ritterheer geschlagen, den Vormarsch der Araber und Ungarn konnte es dagegen aufhalten.

Die Möglichkeiten, die militärische Schlagkraft der abendländischen Panzerreiterei vergleichend zu bewerten, bleiben daher selbst dann eingeschränkt, wenn Schlachtschilderungen zugrundegelegt werden, nach denen die schweren Reiter das Gefecht bestimmten. Verbruggen[183] und nach ihm Sproemberg[184] haben diesen Umstand meines Erachtens zu wenig berücksichtigt. Sproemberg verstand den Sieg Heinrich I. über die Westslawen in der Schlacht bei Lenzen im Jahre 929 als einen Erfolg der »technischen Überlegenheit, aber auch des taktischen Einsatzes« der Panzerreiterwaffe.

Vor dem Erfolg gegen die Slawen hatte Heinrich I. der Förderung der Panzerreiterei besondere Aufmerksamkeit geschenkt. Mit dieser wehrpolitischen Maßnahme antwortete er auf die Vorstöße der Ungarn, die so heftig waren, daß Heinrich sich überfordert sah, die Ungarn mit Waffengewalt zurückzudrängen. Im Jahre 926 schloß er deshalb mit ihnen einen auf neun Jahre befristeten Waffenstillstand, das heißt, er erkaufte sich die Ruhe mit drückenden Tributen, die jährlich zu entrichten waren. Verkraften konnte Heinrich diese Demütigungen angesichts des Plans, Zeit für die Festigung des Staates und die Verbesserung der militärischen Verfassung zu gewinnen. Bei der Verwirklichung dieses Ziels ging Heinrich sogar so weit, daß er verurteilte Verbrecher vor die Alternative stellte, entweder der Vollstreckung der Strafe entgegensehen zu müssen oder sich für den Dienst im königlichen Heer zu verpflichten.[185]

Der Sieg Heinrich I. über die Ungarn bei Riade an der Unstrut im Jahre 933 war ein bedeutender Erfolg seiner Ritterschaft. Denn mit dieser blutigen Schlacht sicherte Heinrich das deutsche Gebiet für die gesamte Dauer seiner Regierungszeit.[186] Vor dem Gefecht soll der König den Rittern zugerufen haben: »Meine Gefährten, haltet Eure Reihen fest, fangt die ersten Pfeile der Heiden mit Euren Schilden auf und verhindert sie an einer zweiten Salve durch den gleichmäßigen und mächtigen Rennlauf Eurer Lanzen!« Diese Worte dokumentieren die Bedeutung, die der Heerführer der Geschlossenheit des Reiterangriffs zumaß, sie deuten aber auch auf das Problem der Nahkämpfer, an die aus der Distanz agierenden Bogner auf Reichweite heranzukommen. Heinrich I. verließ sich wahrscheinlich jedoch nicht ausschließlich auf die schwergepan-

zerten Lanzenreiter. Er soll auch eine Abteilung berittener Armbrustschützen mit ins Feld geführt und in ständigen Auseinandersetzungen mit den unregelmäßig und unentschieden scharmützierenden Ungarn erfolgreich eingesetzt haben. Als bedeutender Feldherr offenbarte Heinrich I. sich, als er es nicht mit dem Sieg auf dem Schlachtfeld bewenden ließ, sondern den Erfolg in der unnachsichtigen Verfolgung voll zu nutzen wußte.[187] Diese Aktion geschah wahrscheinlich nicht durch die schwere Reiterei; nur leichtere Truppen waren dazu wohl in der Lage.

Die Panzerreiter sollen den Ausschlag beim Sieg Ottos I. über die Ungarn auf dem Lechfeld im Jahre 955 gegeben haben.[188] Der umstrittene Sieg resultierte wahrscheinlich vor allem aus der Disziplin der königlichen Truppen.[189] Die Ungarn sollen vor der erschreckenden Masse der deutschen Reiter – sie umfaßte mit den kämpfenden Begleitern zu Fuß und zu Pferd 7000 bis 8000 Mann – geflüchtet sein. Die Schlacht entwickelte sich erst beim Rückzug der Ungarn, denen von den deutschen Reitern der Weg abgeschnitten wurde.[190] Der Sieg hatte kampftechnische Folgen, denn seit der Ungarnschlacht auf dem Lechfeld wurde das Reiterheer[191] für Jahrhunderte zur einzigen Form des militärischen Aufgebots. Damit verstärkte sich auch die dominierende Stellung der Grundherren, die als einzige zu solchem Kriegsdienst befähigt waren. Mit dem Engagement unfreier Ritter änderte sich diese Situation später freilich.

In Reitergefechten wurden auch die Schlachten Heinrichs IV. bei der Auseinandersetzung mit den Sachsen sowie mit dem Gegenkönig Rudolf von Rheinfelden entschieden.[192] In Westeuropa, in den Kreuzfahrerstaaten wie in Unteritalien waren die mittelalterlichen Heere jedoch bedeutend kleiner als die deutschen Reichsaufgebote in der Sachsen- und Salierzeit. Die Zahl der Panzerreiter schwankte meist zwischen 500 und 1000 Mann.[193] Die 2100 Panzerreiter, die Otto II. im Jahre 981 für seinen Feldzug gegen Süditalien aufbrachte, stellten eine für jene Zeit riesige Armee dar. Nach einer Reihe von Erfolgen wurde das Aufgebot im Sommer 982 bei Capo Colonne unweit von Crotone durch das Heer des Emirs Abulkasem entscheidend geschlagen. Otto II. hatte sich schon für den Sieger gehalten, als die starke Reserve der arabischen Soldaten die deutschen Reiter überfiel und ermordete. Diese Niederlage, die größte der Deutschen im 10. Jahrhundert, machte ihre Pläne einer Hegemonie über Süditalien für zweihundert Jahre zunichte.[194]

An der nach Romano[195] vielleicht bedeutendsten Schlachten des Mittelalters, der von Bouvines im Jahre 1214, nahmen insgesamt etwa 13 000 Mann teil. Dabei fochten auf französischer Seite 1200 Panzerreiter und etwa 5000 Fußsoldaten, auf Seiten Ottos IV., der Engländer und ihrer Verbündeten 1300 Panzerreiter und etwa 7000 Fußkämpfer.[196] Die Qualität der kleineren westeuropäischen Heere lag, wie Sproemberg[197] feststellte, über der der Reichsaufgebote – und zwar in Übereinstimmung mit der generell maßgebenden Rolle Frankreichs für das Rittertum.

Von Westen her kamen mit der weiteren Entwicklung des Feudalismus auch die Befestigungen mit Mauern um Burgen und Städte auf. Sie stellten eine strategisch wichtige Neuerung dar, die die Panzerreiterei vor praktisch unlösbare Aufgaben stellte. Mit der Ausbildung des Belagerungswesens wandelte sich der Bewegungskrieg, bei dem das Heer mit allen verfügbaren Truppen über weite Strecken zum Kampfplatz geführt wurde, um dort unter dem Einsatz aller Kräfte die Entscheidung herbeizuführen, in einen Stellungskrieg, der – anders als die klassische Schlacht – die allmähliche Zermürbung des Gegners inklusive der Vernichtung seiner Hilfsquellen suchte.[198]

Die mittelalterliche Schlacht ging in der Regel wahrscheinlich derart vor sich, daß die Gegner in geschlossenen Haufen aufeinander anritten und meist schon der erste Zusammenstoß über Sieger und Besiegte entschied. Prallte der Angriff der einen Seite an der Widerstandskraft der anderen ab, so formierten die Ritter sich meist wohl nicht zur erneuten Attacke, die Schlacht löste sich vielmehr in eine Summe von Einzelkämpfen auf. Es ist zu vermuten, daß die mittelalterlichen Heere die für einen geordneten Rückzug und für eine erneute Attacke erforderliche Disziplinierung nicht kannten. Darüber hinaus war es den Panzerreitern, vor allem denen des späten Mittelalters, nicht möglich, den zurückgeworfenen Gegner zu verfolgen; die schwere Rüstung ließ schnelle Bewegungen nicht zu. Standen für diese Aufgaben keine leichten Hilfstruppen zur Verfügung, dann konnten die Panzerreiter ihre Anfangserfolge nur begrenzt nutzen; insbesondere waren sie nicht in der Lage, einen flüchtenden Gegner zu vernichten.[199]

Die Aussagen über die Taktik des abendländischen Panzerreiters sind widersprüchlich, in den Quellen wie bei den verschiedenen Historikern. Die einen sehen im mittelalterlichen Krieger ausschließlich den Einzelkämpfer, die anderen verstehen ihn als Glied eines geschlossenen Verbandes. Die Gegenüberstellung der verschiedenen Positionen führte zu der hier vertretenen Ansicht, nach der Panzerreiter sich zwar taktischen Formierungen unterordnete, die in der ersten Phase des Kampfes die militärische Effektivität des Aufgebots bedeutend erhöhten, daß er aber aufgrund seiner Ausrüstung wie aufgrund seiner Einstellung in erster Linie ein Einzelkämpfer war, der sich im agonalen Zweikampf mit dem Gegner auszuzeichnen suchte. Bei der Durchsicht der Quellen gewinnt man vielfach den Eindruck, die als Plan oder Vorschrift des Führers, als Marschordnung oder beim ersten Antritt gegen den Feind zu Beginn der Schlacht festgestellte Ordnung sei nicht hinreichend dahingehend untersucht worden, inwieweit sie im Verlauf der Auseinandersetzung erhalten blieb beziehungsweise inwieweit sie nur ein Vorstadium des eigentlichen Zweikampfes bildete und als solches vielfach auch aufgefaßt wurde. Nach dem altenglischen Epos, das die Schlacht bei Maldon im Jahre 991 schildert, saßen die Herren auf dem Schlachtfeld ab; sie ließen die Pferde beiseite führen und der Kampf löste sich bald in Einzelgefechte auf, wobei der Heerführer, von seinem Gefolge umringt, »mitten im Getümmel« focht.[200] An anderer Stelle charakterisierte Borst[201] den ritterlichen Krieg als »ein geregeltes Spiel der Elite, Nahkampf und Zweikampf, ohne Hinterhalt und ohne Massenheere«.

Das mittelalterliche Heer wurde bereits von Denison[202] als eine Summe von Einzelkämpfern ohne Organisierung und Differenzierung in taktische Körper dargestellt. Delbrück[203] bekräftigte diese Ansicht und wies[204] auf die vornehmlich, nicht ausschließlich individuelle kriegerische Übung beim ritterlichen Turnier hin. Delbrück[205] sprach schließlich von den »natürlichen Trieben des Rittertums«; sie zielten schlechthin auf die Persönlichkeit, auf persönliche Ehre, persönlichen Reichtum und persönliche Tapferkeit, Eigenschaften und Haltungen, die der Ordnung und Gleichmäßigkeit widersprächen, die nun einmal in einem taktischen Körper vom einzelnen zu fordern seien. Nach Borst[206] ließ die ritterlich-agonale Auffassung die Kriege zwischen den abendländischen Staaten zu Turnieren werden, »zu Einzelgefechten von Rittern nach internationalen Regeln, ohne Taktik und Täuschung«.

Die totale Identifizierung mit dem Heer und seinem Erfolg reichte dem Ritter nicht aus; sie hätte die Ein- und Unterordnung seiner Persönlichkeit, hätte die

Aufgabe seines Ideals und seiner selbst bedeutet. Dem Ritter ging es um den persönlichen Anteil am Erfolg, nicht durch taktische Manipulation, sondern durch den handfesten Einsatz mit der Waffe gegen den Gegner errungen. Die taktische Manipulation stellte aus der idealtypischen ritterlichen Sicht grundsätzlich einen inagonalen Weg dar, weil sie systematisch die direkte, das gesamte Heerespotential unverhüllt einschließende Begegnung mit dem Feind meidet.

Den Ritter in erster Linie als Einzelkämpfer zu verstehen, bedeutet nicht, ihm jede Orientierung an der Gruppe, jeden Zusammenhang mit dem Heeresverband und jede Führbarkeit abzusprechen. Gegen die ausschließliche und total einseitige Interpretation wandte sich bereits Delbrück;[207] besonders nachdrücklich warnte Frauenholz[208] davor, dem Ritterheer generell einen Trend zum Einzelkampf nachzusagen: das Ziel, mit der geschlossenen Formation einen unwiderstehlichen Choc gegen das Fußvolk zu führen, spreche gegen diese Annahme. Aus der Sicht von Frauenholz stellte der Ritter eine »militärische Entartungserscheinung« dar, wenn er sich als ausgesprochener Einzelkämpfer gerierte. Nach Le Goff[209] zielte die Stoß- und Verteidigungskraft des Ritters auf den Kampf in kleinen Gruppen und Einheiten. Das gemeinsame Kämpfen habe die Neigung des Adels bestärkt, sich eng in großen Familiengruppen um einen Anführer zu scharen.

Gegen die Identifizierung des einzelnen Ritters mit dem Gesamt des Heeres spricht neben den bisher genannten Argumenten die Bewertung der Reserven. Die Taktik, einzelne Truppenteile zurückzuhalten und erst im Verlaufe des Kampfes je nach Erfordernis einzusetzen, war im Mittelater durchaus bekannt. Die Kriegsherren versuchten auch, sich ihrer zu bedienen, stießen dabei aber auf den Widerstand der Ritter, die ein Platz in der Reserve nicht zufriedenstellte. Sie wollten mit der Waffe und nicht mit einem taktischen Manöver am Kampf partizipieren, und zwar unabhängig davon, daß sie in der Reserve unter Umständen beträchtlich mehr zum Gesamterfolg beitragen konnten als mit einem noch so tapfer absolvierten Zweikampf. Von der Schlacht von Dürnkrutt wird zum Beispiel berichtet, nur mit erheblicher Mühe habe König Rudolf eine Schar von 50 bis 60 Rittern unter Ulrich von Kapellen und Konrad von Sumerau dazu bewegen können, zunächst als Reserve zurückzubleiben. Die beiden Führer hielten es für nötig, bei allen Herren herumzureiten und sich für ihren Einsatz zu

rechtfertigen. Graf Heinrich von Pfannberg hatte den Auftrag, die Reserve zu führen, nicht angenommen, da er der Rittersitte widerspreche. Die Heerführer waren sich allerdings der Vorteile einer Reserve bewußt; mehrfach bedienten sie sich ihrer – trotz der Widerstände – mit Erfolg,[210] unter anderem bei Tagliacozzo im Jahre 1268.[211]

Das Bild des Ritters als eines vorwiegenden Einzelkämpfers ändert sich in gewissen Grenzen mit den Ordensrittern und ihren Regeln. Bei dieser Verschiebung ist zu berücksichtigen, daß die Ritter des 11. Jahrhunderts sich in der Offensive befinden, während die des 10. Jahrhunderts sich der eingedrungenen Feinde zu erwehren hatten.[212] Nach der Templerregel sollten die Ritter, hatten sie sich in Scharen aufgestellt, die Knappen mit den Lanzen vor sich und die Knappen mit den Pferden hinter sich haben. Diese Anordnung scheint auf eine eingliedrige Formation hinauszulaufen.[213] Dem Templer war es streng verboten, sich vor dem geschlossenen Angriff in Einzelkämpfe einzulassen. Allein wenn es sich darum handelte, einen Christen aus Todesgefahr zu befreien, durfte der Templer die Reihen verlassen, um den Bedrängten zu helfen, mußte dann aber sogleich wieder zurückkehren. Auch die Regel des Deutschen Ordens verbot den eigenmächtigen Angriff.[214] Offenbar wußte man bei den Ordensrittern um die militärische Effektivität des geschlossenen Angriffs. Die geordnete Angriffsfront setzte die Unterordnung des einzelnen Ritters unter den militärischen Oberbefehl voraus. Dem räuberischen Haudegen lief diese Bedingung zuwider, der Ordensritter konnte sie aufgrund seines Gelübdes zum Gehorsam theoretisch wie praktisch wahrscheinlich sehr viel leichter erfüllen.

Wenn ein Bannerträger sich in einen eigenmächtigen Angriff verwickelte, sah die Ordensregel eine Verschärfung der Strafen vor. Nach den ursprünglichen Bestimmungen wurde er sogar aus dem Orden ausgestoßen. Später milderte man die Strafe ab und überließ sie weitgehend den Brüdern. War Schaden aus dem vorzeitigen Angriff entstanden, dann mußte der Schuldige auch nach den reduzierten Strafbestimmungen noch aus dem Orden ausgeschlossen werden. Die hohen Strafen berücksichtigten die zentrale Bedeutung des Bannerträgers für die gesamte Schar; war das Banner doch – wie der römische Manipel – das Feldzeichen des Heeres oder einer Abteilung, damit auch die sichtbare Hilfe für die Orientierung der Gefolgsleute an ihrem Führer. Mit Hilfe des Banners

wirkte der Führer während des Gefechts auf die Kombattanten ein. Mit dem Verschwinden des Banners wurden die der Gemeinschaft verpflichteten Ritter führerlos; sie mußten annehmen, das Gefecht stehe schlecht.[215] Möglicherweise war es für sie auch ein Zeichen dafür, sich an Stelle der Einordnung in die Heeresgemeinschaft dem Einzelkampf hingeben zu können.

Die Ordenregel, die den Einzelkampf streng verbot, stellte eine Forderung dar, nicht die Beschreibung der Wirklichkeit. Die Strenge und Unerbittlichkeit, mit der man den Einzelkampf untersagte, deutet wahrscheinlich darauf hin, daß die herrschenden Zustände nur mit Hilfe solcher Rigorosität zu ändern waren. Zu berücksichtigen ist hier freilich, daß allein der Einzelkampf vor dem geschlossenen Angriff in der Templerregel inkriminiert wurde, nicht aber der Einzelkampf generell, daß heißt insbesondere nicht der Einzelkampf nach dem in geschlossener Reihe geführten Choc. Nach dem ersten Zusammentreffen mit dem Feind scheint der Einzelkampf also erlaubt gewesen zu sein. Wenn nun der Einzelkampf nach dem geschlossenen Anreiten selbst den Ordensrittern zugestanden wurde, wenn weiter strenge Regeln mit rigorosen Strafen den Einzelkampf vor dem geschlossenen Angriff unterbinden mußten, dann liegt die Annahme nahe, daß bei den weltlichen Rittern nicht einmal das geschlossene Anreiten gegen den Feind üblich war, geschweige denn das Aufrechterhalten einer taktischen Einheit während des Kampfes. Dieser Ansicht scheint auch Delbrück[216] – trotz der erwähnten Einschränkung – gefolgt zu sein. Eindeutig läßt sich der Sachverhalt vor allem deshalb nicht klären, weil in der Realität mit fließenden Übergängen vom gemeinsamen Anritt zum Einzelkampf, und nicht mit eindeutigen Grenzlinien zu rechnen ist, weil weiter gesicherte differenzierte Kampfbeschreibungen nicht vorliegen. Selbst wenn man annimmt, der Einzelkampf habe sich aus dem gemeinsamen Anreiten gegen den Feind entwickelt, so bleibt doch fraglich, in welchem Stadium des geschlossenen Angriffs die Ritter durch Ausscheren oder Vorausreiten zum individuellen Gefecht übergingen, erst nach dem Zusammenstoß mit dem Feind, das heißt nach dem Ausnutzen des militärischen Effekts der geschlossenen Panzerreiterformation, oder schon nach dem gemeinsamen Start im Anblick des Gegners.

Geht man von den Regeln der Ordensritter oder den Marschordnungen aus, dann muß man vom mittelalterlichen Heer annehmen, es habe in klaren taktischen Formierungen gefochten. Der ausschlaggebende Mangel dieser Interpretation liegt in der meist undiskutierten Identifizierung der Normen mit der Realität. Es ist zum Beispiel auch nicht erwiesen, inwieweit der Aufruf König Heinrichs I. an die Sachsen im Jahre 933, die Reihen geschlossen zu halten und sich gemeinsam auf den Feind zu stürzen, als Ausdruck der taktischen Geschlossenheit des mittelalterlichen Heeres verstanden werden kann.[217] Gerade die kurz vor der Schlacht ausgesprochene Mahnung läßt sich als Hinweis auf die individualisierenden Tendenzen der Ritter interpretieren, gegen die der einheitliche Angriff sich nur mit Mühe durchsetzen ließ. Im gleichen Sinne sind ähnliche Ratschläge des Königs Eduard III. im Jahre 1327 zu deuten.[218]

Verbruggen[219] vertrat die Ansicht, die Ritter seien in dicht geschlossenen Scharen in die Schlacht gezogen, weil der einzelne in der Gruppe seine Angst habe abbauen und Sicherheit habe finden können. Die durchaus menschliche Befindlichkeit der Angst und der Sorge um die eigene Sicherheit braucht man zwar auch beim Ritter nicht völlig außer acht zu lassen, ihr aber eine so handlungsbestimmende Bedeutung einzuräumen, wie Verbruggen es tat, impliziert, auf das heldische Selbstgefühl und Selbstverständnis des Ritters zu verzichten. Das Selbstverständnis des Ritters schließt die Sorge um die eigene Sicherheit nicht aus, aber es verlangt ihre Überformung durch Ideale und Ziele. Die sichernde Rüstung, die auch psychisch belangvoll ist, stellt in diesem Zusammenhang einen weiteren bemerkenswerten Faktor dar. Der Kampf war für den Ritter nicht in erster Linie unumgängliches Mittel zur Abwehr eines Gegners; in ihm fand er die gesuchte Gelegenheit, in agonaler Auseinandersetzung sein Können zu demonstrieren. Für einen Soldaten im modernen Vernichtungskrieg – möglicherweise hatte Verbruggen dessen Bild irrtümlicherweise vor Augen – ist das ritterlich-agonale Dasein aufgrund der veränderten äußeren und inneren Situation kaum mehr nachvollziehbar; selbst im patriotischen Freiheitskampf oder im religiösen Krieg sind die psychischen Gegebenheiten heute verschoben.

Generell wertete Verbruggen[220] die Taktik der mittelalterlichen Ritter meines Erachtens ohne zureichende Tatsachenbelege und ohne schlüssige theoretische Argumente in illegitimem Maße auf. Er kennzeichnete die Unterschiede in taktischer Hinsicht zwischen ihnen und der Reiterei des 17., 18. und 19. Jahrhunderts

sogar als »niet pricipieel«. Cram[221] bekräftigte demgegenüber die kriegsgeschichtliche Sonderstellung des Mittelalters. Er wies dabei auch auf die Aussagen Verbruggens hin und stellte von ihnen fest, sie bezögen sich nicht auf die Taktik in der Schlacht sondern auf den Marsch, die Marschsicherung, den Aufmarsch und die Annäherung.

Im 12. Jahrhundert traten bewaffnete und berittene Knechte im Gefolge des Ritters auf.[222] Seit dem Anfang des 13. Jahrhunderts wurde die Formation der Lanze oder Gleve bekannt. In ihr ist eine Art von taktischer Einheit zu sehen, und zwar in dem Sinne, daß Helfer in ihren Operationen auf den Ritter zentriert waren. Die als Verbindung des Ritters mit mehreren Kampfbegleitern zu verstehende Lanze oder Gleve[223] widersprach dem Bild des ritterlichen Einzelkämpfers hinsichtlich der Anzahl der Kombattanten und damit auch hinsichtlich der Autarkie des ritterlichen Helden, doch in der Tendenz, das exzeptionelle Individuum in den Mittelpunkt zu stellen und gerade nicht in einem anonymen Verband untergehen zu lassen, stimmte sie jedoch mit ihm überein.

Die Anzahl der Mitglieder der Gleve schwankte ebenso wie die Art ihrer Beteiligung am Kampf. Nach Denison[224] scheint der kleine Verband zunächst aus dem Ritter, seinem Knappen, seinem Pagen, seinem Diener und drei Bogenschützen, also aus insgesamt sieben Personen bestanden zu haben. Die Knechte und Pagen galten in der Regel nicht als Kämpfer. Die Schützen waren zwar beritten, saßen aber zu Beginn der Gefechtshandlung ab; sie übernahmen Hilfsfunktionen für den schwergerüsteten Nahkämpfer.[225] Bei den Informationen über die Gleve läßt sich vielfach nicht entscheiden, ob sie sich auf das Verhalten im Gefecht, beim Marsch oder bei der Vorbereitung der Schlacht beziehen. Der Interpretation sind damit auch hier deutliche Grenzen gezogen.

Wie verschiedene Quellen informieren, rannten die Ritter beim ersten Angriff in einer einzigen Linie gegeneinander an.[226] In anderen Berichten ist freilich von »Schlachthaufen« die Rede, auch von Schlachthaufen, die in keilförmiger Aufstellung angriffen und sich zur Verteidigung in einer runden Form postierten.[227] Diese Angriffsformation weist auf den altgermanischen Keil hin. Die Ähnlichkeit im äußeren Erscheinungsbild gestattet allerdings nicht, die direkte Übertragung der altgermanischen Form auf die ritterliche Taktik anzunehmen. Neben der ritterlichen Tendenz zum Einzelkampf sprechen auch die begrenzten reittechnischen Möglichkeiten für die Auflösung der Formation nach dem ersten Angriff. Häufig hatte dieses erste Zusammentreffen allerdings schon über den weiteren Verlauf und den Ausgang des Gefechts entschieden. Zur besonderen Ehre soll es dem Ritter gereicht haben, wenn es ihm gelang, in zähem Kampf die feindliche Schlachtreihe zu durchbrechen, wenn er daraufhin umkehrte und abermals durch die Ordnung des Gegners stieß.[228]

Das Problem der treffenweisen Ordnung bildet einen weiteren ungeklärten Komplex in der Taktik des ritterlichen Kampfes. Köhlers Feststellung, die Schlachtordnung in drei Treffen wie auch die Flankendeckung seien von den Byzantinern übernommen worden[229] und seit dem 11. Jahrhundert in Deutschland üblich gewesen,[230] trifft nur bedingt und partiell zu. Die erörterten Schwierigkeiten, die es mit dem Einsatz einer Reserve gab, deuten die Hindernisse an, auf die der Versuch einer generellen treffenweisen Verwendung des Ritterheeres gestoßen sein muß beziehungsweise gestoßen wäre. Welcher Ritter wollte darauf verzichten, im ersten Treffen zu fechten? Die organisierte Treffentaktik ist nicht zu verwechseln mit der Tatsache, daß einzelne Rittergruppen, speziell Bannergruppen, aus dem Gros ausscherten, sich in Grenzen selbständig machten und nach- oder nebeneinander gegen den Feind ritten; die Uneinheitlichkeit aufgrund mangelnder Disziplin führte zu verschiedenen, zeitlich gegeneinander verschobenen Zusammentreffen mit dem Feind.

Mit dem Problem der Formation beim Angriff hängt auch die Frage nach dem Tempo des Anreitens zusammen. Der mit der modernen Kavallerieattacke in der Regel assoziierte gestreckte Galopp kommt bei der notwendigerweise ungeschmeidigen Reiterei der Schwergepanzerten, bei der Last der Rüstung und den schweren Ritterpferden kaum in Frage. Darüber hinaus wird die Kraft der Pferde aufgrund der vornehmlichen Grünfütterung – trotz der Haferbeigaben – beschränkt gewesen sein.[231] Von den Tempelrittern ist in diesem Zusammenhang bekannt, daß ihnen nur mit besonderer Erlaubnis gestattet war, Galopp zu reiten; man wollte mit dieser Maßnahme die Überanstrengung der Pferde vermeiden.[232]

Das Attackentempo wird im allgemeinen gering geblieben sein; möglicherweise erhöhte es sich erst kurz vor dem Zusammentreffen mit dem Feind, jedoch auch dann nicht bis zum gestreckten Galopp. Selbst die bedeutend leichter gewappneten Kürassiere ga-

loppierten in der ersten Hälfte des 19. Jahrhunderts nur unter besonderen Vorsichtsmaßnahmen.[233] Wenn man den bei der reiterlichen Verwendung des Pferdes im Mittelalter unüblichen Trab ausschließt – in diesem Sinne läßt sich argumentieren, wiewohl man nicht übersehen kann, daß in Ausnahmesituationen über kurze Strecken auch getrabt, zumindest ein Zockeltrab angeschlagen wurde – kann man als Angriffstempo einen schwerfälligen Galopp annehmen.[234] Man kann jedoch auch vermuten, daß es beim Schritt, das heißt bei der Sicherheit des Schritts blieb, zumal sich in dieser Gangart die Formation leicht erhalten ließ. Auch das unzureichende Training in den schnelleren Gangarten spricht für den Schritt. Denn ohne ein intensives Galopptraining ist es reiterlich nicht möglich, in diesem Tempo eine geschlossene Linie beim Anreiten gegen den Feind beizubehalten.

Plädiert man deutlicher noch, als es hier geschieht, für den Einzel- beziehungsweise den Zweikampf als die genuine Form ritterlicher Auseinandersetzung, dann verliert die Frage nach dem Tempo des Anreitens weitgehend an Bedeutung. Das agonale Gefecht war ein Nahkampf und begann auch erst mit dem Nahkampf, dessen Vorbereitung im Zuge der internationalen Stilisierung ritterlichen Kämpfens sogar abgesprochen und damit aus dem eigentlichen Kampf ausgeklammert wurde. Die rechtlich-moralische Verbissenheit des frühmittelalterlichen Kampfes, der den Gegner demonstrativ als Frevler überführen und schmähen sollte, wich im Hochmittelalter dem agonalen Anliegen. Der Ritter sah im Zweikampf jetzt weniger das moralische Urteil und mehr den Wettkampf unter Gleichen. Das Rittertum setzte die Agonalisierung des Krieges zeitweise so weit durch, daß man Vereinbarungen zwischen zwei zur Schlacht entschlossenen Ritterheeren nicht mehr als ungewöhnlich empfand. Zugunsten des eigentlichen Kampfes ersparte man sich die organisatorischen Präliminarien inklusive der Schwierigkeiten und Mühen des Feldlebens, des Marsches sowie der strategischen und taktischen Operationen. Die Abneigung gegen die vorbereitenden Manöver entsprang demnach nicht – zumindest nicht nur – der allgemeinmenschlichen Bequemlichkeit; sie war im Ritterethos ideologisch fundiert.

5. Fußtruppen und leichte Reiterei

Der frühmittelalterliche Ritter war Universalkrieger, er kämpfte gelegentlich vom Pferderücken, hauptsächlich aber als Fußsoldat. In kritischer Situation vom Pferd zu springen und sich als Fußkämpfer zu bewähren, war ihm allerdings nur so lange möglich, wie das Gewicht der Rüstung und die Einschränkung der Bewegungsfreiheit durch sie sich in Grenzen hielten. Später gelang es dem komplett gewappneten Ritter nur schwer, ohne Hilfe heil aus dem Sattel zu steigen; in der Rüstung konnte er sich zu Fuß dann auch nicht frei bewegen, er war daher auch nur bedingt angriffs- und verteidigungsfähig. Schon aus technischen Gründen gewann der Panzerreiter derart im Verlauf des Mittelalters Abstand zum Fußkampf. Gravierender als der technische Gesichtspunkt war freilich das Prestigegefälle, das zwischen dem Ritter und dem Fußkämpfer lag und das mit der wachsenden Spezialisierung des Reiterkriegers steiler wurde. Von den fränkischen Rittern wird bereits aus dem neunten Jahrhundert berichtet, sie hätten nicht mehr zu Fuß kämpfen können oder wollen.[235] Die Konzentration auf den Kampf zu Pferd war im Frühmittelalter allerdings eine Ausnahmeerscheinung. Die Auseinandersetzung der Fußkämpfer war zumindest im 10. Jahrhundert noch üblich.[236]

Die Auszeichnung des Ritters durch das Pferd und die Rüstung hat Borst betont: »Ob das Pferd nur zur Fortbewegung oder als Streitroß verwendet wird, es gibt dem Reiter beim Marsch und beim Kampf Überlegenheit über den Mann zu Fuß. Dasselbe gilt für Waffen aus Eisen, die schwerer treffen und besser schützen als Kriegsgerät aus Holz und Leder. Die Eisenwaffen entfalten größte Wirkung zusammen mit dem Pferd, das dem Krieger Last abnimmt und Kraft zugibt.«[237] Die standesmäßige Institutionalisierung der Ritterschaft bestand unter anderem darin, sich als Elite immer deutlicher von der Masse des Fußvolks abzusetzen.[238] Möglicherweise blieb das Verhältnis zwischen den beiden Parteien deshalb gespannt, weil der Ritter dem Fußkämpfer nicht in allen Situationen überlegen war; ein geschickter Fußkämpfer konnte dem noch so gut gerüsteten Panzerreiter unter bestimmten Umständen beträchtlich schaden, z. B. dann, wenn es ihm gelang, dem Angriff des Reiters auszuweichen, um sich ihm und dem Pferd anschließend von der Seite her zu nähern. Die Ritter erlebten demnach einmal ihre

31. *Gustav Adolf von Schweden und seine Generäle in der Schlacht bei Breitenfeld 1631*

32. *Soldat überreitet zwei Bauern (im Dreißigjährigen Krieg). Radierung von Hans Ulrich Franck*

soziale und militärische Überlegenheit, zugleich waren sie sich ihrer Verwundbarkeit durch die Leute aus dem einfachen Volk durchaus bewußt. Die Verachtung der Fußkämpfer durch die Ritter soll so weit gegangen sein, daß Kaiser Friedrich II. das Fußvolk der Städte vor der Schlacht von Cortenuova im Jahre 1237 nach Hause schickte, weil die Ritterschaft nicht zusammen mit dem Fußvolk kämpfen wollte. Bei der Haltung der Ritterschaft spielte wahrscheinlich auch Eifersucht gegenüber den Erfolgen des Fußvolks mit.[239] In den hochmittelalterlichen Auseinandersetzungen kamen dem Fußvolk fast ausschließlich Hilfsfunktionen zu. Erst im späteren Mittelalter traten nicht-ritterliche Fußkrieger offensiv gegen eine Panzerreitertruppe an. Am Ende des Mittelalters lösten disziplinierte Fußsoldaten die Panzerreiter in ihrer militärisch dominierenden Position ab.

Wie sehr der Ritter den Fußkämpfer auch verachtete, zeitweise bediente er sich doch seiner Hilfe. Ansatzweise scheint es sogar so etwas wie den von den Sueben bekannten und von den Römern übernommenen Mischkampf zwischen Reitern und Fußsoldaten gegeben zu haben, zum Beispiel in der Kreuzzugsschlacht bei Mery-Sefer im Jahre 1126.[240] In der Schlacht von Benevent im Jahre 1266 soll König Karl von Anjous seinen Rittern geraten haben, sich jeweils von einem oder zwei Fußknechten begleiten zu lassen. Wenn ihnen keine anderen Helfer zur Verfügung stünden, sollten sie sich der Söldner bedienen, die sich als kriegserfahrene Leute gut darauf verstünden, gestürzte Reiter abzustechen. Der König hatte seinen Leuten auch empfohlen, die Waffen mehr auf die Pferde als auf die Männer zu richten. Nach dem Sturz der Tiere hätten die Fußkämpfer nämlich mit den Rittern, die sich in ihren schweren Rüstungen kaum bewegen könnten, ein leichtes Spiel.[241] Mit dem agonalen Ritterideal haben solche Techniken nichts zu tun. Sie entspringen nüchterner Pragmatik und belegen erneut die Vielschichtigkeit der Ritterschaft wie ihrer Motive.

Ohne Pferd und ohne Rüstung waren die Bauern wahrscheinlich häufiger, als vielfach angenommen wird, bei den mittelalterlichen Schlachten dabei; sie standen jedoch nicht wie die Panzerreiter im Mittelpunkt des Geschehens.[242] Wenn die Ritter absaßen, erlebten die Bauern die Grenzen der militärischen Kraft der Herren möglicherweise besonders deutlich. Von solchen Situationen konnte die Annäherung zwischen den beiden Positionen ausgehen, die Differen-

zen konnten aber auch gerade deshalb verschärft und theoretisch überhöht werden, weil sie bei nüchterner Beurteilung der militärischen Leistungsfähigkeit zumindest zeitweise nicht offenbar waren.

Im Rahmen der Gleve oder Lanze wuchsen die Fußkämpfer zu wichtigen Helfern des Ritters heran. Die Quellen berichten allerdings nicht von einer ausgesprochenen Taktik der verbundenen Waffen mit klarer Trennung der Aufgaben der einzelnen Glieder des Gesamts. Die Rangdifferenz zwischen dem Ritter und seinen Sekundanten blieb wahrscheinlich ebenfalls erhalten. Die Fußkämpfer fanden sich unter diesen Umständen auch nicht zu einem geschlossenen und disziplinierten Körper zusammen, wie ihn die Phalanx oder die Legion darstellte. Am Ruhm des Erfolgs partizipierten sie wahrscheinlich in einem geringeren Maße als an den militärischen Leistungen, die in den Quellen nicht hinreichend dargestellt werden und die vielleicht doch beträchtlich größer waren, als in der Regel angenommen wird.[243]

Das im Laufe des 12. Jahrhunderts wiederauflebende französische Fußvolk stellten in erster Linie die Städte. In welchem Maße das Aufgebot der Fußsoldaten sich im Rahmen der scharf ausgeprägten Feudalität entwickelte, resultiert unter andem daraus, daß ihm das Schwert als ritterliche Waffe vorenthalten wurde.[244] Insgesamt hatte das Fußvolk in Bereichen gering ausgeprägter Feudalität und reduzierter Bedeutung des Rittertums besser überdauert als in Ländern mit starker Feudalisierung, in Italien und England besser als in Frankreich und Deutschland.[245] Die Fußtruppen blieben freilich auch in England und Italien zunächst Hilfsmannschaften der Ritter.[246] Das quantitative Verhältnis der Fußkrieger zu den Rittern läßt sich im allgemeinen schwer ermitteln. Einen exemplarischen Hinweis liefert die Angabe, nach der im Jahre 1201 mit dem Dogen von Venedig für den Transport der Kreuzfahrer ein Vertrag abgeschlossen wurde, bei dem die Bevollmächtigten der von christlichen Idealen, religiösen Versprechungen und weltlichen Absichten motivierten Grafen eine Heeresstärke von 4500 Rittern, 9000 Knappen und 20 000 Fußsoldaten zugrunde legten. Daß das Aufgebot sich nicht in der veranschlagten Größe zum vierten Kreuzzug einfand, ändert den informativen Charakter der Zahlen im vorliegenden Zusammenhang nicht.[247]

Die Situation der ritterlichen Hilfstruppen hing mit dem grundsätzlichen Fortbestand des allgemeinen Volksaufgebots zusammen. Das Aufgebot erging in

der Regel allerdings nur noch zur Mobilisierung der Landwehr, das heißt zur Verteidigung gegen einen eingedrungenen Feind.[248] De jure hatte sich die allgemeine Wehrpflicht trotz der Dominanz des Reiterkriegers erhalten.[249] An Stelle der Kriegsdienste trieb man jedoch Steuern oder andere Ersatzleistungen ein.[250] Der Ersatz wurde mit der Zeit zur Regel, das Volksaufgebot hatte man nicht mehr im Sinn. Diese Entwicklung macht verständlich, daß es der gesamten Bauernschaft seit etwa dem 12. Jahrhundert verboten war, die rittermäßigen Kriegswaffen zu führen. In der germanischen Frühzeit und auch noch zur Karolingerzeit hatte es zu den Rechten und Pflichten der freien Volksgemeinschaft gehört, die Waffen zu tragen.[251]

Leichter bewaffnete Reiter rekrutierten sich ursprünglich wohl aus den Knechten innerhalb des Rittergefolges.[252] Erst im 14. Jahrhundert durften sie die gleiche Rüstung wie die Ritter tragen;[253] zuvor hatten sie sich auf Teile zu beschränken. Darüber hinaus wurde ihnen nur die begrenzte Bewaffnung mit dem Schwert, dem Schild und dem Sattelbeil zugestanden. Nach den Bestimmungen der Kulmer Handfeste vom Jahre 1233 war jeder Besitzer von 10 Hufen Land verpflichtet, auf leichtem Pferd mit Brustpanzer im Aufgebot zu erscheinen. Unter Rudolf von Habsburg soll die Zahl der leichten Reiter einen bemerkenswerten Umfang angenommen haben; sie wurden wahrscheinlich in erster Linie von den Städten gestellt.[254] Ähnlich wie das Fußvolk bildeten die leichten Reiter eine Hilfsmannschaft der Ritter; zu einem selbständigen taktischen Körper wurden sie nicht ausgebildet.[255] Neben den leichtgewappneten Schwertkämpfern zu Pferd traten vereinzelt auch berittene Bogner auf. Ursprünglich kannte das Abendland den typischen Krieger der asiatischen Reitervölker nicht. Die Kreuzfahrer erfuhren seine militärische Effektivität erst bei ihren Gegnern. Später nahmen sie solche Reiter unter dem Namen Turkopolen in Sold.[256] So hatte Kaiser Friedrich II. sarazenische Bogner zu Fuß und zu Pferd bei den italienischen Feldzügen in seinen Reihen.[257] In wenigen Fällen soll die verstellte Flucht schon im 12. Jahrhundert in Westeuropa praktiziert worden sein,[258] wohl als Übernahme von den asiatischen oder afrikanischen Reitervölkern, möglicherweise durch Byzanz vermittelt.

6. Das Turnier

Beim Ursprung des Turniers, das für die militärische wie die gesellschaftliche Entwicklung des Rittertums integrale Bedeutung gewann, scheinen germanische Kampfspiele mit dem beliebten Lanzenbrechen Pate gestanden zu haben.[259] Die griechische und römische Tradition dürfte ebenfalls mitgespielt haben, und zwar in engem Zusammenhang mit der Vermittlung durch Byzanz. Xenophon hatte schon im »Hipparchikos«[260] empfohlen, das Speerwerfen vom Pferd aus zu üben. In der bereits zitierten Passage der Schrift »Peri Hippikes«[261] hatte er als dafür geeignetes Training bzw. Spiel vorgeschlagen, den Gegner mit dem als Lanze verwandten Speer vom Pferd zu stoßen oder zu ziehen.

Die ludi trojani sind unter anderem aus Vergils Aeneis[262] bekannt. Bei ihnen ritten verschiedene Gruppen bald im Galopp aufeinander zu, bald flohen sie, um sich dann wieder mit der Lanze gegen ihre Verfolger zu wenden. Den antiken ähnliche Speerspiele erlebte Diem[263] in jüngerer Zeit in der Türkei. Die von Flavius Arrianus im Reitertraktat beschriebenen Spiele gehören ebenfalls in diesen Kontext, auch wenn der dort skizzierte Ablauf der Speerspiele nicht im einzelnen mit den Übungen des ritterlichen Turniers übereinstimmt.

Von den Ritterspielen, die Ludwig der Deutsche und Karl der Kahle gemeinsam 842 in Straßburg veranstalteten, wird berichtet, daß die Gepanzerten in Scharen aufeinander losritten und die Lanzen schwangen; sie stießen aber nicht zu, es wurde also niemand verletzt. In der Folgezeit wuchs die Widerstandskraft der Schutzwaffen und mit ihr auch die Bereitschaft, die Nachahmung des Kampfes im Spiel Schritt für Schritt voranzutreiben. Bald schlugen oder stießen die Ritter mit den stumpfen Waffen wirklich zu; dabei versuchten sie, den Gegner aus dem Sattel zu bringen. Häufig kam es bei solchen Kämpfen zu schweren Verletzungen, manchmal sogar zu tödlichen. Ob dieser Entwicklung wurden die Einwände der Kirche gegen die Turniere immer nachhaltiger. In feierlichen Synodalbeschlüssen führten sie schließlich zu einem generellen Verbot bei Strafe des Banns. Das erste dieser eindeutigen Verdikte sprach im Jahre 1131 das Konzil zu Reims aus. Ein großer Teil der Ritterschaft ließ sich jedoch ihren liebgewonnenen Adelssport und demonstrativen Ausdruck elitär-heldischen Daseins durch

das kirchliche Verbot nicht nehmen. Parallel zu den Stimmen, die sich gegen die Turniere aussprachen, liefen – den konfligierenden Ritteridealen entsprechend – Strömungen, die für eine Verschärfung der Bedingungen und Formen des Wettstreits plädierten. An die Stelle der stumpfen Lanze trat bei manchen Turnieren die spitze Waffe; wirkliche Feinde forderten sich zum Kampf auf Leben und Tod.[264] In Deutschland wurden die ersten Turniere 935 durch Kaiser Heinrich I. und 938 durch Otto I. auf dem Werder in Magdeburg veranstaltet, das letzte Rittertreffen organisierte der rheinische Adel 1489 in Worms. 935 fanden sich am Dreikönigsmontag neben dem Kaiser und seinen zwei Söhnen 75 Fürsten und 134 Grafen ein; auf dem Werder zählte man 2091 »Helme«.

Die Hastiludien, zu denen Karl der Große den Adel zusammenführte, bildeten direkte Vorstufen zu den ursprünglichen Turnieren. Karl der Große soll im Jahre 781 auch ritterliche Kampfspiele zu Pferde durchgeführt und ihnen bereits den Namen Tournois oder Turniere gegeben haben.[265] Zu einem der glänzendsten Reichsturniere lud Kaiser Heinrich IV. nach Nürnberg ein. 12 Fürsten, 29 Grafen, 13 Freiherren, 68 Ritter und 497 Edelleute sollen sich bei dieser Gelegenheit in den Schranken »getummelt« haben. Dieses Fest gilt als einer der Höhepunkte der Demonstration staufischer Macht.[266]

Das Rittertum der Minne, des Sanges und des Abenteuers setzte seine europäische Geltung mit dem Hoffest König Heinrich II. von England zu Caen im Jahre 1181 und mit dem konkurrierenden Mainzer Fest Barbarossas im Jahre 1184 durch,[267] abgelöst wurde es als gesellschaftsbestimmende und den Menschen verwandelnde Macht durch das franziskanische Ideal.[268] Als Symbol für diese Entwicklung steht im Jahre 1235 neben der letzten Selbstdarstellung des europäischen Rittertums im Mainzer Reichsfest Friedrichs II. das Marburger Fest der Erhebung der hl. Elisabeth, der Fürstin vom Wartburger Minnehof, die die franziskanische Armut erwählt hatte. Mit dem burgundischen Restaurationsversuch gewann das höfisch-ritterliche Dasein im 15. Jahrhundert für einen begrenzten Kreis und für eine beschränkte Zeit noch einmal normative Kraft.[269]

Im Laufe des 12. Jahrhunderts war das Turnier an die Stelle der früheren Reiterspiele getreten. Eine seiner wesentlichen Funktionen bestand in der Vorbereitung auf die kriegerischen Aufgaben, das heißt in der militärischen Erziehung und dem Erproben des heldenhaften ritterlichen Kampfs. Das Exerzieren war mit den weiteren Charakteristika des Turniers eng verflochten, mit der Repräsentation und Demonstration der Macht, mit der Geselligkeit und dem Spiel, der Schau und dem Prunk, ganz allgemein also mit der Pflege und Bekundung ritterlichen Daseins und seiner Standesprivilegien. In seiner Bedeutung als militärisches Training trat das Turnier neben die Jagd; es ersetzte diese sogar, denn dem Wild konnte der schwerfällige Panzerreiter nicht folgen, in der Auseinandersetzung mit der Natur konnte er das veränderte Kriegsgeschäft nicht mehr lernen.

In der Blütezeit der ritterlichen Kultur fochten die Ritter um der Ehre willen beim Turnier. Erst zur Zeit des Niedergangs wurde der materielle Lohn zu einem wichtigen Faktor. Er bestand vornehmlich in der Rüstung und dem Pferd des Unterlegenen, die einen beträchtlichen Wert darstellten.[270] Das Turnier kannte verschiedene Arten des Wettstreits; sie veränderten sich im Laufe der Zeit. Bei der Interpretation einzelner Formen sind Vielfalt und Wandel zu respektieren, vor allem was die Erläuterung des Turniergefechts anbetrifft, bei dem Schlachthaufen gegeneinander antraten.[271] Die Beschreibung der ritterlichen Spiele, die Ludwig der Deutsche und Karl der Kahle im Jahre 842 zu Straßburg veranstalteten, vermittelt bereits interessante Informationen:[272] Die Flucht und das erneute Anreiten gegen den fingierten Feind wechselten in einer Weise miteinander ab, die der von Xenophon, Vergil oder Arrian skizzierten ähnlich gewesen zu sein scheint. Bemerkenswert ist vor allem, daß Scharen, und nicht einzelne aufeinander losritten.[273]

Verbruggen[274] und nach ihm Sproemberg[275] sahen die Aufgabe des Turniers darin, den Berufskrieger für den Kampf in Verbänden – und nicht für das Einzelgefecht – auszubilden. Köhler[276] hatte bereits festgestellt, die Turniere und speziell die Bouhourds, bei denen die Ritter in geschlossenen Haufen kämpften, hätten die Krieger mit der taktischen Kooperation vertraut gemacht. Mehrfach wurden derart die verschiedenen Turnierformen einseitig dargestellt beziehungsweise in der auch von Jähns[277] geäußerten Vermutung, die ritterlichen Einzelkämpfe seien aus gemeinsamen Exerziermanövern entstanden, über Gebühr vereinheitlicht. Beim ausgebildeten Turnier waren stattdessen folgende Formen des Wettstreits bekannt: 1. der Tjost, der Reiterkampf Mann gegen Mann, das heißt das Lanzenbrechen im Zweikampf. 2. der Bouhourd, bei der Schar gegen Schar mit stump-

fen Waffen und ohne schwere Rüstung kämpfte. 3. das Turnier, bei dem die Scharen in schwerer Rüstung gegeneinander antraten. Als Puneis wurde das Aufeinanderprallen der Kämpfer bezeichnet.[278]

Im Rahmen der Hauptformen des Turniers entwickelte sich im einzelnen eine Mannigfaltigkeit von Kampfmethoden, die es nicht gestattet, aus ihr einseitige Aussagen über die Formation der Ritter in der Schlacht, nämlich einzeln oder in geschlossener Ordnung, herzuleiten.

Bei den späteren Turnieren war grundsätzlich festzulegen, ob man »zu schimpf« oder »zu ernste«, mit stumpfen oder mit scharfen Waffen focht.[279] Die bereits erwähnte Verschiebung der Bedeutung des Zweikampfs vom rechtlich-moralischen Urteil zum agonalen Wettkampf unter Gleichen wirkte sich auf diese Auseinandersetzungen aus. In bestimmten Regionen und zu bestimmten Zeiten ging die Veränderung des Sinns wie des Verlaufs der turniermäßigen Zweikämpfe noch weiter, und zwar auch so weit, daß neben den kirchlichen Fürsten auch der ritterliche Edward I. von England (1272–1307) seinem Adel die Beteiligung an Turnieren verbot.[280] Der Wettstreit, in dem es vornehmlich um den materiellen Lohn ging, gewann möglicherweise sogar das Image eines unfeinen Handwerks, das die als Panzerreiter eingesetzten Krieger betreiben mochten, das aber mit der Würde eines Fürsten nicht mehr zu vereinbaren war. In diesem Sinne ist es wohl auch zu verstehen, daß Fürsten sich sicher seit dem 13. Jahrhundert nicht mehr duellierten. Die verschiedenen Fürstenzweikämpfe, die aus dem romanischen Spätmittelalter berichtet wurden und in denen die Repräsentanten der Staaten an Stelle der – inzwischen freilich verselbständigten und von ihren Herrn losgelösten – Völker die Auseinandersetzung austragen sollten, haben nach Borst[281] in keinem einzigen Fall wirklich stattgefunden. Borst wollte diese Zweikämpfe – der spanische Herrscher Karl V. bot dem französischen König Franz I. noch im Jahre 1536 den Zweikampf zur Entscheidung des weltpolitischen Gegensatzes zwischen Habsburg und Valois an – jedoch nicht wie Huizinga als leere Schaustellung und internationale Komödie abtun. Er sah in ihnen ein Beispiel für die »Macht der Lebensformen«. Das Turnier – und damit auch den Zweikampf der Ritter – verstand Borst[282] zugleich als eine Institution, die »den Krieg noch mehr ins Spielerische« wandte und die doch auch im Frieden gefährlich blieb, nämlich »ein Spiel mit dem Leben«. In diesem Sinne trugen

das Turnier und der Zweikampf dazu bei, Krieg und Frieden in einem Zwischenzustand einander anzunähern.

In vier großen Turniergesellschaften, nämlich in der rheinischen, der bayrischen, der schwäbischen und der fränkischen, waren die deutschen Ritter zusammengeschlossen. An der Spitze einer jeden Gesellschaft stand ein Turniervogt oder Turnierkönig, als welcher meist der Landesherr, der Herzog oder Pfalzgraf fungierte. Als »turnierfähig« galten, namentlich in späterer Zeit, nur mannhafte Personen von altem ritterlichen Geschlecht mit vier ebenbürtigen Ahnen.[283] Die Heilbronner Turnierordnung aus dem Jahre 1485 spiegelt wie andere Regeln des Turniers das Selbstverständnis der Rittergesellschaft als einer Elite, die darum bemüht ist, ihre Privilegien respektiert zu finden und sich von der Masse der Bevölkerung deutlich abzusetzen.[284] Das elitäre Bewußtsein übergriff nationale und selbst religiöse Bindungen. Es sind daher Turniere bekannt, die die abendländischen und die muslimischen Ritter gemeinsam bestritten.[285]

Mit ernsten Verletzungen mußten selbst die Ritter rechnen, die beim Kampf mit stumpfen Waffen aus dem Sattel gestoßen wurden; beim Sturz bildete ihre Rüstung nämlich ein tückisches Gefängnis. Mit der Einführung der scharfen Waffen mehrten sich die Gefahren dann erheblich. Als zum Beispiel Graf Heinrich III. von Löwen und Brüssel bei einem Besuch im Doornick im Jahre 1095 den berühmten Lanzenbrecher Goswin vom Walde so lange mit verletzenden Worten reizte, bis dieser sich schließlich nach langem Weigern doch seinem Herrn zum Zweikampf stellte, durchbohrte Goswin dem jungen ehrgeizigen Grafen mit einem unglücklichen Stoß das Herz; er wollte ihn im Rennspiel nur absetzen.[286] Bei einem Turnier wurde Graf Konrad, der Sohn des Markgrafen Dietrich von der Lausitz, durch einen Lanzenstoß getötet.[287] Bei einem Wettstreit in Chalons, der zwischen Engländern unter ihrem König Eduard und Franzosen unter dem Grafen von Chalon im Jahre 1274 ausgetragen wurde, sollen verschiedene Führer zu Tode gekommen sein. Von einem Turnier in Neuß im Jahre 1241 hieß es sogar, sechzig Reiter seien auf dem Platz geblieben, einige von ihnen allerdings nicht durch Ritterhand getötet, sondern im Staub erstickt oder von den Pferden zertrampelt.[288]

Wenn man dem letzten Bericht auch keinen unbedingten Glauben schenken braucht, so hat man doch davon auszugehen, daß die Verschärfung der Tur-

nierkämpfe manchem Ritter das Leben kostete. Weltliche und vor allem kirchliche Fürsten wandten sich mit dem Verdikt solcher Reiterspiele nicht gegen Einzelerscheinungen, sondern gegen eine Entwicklung, die das Bild der Turniere allgemein verändert hatte. Nach dem generellen, durch das Konzil zu Reims im Jahre 1131 ausgesprochenen Turnierverbot untersagte Papst Innocenz II. sogar das ordentliche Begräbnis der Ritter, die bei einem Turnier zu Tode gekommen waren. Markgraf Dietrich von Meißen erreichte für seinen beim Turnier tödlich verunglückten Sohn die Befreiung von der Exkommunikation erst dadurch, daß er dem Erzbischof von Magdeburg versprach, kein Turnier mehr zu veranstalten.[289] Manche Ritter beugten sich den kirchlichen Maßnahmen, die durch verschiedene Konzilien bestärkt wurden; viele ließen sich aber die wichtige Ausdrucksform ihres ritterlichen Selbstverständnisses nicht nehmen.[290] In Frankreich lieferte der Tod Heinrich II. nach Verletzungen, die er sich bei einem Turnier im Jahre 1559 zugezogen hatte, den letzten Anlaß für die Beendigung der kriegerischen Spiele, die in Deutschland noch einige Zeit weitergeführt und schließlich von den barocken Reiter-Carrousels, den Kostümturnieren und den Roßbaletten abgelöst wurden.[291]

7. Die Ablösung des Rittertums

Im Jahre 1465 sattelten die Panzerreiter Karls des Kühnen und Ludwig IX. bei Montl'hery zur letzten Ritterschlacht.[292] Die Glanzzeit ritterlichen Daseins gehörte zu dieser Zeit bereits der Vergangenheit an. Als kriegsentscheidende Waffe wurden die Panzerreiter von den Fußkämpfern abgelöst, die zunächst in emotional engagierten Haufen und später in diszi- plinierten Formationen ihre Erfolge errangen. Im 14. und 15. Jahrhundert entwickelte sich die wachsende Bedeutung der Fußtruppen zu einer Erscheinung europäischen Ausmaßes. Auf verschiedenen Kriegsschauplätzen dominierten die Fußsoldaten über die Ritter: Bereits im Jahre 1298 gelang es den englischen Rittern bei Falkirk nicht mehr, die umfangreichen schottischen Fußvolkscharen zu sprengen. Erst die Schützen erreichten dies und schufen auf diese Weise die Voraussetzungen für den Sieg der Ritter.[293] Sech-

zehn Jahre später, nämlich 1314, überwanden die schottischen Fußtruppen das starke englische Heer unter Eduard II. bei Bannockburn.[294] In den Auseinandersetzungen und Kriegen des 13. Jahrhunderts hatten sich die mit dem Langbogen ausgerüsteten Infanterien der englischen Grafschaften und Städte einen wichtigen Platz neben der Reiterei erworben.[295] Den flandrischen Städten war es im Jahre 1302 in der sogenannten Sporenschlacht bei Kortrijk gelungen, mit einer Phalanx von Fußkämpfern in wütendem Hauen und Stechen die französischen Ritter zu überwinden.[296] Auch die Schweizer Eidgenossen besiegten die österreichischen Ritter Leopolds von Habsburg im Jahre 1315 bei Morgarten.[297] Der eindeutige Erfolg der Gebirgsbauern des Schweizer Bundes erregte, wie Myers[298] formulierte, ganz Europa und sicherte die Zukunft des bäuerlichen Trutzbundes, des Kerns der späteren Schweiz. Im Jahre 1316 kämpften die Bürger von Stralsund erfolgreich gegen die Verbindung des dänischen Königs Erich Menved und eines norddeutschen Ritterheeres; drei Jahre später, nämlich 1319, brachten die dithmarschen Bauern einem dänischen Ritterheer schwere Verluste bei.[299]

Im ersten Stadium des Hundertjährigen Krieges siegte der englische König Eduard III. bei Crecy im Jahre 1346 vornehmlich durch die Effektivität seiner Bogenschützen, die sich mit den abgesessenen Reitern zusammengeschlossen hatten, über die französiche Ritterschaft.[300] Im Jahre 1386 wurden die österreichischen Ritter bei Sempach erneut vom Schweizer Fußvolk geschlagen. Die Gebirgsbauern behaupteten mit diesem Erfolg ihre Solidarität wie die Unabhängigkeit von den Habsburgern.[301] Bei Azincourt unterlagen die französischen Ritter ein weiteres Mal den englischen Bogenschützen.[302] In den Schlachten von Grandson und Murten mußten die burgundischen Ritter sich im Jahre 1476 der Überlegenheit der Schweizer Fußtruppen beugen.[303]

Nach diesen noch vereinzelten Erfolgen im 14. Jahrhundert lösten die »unritterlichen« Fußkämpfer die Panzerreiter im 15. Jahrhundert als schlachtentscheidende Waffe endgültig ab. In der Überzeugung, ihre elitäre Rolle im Kriegsgeschehen unangefochten weiterspielen zu können, hatten verschiedene Ritterheere zuvor die systematische Unterstützung durchs Fußvolk abgelehnt. Ihre Ideologie ließ es nicht zu, den Fußkämpfer als adäquaten Kombattanten wie als würdigen Gegner anzuerkennen. Die Ritter sahen im Angriff der Fußtruppen eine dreiste Mißachtung ge-

sellschaftlicher Privilegien und agonaler Prinzipien. Die Auseinandersetzung zwischen den adligen Reitern und den aus Bauern und Söldnern sich rekrutierenden Infanteristen war ein militärischer Vorgang und zugleich eine Art von Klassenkampf. Die Überraschungserfolge der verschiedenen Fußtruppen lassen sich zum Teil mit dem Zögern und der mangelnden Angriffs- und Verteidigungsbereitschaft der Ritter erklären, die befürchteten, sich durch die Annahme des Kampfes mit den ungleichen, ja verachteten Gegnern auf eine Stufe zu stellen und sie als würdige Kontrahenten zu akzeptieren. In einzelnen Fällen ging die ideologische Verblendung der Ritter möglicherweise auch so weit, daß sie mit einem ernstgemeinten Angriff durchs Fußvolk gar nicht rechneten. Die unvertraute Situation forderte die Adligen zu tatenloser Verachtung oder zu blinder Wut heraus; einem nüchtern geplanten Kampf war sie jedenfalls nicht förderlich.

Der einfache Mann witterte hingegen die Möglichkeit, dem schon lange aufgespeicherten Haß gegen die großen Herren, die mit Verachtung auf ihn herabgeschaut, ihn unterdrückt und für sich hatten arbeiten lassen, in wildem Dreinschlagen Luft zu machen. Bezeichnenderweise wird von den Schlachten berichtet, beide Seiten hätten sie mit äußerster Rohheit und Unnachsichtigkeit, ohne ritterliche Achtung des Gegners, vor allen des unterlegenen, geführt. Die Besatzungen von Städten und Festungen wurden vielfach getötet, ja abgeschlachtet, selbst wenn sie sich nach redlichem Kampf ergaben. Das Recht, auf dem Schlachtfeld Beute zu machen, trug bei den Volksaufgeboten wie bei den Söldnerscharen zur Verrohung der Kriegssitten bei.[304]

Die einseitigen Entwicklungen innerhalb des Rittertums schwächten seine militärische und gesellschaftliche Bedeutung, wobei der militärische und der gesellschaftliche Bereich sich gegenseitig bedingten beziehungsweise Aspekte eines Ganzen bildeten. Die fortschreitende Verstärkung der Rüstung wurde in diesem Sinne durch die wachsende Schlagkraft der Offensivwaffen der Gegner bedingt; sie hing aber ebenso mit der generellen defensiven Einstellung des Ritters zusammen, eine Grundhaltung, die sich im Verlauf der klassenkämpferischen Auseinandersetzungen mit dem Fußvolk wahrscheinlich noch verstärkte. Einen markanten Anlaß, das Eisenkleid widerstandsfähiger und damit auch schwerer fertigen zu lassen, lieferten zunächst die vor allem von England aus aufkommen-

den Bogner und dann die Pistolenschützen.[305] Um sich die Unverwundbarkeit früherer Tage zu erhalten, trieben die Panzerreiter die Verstärkung ihrer Rüstung am Ende des 15. und zu Anfang des 16. Jahrhunderts so weit, daß sie sich nur noch mühsam bewegen und dem Feind kaum mehr Schaden zufügen konnten.[306] Der allzu schwere Panzer soll Johann-Friedrich nach der Schlacht von Mühlberg sogar daran gehindert haben, sich rechtzeitig in Sicherheit zu bringen.[307] Die ausschließliche Konzentration auf den Schutz und die Verteidigung ließ der Offensive keine Entfaltungsmöglichkeiten mehr. Die ritterlichen Vorstellungen vom autarken Helden spielten wahrscheinlich wesentlich dabei mit, diese militärische Einseitigkeit nicht durch eine Verbindung mit anderen Waffengattungen, vor allem mit den vom Panzerreiter als inagonal diskreditierten Fernwaffen, zu kompensieren.

Die militärische Kooperation war auch innerhalb der Ritterschaft beschränkt. Die verstärkte Rüstung förderte die Tendenz zum Einzelkämpfer; der Ritter gewann noch mehr Abstand zu seinem Nebenmann, er zog sich noch mehr in die Festung, die seinen Körper umschloß, zurück, er wurde noch unfähiger zu den schnellen Bewegungen und Manövern, die erforderlich waren, wenn ein geschlossener Verband nach dem ersten Anreiten gegen den Feind nicht auseinanderfallen sollte. Möglicherweise diente die Verstärkung der Rüstung auch dazu, unzureichendes militärisches und reiterliches Training auszugleichen.

Generell wird den Lehnsrittern nachgesagt, ihr Benefiz habe ihnen bald sehr viel mehr als der Kriegsdienst am Herzen gelegen. Der Lohn beschäftigte sie mehr als der Dienst, die einträgliche Wirtschaft mehr als hehre Ideale, das traute Heim mehr als die Kriegshändel und das unstete Leben. Der Adel hatte sich angesichts der systematischen Ausdehnung der von Otto I. stark ausgestalteten Reichskirche, deren Bischöfe in ihrer politischen Gedankenwelt an die imperialen Ziele gebunden waren, schon seit dem 10. Jahrhundert von der Karriere in der Umgebung des Kaisers abgewandt und darauf verlegt, seine grundherrlichen Rechte über die Bewohner seines Bezirks zu intensivieren, weiter auszudehnen und auch wirtschaftlich zu nutzen.[308] Auf das mangelnde Interesse am Militärischen folgte bald die Minderung der Einsatzbereitschaft und der Leistungsfähigkeit. Die Tendenz, sich dem handfesten kriegerischen Einsatz zu entfremden und ihn an nichtritterbürtige Knechte und Vertreter

zu delegieren, war auch eine der Konsequenzen des höfischen Lebens, das von der unmittelbaren brachialen Auseinandersetzung entwöhnte, und Krieg und Spiel so zusammenführte, daß dabei das Verständnis und die Bereitschaft für den wirklichen und in anderer Weise als das Turnier gefährlichen Krieg verlorengingen. Nach Elias[309] trat »die Kunst des höfischen Wortgefechts … im Zuge der zunehmenden Verhofung und Zivilisierung des Adels zum Teil an die Stelle des körperlichen Kampfes der Ritter«.

Das aus dem späten Mittelalter vielfach berichtete Absitzen der Panzerreiter ist wahrscheinlich in erster Linie als Indiz reduzierter militärischer Leistungsfähigkeit zu interpretieren: Die englischen und die französischen Ritter bekämpften sich im Hundertjährigen Krieg meist zu Fuß. Die englischen Reiter stiegen bei der Verbindung mit den Bogenschützen vom Pferd, die französischen deshalb, weil ihre Pferde nicht mehr einsatzfähig waren, wenn sie von den weitreichenden Pfeilen getroffen wurden.[310] Inwieweit die französischen Pferde gepanzert waren, geht aus den Quellen nicht hervor.

Die französischen Ritter saßen in geschlossenem Gelände wie auf weiten Ebenen ab. Sie kooperierten nicht mit Leichtbewaffneten.[311] Der Verzicht aufs Pferd wurde daher nicht durch andere Truppenteile bedingt, und auch nicht zur sozialen Angleichung von den erstarkten Fußkämpfern erwirkt. Verschiedene Berichte vermitteln den Eindruck, das Absteigen lasse sich nicht als taktische Antwort auf eine spezielle Situation verstehen. Nach Köhler[312] entwickelte das Absteigen sich zur »Sitte der Zeit, die durch Extravaganzen des Rittertums hervorgerufen war«. Angesichts der wachsenden Zahl und Bedeutung der Fußknechte und Fußtruppen wollten die Ritter möglicherweise demonstrieren, daß sie ihrer Pferde zum agonalen Erfolg nicht bedurften, daß ihre Leistungsfähigkeit nicht dem Pferd, sondern ihnen selbst zuzuschreiben war, daß sie schließlich zur Konkurrenz mit den »gewöhnlichen« Fußsoldaten durchaus in der Lage waren. Möglicherweise stellte der Fußkampf auch den Versuch dar, verlorengegangenes Terrain wieder zurückzugewinnen und Privilegien mit überlegener Eigenleistung zu rechtfertigen.

Selbst wenn das Absteigen wirklich nicht mehr als eine »Mode« war, dann darf man doch annehmen, daß sie sich erst auf der Basis mangelnder Vorteile des Berittenseins bildete. Mit einem Gesamtgewicht der Rüstung von etwa 440 Pfund auf dem Rücken des Pfer-

des zu sitzen, verschaffte angesichts der relativ wendigen und zum Teil mit der Fernwaffe ausgerüsteten Fußkämpfer vor allem bei unzureichendem Training kein Plus, das die Nachteile der eingeschränkten Bewegungsfähigkeit hätte ausgleichen können. In dieser Situation führte das Absteigen wahrscheinlich nicht zu einer Minderung der militärischen Effektivität, zumal dann nicht, wenn man sich als Fußkämpfer leichterer Rüstung bediente. Diese Vermutung wird durch die Annahme bestärkt, daß der ideologische Überbau des mittelalterlichen Kriegs zumindest bei Teilen der Ritterschaft zu dieser Zeit an Geltung verloren hatte, unter anderem in der Auseinandersetzung mit einem Fußvolk, das sich an der Effektivität und nicht an den agonalen Prinzipien des Gefechts orientierte.

Auch wenn die Ritter aufgrund eines übersteigerten Autarkieanspruchs abstiegen, wenn sie sich also des Pferdes als eines zum Hindernis gewordenen Hilfsmittels entledigten, um sich ohne technischen Ballast auf die eigene Kraft konzentrieren zu können, geschah dies auf der Basis unzureichender Vorteile durchs Pferd oder aufgrund ideologischer Fehleinschätzung der eigenen Position. Außerdem ist auf die Unsicherheit hinzuweisen, die bei mangelnder reiterlicher Fähigkeit vor allem in der Krisensituation dazu führt, sich festen Boden unter den Füßen zu verschaffen und sich in die risikolosere Position des berittenen Infanteristen zurückzubewegen, die insbesondere angesichts eines erfolgreich kämpfenden Fußvolks eine solche Entscheidung nahelegt. Die im Vergleich zum Nomaden relativ »technische« Beziehung des Ritters zum Pferd erleichterte die Trennung. Zu den verschiedenen, zum Teil konfligierenden Gründen, die zur »Mode« des Absitzens führten, kamen schließlich die bereits erwähnten Forderungen des erstarkten Fußvolks nach sozialem Ausgleich, das heißt die Forderungen, auf die Auszeichnung durchs Pferd wie auf das Pferd als Fluchthilfe zu verzichten. Bestanden die Panzerreiter auf ihren tradierten Prinzipien und verkannten sie die neue Situation, so dokumentierten sie eine ideologische Enge, die pragmatische Antworten auf die veränderte Lage verbot.

Die Ablösung der Panzerreiter durch das national engagierte wie durch das disziplinierte Fußvolk wird nicht ohne Krisen in der Ritterschaft abgelaufen sein; dabei verbissen die einen sich in ihre tradierten Ideale, andere suchten ihr Heil auf einem Weg, der unter den früheren Bedingungen Erfolg gebracht hatte, wieder andere verfielen auf irrationale Kurzschlußreaktio-

nen. Jedenfalls läßt sich annehmen, daß die verschiedenen Ritter, die im ausgehenden Mittelalter auf unterschiedlichen Kriegsschauplätzen und von unterschiedlichen Fußtruppen geschlagen wurden, weder einander noch denen des hohen Mittelalters gleich waren. Mit Krisen und unterschiedlichen Verläufen ist auch deshalb zu rechnen, weil sich die Machtübernahme durch die Fußtruppen, grob gesprochen, über zwei Jahrhunderte hinzog.

Der Niedergang des Rittertums ist von Machiavelli (1469–1527) im »Principe«, in den »Discorsi« und ausführlich in der Abhandlung »Dell'Arte della Guerra« ähnlich beschrieben worden.[313] Machiavelli sah den Reiterkrieger nicht als isolierte Größe, sondern im Zusammenhang mit den übrigen Waffengattungen. Der italienische Theoretiker, der für Phänomene der Macht ein besonders waches Auge hatte, verstand den Reiterkrieger seiner Zeit nicht mehr als den miles an sich; er schrieb ihm eine Hilfsfunktion für die mit der Pike bewaffneten Infanteristen zu, die zur dominierenden Waffe geworden waren. Machiavelli erkannte genau, in welchem Maße die Reiter sich mit der Rüstung überladen und dabei ihre Schnelligkeit und Offensivkraft eingebüßt hatten. Er schlug vor, sich nicht mehr so ausschließlich wie in früherer Zeit auf die Reiterei zu verlassen; man habe gesehen, wie schmählich die Ritter von den Infanteristen besiegt worden seien. Die Kataphrakten hielt Machiavelli für nutzlos. Bei ihnen hindere die Rüstung die Ritter am Angriff, ja generell an gefechtsfördernden Aktionen; sie gestatte ihnen nicht einmal, nach einem Sturz wieder in den Sattel zu steigen. Machiavelli wollte die Reiterei allerdings nicht gänzlich vom Schlachtfeld verschwinden lassen, räumte ihr bei der Unterstützung der Infanterie sogar eine bedeutende Stellung ein. Die Möglichkeiten und Grenzen eines wendigen Reiterkriegers scheint Machiavelli klar erkannt zu haben, so klar, daß die Ritterschaft wie auch manche Kavallerietheoretiker des ausgehenden 19. Jahrhunderts im Stadium der Ablösung der Kavallerie durch die verbesserten Feuerwaffen gut beraten gewesen wären, sich bei ihm zu orientieren.

Die Position der schwerfälligen Panzerreiterei war unter anderem auch deshalb hoffnungslos geworden, weil der Krieg sich aufgrund effektiverer Artillerie grundlegend geändert hatte, und zwar ausgerechnet in die Richtung, in die die Ritter nicht gingen beziehungsweise nicht gehen konnten. Aufgrund eigener Erfahrungen beschrieb der Italiener Francesco Guic-

ciardini (1483–1540),[314] ein Freund Machiavellis, die neue Situation: »Vor dem Jahre 1494 dauerten die Kriege geraume Zeit, die Schlachten waren unblutig und die Eroberung eines Landes währte lange Zeit und war beinahe unmöglich. Wenn die Artillerie auch schon bekannt war, so wurde sie doch mit einer so geringen Wirkung eingesetzt, daß sie nicht viel Schaden anrichten konnte. Dadurch waren die Herrscher gegen einen Verlust ihrer Staaten so gut wie gesichert, bis dann die Franzosen die Kunst der schnellen Kriegsführung nach Italien brachten ...« Möglicherweise verhalfen die geringere Feudalisierung Italiens und die dort während des gesamten Mittelalters erhalten gebliebene Bedeutung der Fußtruppen Machiavelli und Guicciardini zu der Distanz, die sie zur kritischen Bewertung der Panzerreiterei und der veränderten Kriegsbedingungen befähigte.

Mit der Berufung auf Guicciardini soll nicht der irrtümliche Eindruck erweckt werden, die wachsende Kraft der Artillerie habe die Ablösung der Ritterschaft bedingt. Sie bildete schon deshalb nicht den ausschlaggebenden Faktor, weil die bis in die zweite Hälfte des 15. Jahrunderts noch wenig üblichen Feuerwaffen gerade in den Händen der Ritterschaft entwickelt wurden.[315] Selbst die Artillerie der burgundischen Ritter, die als die modernste und stärkste Europas galt, konnte die Siege des Fußvolks bei Grandson und Murten nicht verhindern.[316]

Die Schweizer Fußtruppen lösten das Ritterheer endgültig in seiner schlachtentscheidenden Bedeutung ab,[317] freilich nicht die Fußtruppen schlechthin, sondern die disziplinierten Fußkämpfer. Ebenso sinnvoll wie man von der neuen Position der Infanteristen auf Kosten der Reiterkrieger spricht, kann man wahrscheinlich die neue Macht des disziplinierten Heereskörpers an Stelle der Vielzahl von Einzelkämpfern konstatieren.

Ausgegangen waren die Schweizer Fußtruppen von primitiv bewaffneten Bauernhaufen.[318] Die Kriegsverfassung des allgemeinen Landesaufgebots der Urkantone hatte die Basis für diese Heere gebildet.[319] Abgesehen von Raubzügen reichte die Kraft der Aufgebote aber noch nicht über die Grenzen der einzelnen Kantone hinaus. Erst mit dem Zutritt der Städte stellte sich der systematische politische Erfolg ein.[320] Das städtische Element führte unter anderem zur Disziplinierung und Vereinheitlichung, die der militärisch-politische Weitblick der Zeit forderte. Das geschlossene Heer war nicht mehr darauf angewiesen, die Vorteile

¶ Die gefangen klagen.

¶ O Herre Gott lap dich erbarmen
Uber ellend gefangen armen
Erwürgen sich wir unser kinder
Genomen sind uns schaff vñ rinder
Hauß vnd der hoff ist uns verbrennd
Vnd wie gfürt in das ellendt
Wee das vns vnser mutter trüg
Erst müß wir ziehen in dem pflüg
Vnd gerstenessen wie die pferde
Mit vnserm munde von der erde
Kum grymer todt vnd vns erlöß
Von dem grausamen Türcken böß.

33. *Türkischer Soldat mit gefangenen Bauern und aufgespießtem Kind. Flugblatt, Holzschnitt 16. Jh.*

34. Reiterkampf zwischen dem Heer des Großen Kurfürsten und dem der Schweden bei Rathenow, 1675. Zeitgenössische Radierung von J. Wolff

des Geländes geschickt auszuspielen; in der zweiten Hälfte des 15. Jahrhunderts waren die Schweizer in der Lage, dem Ritterheer auf offenem Feld entgegenzutreten.[321]

Mit dem Wiederaufblühen der Städte und des Handels begann im 13. Jahrhundert der erneute Aufbau einer Geldwirtschaft neben der Naturalwirtschaft. Die neuen finanziellen Möglichkeiten, mit denen man unter anderem Söldner finanzieren konnte, blieben zunächst auf die Städte und ihre Kaufleute beschränkt. Zwischen den verarmenden Rittern, die bisher auch in pekuniärer Hinsicht nicht knauserig gelebt hatten, und den reicher werdenden städtischen Kaufleuten tat sich ein unversöhnlicher Gegensatz auf.[322] So scheint seit dem 13. Jahrhundert die Wirtschaftsmacht des Adels gesunken zu sein: »Das Vordringen der Geldwirtschaft, die Notwendigkeit, zur Aufrechterhaltung des Lebensstandards eine zunehmende Anzahl sehr teurer Waren am Markt zu kaufen (Gewürze, Stoffe), der steigende Preis der Rüstungen und des Ritterlebens (Feste, Turniere), die Ausgaben für den Bau von Burgen und ›festen Häusern‹ aus Stein, die außerordentlichen Geldaufwendungen für die Kreuzzugsfahrten verarmen den Adel und ruinieren die Ritter. Die Verschuldung, das Abtreten und der Verkauf von Ländereien nehmen zu. Diese Krise, die vor allem den niederen Adel betrifft, sieht in der Gegend von Mâcon wie folgt aus: seit etwa 1205 können die Ritter nicht mehr borgen; darauf verpfänden sie einen Teil ihrer Ländereien für neue Schulden an Kirchen und Bürger; ab 1230 verkaufen sie Stück für Stück ihr Erbe.«[323]

Mit dem Verbot der Standeswidrigkeit, zum Beispiel dem Verbot, einen gewinnbringenden Beruf auszuüben, bereitete der Adel selbst seinen wirtschaftlichen Untergang vor. In der Provence mußten sich die Adeligen von jeder bäuerlichen Arbeit fernhalten. Noch schwerwiegender war das manchmal von den Stadtbürgern dem Adel auferlegte Verbot, ein Handwerk auszuüben oder Handel zu treiben. Der Adel akzeptierte diese Einschränkungen; er sah in ihnen nämlich eine Konsequenz seiner Würde – schloß sich damit freilich von der prosperierenden Wirtschaft aus.[324]

In einer Zeit, da das Raubrittertum der Knechte in Herrengestalt auf leichte Beute spekulierte, mußten die Kaufleute an der Sicherung des Handels wie des erworbenen Besitzes interessiert sein. Die Städte gingen daher dazu über, Söldner anzuwerben und sich von ihnen schützen zu lassen. Ständig unterhielten sie bezahlte Ritter und einfache Knechte. Darüber hinaus schlossen sie Verträge mit Rittern aus ihrer Gegend und erkauften von ihnen, den Waffenbesitzern und Spezialisten des Kriegshandwerks, gegen laufende Zahlungen dauernde Hilfeleistungen und stete Einsatzbereitschaft.[325]

Die Kaufmannsstädte kannten die Verpflichtung von Rittern und Kriegsmännern bereits seit dem 13. Jahrhundert. Sie orientierten sich dabei an ähnlichen Verträgen zwischen den politischen Repräsentanten. So war Heinrich I. von England, der Sohn des Eroberers, im Jahre 1103 mit dem Grafen Robert von Flandern übereingekommen, für 400 Mark jährlich bei entsprechendem Bedarf aus Flandern 1000 Ritter mit je drei Pferden zu erhalten. Der Vertrag galt nicht gegen den Lehnsherrn Roberts, den König von Frankreich. Der Graf sollte die Ritter nach empfangener Botschaft bereitstellen; der König von England hatte die Schiffe zu stellen und sie abzuholen. Solange die Flandern in England waren, hatte der König sie zu verpflegen und die Verluste an Material wie bei seinem eigenen Gefolge zu ersetzen.[326]

Die Wehrkraft der deutschen Städte wurde somit wesentlich von der Ritterschaft bestimmt.[327] Aber nicht alle städtischen Aufgebote waren Abwehrgemeinschaften mit »ritterlichen« Prinzipien. Beschränkte Mittel veranlaßten manche Städte, an Stelle der kostspieligen Ritter billigere Fußknechte zu verpflichten. Rauflustige und räuberische Gesellen fühlten sich zu solchem Dienst berufen. Aus dem Jahre 1179 wird zum Beispiel vom Kölner Erzbischof berichtet, neben Reitern seien »Rotten« mit ihm gezogen. Den Stil der Auseinandersetzungen des söldnerischen Fußvolks schilderten die Chronisten als höchst unritterlich. Bei den »Brabanzonen« handelte es sich um ähnlich »unritterliches Volk«.[328] Solche Gesellen trugen wesentlich dazu bei, die Auseinandersetzungen zwischen den Rittern und den Fußtruppen zu dem zuvor beschriebenen Klassenkampf ausarten zu lassen.

Das Söldnertum hatte in den Kreuzzügen einen bedeutenden Aufschwung erfahren. Die beschränkte Abkömmlichkeit der mit der Bearbeitung ihres Gutes beschäftigten Lehnsträger hatte zur Verpflichtung von Soldrittern und Soldknechten geführt. Die echten Vasallenaufgebote wurden seit dem 14. und dem 15. Jahrhundert meist nur noch zur Verstärkung herangezogen.[329]

Neben den hier ausführlicher beschriebenen militärischen und wirtschaftlichen Gründen spielten die ideo-

logischen beim Niedergang des Rittertums eine nicht minder ausschlaggebende Rolle. Die zuvor dargestellte Vielschichtigkeit des Ritterideals bedeutete praktisch den Konflikt zwischen verschiedenen Leitlinien ritterlichen Daseins und tendenziell damit auch die Zersplitterung und Auflösung der Verbindlichkeit und Wirkkraft der Idee ritterlichen Lebens überhaupt. Angesichts dieser Situation konnte sich dann im 13. Jahrhundert das mönchische Ideal gegen das ritterliche durchsetzen. Der Ritter stellte nicht mehr das selbstverständliche Leitbild männlichen Lebens dar, der Adel fühlte sich den ritterlichen Aufgaben weniger als zuvor verpflichtet, der ideologische Hintergrund der militärischen Einsatzbereitschaft wurde brüchig, und die handfeste Leistungsfähigkeit im Sattel gehörte für den abgeschlossenen ritterlichen Stand nicht mehr zu den unverzichtbaren Inhalten des Daseins. Nach Romano[330] dokumentierten die im 14. Jahrhundert entstandenen Legenden von Robin Hood, vom Grand Ferré und von Wilhelm Tell die Krise des Adels, besonders die Krise »im Bereich jener Werte, die im Feudalwesen am eifersüchtigsten gehütet wurden«. Romano[331] sprach zuvor von der Entwicklung des Raubrittertums im 14. Jahrhundert und vom Verfall des Ordensgeistes, generell von der Erschöpfung der wirtschaftlichen Macht, vom Nachlassen des politischen Einflusses und von der Einschränkung der militärischen Funktionen der Ritter.

8. Zusammenfassung

Auf der Basis des fränkischen Universalkriegers entwickelte sich nach ostiranischen, mazedonischen, römischen und byzantinischen Vorbildern der abendländische Ritter als die extrem defensiv orientierte Variante des Reiterkriegertums. Sproemberg[332] hat ihn die charakteristische militärische Repräsentation des Feudalismus genannt. Die wachsende Zucht und Verbreitung des Pferdes sowie die Fortschritte in der Metallverarbeitung schufen wichtige materielle Grundlagen für die neue Bedeutung des Panzerreiters, die ihrerseits auf die Tierzucht wie auf das Handwerk zurückwirkte. Das Pferd und die Rüstung stellten beträchtliche Werte dar, die die Besitzer als wohlhabend auszeichneten und den Einsatz der Besitzlosen nur dann gestatteten, wenn ihnen von ihren Herren Roß

und Panzer zur Verfügung gestellt wurden. Unabhängig von Einzelfällen und von den Entwicklungen in der Spätzeit prädestinierten also die materiellen Voraussetzungen die Panzerreiterei als eine Adelstruppe, die im Rang direkt hinter den großen Herren und Fürsten stand. Anders als risikobereite Vagabunden hatten die Wohlhabenden und Angesehenen etwas zu verlieren. Ihnen lag es nahe, Rang und Besitz zu schützen und das mag als eine bemerkenswerte Komponente neben anderen dazu beigetragen haben, die defensive Haltung auszubilden und zu verstärken. Der Vorrang von Verteidigung und Sicherung dokumentierte sich in der Rüstung ebenso wie in den Nahwaffen Schwert und Lanze, die als ritterliche Insignien getragen wurden und dem einfachen Volk vorenthalten blieben. Verteidigung und Sicherung spiegelten sich vor allem darin, daß auf die wachsende Durchschlagkraft der gegnerischen Waffen nicht mit wagnisbereiter Offensive sondern mit der Verstärkung des Panzers geantwortet wurde. Die einseitige Konzentration auf die Defensive verschaffte zunächst zwar das erstrebte Ziel, erkaufte dies aber mit einer praktisch total reduzierten Offensivkraft. Unter der Last von mehr als vier Zentnern wurde die Bewegungs- und Manövrierfähigkeit der Ritter zu Ende des Mittelalters so weitgehend eingeschränkt, daß es gewandten Fußkämpfern schließlich gelang, die vom Eisen umhüllten Edlen vom Pferd zu ziehen oder zu stoßen beziehungsweise sie und ihr Roß schon vorher abzustechen; einen totalen und absoluten Schutz konnte nämlich selbst die schwerste Rüstung für den Mann und vor allem für das Pferd nicht gewährleisten. Möglicherweise läßt sich sogar der auf den ersten Blick offensive Einsatz der Ordensritter im Osten als defensive Leistung – ähnlich der Abwehr der Araber und der Ungarn – interpretieren. Das Engagement für die Durchsetzung christlicher Prinzipien wurde nämlich nicht einseitig als offensive Ausbreitung verstanden; in ihm ging es ebenso darum, die Christen von heidnischem Druck zu befreien, die heidnische Überlagerung des eigentlich Christlichen zu stoppen und der Offensive des Antichristen Einhalt zu gebieten. Darüber hinaus wurden die Ordensritter im Osten von zahlreichen Knechten und Hilfstruppen begleitet, die wahrscheinlich die offensiven Aufgaben für ihre Herren übernahmen und diese vermutlich besser lösten als die Ritter, die durch sie zumindest eine effektive Unterstützung erfuhren; jedenfalls ist die Annahme gestattet, daß die Hilfstruppen so stark und wirkungs-

voll waren, daß die sich traditionell verstehenden Ritter – es gab bei den Soldrittern auch andere – ohne Schaden in ihrer defensiven Haltung bleiben konnten. Daraus ist zu schließen, daß mehrere militärische Erfolge, die in der Regel ausschließlich den Rittern zugeschrieben wurden, zumindest zum Teil auf das Konto ihrer Helfer gingen, möglicherweise auch nur auf das Konto glücklicher Umstände. Bei kritischer Sichtung der Quellen und Berichte läßt sich kein eindeutiges Bild der militärischen Leistungsfähigkeit der Ritter gewinnen, zumal nicht klar ist, wie stark ihre Gegner wirklich waren. Die Geschichtsschreibung ist infolgedessen auch zu sehr unterschiedlichen Aussagen über die militärische Bedeutung des Panzerreiteraufgebots gelangt. Undeutlich bleibt aus heutiger Sicht auch, inwieweit der irgendwo zwischen Krieg und Spiel angesiedelte Zustand des Turniers auf die Auseinandersetzung mit dem Landes- oder Religionsfeind übertragen wurde. Die Barbarisierung des Ethos der Ordensritter im Osten wie im Vorderen Orient spricht gegen den selbstverständlichen Transfer und für eine Kriegsmoral, die von der Effektivität, und nicht von der Humanität diktiert wurde. Als edler Wettstreit stellt sich der Krieg nach anderen Berichten dar, zum Beispiel nach der zeitgenössischen Skizze vom heiligen Ludwig und seinen Rittern im Kampf gegen die Sarazenen: »Der König langte, von seinen Truppen gefolgt, unter großem Lärm und Getöse des Heeres an. … Niemals sah ich einen so schönen, bewaffneten Mann. Als er erschien, überragte er alle Leute mit dem Kopf. Er hatte einen vergoldeten Helm auf dem Haupte und einen deutschen Speer in den Händen. Wie er anhielt, warfen sich seine tapferen Ritter auf die Türken. Wißt, daß es eine schöne Waffentat war, denn man schoß nicht mit Bogen und Armbrust, sondern es wurde Leib an Leib gekämpft mit Streitkeulen und Speeren«.[333]

Im Vergleich zum nomadischen Bogner wie zum neuzeitlichen Kavalleristen bedurfte der mittelalterliche Panzerreiter keines besonders hohen reiterlichen Könnens, um die ihm gestellten Aufgaben zu bewältigen. Die Figuren und Lektionen, von denen berichtet wird, waren ziemlich elementar, das Reittempo blieb wahrscheinlich gering, die reiterliche Einwirkung auf das Vorwärtstreiben mit dem Sporn wie auf das Parieren und Lenken mit der Kandare beschränkt. Der Ritter verstand das Pferd, gemäß dem Erbe der Universalkrieger, wahrscheinlich in erster Linie als technisches Hilfsmittel. Für die begrenzte reiterliche und persönliche Bindung ans Tier spricht unter anderem das aus ritterlicher Führzeit wie aus der Zeit des ausklingenden Mittelalters häufig berichtete Absteigen. Möglicherweise entsprang der Verzicht aufs Pferd der Selbstüberschätzung des Ritters als einer autarken Persönlichkeit.

Aus der Schar der Panzerreiterkrieger kristallisierte sich der ritterliche Stand als adlige Gesellschaftsschicht, die hinter dem höchsten Adel der Fürsten und Regenten rangierte. Mit der Etablierung als Stand stabilisierten die zuvor durch Eigenleistung ausgezeichneten Reiter ihre Position als erbliches Gut. Als Standesritter hoben sie sich nun aus dem Gesamt der Panzerreiter heraus, die weiterhin – gleich ob als nicht-ritterbürtige Diener oder als Ritterbürtige – die Aufgaben als Reiterkrieger erfüllten. Die Erblichkeit der Lehen, mit denen die Herren sich die ständige Dienstbereitschaft der schwergerüsteten Reiter erkauften, sollte die Beziehung zwischen dem Lehnsmann und dem Lehnsträger fördern und die gegenseitige Verläßlichkeit festigen. In Wirklichkeit band sie den Ritter aber stärker als zuvor an sein Benefiz, das er wie sein Eigentum behandelte, für das er sich engagierte und das ihn seine Dienstverpflichtung vernachlässigen ließ. Das erbliche Lehen hob außerdem den landbesitzenden Ritter weiter von den nicht-besitzenden Dienern im Sattel ab und verstärkte derart die elitäre Position des ritterlichen Standes im Gesamt der Panzerreiterkrieger.

Der ritterliche Stand entwickelte und pflegte eine Kultur, die von den praktischen Aufgaben und den militärischen Normen des Panzerreiters ausgegangen war, sich aber verselbständigte, außermilitärische Einflüsse aufnahm, mit dem neuen Geist auch den Krieg veränderte und sich zugleich von der handfesten Auseinandersetzung entfremdete. Die vom üblichen Broterwerb freigestellten Reiter pflegten im Turnier und im höfischen Leben den neuen Daseinsstil, in dem die agonale Rivalität einen wichtigen Inhalt bildete. Ausgehend vom Einsatz für die Gottes- und die Landfriedensbewegung überhöhten religiöse und humanistische Ideale das zuvor von brachialem Erfolg gekennzeichnete Leitbild. Das zunächst wahrscheinlich vor allem als militärisches Training und militärische Demonstration konzipierte Turnier verselbständigte sich, es wurde zum Inhalt und Ausdruck einer Lebensauffassung, die den Krieg wie den Frieden einschloß und die zumindest in Grenzen auch auf die militärische Auseinandersetzung bestimmenden Einfluß ge-

wann. Die von der ritterlichen Kultur ausgegangene Ethisierung des Krieges konnte freilich Rückfälle in barbarische Stadien nicht ausschließen.

Das höfische Leben, das sich als Laienkultur neben die bisher ausschließlich geltende Kultur der Kirche stellte, etablierte ein Mannesideal, das durch die agonale Auseinandersetzung der selbständigen Persönlichkeit gekennzeichnet war, nicht durch die Kooperation und das Team, das erst durch die der Armut und der Brüderlichkeit verpflichteten Ordensritter normative Geltung gewann. Das vom Ritterum vertretene Leitbild stand daher wohl in enger Beziehung zur »Geburt des Individuums« im 12. Jahrhundert.[334] Der geistige Selbst-stand läßt sich in diesem Sinne als eine Konsequenz der im manifesten Handeln erlangten Individualität interpretieren.

Das ritterliche Ideal der agonalen Auseinandersetzung des autarken Individuums wirkt bis in die Gegenwart nach, vor allem in der Verbindung von Konkurrenzbereitschaft und Ritterlichkeit in der Wirtschaft wie im Sport. Das Prinzip der Fairneß ist mit dem der wettkampfmäßigen Auseinandersetzung weitgehend identisch, nämlich offener, ohne Verstellung ausgetragener Wettstreit unter gleichen Bedingungen und nach allseits eingehaltenen Regeln. »Absurde Überrest(e) des kriegerischen Rittertums« hat Veblen[335] in der gesellschaftlichen Verpflichtung zur privaten Auseinandersetzung wie speziell auch in der studentischen Mensur gesehen, Überreste, an denen vor allem die »müßige Klasse« (leisure class) festhalte. Das ritterliche Ideal war – wie die ritterliche Wirklichkeit – vielschichtig sowie spannungsreich und es wandelte sich im Laufe der Zeit. Der Konflikt zwischen den verschiedenen Inhalten nahm dem Leitbild viel von seiner kulturbestimmenden Geltung und Legitimation, die auf religiösen Ideen beruhten. Das mönchische Ideal konnte das ritterliche unter anderem deshalb ablösen, weil es sich konsequenter verwirklichen ließ; die Verpflichtung zum Krieg mußte nämlich auf Dauer mit den humanistischen wie den religiösen Zielen kollidieren, das heißt, die Sachlogik des Krieges forderte ein Verhalten beziehungsweise sie veranlaßte den Menschen zu einem Verhalten, das sich – wie auch das wirtschaftliche und sportliche System der Konkurrenz zeigt – mit der konsequenten Verfolgung humanistischer und religiöser Ideen nicht vereinbaren ließ.

Die Auseinadersetzungen um die divergierenden Inhalte schmälerten vor allem im Zusammenhang mit dem Niedergang des Rittertums Würde und Prestige des Ideals, dessen Ausdrucksformen vom Adel in untere Schichten absanken. So kamen um 1500 Grotesk- und Scherzturniere auf; städtische Handwerkerzünfte veranstalteten sie zur Fastnachtzeit oder zur Kirchweih. Auf Eseln oder mit umgehängten Pferdeattrappen fochten dabei die Handwerker gegeneinander; vor lachendem Publikum machten sie sich über die elitären Lebensformen eines nicht mehr durch Leistung ausgezeichneten Adels lustig.[336]

Die schwindende Verbindlichkeit beziehungsweise die Verschiebung der Norm ging mit der wachsenden Vernachlässigung des militärischen Bereichs durch den Adel einher. Die Ideologie, die zur Beteiligung am Krieg aufgerufen und den Kampf als gottgefällig gerechtfertigt hatte, verlor ihre motivierende und sanktionierende Kraft; das Ideal des höfischen Edelmannes setzte sich gegenüber dem des Gottesstreiters durch, das christliche Anliegen wurde reiner und folgerichtiger als bisher im mönchischen Ideal vertreten. Die zunehmende Verhofung und Zivilisierung[337] entfremdete den Adel dem handfesten Kampf, den pragmatischen Eigengesetzlichkeiten der Welt und dem agonalen Bedürfnis, zugestandene Privilegien durch eigene Leistung zu rechtfertigen. Die humanistischen und religiösen Ideen, die den Reiterkrieger zuvor motiviert und die ihm Rechtfertigung geliefert hatten, trugen später wesentlich zur Verhofung und Zivilisierung und über diese dann auch zum Bedeutungsverlust des Rittertums bei.

Die Verhofung und Zivilisierung förderte die zunehmende Distanz zur schließlich als unedel empfundenen handfesten Kriegsbewährung, sie verstärkte den Abstand zum »gemeinen Volk«, aus dem sich später die verkannten Fußtruppen rekrutierten, und aus ihr erfolgte ein Anspruch auf Würde, der so weit ging, Handel und Handwerk aus den standesgemäßen Beschäftigungen auszuschließen und die Pauperisierung der Ritterschaft in Kauf zu nehmen. Die mit der Verhofung verbundene Kultivierung agonaler Prinzipien trug ferner dazu bei, die Bedeutung der Fernwaffe nicht hinreichend zu würdigen und angesichts der eigenen Vorstellungen vom Krieg die wichtige Verschiebung zu übersehen, nämlich die wachsende Bedeutung der durch die Fernwaffe repräsentierten Effektivität und Pragmatik auf Kosten der agonalen Kriegführung. Die Verhofung und Zivilisierung verfestigte weiter das Leitbild des defensiven Einzelkämpfers. Sie trübte den Blick für das militärische Er-

fordernis, die Einseitigkeiten des spätmittelalterlichen Panzerreiters durch Kooperation mit anderen Waffengattungen zu kompensieren, das heißt den Blick für den Leistungszuwachs durch Zusammenarbeit wie auch den Blick für die militärische Bedeutung der Offensive, die vom spätmittelalterlichen Ritter völlig vernachlässigt wurde.

Die ausschließlich defensive Orientierung veranlaßte den Panzerreiter dazu, sich der Eigenschaften und Fähigkeiten des Pferdes in einseitiger Weise zu bedienen, nämlich nur seine körperliche Größe und Kraft einzusetzen, die für das Tier nicht minder charakteristischen Vermögen Wendigkeit und Tempo aber zu ignorieren. Insofern wurden die Panzerreiter – zu ihrem eigenen Nachteil – dem Pferd nicht gerecht. Ihre Fixierung auf die eigene Sicherheit und generell auf sich selbst stand dem offenen Blick für die möglichen Unterstützungen durchs Pferd im Wege.

Auf die »Vielgestalt und Wandlungsfähigkeit mittelalterlicher Lebenskreise« wurde in der vorliegenden Darstellung mehrfach hingewiesen. Die Aufgabe des vorausgegangenen Kapitels bestand darin, Allgemeines festzuhalten und doch die Vielfalt nicht zu ignorieren. Nach Borst[338] traten die Verhaltensmuster den mittelalterlichen Menschen nicht als selbständige und selbstverständliche Gebilde entgegen, sie wurden nicht durchgreifend versachlicht und entwickelten nur schwache Organisationen und Apparate. Die wirksamsten Institutionen dienten »nicht der Entlastung von Bedürfnissen, sondern der Verstärkung von Emotionen gegen Außenseiter«. Im Spätmittelalter hätten sich immer mehr Verbände auf solche Verhaltensmuster berufen; aber welche von ihnen Vorrang gehabt hätten, sei immer wieder in kleinen Gruppen und für kurze Momente durch Konventionen zu entscheiden gewesen: »Infolgedessen wird das Zusammenleben der Menschen nicht von Selbstverständlichkeiten entlastet; das Mittelalter ist eine mühsame Zeit, in der man sich auch über das Selbstverständliche immer erst verständigen muß und für Verfeinerung, Arbeitsteilung und Fortschritt wenig Zeit behält«. Absolut gesehen mag die Charakterisierung Borsts zutreffen. Angesichts der Neuzeit und angesichts der profanen Industriegesellschaften erscheint das Mittelalter jedoch als eine Zeit, in der es trotz der Vielfalt auch relativ überdauernde Haltungen und Einrichtungen gab.

VII. Die Kavallerie

1. Allgemeine Entwicklung

Die mangelnde Bereitschaft der Ritter, sich konsequent dem Heeresverband unterzuordnen und sich in ihm von einem einheitlichen Kommando führen zu lassen, wurde endgültig seit den Burgunderkriegen deutlich; die geschlossene und manövrierfähige Formation des disziplinierten Schweizer Fußvolks schuf eine kriegstechnische Situation, die die Schwächen des vornehmlich individuellen Ritterkampfes offenbarte. Die weder durch einen Befehl noch durch eine Idee geschlossene Ritterschaft war nicht in der Lage, auf die Dispositionen des gegnerischen Heereskörpers mit gemeinsamen Aktionen zu reagieren. Die Ritter handelten gemäß ihrer Tradition und nach eigener Einsicht, und nahmen dafür die Desintegration bewußt in Kauf. Mit wachsender Bedeutung des Fußvolks stellte sich der geschlossene Verband aus der Sicht des Einzelkämpfers zunehmend als die Formation der gemeinen Kriegsknechte dar, die durch Disziplinierungsmaßnahmen zusammengehalten und an der Flucht gehindert werden mußten, die darüber hinaus erst durch die Unterstützung wie durch die Kontrolle der Gruppe Mut und Bereitschaft zur Auseinandersetzung fanden. Angesichts solcher Vorstellungen wurde den Rittern nicht hinreichend deutlich, in welchem Maße die Effektivität der organisierten und einheitlich ausgerichteten Truppen die neue Kriegssituation bestimmte und die Agonalität als Prinzip des Kampfes außer Kraft setzte.

Die Fußtruppen bildeten die Disziplin grundsätzlich und exemplarisch aus, und stellten insofern ein Zwischenglied zwischen dem mittelalterlichen Rittertum und der neuzeitlichen Kavallerie dar. Die Vorteile der militärischen Disziplin wurden freilich nicht erst in der Neuzeit gesehen. Schon die nomadischen Bogenreiter kannten sie, vor allem Mao-tun, der seine Krieger prinzipiell und rücksichtslos auf den Gehorsam einschwor. Die römischen Legionäre verstanden die Disziplin ebenfalls als einen unverzichtbaren Grundsatz. Im Mittelalter war sie allerdings angesichts der Entdeckung beziehungsweise Kultivierung der Persönlichkeit etwas in den Hintergrund des Interesses geraten.

Zumindest bis in die erste Hälfte des 16. Jahrhunderts blieb das Fußvolk die schlachtentscheidende Waffe. Seit der zweiten Hälfte des 16. Jahrhunderts wuchs die Bedeutung der Berittenen wieder an; im Dreißigjährigen Krieg machten sie zuweilen die Hälfte und mehr als die Hälfte der Aufgebote aus. Bei den Großheeren der späteren Zeit bestimmten ökonomische Gesichtspunkte die Tendenz, der Infanterie als der weniger kostspieligen Waffe vermehrte Beachtung zu schenken. Unter dem Großen Kurfürsten (1640–88) stellten die Reiter zum Beispiel ein Siebentel des gesamten Heeres, im preußischen Heer wurde ihre Position dann wieder verstärkt bis zum Maximum unter Friedrich dem Großen (1740–86), dessen Feldarmee 1755 zu einem Viertel aus Berittenen bestand.[1]

Nach dem Vorbild der Fußtruppen wurden im Laufe des 16. Jahrhunderts vor allem die leichteren Reiter und weniger die restierenden Ritter zu einem geschlossenen Verband diszipliniert. Persönliche und sachliche Gründe behinderten die Kooperation in einem taktischen Körper bei den Berittenen allerdings noch stärker als bei den Fußkämpfern. Gehorsam und Unterordnung mußten nämlich nicht nur vom Reiter, sondern auch vom Pferd verlangt werden. Beim Tier erfolgte die Disziplinierung nicht aufgrund des Appells an den »Willen« oder eine ähnliche Instanz; sie war nur in intensivem reiterlichen Training zu erarbeiten. In der Übergangszeit zwischen dem Rittertum und der Kavallerie bestand eine der Konsequenzen der neuen Bedeutung der disziplinierten Fußtruppen und der Desorientierung der Berittenen darin, die verschiedenen Waffengattungen deutlicher als bisher zu trennen. Während die spätmittelalterlichen Ritter vielfach noch von leichter bewaffneten Reitern und Schützen unterstützt worden waren, verstärkte sich nach dieser Phase der Kooperation die Tendenz, den schweren Reiter, den leichten Reiter und den Fußkämpfer als separate Waffengattungen zu verwenden. In der Schlacht von Ravenna (1512) standen in diesem Sinne die schweren Reiter auf dem einen, die leichten auf dem anderen Flügel.[2]

Fähige leichte Reiter, besonders solche, die nicht nur zur Unterstützung der Schwerbewaffneten eingesetzt werden konnten, die vielmehr selbständig zu operieren vermochten, waren im Westen schwerer zu finden als im Osten. Der militärisch vornehmlich durch das Rittertum gekennzeichnete germanisch-romanische Kulturkreis bediente sich deshalb ausländischer Hilfstruppen, mit Vorliebe der mit Schild und Lanze bewaffneten ungarischen Husaren. Später trugen die leichten Reiter die Arkebuse, die im 14. Jahrhundert als Feuerrohr erfunden worden war und effektiv zunächst nur von Fußsoldaten geführt werden konnte, weil man sie beim Schuß auf eine Hakenstange auflegen mußte. Im westlichen Raum focht eine leichte Reiterei zunächst nur in Italien, und zwar seit dem letzten Jahrzehnt des 15. Jahrhunderts. Mitte des 16. Jahrhunderts kannte man in Frankreich neben den Arkebusieren drei weitere Arten von Reitern, nämlich die Ritter, die leichten Reiter und die Stradioten, eine ursprünglich von den Venetianern angeworbene Truppe berittener Söldner aus Albanien.[3]

Die leichten Reiter beschäftigten sich vornehmlich mit der Aufklärung und der Beunruhigung der feindlichen Armee auf dem Marsch, das heißt mit Unternehmungen, zu denen die Panzerreiter nicht in der Lage waren. Den selbständig manövrierenden Reitern gelangen darüber hinaus überraschende Aktionen gegen marschierende wie gegen aufgefahrene Artillerien, die nicht genügend gedeckt waren. Die Hauptaufgabe der schweren Reiterei blieb die Attacke, die in verschiedenen Formen vorgetragen wurde. Die deutschen Reiter ritten in der Regel langsam gegen den Feind, um die Geschlossenheit der Formation zu erhalten; erst kurz vor dem Zusammentreffen forcierten sie das Tempo. Die Franzosen neigten demgegenüber dazu, von Anfang an vehement zu attackieren.[4]

Die deutschen Reiter operierten in Gevierthaufen, das heißt in Eskadrons, die nicht über 17 Glieder tief waren. Diese Aufstellung erschwerte dem Feind die Umfassung, die bei einer in die Breite gezogenen Formation leichter war. Ferner erhoffte man sich von der Gliederung in die Tiefe bei der energisch durchgeführten Attacke eine größere Wirkung. Die Vor- und Nachteile dieser Anordnung blieben jedoch umstritten; man bediente sich ihrer nicht einheitlich. Von den Reitern verlangte die Tiefengliederung eine besonders intensive Schulung, vor allem dann, wenn die Truppe auch bei veränderter Aufstellung fest in der Hand des Führers bleiben sollte. Am Ende des 16. Jahrhunderts

hatte sich die Tiefe bereits auf sechs bis sieben Glieder reduziert, das heißt auf ein Maß, das dem der zur Attacke angetretenen preußischen Eskadron entsprach. Die Verringerung der Tiefe hing mit der ständig steigenden Ausbildung und Manövrierfähigkeit von Pferd und Reiter zusammen. Die moderne Kavallerietaktik entwickelte sich grundsätzlich aus der Gliederung in die Tiefe, nicht aus der Breite. Inwieweit die Tiefengliederung aus dem ritterlichen Haufen entstand, läßt sich nicht eindeutig feststellen.[5]

Die »Schwarzen Reiter«, die ähnlich wie die Landsknechthaufen des 16. Jahrhunderts entstanden, wurden zu einer Mustertruppe der neuen Kavallerietaktik. Ihren Ruhm erwarben sie sich bei den Auseinandersetzungen in Deutschland wie bei auswärtigen Kriegen. Als der innere wie der äußere Friede im Reich wiederhergestellt waren, spielten sie in den Hugenottenkriegen eine wichtige Rolle, und zwar auf katholischer wie auf protestantischer Seite. In Frankreich hießen sie »Deutsche Reiter« oder kurz »reitres«.[6] In den Hugenottenkriegen wurden die deutschen Reiter unter anderem deshalb als Söldner eingesetzt, weil die französischen Ritter zu stolz waren, sich in Eskadrons aufstellen zu lassen. Die Ritter wollten ausschließlich im ersten Glied kämpfen und keinen anderen vor sich lassen. Darüber hinaus lehnten die Ritter die Pistole als technische Fernwaffe ab. Die deutschen Soldreiter kämpften in Frankreich mit Erfolg; sie trugen wesentlich dazu bei, daß in den letzten Schlachten der Hugenottenkriege, nämlich Coutras (1587) und Ivry (1590), die bis dahin dominierende Infanterie zugunsten der erstarkenden Kavallerie an Bedeutung verlor. Heinrich IV. von Frankreich erkannte die sich anbahnende Entwicklung in der Reitertaktik. Er gab der fest gefügten Formation von Reitern, die die Feuerwaffe führten und streng diszipliniert kämpften, den Vorrang vor dem ritterlichen Stil. Die beweglichere und schnellere Reiterei setzte er unter anderem zur disziplinierten Verfolgung ein. Nach dem französischen Vorbild baute Spanien seine nationale Kavallerie auf.[7]

Noch um die Mitte des 16. Jahrhunderts kämpften die »schwarzen Reiter« mit der Lanze. Bei ihrem Einsatz in den französischen Bürgerkriegen führten sie später nur den Degen und die Pistole, und zwar jeder einzelne Ritter mehrere Pistolen. Die Durchschlagskraft der Pistolenkugeln war beschränkt, die neue Waffe wirkte nur auf geringe Entfernung. Um die Schußleistung der Pistolen zu erhöhen, entwickelten die Reiter die

»Caracole«, die in wesentlichen Zügen wahrscheinlich bereits in der Antike bekannt war und von Arrian in seinem berühmten Reitertraktat zumindest angedeutet wurde. Die Caracole beruhte auf eingehendem reiterlichen Training, und sie setzte bei jedem Soldaten Geschick, Zucht und Einsatzbereitschaft voraus. Im Modell verlief die Caracole so, daß die in die Tiefe gegliederte Reiterformation auf Schußweite an den Feind heransprengte, die Reiter des ersten Gliedes dann ihre Pistolen abschossen, anschließend nach rechts oder links abschwenkten, um dem nächsten Glied den Schuß zu ermöglichen, und sich wieder an das Ende der Formation anreihten. Nach diesem Konzept sollte es möglich sein, den Feind unaufhörlich mit Schüssen zu bedrängen. In Wirklichkeit scheint das Caracolieren in erster Linie eine Paradeleistung auf dem Exerzierplatz geblieben zu sein; nur selten trug es dazu bei, den Feind zu erschüttern.[8]

Die unzureichenden praktischen Vorteile führten dazu, das störungsanfällige Caracoliermanöver bald wieder aufzugeben. Gustav Adolf untersagte es grundsätzlich, nach der Schlacht von Lützow auch Wallenstein.[9] Das Verbot verband sich mit einer veränderten Formierung und Bewaffnung. An Stelle der caracolierenden Pistolenschützen bildete Gustav Adolf, der seine Berittenen grundsätzlich als offensives Potential verstand,[10] eine Kavallerie aus, die nach polnischem Vorbild im Galopp mit blanker Waffe attackierte.[11] Darüber hinaus reduzierte er im Zuge seiner Heeresreform die Gliederung in die Tiefe. Seine Schwadronen ritten je nach ihrer Stärke in drei bis sechs Gliedern. Ein Teil der Reiter wurde auf dem Schlachtfeld dem Fußvolk zugeteilt, die Mehrzahl auf den Flügeln und hinter der Mitte der Schlachtlinie als Reserve aufgestellt. Außerhalb des Schlachtfeldes kümmerten die Reiter Gustav Adolfs sich um die Sicherung und Aufklärung; dabei operierten sie unabhängig vom Fußvolk.[12] Die Kavallerie verlor derart die Schwerfälligkeit, zu der sie als Hilfswaffe der Infanterie gezwungen wurde; sie gewann Schnelligkeit und Stoßkraft, das heißt ihre eigentliche, spezifisch militärische Bedeutung.

Gustav Adolf verwendete die Kavallerie »vorbildlich«.[13] Der schwedische Heerführer konnte sich bei seinen Reformen allerdings nicht auf eine nationale Kavallerie stützen, sondern kämpfte vornehmlich mit deutschen Reiterregimentern.[14] Die im Jahre 1631 bei Breitenfeld siegreiche Armee zählte nur ein Viertel Schweden; zu Anfang des folgenden Jahres sank der schwedische Anteil sogar auf weniger als ein Zehntel.[15] Das relativ kleine Land der Schweden spielte – wie das der Holländer – in erster Linie aufgrund seiner überlegenen Militärtechnik und nicht aufgrund psychischer Momente wie der nationalen Begeisterung und des frommen Glaubens im 17. Jahrhundert eine vorübergehende Großmachtrolle.[16]

Gustav Adolf – und nach ihm Cromwell und die brandenburgisch-preußische Armee – schufen also die Grundlagen für die neue Bedeutung der nach dem Vorbild der Infanterie disziplinierten Kavallerie.[17] Beim Sieg des Kaisers mit Hilfe der Liga in der Schlacht am Weißen Berg im Jahre 1620 gewann die Reiterei auf beiden Seiten einen wichtigen Anteil am Verlauf der Auseinandersetzung.[18] Die Schlacht von Breitenfeld und der Sieg Gustav Adolfs wurden 1631 ebenfalls weitgehend von der Kavallerie bestimmt; sie machte in beiden Heeren etwa ein Drittel des gesamten Aufgebots aus.[19] Zum schwedischen Erfolg bei Lützen (1632) leistete die 5000 Mann umfassende Reiterei – sie war ähnlich stark wie die Wallensteins – wiederum einen gefechtsbestimmenden Beitrag.[20]

Das Heer Karls XII. von Schweden (1697–1718) gehörte aufgrund seines geringen Umfangs, wegen des Überwiegens der Kavallerie und wegen der daraus resultierenden Mobilität über weite Räume strategisch gesehen noch zur Epoche des Dreißigjährigen Krieges.[21] In der Cromwellschen Armee machte die Kavallerie ebenfalls ein Drittel bis zur Hälfte der Gesamtstärke aus. Die meisten Reiter stellten ihre eigenen Pferde und trugen ihre eigene Rüstung. Sie empfingen so reichlich Sold, daß sie als gentlemen leben konnten. In den Reihen Cromwells dienten viele Gebildete.[22]

Die besondere Leistung des Puritaners Cromwell bestand darin, aus den undisziplinierten Bürgeraufgeboten und Freiwilligen die Armee der Roundheads geschaffen und sie zu einem brauchbaren Kriegsinstrument zusammengefügt zu haben. Cromwell war erst mit Ausbruch des Bürgerkriegs (1642–49) Soldat geworden. Im Alter von 43 Jahren ließ er sich zum Rittmeister ernennen: in seiner Grafschaft stellte er eine Eskadron auf, deren Offiziere und Mannschaften er in konsequenter Disziplin und strenger Religiosität erzog. Im Jahre 1645 beschloß das englische Parlament, nach diesem Vorbild eine neue Feldarmee zu bilden.[23]

Für die mit Pistolen bewaffneten Reiter setzte sich im Laufe der Zeit die Bezeichnung »Kürisser« durch, die

Die in der Schlacht bey Molwitz zweymal zurückgeworfene Preussische Cavallerie, führt Friedrich selbst zum dritten male gegen den Feind. S. 23.

35. »Die in der Schlacht bei Molwitz zweymal zurückgeworfene Preussische Cavallerie, führt Friedrich selbst zum dritten male gegen den Feind«. Radierung von Daniel Chodowiecki, 1798

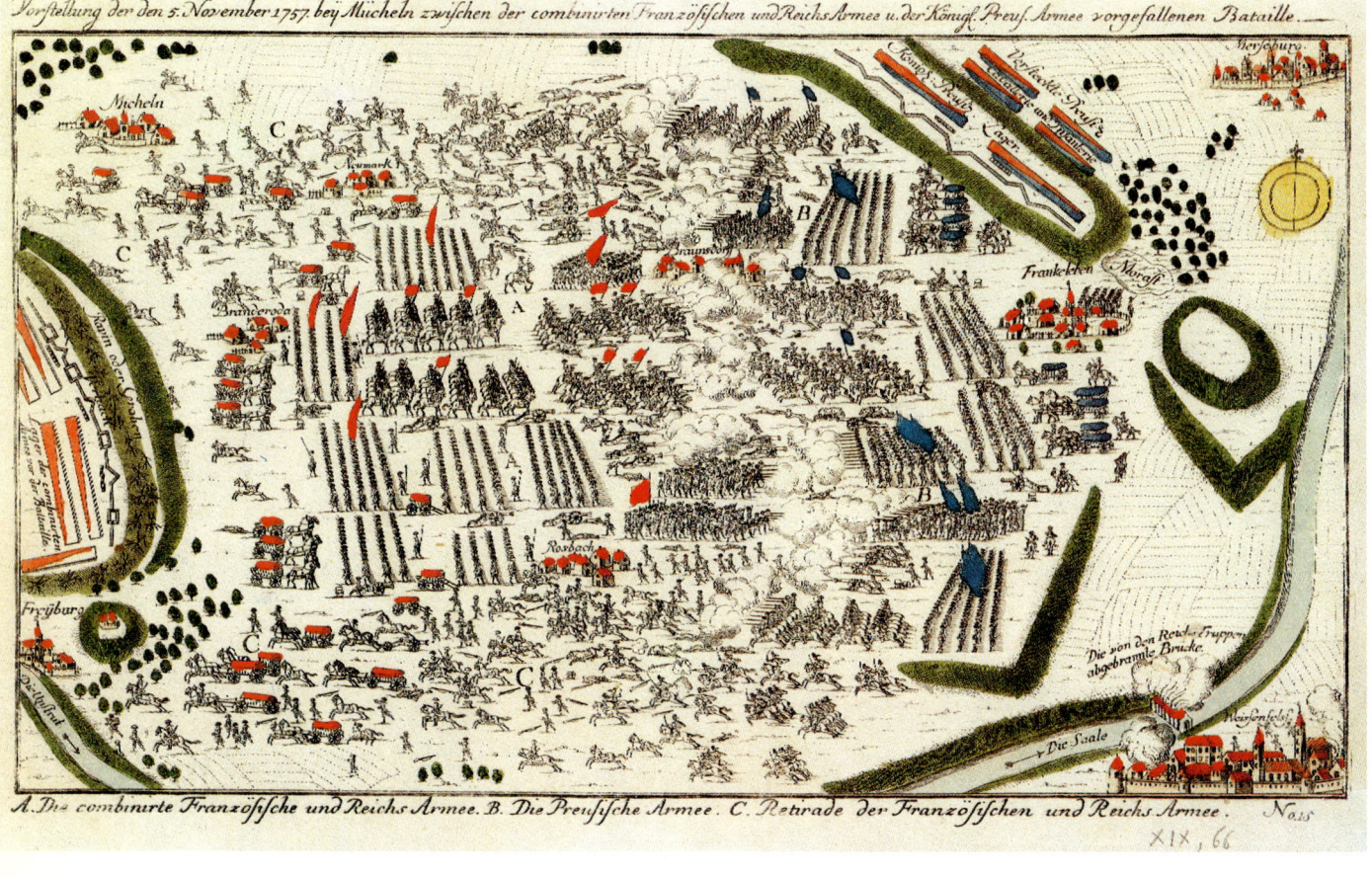

36. »Schlachtordnung der Bataille bei Roßbach im Siebenjährigen Krieg, am 5. November 1757«. Zeitgenössischer Einblattdruck

ursprünglich nur die schwerbewaffneten Reiter gemeint hatte. Die Verschiebung der Namen ging mit den veränderten Erscheinungen einher. Die Kürisser entwickelten sich nämlich zu leichten Kavalleristen, während die schweren Reiter als »Gendarmes« die ritterliche Tradition aufrecht zu erhalten suchten. Die Kürisser rekrutierten sich zu dieser Zeit vornehmlich aus Adligen; die Kavallerie bewahrte somit – im Gegensatz zur Infanterie – ihren elitären Charakter.[24] Die Traditionen des ritterlichen Gefechts ließen die Reiter aber so weitgehend fallen, daß Ludwig XIV. im Jahre 1676 per Befehl dafür Sorge tragen mußte, daß die Offiziere Kürasse trugen; die Mannschaften brauchten dies nicht zu tun. Den Offizieren, die die Anordnung nicht befolgten, drohte die Entlassung. Nach 1715 legten auch die Offiziere – mit Ausnahme der Generäle – den Brustharnisch ab; sie trugen dann wie die Mannschaften einen Lederkoller.[25]

Mitte des 16. Jahrhunderts führte der Versuch, infanteristische Feuerkraft mit kavalleristischer Geschwindigkeit zu verbinden, zur Waffengattung der Dragoner: Man setzte die mit Musketen bewaffneten Infanteristen auf Pferde, um sie je nach der gegebenen Situation und in Abhängigkeit von den jeweiligen taktischen Erfordernissen an verschiedenen Stellen schnell verwenden zu können. Mit der Zeit entwickelte sich aus den berittenen Infanteristen eine Kavallerie, die allerdings weiterhin den Infanteriehelm trug.[26] In der Regel saßen die Dragoner auf weniger wertvollen Pferden; die Auswirkungen ihrer Verluste, die bei der unzureichenden kavalleristischen Ausbildung ein beträchtliches Maß erreichten, sollten dadurch zumindest begrenzt werden.[27]

Neben dem Lanzenreiter und dem Kürisser kämpften als weitere Reiterkrieger der Arkebusier und der Dragoner. In einigen Typologien wurde versucht, die unterschiedlichen Arten von Kavalleristen in ein festes Schema zu bringen und sie eindeutig nach Bewaffnung, Rüstung und Funkktion zu differenzieren.[28] Die verschiedenen Abgrenzungen scheitern jedoch an der Uneinheitlichkeit des Phänomens; die einzelnen Typen unterschieden sich von Land zu Land, sie wandelten sich ferner im Laufe der Zeit. Als Antwort auf den Meinungsstreit über Nutzen und Nachteil der Feuerwaffen in der Hand des Berittenen trat zum Beispiel im 18. Jahrhundert mit den Ulanen – sie kämpten mit der Lanze – ein neuer Kavalleristentyp auf. Die Ulanen entstanden nicht direkt aus den Rittern; unter den veränderten Kriegsbedingungen griffen die

Reiter polnischer Herkunft vielmehr wieder auf die Waffe des Mittelalters zurück.[29]

Nach dem Vorbild Gustav Adolfs bediente sich der Große Kurfürst (1640–88) der Reiterei; er schuf die Grundlagen für die berühmte preußische Kavallerie. In seiner Regierungszeit wuchs der Anteil der Reiter im gesamten Heeresverband zeitweise sogar auf ein Drittel an,[30] in der Regel lag er allerdings unter dieser Größenordnung.[31] Der Große Kurfürst verlangte die volle Unabhängigkeit der Kavallerie von den Fußtruppen, um die Marsch- und Manövrierfähigkeit der Berittenen hinreichend ausnutzen zu können. Auf diese Weise überwand auch er die frühere Schwerfälligkeit der Reiterei, die mit ihren Leistungen beim 1656 gemeinsam mit den Schweden errungenen Sieg über die Polen bei Warschau und beim Erfolg über die Schweden bei Fehrbellin im Jahre 1675 zur bestimmenden Kraft auf dem Schlachtfeld wurde. Der Große Kurfürst rangierte die Berittenen durchweg in fünf, nach Fehrbellin dann in vier Gliedern; im Gefecht stellte er sie schachbrettförmig auf den Flügeln auf. Beim Anritt ließ er sie zunächst mit der Feuerwaffe schießen, der entscheidende Angriff war dann aber mit dem Degen und in forcierter Gangart zu führen – anders als bei der Mehrzahl der Kavallerien, die nach dem Tod Gustav Adolfs sich wieder vermehrt der Arkebusen und Pistolen bedienten.[32]

Unter dem preußischen König Friedrich I. (1688–1713) sank die Zahl der Berittenen erneut erheblich ab. Im Jahre 1702 bestand das Heer aus 30 000 Mann, unter ihnen 3807 Reiter und 1730 Dragoner. Auch das militärische Interesse Friedrich Wilhelms I. (1713–40) konzentrierte sich nicht auf die Kavallerie. Im Rahmen seiner Begründung des preußischen Militär- und Beamtenstaates stockte er ihren Bestand jedoch wieder auf. Bei seinem Tod umfaßte die Reiterei 111 Schwadronen mit insgesamt 16 500 Pferden.[33] Zwei Drittel der Staatsausgaben waren für das stehende Heer, dessen Mannschaft aus unselbständigen und ärmeren Schichten stammten, während sich die angesehenen Offiziere aus dem Adel rekrutierten.

Das Reiteraufgebot Friedrich I. scheint trotz seines geringen Umfanges auf hohem kavalleristischen Niveau gestanden zu haben. Das Reglement von 1708 schrieb nämlich für die Attacke noch den Galopp vor; der Angriff mußte mit dem Pallasch in der Faust geritten werden. Unter Friedrich Wilhelm I. schwand dieser »Reitergeist« jedoch weitgehend. Im Reglement für die Königlichen Preußischen Kavallerie-Regi-

menter vom 1. März 1727 war die Attacke im Galopp fortgefallen; im Trab sollte gegen den Feind geritten werden. In dieser Veränderung lag ebenso ein kavalleristischer Rückschritt wie im vermehrten Gebrauch der zu dieser Zeit nocht recht unvollkommenen Feuerwaffen. Die Reitfertigkeit der Kavalleristen wurde angesichts der wachsenden Bedeutung des Fuß- und Feuergefechts vernachlässigt. Im Gelände zu reiten und Hindernisse zu überwinden, bereitete geschlossenen Kavallerieabteilungen meist erhebliche Schwierigkeiten. Da der Galopp nicht einmal für den Ernstfall der Attacke vorgeschrieben war, fiel er auch in der Ausbildung weitgehend fort.[34] Bei diesem Konzept spielte Friedrich Wilhelm I. Absicht mit, seine Pferde zu schonen und ihnen durch die anstrengende Gangart nicht die Kraft zu nehmen, die den Tieren nur mit kostspieliger Zusatzfütterung wiedergegeben werden konnte.[35]

Das Gestütswesen und die Pferdezucht förderte Friedrich Wilhelm I. im Gegensatz zur Reiterei beträchtlich, anders als Friedrich der Große, der sich für die Zucht nicht sonderlich einsetzte, der Aufstockung und Verbesserung der Kavallerie dafür aber seine Aufmerksamkeit widmete. Im Jahre 1755 bestand die friderizianische Feldarmee aus 31 000 Berittenen und 84 000 Mann Infanterie, mehr als ein Viertel saß also zu Pferd.[36]

Friedrich der Große hatte von Friedrich Wilhelm I. eine unzureichend ausgebildete Kavallerie übernommen. Dies erfuhr er spätestens 1741 im Ersten Schlesischen Krieg bei Mollwitz, als die preußischen Reiter versagten und nur die Infanteristen schließlich die Schlacht zugunsten Friedrichs entscheiden konnten. Die 6800 Mann starke österreichische Kavallerie hatte die 4600 preußischen Berittenen leicht werfen können und vertrieb sie vom Schlachtfeld. Es gelang ihr sogar, das Gefecht trotz eindeutiger preußischer Infanterie- und Artillerieüberlegenheit einige Zeit unentschieden zu halten.[37] Fast hätte Friedrich II. bei Mollwitz das Los des Schwedenkönigs Gustav Adolf getroffen; dieser war 1632 in der Schlacht bei Lützen gefallen.[38] Bereits dreizehn Monate nach der Schlacht von Mollwitz griffen die beiden preußischen Kavallerieflügel wirksamer, wenn auch noch nicht ausschlaggebend, in den Verlauf des Gefechts ein.[39] In fast allen Schlachten des Zweiten und des Dritten Schlesischen Kriegs kämpfte die Reiterei dann ebenbürtig neben dem Fußvolk. Die Gefechte von Hohenfriedberg und Soor, von Prag und Kolin, von Roßbach und Leuthen, von Zorndorf und Kunersdorf, von Torgau und Freiburg erhielten erst durch die großen Reiterangriffe ihr eigentümliches Gepräge. Bei Roßbach kamen nur sieben preußische Bataillone eine Viertelstunde lang ins Feuer; alles übrige erreichte die Kavallerie. Nach Zorndorf resümierte der König, die Reiterei habe alles getan, sie habe den Staat gerettet.

Von den 22 Schlachten, die Friedrich schlug, wurden, wie Denison[40] bilanzierte, mindestens fünfzehn durch die Kavallerie gewonnen. Wenn sich über diese Aufrechnung auch im einzelnen streiten läßt, der bedeutende Anteil der Reiterei an den friderizianischen Kriegserfolgen steht außer Zweifel. Dank intensiver reiterlicher Ausbildung und außergewöhnlicher Manövrierfähigkeit gelang es der preußischen Kavallerie meist, ihren Angriff schneller als der Gegner zu entwickeln, die Kontrahenten an reiterlichem Elan zu übertreffen und dabei auch die Voraussetzungen für den Erfolg der Infanterie zu schaffen.

Neben den Stärken gab es freilich auch Schwächen. Zu den dunkelsten Stunden der peußischen Kavallerie gehört die Niederlage gegen die Österreicher und Russen bei Kunersdorf im Jahre 1759. Die unzureichende Gefechtsbeteiligung der 13 000 Pferde starken Reiterei trug entscheidend zum Mißerfolg bei. Die preußischen Reiter konnten sich auf dem schmalen, von Teichen und Wasserläufen vielfältig geteilten Angriffsraum nicht zu ihrer gefürchteten Attacke formieren.[41] Das Ereignis von Kunersdorf führte erneut vor Augen, in welchem Maße die Entfaltung der spezifisch kavalleristischen Dynamik des offenen Geländes bedurfte.

Friedrich der Große fühlte sich auch persönlich der Reiterei in besonderem Maße verbunden. Bereits im Jahr seiner Amtsübernahme formierte er aus den besten Soldaten der damaligen Regimenter eine berittene Leibgarde. Anders als es bei solchen Leibgarden üblich war, schonte er sie nicht, verlangte von ihr vielmehr einen außergewöhnlich harten Dienst und verstand sie als leistungsorientierte Elitetruppe.[42] Die Anforderungen, die Friedrich der Große an die Kavallerie stellte, wuchsen im Laufe seiner Regierungszeit. Im Jahre 1748 hatte er gefordert, die Attacke über eine Strecke von 700 Schritt zu reiten. Sieben Jahre später verlangte er den Angriffslauf über eine Distanz von 1800 Schritt, das letzte Stück in voller Karriere. Seine Kommandeure durften sich nicht attackieren lassen; sie hatten stets selbst anzugreifen. Generell sollte die Reiterei als taktischer Körper bei der Offensive ge-

schlossen bleiben; der Kampf sollte nicht in ein Handgemenge ausarten. Das Handgemenge war nämlich nach Friedrichs Ansicht auf den gemeinen Mann angewiesen und auf den könne man sich nicht verlassen. Die Schwadronen sollten daher geschlossen, Bügel an Bügel reiten, zwischen den verschiedenen Schwadronen sollten im ersten Treffen weiter fast keine Zwischenräume entstehen. In der ersten Attacke sollte die preußische Kavallerie das erste feindliche Treffen schlagen und vor sich hertreiben, um dann gleich auf das zweite feindliche Treffen einzustürmen; erst nach dem Erfolg über das zweite Treffen war das Handgemenge zulässig. Friedrich II. hatte bei seinen Richtlinien das folgende Bild vor Augen: »Wenn dergestalt die große Mauer geschlossen und mit Impetuosität auf einmal an den Feind herankommt, so kann ihr ohnmöglich etwas Widerstand thun.«[43] Der König forderte von den Reitern die Attacke mit der blanken Waffe. Er lehnte die Feuerwaffen jedoch nicht grundsätzlich ab, schuf sogar als Novum eine berittene Artillerie, deren Geschütze bald extrem leicht und beweglich, bald von schwererem Kaliber und in Batterien zusammengefaßt waren.[44]

Die strenge Disziplinierung brachte der preußischen Kavallerie nicht nur Vorteile. Die Sicherung und Beobachtung, bestimmte Aufgaben bei der Vorbereitung und Einleitung der Schlacht, die Deckung der Bewegungen von Infanterie und Artillerie sowie die endgültige Überwindung und Verfolgung des erschütterten Feindes konnten von der geschlossenen Front nicht geleistet werden, sie bedurften der lockeren Formation, der kleinen Gruppen oder Scharen, die selbständiger zu operieren vermochten, als die preußische Ordnung es vorsah. Für die Schwächen im Aufklärungsdienst war es bezeichnend, daß Friedrich der Große 1744 bei seinem Vormarsch ins südliche Böhmen die Orientierung verlor, als seine nahezu 20 000 Mann umfassende Kavallerie längere Zeit nicht herausfinden konnte, wo die österreichische Armee sich befand. Solche Mängel kamen unter anderem dadurch zustande, daß die Kavallerie neben vertrauenswürdigen Männern eine Reihe unzuverlässiger Leute versorgte, zu unzuverlässig, als daß man sie ohne Kontrolle durchs Land hätte schicken können. Die verläßlichen Reiter im Mannschaftsgrad konnten diese Lücke nicht füllen. Ihre jahrelange Disziplinierung hatte sie gelehrt, Selbständigkeit, Selbsttätigkeit und eigenes Urteil zum Wohl der geschlossenen Aktion zu reduzieren oder gänzlich aufzugeben; zu Einzelaktionen waren sie nicht mehr fähig.[45]

Der König hatte diesen Mangel erkannt und suchte ihn mit der Föderung der Waffengattung der Husaren zu beheben. Friedrich Wilhelm I. hatte seinem Sohn nur neun Eskadrons dieser Truppe hinterlassen; Friedrich II. vermehrte ihre Zahl auf 80. Er engagierte hierzu kriegs-, abenteuer- und wohl auch beutelustige Gesellen, die nicht desertionsverdächtig waren und denen weitgehende Freiheit gewährt werden konnte. Um sie enger an die Armee zu binden, wurden sie zeitweise anderen Truppenteilen zugeordnet. Für den kavalleristischen Einsatz in der Schlacht waren sie zu locker formiert. Bei Leuthen bildeten sie hinter der Infanterie ein viertes Treffen, das vornehmlich zur Verfolgung eingesetzt werden sollte. Der Sonderstatus der Husarentruppe ließ sich offenbar nur beschränkte Zeit aufrechterhalten; schon vor dem Siebenjährigen Krieg wurde ihre Ausbildung der der übrigen Reiterregimenter weitgehend angeglichen.[46]

Während die Stärken der friderizianischen Kavallerie auf dem Schlachtfeld lagen, zeigten die napoleonischen Reiter besonderes Geschick im Sicherungs- und Beobachtungsdienst. Um 1700 umfaßte die französische Reiterei ein Sechstel des gesamten Heeres. Sie war numerisch schwach und leistete auch nicht sonderlich viel.[47] Zur Zeit Napoleons änderte sich die Situation. In Ägypten hatte der französische Feldherr 1798/99 die Bedeutung ausgezeichneter Reiterabteilungen kennengelernt. Mit imponierendem Geschick führten die ägyptischen Mamelucken ihre Pferde und ihre Waffen. Sie waren die eigentlichen Herren des Landes, rühmten sich als Berufssoldaten ihrer Pferde, ihrer Waffen, ihrer Ausbildung wie ihrer persönlichen militärischen Fähigkeiten und sollen als irreguläre Reiterei weder eine disziplinierte Formation noch das gemeinsame Manövrieren gekannt haben. Die insgesamt 12 000 mameluckischen Reiter wurden von 24 Beys kommandiert, die jeweils 500 bis 600 Mann auszurüsten und zu unterhalten hatten. Jedem Reiter assistierten zwei Helfer. Die Diener scheinen sich nicht am Kampf beteiligt zu haben; einer von ihnen hatte auf einem Packpferd Gepäck und Proviant, der andere den Karabiner mitzuführen. Die Mamelucken selbst trugen ein Paar Pistolen und einen Dolch im Gürtel, ein weiteres Paar Pistolen am Sattel, ferner einen Säbel und ein Musketon. Zum Teil sollen sie mit Panzerhemden und Sturmhauben gewappnet gewesen sein. Nach Denisons[48] Skizze stellten die mame-

luckischen Reiter keinen ausgeprägten Typus dar; in ihnen scheint sich nomadisches und ritterliches Erbe mit kavalleristischer Ausrüstung verbunden zu haben. Die einzelnen Mitglieder der ägyptischen Truppe waren den französischen überlegen. Sie kämpften jedoch so disziplinlos, daß es den Franzosen gelang, ihre Schwächen auszunutzen und ihnen insgesamt mit Erfolg zu begegnen. Napoleon notierte in seinen Memoiren, zwei Mamelucken könnten sich sehr wohl gegen drei Franzosen halten, da sie besser bewaffnet, besser beritten und besser ausgebildet seien. Dagegen würden 100 Franzosen sich vor 100 Mamelucken nicht zu fürchten brauchen, 300 Franzosen einer gleichen Anzahl überlegen sein und 1000 Franzosen unfehlbar 1500 Mamelucken besiegen. So groß sei also der Einfluß von Taktik, Ordnung und gemeinsamer Manövrierfähigkeit.[49]

Die französischen Generäle führten ihr Heer in mehreren Treffen gegen die mameluckischen Reiter. Die ersten Kämpfe gewann die französische Artillerie mit der Infanterie nahezu ohne Beteiligung der Kavallerie. Napoleon hatte nur eine kleine Reitertruppe zur Verfügung; mit den bestens ausgebildeten und ausgerüsteten Mamelucken konnte sie sich nicht messen.[50] Die Stärke der ägyptischen Reiter veranlaßte Napoleon dazu, seinerseits eine wehrfähige und geschickte Kavallerie aufzubauen. Die französische Reiterei erstarkte später vor allem in der Auseinandersetzung mit den irregulären russischen Reiterscharen zu einer Kraft, die sich auf dem Schlachtfeld wie bei den Unternehmungen des indirekten Kriegs bewährte.[51]

Außergewöhnlicher Enthusiasmus – verbunden mit opferbereiter Disziplin – wird von der französischen Reiterei berichtet, die unter Murat nach Moskau einzog: Nach sechzig durchkämpften Schlachten und Gefechten und nach dreimonatigem Marsch gelangten die Truppen vor die Metropole, in der sie das Ziel ihres Einsatzes, den Lohn für die Anstrengungen und das Ende der Strapazen sahen. Die Russen hatten die Stadt geräumt, die Franzosen fanden sie verlassen vor. »Ganz im Sinne eines ungestümen Cavallerieoffiziers« zauderte Murat nach Denison[52] nicht einen Augenblick, sondern passierte die Stadt, ritt aus den jenseitigen Toren wieder heraus und nahm »mit vollster Ruhe die weitere Verfolgung der Russen, mit dem Gesicht nach Asien und der Aussicht auf die unbegrenzten Ebenen des Ostens wieder auf.« Die Russen vernichteten die französische Armee unter den aufreibenden klimatischen Bedingungen schließlich dadurch, daß sie ihr mit den überlegenen leichten Truppen die Zufuhren abschnitten.[53]

Beim Deutschen Krieg des Jahres 1866, der den Dualismus Österreich-Preußen zugunsten der Preußen und der kleindeutschen Lösung entschied, gewann die preußische Kavallerie keine schlachtentscheidende Bedeutung; sie leistete auch in der Aufklärung wie in der Verschleierung nicht viel.[54] Das Versagen der preußischen Kavallerie, die wachsende Kraft der technischen Waffen und die großen Verluste der österreichischen Reiterei durch das preußische Feuer bestärkten den Eindruck der Machtlosigkeit der traditionellen Kavallerie gegen die neue Position der Infanterie und Artillerie. Seit der Zeit der napoleonischen Kriege waren die Feuerwaffen beträchtlich verstärkt worden; diese Entwicklung hatte zu einer neuen kriegstechnischen Situation geführt, die 1866 offenbar wurde.

Dem skeptischen und resignativen Urteil über die Zukunft der Reiterei trat Prinz Friedrich Karl von Preußen als neuernannter Inspekteur der Kavallerie entschieden entgegen. Er forderte von der Reiterwaffe neben der Aufklärung und Verschleierung, die Erfolge der Infanterie und Artillerie auf dem Schlachtfeld auszunutzen. Im deutsch-französischen Krieg wurde dann das Gros der Kavallerie ebenso wie der größte Teil der Artillerie vom Ende der Marschkolonnen der Heere an ihre Spitze vorgezogen. Die neugeschaffene Heereskavallerie sollte der Infanterie und der Artillerie vorausreiten, sollte die Bewegung der eigenen Truppe verschleiern und die des Gegners – unter Umständen sogar durch kleine Gefechte – auskundschaften. Die offensiven Ansichten des neuen Kavallerie-Inspekteurs hatten sich zwar bis zum Kriegsausbruch 1870 noch nicht völlig durchgesetzt, der preußischen Kavallerie gelang es aber in der deutsch-französischen Auseinandersetzung, ihr Versagen von 1866 wettzumachen.[55] Die kavalleristischen Leistungen von 1870/71[56] scheinen dann sogar Anlaß gegeben zu haben, die Überlegenheit der Feuerwaffen zu verkennen. Zu einer zutreffenden Einschätzung der Lage gelangte man meist auch deshalb nicht, weil die Schußwaffe der berittenen Truppe, nämlich der Karabiner, verbessert und im wesentlichen den Wandlungen des Infanteriegewehrs angepaßt worden war. Beim Krieg 1870/71 trug allerdings nur ein Teil der leichten Reiterei den Karabiner, die schwere Reiterei schoß noch mit Pistolen. Erst seit dem letzten Drittel des neunzehnten Jahrhunderts setzte sich die Bewaffnung der gesamten Kavallerie mit dem Karabiner durch.[57]

Die russische Kavallerie war gleich nach dem Ende des Krimkrieges (1854–56) im Rahmen einer generellen Heeresreform modifiziert worden, und zwar als Antwort auf die erhöhte Perkussionskraft der Feuerwaffe, die sich in der Auseinandersetzung mit den Türken zumindest partiell ausgewirkt hatte. Die Russen schafften die Linienkürassiere ab, sie verminderten die Zahl der Dragonerregimenter und rückten an ihre Stelle 14 leichter ausgerüstete Kavallerieregimenter.[58] Neben der Verminderung der Zahl der Kavalleristen ging es darum, ihre Wendigkeit und Schnelligkeit zu erhöhen und ihre Aufgaben von der unmittelbaren Beteiligung an der Schlacht auf die mittellosen Dienste der Aufklärung, Verschleierung, Beunruhigung sowie ähnliche taktische Aktionen zu verlagern.

Die neuen gezogenen Waffen mit erheblich ausgedehnter Schußweite hatten bereits im italienischen Einigungskrieg von 1859 bei den Berittenen für Angst und Schrecken gesorgt.[59] Die Österreicher hatten daraufhin ihre Kavallerie nach 1859 wesentlich reduziert.[60] In Preußen versuchte man hingegen, das grundsätzliche Dilemma der Kavallerie angesichts der effektiveren Feuerwaffen als organisatorisches Problem zu lösen. Man erweiterte die Reiterei, die vor den italienischen Kriegen 80 Eskadrons schwerer und 72 Eskadrons leichter Kavallerie umfaßt hatte, auf insgesamt 200 Eskadrons und deckte damit den Ausfall, der sich aus dem Fortfall der Landwehrkavallerie ergab.[61] Weitgehend unabhängig von den verfestigten Vorurteilen der traditionellen Kavallerie gegen die Feuerwaffe und für die blanke Waffe kämpften im amerikanischen Sezessionskrieg (1816–65) zahlreiche Büchsenschützen vom Sattel aus. In den Auseinandersetzungen zwischen dem industrialisierten Norden und dem agrarischen Süden wurde unter anderem der Hinterlader eingesetzt. Die mit ihm errungenen Erfolge erlaubten jedoch noch kein definitives Urteil über seine Stärken und Schwächen bei der Auseinandersetzung mit einer durch Disziplin und Geschick ausgezeichneten Reiterabteilung.[62] Zu eigentlichen Kavallerieattacken kam es nämlich im Sezessionskrieg nicht; für solche Aufgaben waren die Mannschaften nicht hinreichend ausgebildet. Die berittenen Abteilungen befaßten sich vornehmlich mit der Zerstörung der Magazine, der Behinderung des Nachschubs sowie mit der Aufklärung. Bei diesem Dienst leisteten sie für den Krieg Beträchtliches, mehr als die regulären Kavallerien Europas zu jener Zeit.[63]

Den deutsch-französischen Krieg (1871/71) kennzeichneten unter anderem die verbesserten Feuerwaffen, die zum ersten Mal von ausgebildeten Heeren eingesetzt wurden, und zwar an beiden Fronten. Auf französischer wie auf deutscher Seite kämpfte eine starke, gut ausgerüstete Kavallerie. Der numerische Anteil der Reiter am gesamten Aufgebot hatte im Vergleich zu den Verhältnissen des 18. Jahrhunderts zwar abgenommen, in erster Linie freilich infolge der Verstärkung der Infanterien und weniger aufgrund der Verminderung der Kavallerien.[64] Die Verantwortlichen der preußischen Kavallerie interpretierten den erfolgreichen Einsatz ihrer Truppen in den Gefechten von 1870/71 als Beweis für die militärische Effektivität, den man sich von der exzellenten Ausbildung der Berittenen weiterhin versprechen dürfe – damit auch als Argument gegen die grundsätzlichen Zweifel an der Existenzberechtigung der Kavallerie.

Hellmuth von Moltke, der Führer des deutschen Heeres, hatte aus den Erfahrungen des lombardischen und des böhmischen Feldzuges offenbar den Schluß gezogen, in der veränderten Kriegssituation könne die traditionelle Schlachtenkavallerie weniger leisten als große, zur Erkundung weit vorgeschobene Reiterabteilungen. Die Österreicher hatten ihre Reiterei schon 1866 derart eingesetzt, sie hatten dies freilich noch nicht konsequent genug getan.[65] Im Gegensatz zu von Moltke scheint auf französischer Seite Marschall Mac Mahon nicht hinreichend klar gewesen zu sein, in welchem Maße schon zu dieser Zeit die waffentechnische Entwicklung der Kavallerie unter »normalen« Bedingungen die Möglichkeit genommen hatte, das Gefecht zu bestimmen und große Entscheidungen herbeizuführen. Noch in seinen Erinnerungen lobte Mac Mahon die französische Kavallerie und ihre Bedeutung für den Verlauf der Schlachten überschwänglich.[66]

Die traditionelle Positionen und die konservativen Urteile über die Kavallerie sahen sich durch den Kriegsverlauf von 1870/71 insofern bestätigt, als die Berittenen neben den mittelbaren Gefechtsdiensten hart bedrängter Infanterie mit attackenartigen Angriffen mehrfach entscheidend helfen konnten; sie taten dies freilich nicht aufgrund vorweggeplanter Taktik, sondern in glücklich verlaufenen Aktionen, die von der Entschlußkraft, der Einsatzbereitschaft und dem Geschick in der Ausnahmesituation diktiert wurden. Den distanzierten Beobachter konnten die erfolgreichen Einsätze jedoch nicht über die grundsätzliche Lage der Kavallerie hinwegtäuschen, die in den Ge-

fechten von 1870/71 zutage getreten war und die Daniels[67] hart, vielleicht zu hart mit den Worten kennzeichnete: »Die Kavallerie, noch bei Waterloo eine schlachtentscheidende Waffe, war jetzt in den blutigen Dramen der Geschichte weiter nichts mehr als ein retardierendes Moment. Sie mußte bei ihren Angriffen auf Infanterie, die den Hinterlader in ihren Händen hielt, einer nahezu vernichteten Niederlage mit Gewißheit entgegensehen. Aber die Atempausen, die attackierende Reiterei der eigenen Infanterie und Artillerie verschaffte, waren von unschätzbarem Wert, und so sind bei Beaumont die Kürassiere des 12. Korps auf der Walstatt und in den Fluten der Maas nicht zwecklos zugrunde gegangen!« – Eine vernichtende und deprimierende Schilderung der Lage der Reiterei, wenn ihre Ehre und Anerkennung zuteil wird für die Atempause, die sie der Infanterie und Artillerie verschaffte und mit dem Leben ihrer Leute bezahlte!

Bei der Unterwerfung der Burenrepubliken durch England im Burenkrieg (1899–1902) litt die Reiterei der Briten unter den besonderen Umständen des Krieges noch mehr als das Fußvolk. Die unzureichende Ernährung der Pferde und die erheblichen Ausbildungsmängel bei der Truppe – nur ein Drittel der britischen Reiter bestand aus regulären Kavalleristen – führten schon bei den Anstrengungen des Marsches zu außergewöhnlich hohen Verlusten.[68] Repräsentative Reitergefechte konnten sich auf dieser Basis nicht entwickeln.

Im russisch-japanischen Krieg (1904/05) kam es ebenfalls nicht zu bedeutenden Kavalleriegefechten. Die japanischen Berittenen waren zu schwach, um sich mit den russischen auf dem Schlachtfeld messen zu können. Der russischen Kavallerie scheint es an dem für eine Attacke unverzichtbaren offensiven Geist gefehlt zu haben. Darüber hinaus eignete sich das Terrain nicht sonderlich für das Kavalleriegefecht. Das japanische Land der Berge und Inseln bot generell keine Voraussetzungen, die dem Aufbau einer Reiterei und ihrer Entfaltung förderlich waren. Darüber hinaus saßen die japanischen Kavalleristen zum Teil auf schwachen japanischen Ponies. Es war daher zu erwarten, daß die Reiterwaffe des Fernen Ostens über die Aufklärung hinaus nichts Nennenswertes leistete. Die russische Reiterei, die sich von alters her auf den Parteigängerkrieg verstand, beschränkte sich ebenfalls auf indirekte Gefechtsaufgaben.[69]

Im Verlauf des Ersten Weltkrieges, vor allem seit der Verschiebung vom Bewegungskrieg zum Stellungskrieg, verminderte sich der Einfluß der Kavallerie zunehmend. Nur auf den Kriegsschauplätzen, auf denen der Bewegungskrieg sich länger hielt oder nach dem Durchbrechen der feindlichen Front wieder aufgenommen wurde, spielte die Reiterei noch eine beschränkte Rolle. Durch ihre vornehmliche Verwendung bei der Aufklärung, Verschleierung und Verfolgung gewann die Heereskavallerie an Stelle der taktischen vermehrt strategische Bedeutung, die sie später mit den Flugzeugen teilte und schließlich an diese abgab.[70]

Insgesamt entsprach die deutsche Kavallerie im Ersten Weltkrieg nicht den in sie gesetzten Hoffnungen. Ihre Ausfälle und Schwächen wurden unter anderem mit ihrem zu geringem Umfang, mit Mängeln in der Organisation und mit unzureichender Schulung geeigneter Reiterführer begründet. Der deutschen Heeresführung warf man vor, die Kosten für eine zweckmäßige Ausbildung der Truppen und ihrer Führer schon in Friedenszeiten gescheut und die Stärke der Kavallerie zugunsten technischer Truppen reduziert zu haben. Die Ausfälle und Schwächen erschienen in diesem Zusammenhang nicht als Konsequenz der generellen militärischen Lage der Kavallerie, sondern als Folge unzureichender Vorbereitung.[71]

Nach Piekalkiewicz[72] wurde das Pferd »niemals in seiner langen Geschichte … rücksichtsloser ausgenutzt als im Zweiten Weltkrieg. Man ritt es gegen Panzer und führte mit ganzen Regimentern berittene Durchbruchsattacken trotz massiven MG- und Kanonenfeuers. Es war der erste, der dabei getroffen wurde, selten gab es eine Deckung oder ein Entkommen, wenn es vor ein Geschütz oder einen Troßwagen gespannt war. Im harten russischen Winter standen die Pferde oft bei Temperaturen bis Minus 50 Grad an den Katen und fraßen morsche Holzschindeln oder fauliges Stroh von den Dächern. Beinahe doppelt so viele wie im Ersten Weltkrieg, 2,75 Millionen Pferde einschließlich der Maultiere, zogen für Führer und Vaterland ins Feld. Die Rote Armee, getreu ihrer Reitertradition, schickte gut 3,5 Millionen Rosse in den Kampf; wie viele von ihnen das Gemetzel überlebten, werden wir nie erfahren.«

Das Pferdesterben dauerte von den ersten bis zu den letzten Phasen des Zweiten Weltkrieges. Die Deutsche Armee verlor im Durchschnitt täglich 865 Pferde. Der Kessel von Stalingrad kostete etwa 52 000 Pferden das Leben. Als Adolf Hitler am 8. Mai 1944 der

17. Armee befahl, die Halbinsel Krim, die strategische Schlüsselstellung im Schwarzen Meer, zu räumen, fällte er indirekt ein Todesurteil über etwa 30 000 Pferde, die den sowjetischen Truppen nicht in die Hände fallen sollten. An der Steilküste der Sewrnaja-Bucht, in der der Hafen von Sewastopol liegt, wurden die Tiere erschossen und in den Abgrund gestürzt.[73]

Schon die erste Kavallerieattacke des Zweiten Weltkrieges war symptomatisch für die generelle Position des Pferdes in diesem Krieg: Polnische Ulanenreiter galoppierten am 1. September 1939 bei Krojanty mit gezücktem Säbel gegen die deutsche Front. Maschinengewehre und Panzer schossen die Schar von etwa 250 Mann in wenigen Augenblicken bis auf etwa die Hälfte zusammen. Die polnischen Ulanen waren bei diesem Unternehmen – wie bei weiteren Angriffen gegen eine von Panzern oder Flugzeugen gedeckte Infanterie – nicht blind in den Tod gerannt. Sie hatten auch nicht geglaubt, den Panzern mit ihren Säbeln etwas anhaben zu können, hatten vielmehr versucht, die einzige Überlebenschance dadurch zu nutzen, daß sie an der Linie der Panzer in einem riskanten Manöver möglichst schnell vorbeikamen.[74]

Das wahrscheinlich letzte Kavalleriegefecht der Kriegsgeschichte schlugen am 23. September 1939 polnische Ulanen und deutsche Kavalleristen bei Krasnobrod unweit von Lublin mit Säbeln. Als die deutschen Reiter sich aus dem Kampf zurückzogen, gerieten die Polen bei der Verfolgung in das Kreuzfeuer der deutschen MG-Stellungen.[75]

Neben der Sowjetunion verfügte Polen über die größte Kavalleriemacht des Zweiten Weltkrieges. Die polnischen Reiter stellten die letzte Kavallerie dar, die in hergebrachter Form selbständig operierte. Mit der nationalen Selbständigkeit im Jahre 1918 waren die neuen polnischen Reiterabteilungen entstanden. Ihre Offiziere rekrutierten sich vornehmlich aus Gutsherrenkreisen und aus der Intelligenzschicht. Zu den bedeutendsten Leistungen dieser Truppen gehörte es, im August 1920 die Roten Reiter des Marschalls Budjenny, die das Weichbild von Warschau erreicht hatten und bis Thorn vorgestoßen waren, zu schlagen und damit Polen vor dem sowjetischen Zugriff zu retten. Die Bedeutung, die man der Kavallerie im polnischen Heer zumaß, spricht schon aus dem numerischen Verhältnis von 37 berittenen gegenüber 90 Infanterieregimentern. Besondere Verdienste erwarben die Ulanen sich im Zweiten Weltkrieg durch ihre mutigen Einsätze bei der vom 9.–18. September 1939 sich hinziehen-

den Schlacht an der Bzura. Die insgesamt 70 000 polnischen Reiter hätten nach Piekalkiewicz[76] in den gesamten Krieg wirkungsvoller eingreifen können, wenn man ihnen weniger die Verteidigungs- und mehr die ihrer Beweglichkeit entsprechenden Offensivaufgaben übertragen und wenn man ihnen ihre strategische und taktische Bedeutung nicht dadurch genommen hätte, daß man sie über das 1500 Kilometer lange Grenzgebiet zu Deutschland verteilte.

Zu Beginn des Zweiten Weltkrieges verfügte außer Polen und Rumänien nur die Sowjetunion über große Reiterverbände. Der legendäre Semen Michailowitsch Budjenny, ehemaliger Dragonerwachtmeister und einer der berühmtesten Reiter der zaristischen Kavallerie, hatte schon während der Revolution des Jahres 1917 die Rote Reiterarmee organisiert. Die mit unerbittlicher Strenge von Budjenny geführte Truppe eroberte in kurzer Zeit die Ukraine und anschließend den Süden Rußlands. Im Krieg gegen Polen wurde ihr erst kurz vor Warschau und Thorn Einhalt geboten. Diese Erfolge schufen der Kavallerie ein Ansehen, das Marschall Woroschilow beim 17. Parteikongreß im Jahre 1934 dazu veranlaßte, sich gegen »die Ersetzung des Pferdes durch die Maschine« auszusprechen.[77]

Obwohl das Reitervolk der Kosaken von Stalin zum Teil liquidiert und deportiert, obwohl ihm der Dienst in der Roten Armee zunächst versagt wurde, entwickelten sich die Kosakendivisionen ab 1936 zum Kern der sowjetischen Reitertruppe. Beim letzten Parteikongreß vor dem Kriegsausbruch, dem 18. am 13. März 1939, sprach Marschall Woroschilow der Kavallerie erneut seine besondere Anerkennung aus. Die sowjetischen Reiterkampfvorschriften von 1941/42 forderten für die Auseinandersetzung mit der deutschen Wehrmacht vor allem Beweglichkeit und Anpassungsfähigkeit; sie betonten ferner den Wert der Kavallerie für Flanken- und Rückenangriffe sowie zur Beunruhigung des Feindes. Bei den Grenzschlachten gegen die Japaner im Fernen Osten wurden die Angriffe der russischen Reiterei im August 1939 erstmals durch Panzer unterstützt. Mit dem Überfall auf Polen im September 1939 begannen die sowjetischen Kavallerieoperationen im Zweiten Weltkrieg.[78]

Eine wichtige Rolle spielten die mit Männern aus der Äußeren Mongolei verstärkten sowjetischen Reiterverbände bei der Schlacht um Moskau. Sie kämpften in ebenso mutigen wie verlustreichen Attacken unter MG-, Panzer- und Flugzeugbeschuß an der Front

und schadeten dem Feind im Hinterland dadurch, daß sie überraschend Stäbe und Versorgungslager angriffen, Straßen sperrten, Nachrichtenverbindungen zerstörten, Brücken und Viadukte sprengten und immer wieder Trosse überfielen.[79]

Stalin hatte schon in seiner ersten Rede nach Kriegsausbruch gefordert, unter anderem berittene Partisanen in die vom Feind besetzten Gebiete zu schaffen. In manchen Regionen Weißrußlands und der Ukraine entwickelte sich die »Jagd« zu Pferd auf die »faschistischen Eindringlinge« zu einer Art von »Volkssport«. Die ansehnlichen Partisanenverbände und -schwärme wurden von Moskau aus per Funk gelenkt, folgenreiche Raids weit hinter der Frontlinie machten sie berühmt und berüchtigt.[80] Die regulären russischen Kavallerieverbände trugen nach der erfolgreichen Schlacht in Weißrußland im Sommer 1944 entscheidend zum Einbruch in die breitgestaffelte deutsche Verteidigungslinie bei Lemberg wie zu den Gefechten am Dnjestr und im Raum Kischinew bei.[80]

Nach der Sowjetunion und Polen stellte Rumänien eine der großen Kavalleriemächte dar. Das Gros der rumänischen Reiterverbände bestand aus Roschiori- und Kalaraschen-Regimentern, die auf die Milizen zurückgingen, die der Landadel und die freien Bauern in der Walachei und an der Moldau zum Selbstschutz gegründet hatten. Die rumänische Kavallerie kämpfte unter anderem mit der deutschen Armee in Stalingrad, am Kubanbrückenkopf und auf der Krim.[82]

Das deutsche kaiserliche Heer hatte im Jahre 1914 über 110 aktive Kavallerieregimenter verfügt. Dem 100 000-Mann-Heer der Reichswehr hatten 18 Reiterregimenter angehört, die später auf drei Kavalleriedivisionen verteilt wurden. Diese Divisionen löste man 1935 auf. Die meisten Reiterregimenter wurden in Kavallerieregimenter umbenannt und umgegliedert. Aus ihnen sollten im Kriegsfall die Aufklärungsabteilungen der Infanteriedivisionen gebildet werden. Als einziger Verband der Heereskavallerie verblieb die 1. Kavalleriebrigade mit ihren beiden Reiterregimentern 1 und 2 in Ostpreußen. Die Reiter waren mit Säbel und Karabiner bewaffnet, die Zug- und Gewehrführer mit der Pistole. Erst nach 1940 verzichtete man bei den Reiterschwadronen auf den Säbel. Die 1. Kavalleriebrigade bewährte sich bereits im Polenfeldzug, obwohl sich das Fehlen moderner schwerer Waffen negativ auswirkte.[83] Zu den bemerkenswerten kavalleristischen Leistungen im ersten Teil des Krieges gehört die Tatsache, daß eine Reiterschwadron unter Georg

von Boeselager am 9. Juli 1940 schwimmend mit dem Pferd die Seine überquerte und damit die für den Frankreichfeldzug operativ wichtige Flußlinie nahm.[84] Unter den 66 deutschen Divisionen, die 1940 für die ersten Angriffswelle an der Westfront bestimmt waren, befand sich nur eine Kavallerieformation.[85]

Die deutsche Heereskavallerie wurde am 5. November 1941 aufgelöst. Diese Entscheidung ging von Adolf Hitler aus, der die Reiter mißachtet haben soll.[86] Die 1. Kavalleriedivision wurde in die 24. Panzerdivision umfunktioniert, die anfallenden Pferde gelangten vor Gefechts- oder Troßfahrzeuge und zum Teil zu den neuformierten Kosakeneinheiten. Diese Kosakeneinheiten waren seit Herbst 1941 von einigen deutschen Befehlshabern an der Ostfront auf eigene Faust zusammengestellt worden. Dabei bediente man sich der antisowjetischen Einstellungen dieses Reitervolks, dessen weiterhin nomadisierendes Leben Stalin ausgesprochen mißfiel. Die abenteuerlichen Reiter schützten die deutschen Soldaten engagiert und geschickt vor den sowjetischen Partisanen. Sie wurden daher stillschweigend in die schwachen deutschen Sicherungsverbände aufgenommen. Erst mit der im Dezember 1942 von Major Graf von Stauffenberg, dem späteren Hitlerattentäter, erwirkten offiziellen Erlaubnis, einen Ost-Freiwilligenverband aufzustellen, war der Weg für eine Kosakenkavalleriedivision in deutschen Diensten frei. Seit Mitte 1942 kämpften daher kosakische und auch kalmückische Reiter in bemerkenswerter Zahl in Rußland mit der deutschen Armee. Bei Kriegsende suchten sie der Rache der Sowjets zu entkommen. In einem Eilmarsch erreichten sie auch die britischen Truppen, die sie zwar entwaffneten, dann aber an die Russen auslieferten. Die meisten kosakischen Offiziere wurde als Vaterlandsverräter gehängt, die Mannschaften verschwanden in den sibirischen Bergwerken.

Nach den Kriegsberichten operierten die Kosaken und Kalmücken ähnlich wie ihre als Bogenreiter beschriebenen Vorfahren. Sie kämpften auch noch im Zweiten Weltkrieg ohne Disziplin und Ordnung im westlichen Sinne, erfüllten ihre Aufgaben aber mit besonderer Leidenschaft. Bei der Vernichtung der sowjetischen Restverbände in der Steppe sollen sie so fanatisch vorgegangen sein, daß die deutsche Wehrmacht gelegentlich habe einschreiten müssen, um größere Grausamkeiten zu verhindern.[87]

Kosaken wurden auch der im Februar 1943 in Rußland auf Initiative von Boeselagers neu aufgestellten

37. Der Einzug Napoleons durch das Brandenburger Tor in Berlin am 27. Oktober 1806. Holzstich nach einer zeitgenössischen Zeichnung

38. *Der Überfall der Lützower bei Kitzen am 17. Juni 1813. Holzstich nach einer Zeichnung von Otto Fikentscher, 1863*

deutschen Heereskavallerie, nämlich dem »Reiterverband Boeselager«, eingegliedert. Im März erweiterte man den »Reiterverband« zum Kavallerieregiment. Das neue Regiment sollte in erster Linie beim Kampf gegen die Partisanen eingesetzt werden. Es bestand aus 130 Offizieren sowie 5000 Unteroffizieren und Mannschaften, inklusive der 650 Kosaken.[88]

Zur Situation der Kavallerie in der deutschen Armee des Zweiten Weltkrieges ist weiter bemerkenswert, daß die seit 1940 entstandenen SS-Reiterstandarten, die seit 1941 aufgestellten SS-Kavallerieregimenter und die SS-Kavalleriebrigade unabhängig von der Auflösung der Heereskavallerie fortexistierten. Das deutsche Heer verfügte später sogar über Bereiterinnen. Sie hatten die eingezogenen Offiziere und Unteroffiziere der Wehrkreis-Reit- und -Fahrschulen zu ersetzen, hatten Reit- und Zugpferde für die Infanterie und die bespannten Truppenteile auszubilden und bei der Schulung der Reitlehrer mitzuwirken.[89]

Zu der Zeit, da die deutsche Heereskavallerie aufgelöst wurde, richtete Tito in seiner jugoslawischen Befreiungsarmee berittene Abteilungen ein, die er im Laufe der folgenden Jahre weiter verstärkte und aus denen im September 1944 die 1. Reiterbrigade entstand, die dem 1. Proletarischen Armeekorps angegliedert war.

Frankreich verfügte bei Kriegsausbruch nur über Reste seiner ehemals berühmten Kavallerie. Zu den insgesamt 91 französischen Divisionen gehörten fünf berittene Einheiten.[90] Die aus Eingeborenen der kriegerischen Beduinenstämme Nordafrikas wie aus französischen Freiwilligen zusammengestellte Spahis-Brigade errang im Feldzug von 1940 trotz der Niederlage Anerkennung und Ruhm.

Die Italienische Kavallerie kämpfte 1940/41 in Ostafrika, im Juli 1942 war sie an »Säuberungsaktionen« in Rußland beteiligt; ein Jahr später kam sie auf Sizilien zu einem ihrer letzten Einsätze. Auf dem Balkan focht 1941 jugoslawische und griechische Kavallerie. Eine japanische Reiterabteilung operierte Mitte 1940 in China. Die britische Kavallerie trat 1941 im Nahen Osten gegen die Vichy-Truppen an; im März 1942 ritt sie auf Burma ihre letzte Attacke. Der erfolgreiche Reitereinsatz in Syrien verbesserte die strategische Lage der Engländer im Nahen Osten nach den Worten Churchills »ganz erheblich«. Die amerikanische Armee wurde als erste in der Welt vollmotorisiert. Das einzige verbliebene Kavallerieregiment kämpfte zwischen Dezember 1941 und März 1942 in der Nähe von Manila gegen die Japaner in besonders dramatischen und blutigen Gefechten. Am 15. März 1942 lösten sich die berittenen Abteilungen der US-Armee dadurch auf, daß sie sich nach langem Hungern dazu entschlossen, ihre letzten 250 Pferde zu schlachten und zu verspeisen.[91]

Nicht alle der geschilderten Einsätze im Zweiten Weltkrieg wurden im Sattel unternommen. Der Beschuß durch Maschinengewehre, Panzer und Flugzeuge führte vielfach dazu, die Pferde vor der Front zurückzulassen und zum Schutz der Leute und der Tiere die Aufgaben zu Fuß zu übernehmen. Das aus dem Zweiten Weltkrieg vielfach berichtete Absteigen der Kavalleristen ist wie das der Ritter am Ende des Mittelalters bezeichnendes Indiz für die Krise des Reiterkriegertums.

Hinter den sachlichen Berichten von den durch Feindeinwirkung getöteten Pferden – etwa 75 Prozent der Pferde des deutschen Heeres kamen auf diese Weise zu Tode – und vor allem auch hinter den Berichten, nach denen die Soldaten selbst ihre Pferde töteten, um sich mit ihrem Fleisch am Leben zu halten oder um sie nicht dem Feind auszuliefern, standen vielfach schwerwiegende Entscheidungen, tiefgreifende Trennungen und persönliche Krisen, die von den zwischen Mensch und Tier gewachsenen Bindungen zeugen. Bezeichnenden, oft überschwänglich-sentimentalen Ausdruck fand diese Beziehung unter anderem in Abschiedsbriefen der Kavalleristen für ihre Pferde. Einer der Reiter, der mit seinem Pferd viele kritische Situationen überstanden und der sich in der über Jahre hin bewährten Partnerschaft an das Tier wie an einen Menschen gebunden hatte, schrieb nach der Erschießung seines Pferdes auf der Krim seine Einstellungen und Gefühle nieder: »Hinter eine gespielte Grimmigkeit mußte ich mich flüchten, um nicht auch weich zu werden. Ganz allein mußte ich sein, um Abschied von meiner ›Paprika‹ zu nehmen. Mit ihren großen Augen, die immer einen melancholischen Ausdruck hatten, sah sie mich an. Ihren Kopf rieb sie an meiner Brust und legte ihn schließlich – ihre Lieblingsstellung – auf meine Schulter ... Weißt du noch, Paprika, wie wir uns durch Melderitte das Eiserne Kreuz verdienten? Kannst du dich erinnern, Paprika, wie wir auf der Halbinsel Kertsch in Minenfelder geraten waren, da die Trassierbänder zerschossen im Gelände lagen? Mit gespitzten Ohren, leise schnaubend, hast du dich, unendlich langsam, in der eigenen Spur zurückgesetzt. Nie habe ich dir gesagt, Paprika, daß ich dich

einmal nach einem glücklichen Kriegsende kaufen wollte, daß ich dazu schon für dich eine Unterkunft in Berlin bei guten Menschen gefunden hatte. Nun müssen wir uns trennen, ein unerbittliches Kriegsschicksal reißt uns auseinander. – Noch einmal zog ich den warmen Atem Paprikas tief ein, noch einmal legte ich mein Gesicht an ihre samtweichen Nüstern. Ich sah ihr nach, bis der Wall mir den Blick versperrte.«[92]

Der breite und vielfältige Einsatz des Pferdes im Zweiten Weltkrieg spricht nicht gegen seine auch zu dieser Zeit bereits aussichtslose Position in der Auseinandersetzung mit den weiter verbesserten technischen Waffen: Auf deutscher Seite dienten drei Viertel aller Kriegspferde an der Ostfront, und zwar vornehmlich als Zugtiere und weniger bei kavalleristischen Aufgaben. Die außergewöhnlichen klimatischen Bedingungen und die damit zusammenhängenden Bodenverhältnisse sowie der Mangel an Kraftfahrzeugen, an deren Betriebsstoff und deren Ersatzteile räumte dem Pferd eine Position ein, die es heute unter gleichen Umständen bei technischen, mit umfangreichen Luft- und Fernwaffen ausgerüsteten Gesellschaften nicht mehr gewinnen würde.[93]

Insgesamt 2 750 000 Einhufer dienten der deutschen Wehrmacht im Zweiten Weltkrieg. Bei Kriegsbeginn hatte das deutsche Friedensheer noch lediglich über 180 000 Einhufer verfügt; weitere 393 000 wurden bei der Mobilmachung im Reichsgebiet ausgehoben. Mit 573 000 Pferden trat das Heer in den Krieg ein. Mit weiteren 2 180 000 wurden Ausfälle gedeckt und Kontingente aufgestockt. Im Jahre 1943 setzte das Heer die höchste Zahl von Pferden und Tragtieren ein, nämlich insgesamt 1 380 000. Schätzungsweise 60–63 Prozent aller verwendeten Pferde, also etwa 1 600 000, starben; im Ersten Weltkrieg lag die Verlustquote mit 68 Prozent noch höher. Etwa ein Viertel des gesamten Pferdebestandes kam in jedem Kriegsjahr um. Die durchschnittliche Lebenserwartung eines Kriegspferdes betrug demnach vier Jahre, bedeutend weniger als die eines Soldaten aber doch bedeutend mehr als die »Lebensdauer« eines Kraftfahrzeuges, die nicht über ein Jahr, Anfang 1945 sogar nicht über sieben Wochen hinausging.[94] Etwa 3,5 Millionen deutsche Soldaten starben im Zweiten Weltkrieg, dazu noch 700 000 deutsche Zivilisten. Insgesamt wird die Zahl der in diesem Krieg getöteten Menschen auf 35 bis 45 Millionen geschätzt.[95]

Besondere Bedeutung gewann das Pferd nach den Kriegsberichten an der Ostfront vor allem in den all-

jährlich wiederkehrenden Schlammperioden und im Winter. Wenn die Straßenverhältnisse, die eingefrorenen Motoren und die Schneeverwehungen die Lastkraftwagen lahmlegten, bildeten die mit Pferden bespannten Fuhrwerke und Schlitten oft das letzte Verbindungsglied zwischen der Front und der Nachschubbasis. Der Mangel an Verpflegung – für die Soldaten waren etwa 1,5 Kilogramm pro Tag erforderlich, für die Pferde 10 Kilogramm – wurde zum Teil durch Versorgungsflugzeuge gedeckt, die einen beträchtlichen Teil ihres Laderaumes mit Hafer und Heu gefüllt hatten. Dieser Aufwand belegt indirekt die Bedeutung der vom Pferd geleisteten Hilfe wie auch die Tatsache, daß die motorisierten Einheiten und die Panzerdivisionen im Verlaufe des Krieges einen Bestand von je 1500 Pferden aufbauten und ab 1942 über ein Drittel der bis dahin motorisierten Nachschubkolonnen der Infanteriedivisionen auf Pferdezug umgestellt wurden.[96]

Zu Beginn des Zweiten Weltkrieges verfügte eine Infanteriedivision etwa über doppelt so viele Pferde wie eine Division im Ersten Weltkrieg. Durch die größere Zahl an schweren Waffen und die umfangreichere Ausstattung mit Geräten war diese Erweiterung des Pferdebestandes nowendig geworden. Bei den nicht motorisierten Truppen kam im Ersten Weltkrieg ein Pferd auf sieben, im Zweiten ein Pferd auf etwa vier Soldaten. Die große, vielleicht sogar zu große Zahl von Pferden band zahlreiche Männer, die sich mit den Tieren beschäftigten und daher der Truppe als Kämpfer nicht zur Verfügung standen. Die Versorgung der Pferde verlangte aber auch beträchtlichen materiellen Einsatz. Schließlich beeinträchtigten die durch den hohen Bedarf der Truppe veranlaßten Aushebungen die heimische Landwirtschaft und das heimische Transportgewerbe empfindlich.[97]

Von den zeitgenössischen Berichterstattern und Kommentatoren ist nur selten die Ansicht vertreten worden, der große Aufwand sei nicht gerechtfertigt gewesen, weil die Pferde in gleicher Weise wie die Motoren versagt hätten; die Mehrzahl schrieb dem Pferd ein positives Zeugnis aus, und dies oft so überschwänglich und pathetisch, daß man ob mangelnder Nüchternheit und Distanz an ihrem Urteil Zweifel anmelden muß. Typisch für den Tenor dieser Berichte sind etwa die Sätze, die der erste Generalstabsoffizier der 134. Infanteriedivision zum Einsatz in der Ukraine im Winter 1941/42 notierte: »… Und wieder retteten die braven Pferde die Truppe selbst bei immer

knapper werdendem Futter; sie waren die unbedingt zuverlässigen Helfer in allem ... Und wieder hatten allein die braven Pferde Führung und Kampf ermöglicht und etwa 15 000 deutschen Soldaten das Leben gerettet. ... Diese vorstehend nur angedeuteten Ereignisse aber beweisen unwiderlegbar: Im Winterkampf haben die Pferde allein Führung, Kampf, Nachschub, Abschub ermöglicht; in diesem Gelände, bei diesem Schnee hat jedes Kraftfahrzeug restlos versagt, es wäre hoffnungslos im Schnee stecken geblieben. Allein der sowjetische T 34 mit seinen breiten Ketten hätte vielleicht noch durchkommen können. Das Pferd hat die deutsche Armee in diesem grauenvollen Winter 1941/42 vor dem Untergang bewahrt, nicht der Motor!«[98]

Ein anderer Berichterstatter konstatierte: »Die Pferde haben im russischen Feldzug in Hitze und Staub, in Kälte und Schnee, in Nässe und Schlamm, im Gefecht und auf Märschen Unvergeßliches geleistet. Zu manchen Zeiten, so bei stärkerem Schneefall und in der Schlammzeit, waren sie es zum überwiegenden Teil, die gegenüber diesen Naturereignissen nicht versagten. Mit dem allmählich nicht mehr ausreichenden Kraftwagennachschub und Benzinmangel wuchsen die Anforderungen an die Pferde noch an Schwere und Umfang. Im weiteren Verlauf des Feldzugs kam keine vollmotorisierte Truppe mehr ohne Pferd aus.«[99]

Die Berichte informieren auch über die Leiden der Pferde, die vielfach allein mit Grün- und Ersatzfutter ernährt wurden. Die Tiere waren nur noch begrenzt leistungsfähig, viele wurden aufgrund von Erschöpfung stehen gelassen oder getötet. Eine Tagebucheintragung vom März 1942 hielt fest: »Der Nähr- und Kräftezustand war derart katastrophal, daß von den Tieren, namentlich den deutschen Truppenpferden, selbst bei geringster Beanspruchung kaum noch ein Weg von zehn Kilometer pro Tag verlangt werden konnte.« Im Mai 1942 notierte der Berichterstatter: »Infolge Mangels an Kraftwagen und des schlechten Zustandes der Straßen war die Versorgung der Truppen nur durch Pferde möglich. In Rücksicht auf die weiten Entfernungen vom Versorgungsstützpunkt zur Truppe und den mangelhaften Kräftezustand der Pferde wurden Relais von 12 bis 15 Kilometer eingerichtet.«[100] Die Distanzen von etwa 10 Kilometern lagen deutlich unter den üblichen Marschleistungen gesunder und gut genährter Pferde; mit Rekordresultaten wie dem der 32. Infanteriedivision, die im Frankreichfeldzug bei starker Hitze in drei Tagen 200 Kilometer mit den Pferden zurücklegte, sind sie kaum zu vergleichen.[101]

Die Position der Kavallerie im Zweiten Weltkrieg ließ im Nachhinein erneut fragen, in welchem Maße die Ausfälle und Schwächen der Reiterei im Ersten Weltkrieg durch organisatorische und ausbildungstechnische Mängel bedingt waren. Die eigentliche Ursache lag wahrscheinlich auch damals schon im Fortschritt der technischen Waffen, in der Entwicklung des Infanteriegewehrs, des Maschinengewehrs und des Schnellfeuergeschützes. Im Zweiten Weltkrieg wurde die Ablösung des Pferdes als Kriegs»instrument« endgültig vollzogen, und zwar durch die wiederum verbesserten technischen Waffen wie Maschinengewehre, Flugzeuge, Panzer und Raketen. Die fortentwickelten Methoden der Nachrichtenübertragung nahmen dem Pferd ebenfalls wichtige Funktionen der indirekten Gefechtshilfe. Aus der Sicht der achtziger Jahre des 20. Jahrhunderts erscheinen die technischen Waffen des Zweiten Weltkrieges bereits als archaisch. Neben Flugzeugen und Panzern bestimmen heute vor allem Fernraketen, Atomwaffen und chemische Kampfstoffe den neuen Standard der Waffentechnik, der gegenüber das Pferd einen Anachronismus darstellt, und zwar auch dann, wenn das neue Waffenarsenal aufgrund seiner enormen Auswirkungen nur begrenzt eingesetzt wird. Die Bilder, die von berittenen afghanischen Freiheitskämpfern nomadischen Zuschnitts nach dem Einmarsch sowjetischer Truppen im Jahre 1980 gezeigt wurden, bestätigen die heutige wehrtechnische Position des Pferdes ebenso wie es die Kavallerieabteilungen tun, die in verschiedenen Heeren weiterhin zu repräsentativen, pädagogischen und sportlichen Zwecken aber nicht aus wehrtechnischen Gründen unterhalten werden.

Auf zwei Merkwürdigkeiten oder Kuriositäten der Kavalleriegeschichte sei im Rahmen des allgemeinen Überblicks abschließend noch hingewiesen, nämlich auf einen Seesieg durch die Kavallerie und auf die berittenen Amazonencorps. Die Abhängigkeit der Kavallerie von gangbarem Gelände läßt ihren Angriff zur See auf den ersten Blick als unmöglich erscheinen. Französische Reiter erwarben sich aber im Jahre 1795 in Holland den wohl einzigartigen Ruhm, eine Flotte von Kriegsschiffen in See vom Sattel aus erobert zu haben. Üblicherweise machen die zahlreichen Kanäle und Flüsse, die Holland nach verschiedenen Richtungen hin durchschneiden, das Land für kavalleristische

Operationen ziemlich unzugänglich. Bei dem anhaltenden strengen Frost des Winters 1795 froren die Wasserläufe jedoch zu; sie gestatteten der Kavallerie und der reitenden Infanterie derart eine ungehinderte Passage. Die französischen Reiter nahmen daraufhin das Arsenal von Dordrecht ein. Eine starke Abteilung ihrer Kavallerie wurde zusammen mit reitender Artillerie nach Texel geschickt, wo die holländische Flotte im Eis festgefroren war. In Eilmärschen passierte die Abordnung das nördliche Holland, überschritt die Zuider-See, schloß die Kriegsschiffe ein und zwang die Mannschaften zur Übergabe. Die Seeleute hatten den Kavallerieangriff nicht erwartet; sie standen ihm wehrlos gegenüber.[102]

Zu den Kuriosa der Geschichte kriegerischer oder wehrhafter Reiterformationen gehören die Amazonencorps, die regionale und überregionale Potentaten als einen Luxus unterhielten, dessen wehrtechnische Funktion hinter dem Zweck zurückstand, das Ungewöhnliche zu tun, Aufmerksamkeit auf sich zu ziehen sowie der Bedeutung und Stärke der Frau in verschiedener Hinsicht exemplarisch Ausdruck zu verleihen. Markgraf Karl Philipp von Baden formierte im 18. Jahrhundert eine berittene Leibwache von 60 rüstigen Töchtern seines Landes um sich. Von diesen Mädchen hieß es, sie seien wohl geübt gewesen, »die Schenkel zu spreizen und gut zu Pferde zu sitzen«. Sie begleiteten den Markgrafen bei seinen Ausflügen, warteten im walkyrengleich bei der Tafel auf, sangen und tanzten schließlich auf der Schloßbühne. In der Nacht wurden die Amazonen im Obergeschoß des Schloßturms eingesperrt. Um seine Damen zu sichern, ließ der Markgraf allabendlich die Treppe zum Turm entfernen.[103]

2. Die Kavallerie und die Feuerwaffen

Die Feuerwaffen breiteten sich parallel zum Aufbau der Kavallerie aus, allerdings nicht in dem Sinne, daß die Ritter sich nun durch die Rezeption der technischen Hilfsmittel gleichsam »automatisch« zu Kavalleristen gewandelt hätten. Feuerwaffen wurden bereits von den Rittern beziehungsweise ihren Helfern im 15. Jahrhundert verwandt. Gegenüber der Entwicklung der Kavallerie hatte die Entwicklung der neuen Waffen also einen zeitlichen Vorsprung. Die

Perfektionierung der Feuerrohre ging weiter, als das Rittertum abgelöst wurde, der disziplinierte Verband der Fußkämpfer zur schlachtentscheidenden Kraft avancierte und im Anschluß an diese Phase aus dem in die Tiefe gegliederten Haufen der Berittenen der taktische Kavalleriekörper entstand. Die neue Kavallerie bediente sich des wehrtechnischen Fortschritts ihrer Zeit; die Pistole half ihr zunächst auch weiter, sie wurde aber unter Gustav Adolf wieder durch die blanke Waffe ersetzt, weil einerseits die Schußleistungen des technischen Geräts noch beschränkt waren und andererseits die Wendigkeit und Manövrierfähigkeit der Reiter aufgrund intensiver Ausbildung so weit verbessert worden war, daß die blanke Waffe sich effektiver als in früheren Jahrhunderten und auch wirkungsvoller als die Pistolen einsetzen ließ.

In der Mitte des 16. Jahrhunderts trugen die »schwarzen Reiter« noch die Lanze; sie gingen dann aber zur Pistole und zum Degen über, während die französischen Ritter weiterhin in überlieferter Weise mit Lanzen kämpften. Die Pistolen dieser Zeit funktionierten nicht perfekt, sie waren nicht zielsicher und sollen nur bei einer Distanz von drei Schritt zuverlässig gewirkt haben. Der Versuch, die Mängel des einzelnen Geräts durch mehrere Pistolen zu kompensieren, zeitigte nur begrenzten Erfolg.[104]

Zumindest partiell bestand auch bei den neuen Reitern die ritterliche Ideologie fort, nach der die Feuerwaffe eine Fernwaffe darstellte, mit der ihr Träger der direkten Auseinandersetzung mit dem Gegner systematisch aus dem Weg ging. Der Ritter und Edelmann sah in der Pistole außerdem ein technisches Gerät, dessen Wirkung auf der Feuerkraft und nicht auf der Kraft ihres Trägers beruhte. Bezeichnenderweise wollte de la Noue[105] noch in der zweiten Hälfte des 16. Jahrhunderts die Pistole nicht für den französischen Edelmann empfehlen. Er nahm nämlich an, der feine Mann werde die Pflege und das Laden des Gerätes seinem Diener überlassen und im entscheidenden Augenblick dann versagen. de la Noues Auffassung ist insofern zutreffend, als die technischen Hantierungen und Zubereitungen – nicht die technischen Erfindungen – zum schmutzigen Geschäft der Bediensteten gehörten.

Die durch geringe Schußweite und unzureichende Treffsicherheit bedingte Einschränkung der Wirkkraft ließ die Meinungen über den Einsatz der Pistole weit auseinandergehen. Besonders um die Wende vom 16. zum 17. Jahrhundert diskutierte man lebhaft

über den Wert der verschiedenen Waffen. Mit den früheren Autoren Basta und Melzo bezeichnete Wallhausen[106] die »Lantzierer« als den »edelsten, principalsten und köstlichsten Theil unter der Cavallerey«. Die Wirkung der Lanze schätzte er höher als die der übrigen kavalleristischen Waffen ein. Ihre Handhabung setzte nach seiner Ansicht jedoch besondere Geschicklichkeit und Schulung voraus; die Kürassiere seien daher leichter anzuwerben als die Lantzierer.[107] Gustav Adolf führte an Stelle der Pistolen den schweren Degen, den Pallasch, wieder als Hauptangriffswaffe ein, und zwar in Verbindung mit dem Verzicht aufs Caracolieren und in Verbindung mit der auf drei bis sechs Glieder reduzierten Tiefe. Allein den ersten beiden Gliedern gestattete Gustav Adolf, beim Anreiten gegen den Feind vor dem Gefecht mit dem Degen noch einen Schuß abzufeuern.[108] Die österreichische Kavallerie schoß noch im Siebenjährigen Krieg vor dem Kampf mit der Klinge aus der Ferne mit der Feuerwaffe.[109] Allerdings war zu dieser Zeit die Leistungsfähigkeit der technischen Waffen besonders aufgrund der erhöhten Ladegeschwindigkeit schon merklich weiterentwickelt. Kurz vor dem Siebenjährigen Krieg soll ein geschickter Musketier ohne Kommando in einer Minute vier- bis fünfmal seine Waffe geladen und das Peloton nach Kommando in zwei Minuten fünf Salven abgegeben haben.[110]

Im zweiten Teil des 19. und in der ersten Hälfte des 20. Jahrhunderts nahm die moderne Feuerwaffe der disziplinierten Kavallerie ihre Bedeutung als entscheidender oder zumindest gewichtiger Faktor des Krieges. Hinsichtlich der Überwältigung der Reiterformationen bestand die Perfektionierung der Feuerwaffen vornehmlich in der aus der verkürzten Ladeprozedur resultierenden Steigerung des Schießtempos, in der größeren Zielsicherheit und schließlich in den neuen Schußweiten beziehungsweise der verstärkten Durchschlagkraft.

Im Jahre 1859 wurden in Frankreich gezogene Kanonen eingesetzt. Hinterlader verwandte man seit dem amerikanischen Sezessionskrieg (1861–65). Die Überlegenheit dieser waffentechnischen Neuerung gegenüber der anstürmenden Reiterattacke wurde bei der innerdeutschen Auseinandersetzung von 1866 offenkundig.[111] Nach der eindrucksvollen Bewährung des Zündnadelgewehrs entschlossen sich seit 1866 nahezu alle Staaten zur Bewaffnung ihrer Truppen mit Hinterladern. Im deutsch-französischen Krieg bestand das kontinuierlich fortentwickelte Gerät eine

weitere Prüfung. Nach ihr hätte allgemein zur Kenntnis genommen werden können, auf welch verlorenen Posten selbst die kühnste Reiterattacke gegenüber einer Front gezogener Hinterlader geraten war. Mit der extremen Reduzierung der Ladeprozedur beim Maschinengewehr wurde die Lage der Kavallerie noch aussichtsloser, und zwar bis hin zu der Situation, daß die zur Attacke anreitende Formation zusammengeschossen wurde, ehe sie überhaupt den Feind erreichte.[112]

Die einst panische Angst der Infanteristen vor der heranstürmenden Kavallerie war einem neuen Selbstbewußtsein gewichen, das das effektvolle Gerät seinem Träger verlieh. Pferde und Reiter erschienen mehr und mehr als besonders große, also als besonders leicht erreichbare, Ziele für das Infanteriefeuer. Für den Verlauf der Auseinandersetzung war es wahrscheinlich nicht belanglos, daß die Kavallerie sich zuvor mit ausgeprägtem Standesbewußtsein von den Fußsoldaten abgesetzt hatte. Diese Dimension machte die Gefechte zwischen den Infanteristen und den Kavalleristen unter anderem zu Klassenkämpfen, sie verschärfte die Situation beträchtlich und trug wohl ausschlaggebend dazu bei, daß so viele Reiter die Lage ihrer Truppe falsch einschätzten.

Während das Gros der Berittenen sich weiterhin für die Elite der Heeresangehörigen hielt, wurden die Infanteristen sich ihrer neuen Überlegenheit zunehmend sicherer. Im »Leitfaden für den Unterricht in der Taktik auf den königlichen Kriegsschulen« – er wurde 1902 auf Veranlassung der Generalinspektion des Militär-, Erziehungs- und Bildungswesens ausgearbeitet – schlug sich das veränderte Verhältnis nieder: »Der einzelne Infanterist muß sich bewußt sein, daß er auch im freien und offenen Gelände dem einzelnen Reiter überlegen ist, wenn er ihm feuerbereit entgegentritt. Selbst gegen mehrere braucht er den Kampf nicht zu scheuen, sofern er Ruhe und Besonnenheit bewahrt und sein Gewehr rechtzeitig verwendet. Er hat den Kampf durch Feuer zu führen, nicht mit der blanken Waffe.«[113]

Daß ausgerechnet die Infanteristen – die Kavalleristen sahen auf sie auch im übertragenen Sinne von oben herab – die inagonale Fernwaffe so erfolgreich führten, war den Kavalleristen ein Ärgernis, das mit dazu beitrug, daß die Kavalleristen sich der technischen Innovation nicht in dem Maße bedienten, wie das ihre Lage eigentlich erfordert hätte. Die alte Rivalität zwischen den Verfechtern der Nahwaffe und den Trägern der Fernwaffe wurde wiederbelebt. Die heldische

Kriegsauffassung einer mit der blanken Waffe auf den Gegner losstürmenden Kavallerieformation unterschied sich nämlich grundsätzlich vom Geschick des Infanteristen, der seinem Gegner auflauerte oder ihn aus der Ferne wie fliehendes Wild abschoß. Mit der wachsenden Effektivität der Feuerwaffe und der damit sinkenden Bedeutung des Reiterkriegers verschärften sich die Gegensätze zumindest über eine gewisse Zeitspanne. Möglicherweise hätte eine auf die spezifischen Fähigkeiten und Grenzen der Reiterei eingehende Bewaffnung den Rückzug der Kavallerie vom Schlachtfeld noch etwas bremsen, sie hätte ihn aber auf die Dauer nicht aufhalten können.

Die Ablehnung der Feuerwaffe scheint bei weiten Teilen der Kavallerie ziemlich tief gesessen zu haben. Die streckenweise Bewaffnung der Reiter mit Hinterladern spricht nur begrenzt gegen diese Tendenz; sie stellte wohl nicht mehr dar als ein unumgängliches Zugeständnis an den »Zug der Zeit«. Das Gros der Kavallerie und vor allem ihre traditionsorientierten Führer scheinen in einem Geist gelebt zu haben, der mit der optimalen Ausnutzung der technischen Fernwaffe konfligierte; sie blieben weitgehend dem Leitbild der Attacke mit der blanken Waffe verhaftet. Dieses Ideal hatte sich ihnen vor allem deshalb so fest eingeprägt, weil die Kavallerien, die sich der Pistole im technologisch frühen Entwicklungsstadium des 16. Jahrhunderts bedient hatten, in der Regel von den Reiterformationen niedergeritten wurden, die kühn und entschlossen mit dem Degen fochten. Die ersten Pistolen unterschieden sich freilich erheblich von den Feuerwaffen der zweiten Hälfte des 19. Jahrhundert und des beginnenden 20. Jahrhunderts; die neuen Geräte schossen weiter und kräftiger, trafen besser und gestatteten darüber hinaus, mehrere Salven auf eine anstürmende Kavallerieschwadron abzufeuern.

Denison wies bereits im Jahre 1879[114] ungeschminkt auf die Lage der Berittenen hin. In milderen Worten skizzierte Rotenhahn 1891[115] die Situation: »Die Aussichten der Reiterei, ihre überlegene Wucht im gesuchten Nahkampfe zur Geltung zu bringen, mindern sich in dem Maße, als die Pausen in der Feuerwirkung des angegriffenen Gegners sich verringern. Im Mehrladergefecht durch Pulverdampf weniger verhüllt, wird nicht wie früher die losere Ordnung oder stärkere Erschütterung des Fußvolks durch sich selbst einen Ausgleich bieten. Die Steigerung des Feuers ist eine so übermächtige, daß keine Änderung in den Formen der Infanterie einen Ausgleich bieten kann, und selbst der

umsichtigste Führer einer Reiterschar wird sich von Überraschungen nur in seltenen Fällen einen Erfolg versprechen dürfen.«

Das Exerzierreglement der deutschen Kavallerie von 1876 hatte noch an der Attacke festgehalten, beim Angriff auf Infanterie allerdings an einer Attacke in aufgelöster Form; sie sollte sich möglichst gegen die Flanken und den Rücken der gegnerischen Formation richten. Selbst das letzte Kavallerieglement vor dem Ausbruch des Ersten Weltkrieges – es erschien im Jahre 1909 – stellte die Attacke als den vornehmlichen Weg zum kavalleristischen Erfolg dar, wiewohl das Reglement den Eindruck vermittelt, als seien seine Autoren von der Feuerwaffe der Infanterie, deren dezimierende Wirkung durch den Einsatz von Maschinengewehren gesteigert wurde, durchaus überzeugt. Gegen die Infanterie sollte in aufgelöster Ordnung, gegen Artillerie und Maschinengewehre möglichst von verschiedenen Seiten attackiert werden. Feuergefecht und Kampf zu Pferde standen in den Instruktionen noch gleichberechtigt nebeneinander.[116]

Die prinzipiellen Veränderungen, die sich aus der technischen Perfektionierung der Feuerwaffen ergeben hatten, wurden seitens der Kavalleristen und ihrer Führer weitgehend verkannt. Möglicherweise versuchte man auch, die Situation, die man in Wirklichkeit als ausweglos empfand, auf die man jedenfalls nicht mit zweckdienlichen Maßnahmen zu reagieren vermochte, zunächst einmal mit dem emotional akzentuierten Appell an die Tradition der friderizianischen Väter wie durch weitere disziplinäre Maßnahmen zu kaschieren. Die bekannten Instruktionen des Generalmajors Carl von Schmidt aus dem Jahre 1875 empfahlen zum Beispiel, auf die Überlieferung der Kavallerie Friedrichs des Großen zurückzugreifen, »und zwar in all' und jeder Beziehung, in den Grundsätzen, in der Ausbildung, in der Einzelreiterei, in der Instruktion, in der Organisation, in der Beweglichkeit, Schnelligkeit und Manövrierfähigkeit, in der Taktik, in der Selbständigkeit und in der Verwendung.« Der Verzicht auf den Karabiner und der Rückgriff auf die blanke Waffe der Kavallerie Friedrichs wurden allerdings nicht verlangt.[117]

von Schmidt[118] faßte seine berühmten Instruktionen zur Reorganisation der Kavallerie in sieben Grundsätzen zusammen:

1. Schnelles Verständnis der Unterführer mit dem oberen Führer.

39. *Graf Plato mit seinen Kosaken im Jahre 1813. Radierung nach einem Gemälde von J. G. Schadow*

40. *Wellington in der Schlacht von Belle-Alliance (Waterloo) am 18. Juni 1815*

41. *Kürassiere greifen die schottischen Hochländer an (Waterloo). Gemälde von Henri E. F. Phillippoteaux*